Studien zur Mobilitäts- und Verkehrsforschung

Herausgegeben von
Matthias Gather, Erfurt
Andreas Kagermeier, Trier
Sven Kesselring, Wiesbaden
Martin Lanzendorf, Frankfurt am Main
Barbara Lenz, Berlin
Mathias Wilde, Frankfurt am Main

D1664244

Mobilität ist ein Basisprinzip moderner Gesellschaften; daher ist die Gestaltung von Mobilität im Spannungsfeld von ökonomischen, sozialen und ökologischen Interessen eine zentrale Herausforderung für ihre Institutionen und Mitglieder. Die SMV Reihe versteht sich als gemeinsame Publikationsplattform für neues Wissen aus der Verkehrs- und Mobilitätsforschung. Sie fördert ausdrücklich interdisziplinäres Arbeiten der Sozial-, Politik-, Wirtschafts-, Raum-, Umwelt- und Ingenieurswissenschaften. Das Spektrum der Reihe umfasst Analysen von Mobilitäts- und Verkehrshandeln; Beiträge zur theoretischen und methodischen Weiterentwicklung; zu Nachhaltigkeit und Folgenabschätzungen von Verkehr; Mobilitäts- und Verkehrspolitik, Mobilitätsmanagement und Interventionsstrategien; Güterverkehr und Logistik.

Herausgegeben von

Prof. Dr. Matthias Gather
Fachhochschule Erfurt Verkehrspolitik
u. Raumplanung
Erfurt, Deutschland

Prof. Dr. Andreas Kagermeier
Trier, Deutschland

Prof. Dr. Sven Kesselring
Wiesbaden, Deutschland

Prof. Dr. Martin Lanzendorf
Frankfurt, Deutschland

Prof. Dr. Barbara Lenz
Berlin, Deutschland

Dr. Mathias Wilde
Universität Frankfurt Institut
f. Humangeographie
Frankfurt, Deutschland

Weitere Bände in dieser Reihe
http://www.springer.com/series/11950

Joachim Scheiner · Christian Holz-Rau
(Hrsg.)

Räumliche Mobilität und Lebenslauf

Studien zu Mobilitätsbiografien
und Mobilitätssozialisation

 Springer VS

Herausgeber
Joachim Scheiner
Christian Holz-Rau

TU Dortmund
Dortmund
Deutschland

Studien zur Mobilitäts- und Verkehrsforschung
ISBN 978-3-658-07545-3   ISBN 978-3-658-07546-0 (eBook)
DOI 10.1007/978-3-658-07546-0

Die Deutsche Nationalbibliothek verzeichnet diese Publikation in der Deutschen Nationalbibliografie; detaillierte bibliografische Daten sind im Internet über http://dnb.d-nb.de abrufbar.

Springer VS

Lektorat: Dr. Cori Mackrodt, Monika Mülhausen

Gedruckt auf säurefreiem und chlorfrei gebleichtem Papier

Springer Fachmedien Wiesbaden ist Teil der Fachverlagsgruppe Springer Science+Business Media
(www.springer.com)

Vorwort

Der Versuch, Strukturen und Entwicklungen im Verkehr vor dem Hintergrund der Lebensläufe von Menschen zu verstehen, reicht in unseren eigenen Lebensläufen bereits lange zurück. Aber erst im Jahr 2010 wurde daraus das durch die Deutsche Forschungsgemeinschaft (DFG) und den Schweizer Nationalfonds (SNF) gemeinsam geförderte Projekt „Mobility Biographies: A Life-Course Approach to Travel Behaviour and Residential Choice", das wir gemeinsam mit Kay Axhausen, ETH Zürich, und Martin Lanzendorf, Goethe Universität Frankfurt am Main, durchführen. Schon 1992 hat Christian Holz-Rau in einer Haushaltsbefragung in Stuttgart die Pkw-Biografien der befragten Haushalte erhoben, allerdings ohne dass diese Daten vertieft ausgewertet wurden und ohne sie in einen Kontext zur weiteren Biografie der Haushalte zu stellen. Gestützt auf eine Befragung in der Region Berlin Brandenburg 1998 folgten systematische Analysen des Verkehrsverhaltens, insbesondere der Zielwahl und Aktionsräume, in Abhängigkeit von der räumlichen Herkunft – also der Wohnbiografie – der Befragten. Auch an anderen Universitäten entwickelten sich zu dieser Zeit biografisch orientierte Ansätze, u. a. vertreten durch Martin Lanzendorf (Universität Utrecht), Kay Axhausen (ETH Zürich). Lotta Frändberg (Universität Göteborg, Schweden) und Peter van der Waerden (Technische Universiteit Eindhoven). Besonders hervorzuheben ist dabei die Einführung des Begriffs Mobilitätsbiografie durch Martin Lanzendorf sowie die Verknüpfung der lebenslauforientierten Perspektive mit der Struktur persönlicher Netzwerke in der Arbeit von Kay Axhausen.

Das empirische Instrumentarium für diese Ideen musste in den Folgejahren erst entwickelt werden. Dies geschah an einer Reihe von Universitäten weltweit, zum einen durch qualitativ-sinnrekonstruktive Verfahren, zum anderen durch retrospektiv angelegte, kalenderartige Fragebogenformate, die die Analyse einer Fülle von Querbeziehungen zwischen Berufstätigkeit, Wohnen, Familie und Haushalt, Mobilitätswerkzeugen (Pkw, Fahrrad …) sowie alltäglichen und/oder weniger alltäglichen Wegen ermöglichten. Ein Schritt in diese Richtung war auch die Erhebung der Daten, die die empirische Grundlage für das oben angesprochene Projekt bilden. Der Fragebogen hierzu wurde im Jahr 2007 im Rahmen einer von Christian Holz-Rau und Anja Szypulski betreuten Diplomarbeit entwickelt, die gemeinsam von den Studentinnen Vera Klöpper und Anna Weber bearbeitet wurde. Befragt wurden Studierende der Raumplanung, die ihrerseits ihre Eltern und Großeltern interviewten. Erhoben wurden mobilitätsrelevante Aspekte der Lebensläufe, die Wohn-, Ausbildungs-, Erwerbs- und Haushaltsbiografien sowie Aspekte der Alltagsmobilität an verschiedenen Stationen des Lebens. Seit der Diplomarbeit wird die Befragung im jährlichen Turnus an der Technischen Universität Dortmund, Fakultät Raumplanung, wiederholt.

Das vorliegende Buch geht auf das angesprochene Projekt zurück. Es dokumentiert Beiträge des Workshops „Mobilitätsbiografien und Mobilitätssozialisation", der am 13.–14. Februar 2014 an der TU Dortmund stattfand. Diese wurden ergänzt durch unseren eigenen, einführenden Beitrag. Der Workshop war eingebettet in die Zweite Dortmunder Konferenz Raum- und Planungsforschung, die im Zweijahresturnus gemeinsam von der Fakultät Raumplanung, TU Dortmund, und der Akademie für Raumforschung und Landesplanung, Leibniz-Forum für Raumwissenschaften, Hannover, veranstaltet wird. Fünf Beiträge im Buch entstanden unmittelbar aus dem Projekt heraus: von Hannah Müggenburg und Martin Lanzendorf; von Ilka Ehreke und Kay Axhausen; von Janna Albrecht; von Lisa Döring; sowie unser eigener Beitrag.

Als Dokumentation einer wissenschaftlichen Veranstaltung kann dieses Buch keinen systematischen Überblick über die weltweite Forschung zu lebenslauforientierten Ansätzen in der Mobilitätsforschung geben. Wir glauben aber, dass es wesentliche Ansätze aus dem deutschen Sprachraum und darüber hinaus abbildet. Wenn es darüber hinaus Anlass und Motivation für die weitere wissenschaftliche Auseinandersetzung mit dem Themenfeld bietet, freut uns das umso mehr.

Christian Holz-Rau
Joachim Scheiner

Inhaltsverzeichnis

Towards a Theory of the Dynamics of Household Car Ownership:
Insights from a Mobility Biographies Approach 97
Ben Clark, Kiron Chatterjee and Glenn Lyons

Understanding Change and Continuity in Walking and Cycling Over
the Life Course: A First Look at Gender and Cohort Differences 115
Heather Jones, Kiron Chatterjee and Selena Gray

Teil IV   Wohn- und Arbeitsmobilität im Längsschnitt

Mitarbeiterverzeichnis

Janna Albrecht Fakultät Raumplanung, FG VPL, Technische Universität Dortmund, Dortmund, Deutschland.

Kay W. Axhausen Institut für Verkehrsplanung und Transportsysteme, ETH Zürich, Zürich, Schweiz.

Kiron Chatterjee Centre for Transport & Society, University of the West of England, Bristol, UK.

Ben Clark Centre for Transport & Society, University of the West of England, Bristol, UK.

Lisa Döring Fakultät Raumplanung, FG VPL, Technische Universität Dortmund, Dortmund, Deutschland.

Ilka Ehreke Institut für Verkehrsplanung und Transportsysteme, ETH Zürich, Zürich, Schweiz.

Selena Gray Department of Health and Social Sciences, University of the West of England, Bristol, UK.

Nicola Hilti ETH Wohnforum, Departement Architektur, ETH Zürich, Zürich, Schweiz.

Christian Holz-Rau Fakultät Raumplanung, FG VPL, Technische Universität Dortmund, Dortmund, Deutschland.

Reinhard Hössinger Institut für Verkehrswesen, Universität für Bodenkultur, Wien, Österreich.

Heather Jones Centre for Transport & Society, University of the West of England, Bristol, UK.

Karin Kirsch Fakultät Raumplanung, FG VPL, Technische Universität Dortmund, Dortmund, Deutschland.

Raphaela Kogler Department für Raumplanung, FB Soziologie, Technische Universität Wien, Wien, Österreich.

Olaf Kühne Ländliche Räume, Regionalmanagement, Hochschule Weihenstephan-Triesdorf, Freising, Deutschland.

Martin Lanzendorf Institut für Humangeographie, Goethe Universität Frankfurt, Frankfurt am Main, Deutschland.

Anna Lipphardt Institut für Kulturanthropologie, Albert-Ludwigs-Universität Freiburg, Freiburg, Deutschland.

Glenn Lyons Centre for Transport & Society, University of the West of England, Bristol, UK.

Gesa Matthes Institut für Verkehrsplanung und Logistik, Technische Universität Hamburg-Harburg, Hamburg, Deutschland.

Hannah Müggenburg Institut für Humangeographie, Goethe Universität Frankfurt, Frankfurt am Main, Deutschland.

Knut Petzold Fachbereich für Soziologie, Katholische Universität Eichstätt-Ingolstadt, Eichstätt, Deutschland.

Joachim Scheiner Fakultät Raumplanung, FG VPL, Technische Universität Dortmund, Dortmund, Deutschland.

Antje Schönwald Fachrichtung Geographie, Universität des Saarlandes, Saarbrücken, Deutschland.

Christian Seynstahl Institut für Geographie und Geologie, Julius-Maximilians-Universität Würzburg, Würzburg, Deutschland.

Juliane Stark Institut für Verkehrswesen, Universität für Bodenkultur, Wien, Österreich.

Janina Welsch ILS – Institut für Landes- und Stadtentwicklungsforschung, Dortmund, Deutschland.

Teil I
Theoretische und methodische Perspektiven

Mobilitätsbiografien und Mobilitätssozialisation: Neue Zugänge zu einem alten Thema

Christian Holz-Rau und Joachim Scheiner

Zusammenfassung

Im vergangenen Jahrzehnt wurden in der Forschung zu alltäglicher Mobilität zahlreiche Versuche unternommen, Mobilität im Kontext individueller Lebensläufe, ihrer Pfadabhängigkeiten sowie ihrer sozialen, ökonomischen und raumzeitlichen Verknüpfungen besser zu verstehen. Dieser Beitrag versucht eine knappe Bestandsaufnahme dieser Ansätze. Hierzu wird zunächst das Konzept der Mobilitätsbiografien vorgestellt. Dabei wird insbesondere die Bedeutung von Routinen (Habits), mit Mobilität verknüpften weiteren Lebensdomänen sowie Übergängen und Schlüsselereignissen im Lebenslauf diskutiert. In einem weiteren Schritt werden individuelle Mobilitätsbiografien durch Rekurs auf die Konzepte der Sozialisation und der „Linked Lives" in einen weiteren sozialen Kontext eingebettet. Zudem wird kursorisch die Bedeutung der jeweiligen historischen Kontextbedingungen für Mobilitätsbiografien gestreift. Der Beitrag schließt mit einem Ausblick auf die weitere Forschung.

C. Holz-Rau (✉) · J. Scheiner
Fakultät Raumplanung, FG VPL, Technische Universität Dortmund,
August-Schmidt-Str. 10, 44221 Dortmund, Deutschland
E-Mail: christian.holz-rau@tu-dortmund.de

J. Scheiner
E-Mail: joachim.scheiner@tu-dortmund.de

© Springer Fachmedien Wiesbaden 2015
J. Scheiner, C. Holz-Rau (Hrsg.), *Räumliche Mobilität und Lebenslauf,*
Studien zur Mobilitäts- und Verkehrsforschung, DOI 10.1007/978-3-658-07546-0_1

Mobilitätsbiografie · Mobilitätssozialisation · Verkehrsverhalten · Lebenslauf
Räumliche Mobilität

1 Einleitung

Räumliche Mobilität als Forschungsthema lässt sich bis ins 19. Jahrhundert zurückverfolgen, als Ravenstine (1885) seine Wanderungsgesetze aufstellte. Auch
im Sinne von Mobilität als Verkehrsverhalten, als Verfügbarkeit von Verkehrsmitteln (mobility tools) und als Verkehrsmöglichkeiten gibt es inzwischen eine lange
Forschungstradition. Die ersten größeren Befragungen zum Verkehrsverhalten in
den USA wurden bereits in den 1940er Jahren durchgeführt. Die Erhebungen und
Analysen bezogen sich in den Folgejahrzehnten meist auf einen zeitlichen Querschnitt und betrachteten die Beziehungen zwischen Mobilität[1] und ihren ökonomischen, sozialen und raumzeitlichen Einflussfaktoren. Prozesse und Trends wurden
zunächst als Zeitreihen von Aggregaten untersucht. Mit der Wiederholung von
methodisch ähnlichen Erhebungen, in Deutschland als System repäsentativer Ver-
kehrsbefragungen (SrV) ab 1972 in der DDR und der Kontinuierlichen Erhebungen zum Verkehrsverhalten und später Mobilität in Deutschland (KONTIV, MiD)
ab 1976 in der Bundesrepublik, wurden Analysen zu den zeitlichen Veränderungen
der ökonomischen, sozialen und räumlichen Einflüssen auf das Verkehrsverhalten
möglich. Diese ließen aber keine Aussagen zu Veränderungen des individuellen
Verhaltens zu, sondern lediglich Vergleiche zwischen zeitlichen Querschnitten für
bestimmte Personengruppen.

Erst in den letzten Jahren wurde ein neuer, dynamischer Blickwinkel auf Mobilität entwickelt, der unter den Labels ‚Mobilitätsbiografien' (Lanzendorf 2003;
Axhausen 2007; Scheiner 2007) oder ‚lebenslauforientierte Ansätze' (Chatterjee
et al. 2013; Sharmeen et al. 2014; Oakil et al. forthcoming) Eingang in die Forschung gefunden hat und die Mobilität gleicher Personen zu unterschiedlichen
Zeitpunkten betrachtet. Die zur Anwendung kommenden Erhebungsmethoden dabei sind äußerst vielfältig. Diese neue Perspektive auf die Mobilität im Zeitverlauf
wurde durch den Aufbau von Paneldaten auf der Individual- und Haushaltebene
seit den 1980er Jahren erleichtert, etwa in den USA, den Niederlanden, dem UK
oder Deutschland. Zwei Gründe lassen sich für diesen zusätzlichen Blickwinkel
anführen.

---

[1] Der Begriff Mobilität wird hier benutzt, um die verschiedenen Dimensionen des Verkehrsverhaltens (Wegehäufigkeit, Reisedistanzen, Verkehrsmittelwahl etc.) *und* die Verfügbarkeit
von ‚mobility tools' (Pkw, ÖPNV-Zeitkarten, Fahrräder etc.) zu erfassen.

Erstens bestehen starke Unsicherheiten über die Richtung von Ursache-Wirkungs-Zusammenhängen zwischen der Mobilität und ihren (scheinbaren) Determinanten. Querschnittsorientierte Zugänge können diese nicht bzw. nur bedingt – auf der Grundlage starker Theorien – klären. Als Beispiel lässt sich die Debatte um die Endogenität der Wohnstandortwahl (‚residential self-selection') gegenüber der Mobilität anführen. Während lange Zeit typischerweise angenommen wurde, dass das räumliche Umfeld – einschließlich Raumnutzung und Verkehrssystemen – am Wohnstandort eines Haushalts dessen Mobilität prägt, wird in dieser Debatte untersucht, inwieweit Haushalte selbst ihr räumliches Umfeld so auswählen, dass es zu ihren Mobilitäts- und Erreichbarkeitspräferenzen passt (Holz-Rau und Kutter 1995; Holz-Rau 1997; Handy et al. 2005; Mokhtarian und Cao 2008; Scheiner 2009). Indem lebenslauforientierte Ansätze dazu beitragen, die sequenziellen Strukturen von sich verändernden Rahmenbedingungen und Verhaltensänderungen zu klären, liefern sie auch stärkere Evidenz für Ursache-Wirkungs-Beziehungen.

Zweitens öffnet der Bruch von Routinen und Verhaltensänderungen nach Schlüsselereignissen oder Übergängen im Lebenslauf auch Möglichkeiten für politisch-planerische Interventionen, die an solche Übergänge gekoppelt werden, etwa indem Menschen bei der Aufnahme eines neuen Arbeitsplatzes, um die Zeit der Verrentung herum oder kurz vor oder nach einem Wohnstandortwechsel Schnupperangebote und Informationen zur Mobilität erhalten. Damit können Lebenslaufstudien zur Mobilität auch zur Untersuchung der Sensitivität verschiedener Bevölkerungsgruppen gegenüber planerischen Konzepten und damit zu Evaluationsstudien beitragen. Wenn sich umgekehrt herausstellt, dass die Mobilität selbst von tiefgreifenden Veränderungen der Rahmenbedingungen relativ unberührt bleibt, dürfte die politisch gesteuerte Veränderung dieser Rahmenbedingungen wenig effektiv sein. Politikansätze, die auf Veränderungen im Lebenslauf setzen, wurden in den letzten Jahren immer wieder entwickelt, etwa beim Heranführen älterer Menschen an den ÖPNV (Kasper et al. 2009), zur Evaluation der Förderung des Radfahrens (Chatterjee et al. 2013) und um die Mobilitäts- und Erreichbarkeitspräferenzen von Haushalten bei Wohnstandortverlagerungen zu beeinflussen (Holz-Rau et al. 2010; Rodriguez et al. 2011).

Seit der Einführung des Begriffs Mobilitätsbiografien (Lanzendorf 2003) sind weltweit zahlreiche empirische Mobilitätsstudien mit Biografie- oder Lebens(ver)laufperspektive entstanden, neben Deutschland (Prillwitz et al. 2006; Tully und Baier 2006; Harms und Lanzendorf 2007; Ottmann 2009; Scheiner 2009; Lanzendorf 2010; Scheiner und Holz-Rau 2013a, b) etwa in der Schweiz (Axhausen et al. 2006; Beige und Axhausen 2012), in den Niederlanden (Van der Waerden et al. 2003; Oakil 2013; Sharmeen et al. 2014), im UK (Chatterjee et al. 2013), in Schweden (Frändberg 2006), Japan (Zhang et al. 2014) und Australien (Bonham und Wilson 2012).

Dieser Beitrag versucht eine knappe Bestandsaufnahme. Zunächst wird das Konzept der Mobilitätsbiografien vorgestellt. Dabei wird insbesondere die Bedeutung von 1) Routinen (Habits), 2) mit Mobilität verknüpften weiteren Lebensdomänen sowie 3) Übergängen und Schlüsselereignissen im Lebenslauf diskutiert. In einem weiteren Schritt werden individuelle Mobilitätsbiografien durch Rekurs auf die Konzepte der Sozialisation und der „Linked Lives" in einen weiteren sozialen Kontext eingebettet. Zudem wird kursorisch die Bedeutung der jeweiligen historischen Kontextbedingungen für Mobilitätsbiografien gestreift. Der Beitrag schließt mit einem Ausblick auf die weitere Forschung.

2 Das Konzept der Mobilitätsbiografien

Ein Blick zurück zeigt, dass sich mobilitätsbiografische Ansätze aus einigen Forschungssträngen mit zum Teil langer Tradition speisen. Lebenslauf- und lebenszeitorientierte Zugänge besitzen eine lange Tradition in der Biologie, wo sie unter dem Begriff des Reproduktionserfolgs entwickelt wurden (Clutton-Brock 1988; Rockwell und Barrowclough 1995), in der Ökonomie, wo der Fokus auf der Nutzenmaximierung von Haushalten oder Personen über den gesamten Lebenslauf (Merton 1969; Samuelson 1969; Mussa 1976) oder den Erfolgen auf dem Arbeitsmarkt liegt (Fortin 2005; Raz-Yurovich 2013), sowie in der Psychologie und Soziologie, wo eine große Bandbreite von Themen wie Sozialisation, Lerntheorie, Persönlichkeitsentwicklung, die Entwicklung von Einstellungen, Bindungen und Partnerschaft (Arránz Becker 2013) mit den Konzepten des Lebenslaufs, der Lebensspanne, des Lebenszyklus, der Lebensgeschichte oder der Biografie untersucht werden (vgl. zu den Begriffen Elder et al. 2006, zur Unterscheidung von Lebenslauf und Biografie Sackmann 2007, zur Bedeutung kritischer Lebensereignisse aus psychologischer Sicht Filipp 1995).

Eine enge Verwandtschaft besteht aufgrund des Themas räumliche Mobilität mit der – v. a. soziologischen und geografischen – Wanderungsforschung, in der lebenslauforientierte und biografische Ansätze sich mindestens bis in die 1980er Jahre zurückverfolgen lassen (Mulder 1993; Halfacree and Boyle 1993; Willekens 1999; Coulter 2013) und auch in Deutschland verfolgt wurden (Wagner 1989; ARL 1992; Birg et al. 1998; Gerber 2011). Dabei bestehen enge Beziehungen zu anderen Teilbereichen des Lebenslaufs, die für den mobilitätsbiografischen Ansatz von Bedeutung sind, etwa die Beziehungen zwischen Wohnmobilität und Familie (Michielin und Mulder 2008; Mulder und Cooke 2009) und Erwerbstätigkeit (Mulder und Ham 2005; Pailhé und Solaz 2008), zu Pfadabhängigkeiten, Vorerfahrungen und Sozialisationsauswirkungen in der Mobilität (Myers 1999; Feijten et al. 2008; Blaauboer 2011).

Eine weiterer Anknüpfungspunkt ist die Zeitgeografie, in der bereits in den 1970er Jahren lebenslauforientierte Ansätze entwickelt wurden. Diese basieren auf Hägerstrands (1970) Idee von Raum-Zeit-Pfaden, die zwar nahezu ausschließlich auf der Ebene alltäglicher Wege im Tagesverlauf (nur in Ausnahmefällen über einige Wochen hinweg (Hanson und Hanson 1980) untersucht wurden. Dass sich das Konzept der Verknüpfung von Zeit und Raum in der Zeitgeografie jedoch auf Lebensspannen ausdehnen lässt, wurde von Hägerstrand mitgedacht (1970) und explizit von Martensson (1979) umgesetzt.

Während der 1980er und 1990er Jahre wurde mit den aufkommenden Paneldaten in ersten Studien die längerfristige Variabilität der Mobilität untersucht (Goodwin 1989; Zumkeller et al. 1998) und erste Ideen für biografische Konzepte entwickelt (z. B. Erhebung einer Pkw-Biografie in einer Haushaltsbefragung 1992 in Stuttgart (Holz-Rau und Kutter 1995), Untersuchung biografischer Einflüsse in der Zielwahl im wiedervereinigten Berlin durch Scheiner 2000), ohne dies jedoch zu einem biografischen oder lebenslauforientierten Zugang auszuarbeiten. Erst nach der Jahrtausendwende entwickelte sich daraus zeitgleich an mehreren Universitäten die Idee zu prozessorientierten, biografischen Ansätzen (Axhausen 2002; Lanzendorf 2003; Scheiner 2003; Van der Waerden et al. 2003).

Die theoretischen Grundlagen des Mobilitätsbiografien-Ansatzes basieren im Wesentlichen auf drei Elementen:

1. Habits, die sich im Routinecharakter des täglichen (Verkehrs-)Handelns äußern und in großer Stabilität über lange Zeiträume resultieren
2. enge Beziehungen zwischen der individuellen Mobilitätsbiografie und anderen ‚Domänen‘ des Lebenslaufs
3. signifikante Veränderungen der Mobilität, die durch Übergänge, Ereignisse und Lernprozesse im Verlauf der individuellen Biografie und den Bruch von Routinen ausgelöst werden

Weniger beachtet wurden bisher die Verknüpfungen individueller Mobilitätsbiografien mit denjenigen anderer Personen im persönlichen Umfeld im Sinne von „linked lives" (Elder et al. 2006). Diese Verknüpfungen legen die Annahme einer Sozialisation zu bestimmten Formen von Mobilität nahe. Demzufolge könnte man als viertes Element anfügen:

4. Einflüsse von Sozialisationsinstanzen in der Mobilität, die interpersonale Verknüpfungen mobilitätsbiografischer Verläufe nahelegen.

Der größte Teil der gegenwärtigen empirischen Forschung bezieht sich auf den dritten Punkt. Dabei stehen die Auswirkungen von Schlüsselereignissen (key events, life events, life-cycle events, life course events) oder Übergängen (transitions) auf die Mobilität (meist die Verkehrsmittelnutzung) im Mittelpunkt. Der damit verbundene Fokus auf statistisch signifikante Ursache-Wirkungs-Beziehungen hat dem mobilitätsbiografischen Ansatz auch Kritik eingebracht. Miles et al. (2013) kritisieren, dass das Potenzial des Ansatzes durch die Reduktion auf statistische Messbarkeit nicht voll ausgeschöpft wird. Stattdessen würde ein verstehender, „tieferer", eher qualitativer Zugang das Verständnis für die Handlungsweisen der Menschen in Zeit und Raum und die damit verbundenen Veränderungen der Mobilität verbessern.

Tatsächlich handelt es sich bei der mobilitätsbiografischen Forschung eher um Lebenslaufforschung als um Biografieforschung. Der Lebenslauf wird normalerweise als Sequenz von Ereignissen oder Rollenübergängen verstanden, die eine Person während ihres Alterungsprozesses von der Geburt bis zum Tod durchläuft (Elder et al. 2006). Dagegen bezeichnet die Biografie das selbstreflexives, sinnhaftes Handeln eines Subjekts in der Zeitstruktur des eigenen Lebens (Sackmann 2007). Demzufolge arbeitet die Biografieforschung primär sinnrekonstruktiv, während die Lebenslaufforschung versucht, Verläufe und Strukturen im Leben von Personen möglichst objektiv zu messen, z. B. anhand von definierten Stationen, Ereignissen oder Sequenzen. Trotzdem wird hier, wie in vielen Beiträgen dieses Buches, an dem in der Mobilitätsforschung verbreiteten Begriff der Mobilitätsbiografien festgehalten.

2.1 Habits

Eine der zentralen Annahmen der Verkehrsforschung ist die starke Habitualisierung des Verkehrsverhaltens (Gärling und Axhausen 2003) verbunden mit der Bildung von Handlungsroutinen. Wiederkehrende Zielorte und langfristig verfügbare Verkehrsmittel und Verkehrsangebote charakterisieren den Verkehrsalltag. Entsprechend ist dieser nicht durch ständiges Hinterfragen und Selbstreflexivität geprägt, sondern durch Handeln in Routinen. Empirisch zeigt sich diese Habitualisierung als Pfadabhängigkeit der Mobilität, d. h. starken Korrespondenzen zwischen der Mobilität zu einem bestimmten Zeitpunkt und der Mobilität zu einem früheren Zeitpunkt – als Bonmot formuliert: der stärkste Einflussfaktor der Verkehrsmittelwahl auf dem Arbeitsweg ist die Verkehrsmittelwahl auf dem Arbeitsweg am Tag davor.

Die Idee eines habitualisierten alltäglichen Handelns ist seit Max Weber (1921) und Alfred Schütz (1932) tief verwurzelt in der soziologischen Handlungstheorie.

Sie ist auch in Rational-Choice-Modellen des Handelns integrierbar (Esser 1991). Handlungstheoretische Zugänge wurden auch ausdrücklich für Mobilität entwickelt und angewandt (Scheiner 2000; Lanzendorf 2001). Habits machen das Handeln leichter und weniger riskant. Sie werden eingesetzt, wenn zu vermuten ist, dass die Suche nach Alternativen zu hohe Suchkosten verursacht, oder wenn der erwartete Nutzen der Suche zu klein oder zu unsicher ist (Gärling und Axhausen 2003). Routinen manifestieren sich in der wiederholten Ausführung von Handlungssequenzen, auch wenn dies kein hinreichendes Kriterium ist, um eine Handlung als Routine zu definieren. Ein konstitutives Merkmal von Routinen ist die unhinterfragte, schematische Ausführung von gespeicherten Handlungsmustern, die als ‚Rezepte' fungieren (Esser 1991, S. 61 ff.).

In den vergangenen zehn Jahren wurde vielfach die Variabilität der Mobilität von Tag zu Tag untersucht, was die Stärke von Mobilitätsroutinen in Frage stellte. Detaillierte Analysen legen einen hohen Grad an Variabilität nahe (Schlich et al. 2000; Chikaraishi et al. 2009). Umgekehrt fanden Susilo und Kitamura (2005) recht stabile Aktionsräume über einen Zeitraum von sechs Wochen, insbesondere an Werktagen. Bhat et al. (2005) finden wiederkehrende wöchentliche Rhythmen in den Aktivitätsmustern (vgl. auch Schad et al. 2001). Im Großen und Ganzen kann Mobilität als kurz- bis mittelfristig recht stabil angesehen werden (Thøgersen 2006). Der Wohnstandort sowie viele aufgesuchte Zielorte (Arbeitsplatz, Wohnorte von Verwandten und Freunden, Freizeitorte, Ärzte etc.) und die damit verbundenen Wegelängen verändern sich nicht kurzfristig. Auch die Verkehrsmittelwahl ist bei unveränderten verkehrlichen Rahmenbedingungen auf einer Quell-Ziel-Relation relativ stabil, auch wenn sie in den vergangenen Jahrzehnten mit zunehmender, durch Motorisierung und Ausbau öffentlicher Verkehrsmittel bedingter Wahlfreiheit variabler geworden ist. Dies äußert sich etwa in zunehmend multimodalem Verhalten junger Erwachsener (Beckmann et al. 2006; Kuhnimhof und Wirtz 2012). Als offene Frage mag man hier formulieren, ob es sich bei Multimodalität nicht um eine Handlungsroutine höherer Komplexität handeln kann: Ich fahre bei gutem Wetter mit dem Fahrrad, bei schlechtem Wetter mit dem Bus. Wenn ich nur zur Arbeit und zurück fahre, nutze ich die Bahn; und wenn ich auf dem Rückweg noch einkaufe, nehme ich das Auto…

2.2 Domänen des Lebenslaufs: Wohnen, Erwerbstätigkeit, Haushalt und Familie

Zwei wesentliche Zugänge wurden zur Identifikation von Lebensdomänen entwickelt, die für Mobilitätsbiografien relevant sind. Lanzendorf (2003) adaptiert ein Modell von Salomon (1983), in dem drei Domänen unterschieden werden:

Lebensstil, Erreichbarkeit, und Mobilität. Die Lebensstildomäne beinhaltet eine demografischen Lebenspfad („career"), einen Berufspfad und einen Freizeitpfad. Die Erreichbarkeitsdomäne hängt von der Lebensstildomäne ab und beinhaltet Entscheidungen über grundlegende Knotenpunkte im täglichen Aktionsraum: Wohnort, Arbeitsort und Freizeitorte. Die Mobilitätsdomäne hängt ihrerseits von der Erreichbarkeitsdomäne ab. Sie umfasst den Besitz von Pkw und ÖV-Zeitkarten sowie das Verkehrsverhalten.

Ein zweiter, teils ähnlicher Vorschlag stammt von Scheiner (2007). Auf der Grundlage eigener Studien, die nur begrenzte Relevanz von Lebensstilen für die Mobilität zeigen (Scheiner 2009) verzichtet er auf den Lebensstilaspekt und fokussiert stattdessen auf die Familien- und Haushaltsbiografie, die Erwerbsbiografie und die Wohnbiografie[2]. Jede dieser drei Lebensdomänen (oder ‚Teilbiografien') steht in Bezug zur Mobilitätsbiografie, die wiederum die Verfügbarkeit von Mobilitätswerkzeugen wie Pkw oder ÖV-Zeitkarten sowie das Verkehrsverhalten umfasst.

Dabei dürfen die Ereignisse und Übergänge in der Familien- und Haushaltsbiografie, der Erwerbsbiografie und der Wohnbiografie nicht voneinander isoliert verstanden werden. Schlüsselereignisse können auf vielfache Weise miteinander verbunden sein, wie die demografische und soziologische Forschung zu Wohnbiografien zeigt (Birg et al. 1998; Sackmann und Wingens 2001; Mortimer und Shanahan 2006). Dies hat praktische Implikationen für mobilitätsbiografische Studien. So bedeutet die enge Beziehung zwischen Umzügen und Veränderungen im Haushalt für die Forschungspraxis, dass die Untersuchung der Auswirkungen von Umzügen auf das Verkehrsverhalten solche Veränderungen im Haushalt beachten muss, um irreführende Modellspezifikationen und Fehlinterpretationen zu vermeiden.

Umgekehrt kann die Mobilitätsbiografie auch Auswirkungen auf andere Teilbiografien, etwa auf die Wohnbiografie, haben. So sind die Wohnstandortoptionen von Haushalten ohne Pkw deutlich eingeschränkt (Van Wee et al. 2002; Hesse und Scheiner 2009). Auch Partnerschaft und Familienbiografie können durch Mobilität beeinträchtigt werden: Lange Pendelwege führen nicht nur zu Belastungen für Pendler, sondern auch für deren Familien, und sie können gar die Fertilität reduzieren (Schneider et al. 2002; Stutzer und Frey 2004, van der Klis 2009; Sandow 2014).

---

[2] Diese ‚Teilbiografien' werden auch als Zyklen bezeichnet (Familienzyklus, Erwerbszyklus). Dieser Begriff legt einen mehr oder weniger vorgezeichneten, geschlossenen Verlauf nahe, der in eine begrenzte Anzahl typischer Stadien zerlegt werden kann. Die Forschung über Individualisierung und Lebensstile verdeutlicht jedoch, dass dies der Realität nicht mehr gerecht wird.

2.3 Übergänge und Schlüsselereignisse im Lebenslauf

Die Momente im Lebenslauf einer Person, an denen sich Verhalten potenziell stark ändert, werden als Schlüsselereignisse oder Übergänge bezeichnet („key events', Van der Waerden et al. 2003; Lanzendorf 2010, ‚critical incidents', Van der Waerden et al. 2003, oder ‚transitions', Chatterjee et al. 2013). Während Schlüsselereignisse sich auf einen präzisen Zeitpunkt beziehen, können Übergänge länger dauern, und sie können an Lernprozesse und längerfristige Erfahrungen gebunden sein. Da Übergänge auch kurzfristig eintreten *können*, können Schlüsselereignisse als spezifische Fälle von Übergängen betrachtet werden.

Dennoch können Schlüsselereignisse das Ergebnis von Entscheidungen sein, die vor dem Hintergrund lange andauernder Lernprozesse und Erfahrungen getroffen werden. Beispielsweise kann die individuelle Selbsteinstufung in die Altersgruppe der ‚Hochbetagten' an ein spontanes Schlüsselereignis gebunden sein, etwa an eine eigene Erkrankung, einen Unfall oder an eine Erkrankung oder den Tod des Partners. Der persönliche Übergang zu den ‚Hochbetagten' kann aber auch ein langsamer Prozess der Anpassung an das hohe Alter sein.

Übergänge können je nach Richtung asymmetrische Auswirkungen auf die Mobilität haben. So argumentieren Krämer-Badoni und Kuhm (2000), dass die Aktivitätsmöglichkeiten, die das Auto bietet, nicht ‚zurückgedreht' werden können. Demnach sollte die Wahrscheinlichkeit der Pkw-Anschaffung nach einem Ereignis (z. B. Einkommenszuwachs, Umzug von einer Stadt in das Umland) größer sein als die Wahrscheinlichkeit der Pkw-Abschaffung nach einem Ereignis in der Gegenrichtung (entsprechende empirische Befunde bei Dargay 2001; Beige 2008). Demnach müssen Übergänge auf der Grundlage theoretischer Argumente separat für beide/verschiedene Richtungen untersucht werden.

Ein großer Teil der Forschungen zu Mobilitätsbiografien untersucht den Einfluss von Schlüsselereignissen und Übergängen im Lebenslauf von Personen auf deren Mobilität. In drei verschiedenen Lebensdomänen wurden bereits eine Reihe von Schlüsselereignissen als relevant für Veränderungen der Mobilität identifiziert (empirische Studien in Klammern):

a. Familien- und Haushaltsbiografie: Auszug aus dem Elternhaus; Haushalts-/ Familiengründung; Kindergeburt; Scheidung; Auszug von Kindern (Dargay 2001; Dargay und Hanly 2007 über Veränderungen der Haushaltsgröße, Heine und Mautz 2001 über Veränderungen im Familienzyklus, Zwerts et al. 2007 und Lanzendorf 2010 über die Geburt von Kindern, Schwanen 2007 über Geschlechterunterschiede in der Kinderbegleitung)

b. Erwerbsbiografie: Beginn der Ausbildung oder des Studiums; Eintritt in den Arbeitsmarkt (Harms und Lanzendorf 2007); Wechsel des Arbeitsplatzes (Kalter 1994); Veränderungen des Einkommens (Dargay 2001); Verrentung (Holz-Rau und Scheiner 2004; Ottmann 2009)

c. Wohnbiografie: Wohnstandortverlagerung und damit verbundene Veränderungen der Erreichbarkeit (Holz-Rau 2000; Krizek 2003; Dargay und Hanly 2007; Scheiner 2004; Scheiner 2005; Handy et al. 2005; Prillwitz et al. 2006).

Dabei ist festzuhalten, dass der Erwerb des Führerscheins sowie die An- oder Abschaffung eines Pkw als Teile der Mobilitätsbiografie, nicht als deren Determinanten, angesehen werden können.

Darüber hinaus wurden in einer Reihe von Studien ‚externe' Schlüsselereignisse im Verkehrssystem oder der Raumstruktur einer Stadt identifiziert, die (auch längerfristige) Verhaltensänderungen auslösen können, etwa die zeitweilige Schließung einer Hauptstraße (Fujii et al. 2001; Fujii und Gärling 2003), Veränderungen der Parkplatzsituation am Arbeitsplatz (Scheiner und Holz-Rau 2013a) oder der Fahrradinfrastruktur (Chatterjee et al. 2013).

Sequenzielle Strukturen zwischen Lebenslaufereignissen und Mobilität wurden bisher wenig untersucht. Einige wenige Befunde deuten auf verzögerte Effekte von Einkommensänderungen (Dargay 2001); Verhaltensänderungen in Antizipation von Schlüsselereignissen (‚lead effects') wurden erst in allerjüngster Zeit untersucht (Oakil 2013). Verzögerte wie auch antizipierende Effekte sind vor allem für Dimensionen der Mobilität zu erwarten, für die keine Notwendigkeit der sofortigen Verhaltensanpassung besteht, die große Investitionen erfordern und die aus einer Haushaltsperspektive sinnvoll erscheinen. Beispielsweise ist der Eintritt in den Arbeitsmarkt mit einer sofortigen Änderung des Aktivitätsmusters verbunden. Dagegen kann ein Pkw bereits im Vorfeld der Geburt eines Kindes angeschafft werden, aber auch nach Lernprozessen über veränderte Alltagsanforderungen erst ein bis zwei Jahre nach der Geburt.

Umgekehrt können Ereignisse der Mobilitätsbiografie selbst als Schlüsselereignisse für andere Lebensdomänen verstanden werden. Als Beispiel kann der Verlust des Führerscheins angeführt werden, der für die Betroffenen mit erheblichen Einbußen an Lebensqualität verbunden ist (Kieschke et al. 2010). In der gerontologischen Verkehrsforschung ist immer wieder der Verlust des Pkw bzw. das Aufgeben des Fahrens als kritisches Ereignis mit Auswirkungen auf die Lebenszufriedenheit, Engagement, Gesundheit, Mobilität und Aktivitätsniveau untersucht worden, mit widersprüchlichen Ergebnissen (Scheiner 2006; Curl et al. 2013).

3 Mobilitätssozialisation und „Linked Lives"

Lebensläufe vollziehen sich nicht isoliert von den Lebensläufen anderer Personen. Sie sind eingebettet in soziale Strukturen auf der persönlichen Ebene, in familiäre, verwandtschaftliche, freundschaftliche oder nachbarschaftliche Netzwerke, wie auch auf der „systemischen" Ebene in wirtschaftliche, politische oder administrative Organisationen. Der „lebensweltliche" Teil dieser Einbettungen wird unter dem Begriff der „linked lives" in der Soziologie und Psychologie untersucht (Elder et al. 2006).

Die Integration von Individuen in die Gesellschaft im Verlauf ihres Lebens durch die Einflüsse signifikanter Personen, Gruppen oder Organisationen wird in der Sozialpsychologie unter dem Begriff der Sozialisation bzw. Sozialisierung untersucht (vgl. ausführlich Döring, in diesem Band). Nach Herkner (1991, S. 41) versteht man darunter „die Übernahme der (typischen) Verhaltensweisen, Meinungen und Werthaltungen einer Gruppe durch ein Individuum", wodurch sich erst „eine sozial handlungsfähige Persönlichkeit herausbildet" (Tully und Baier 2011, S. 195). In der Soziologie wird dabei das Erlernen sozialer Rollen durch ein Individuum stark betont (Bahrdt 1994, S. 78 ff.). Es handelt sich also um eine – normalerweise als wechselseitig verstandene – Auseinandersetzung, die zu einer Anpassung an oder Integration in eine Gruppe führt. Dabei kann es sich um eine Kleingruppe handeln, etwa eine Familie oder Clique, aber auch um eine Gesellschaft, in die man sozialisiert wird. Bei den Sozialisationsinstanzen – also den „anderen" – kann es sich um Personen als Rollenträger, aber auch um Organisationen handeln. Neben Eltern und Familie stellen „peer groups", Medien, Kindergärten und Schulen wichtige Sozialisationsinstanzen dar.

Einflüsse der Sozialisation existieren vermutlich auch in der Mobilität (Flade und Limbourg 1997; Baslington 2008; Tully und Baier 2011), ausgelöst durch die Mobilität der Eltern, die schulische Verkehrserziehung oder auch die Jugendclique. Eine solche „Übertragung" von Verhalten von Eltern auf ihre Kinder ist für die Wohnmobilität (Myers 1999; Blaauboer 2011) sowie für demografische Lebenspfade (Liefbroer und Elzinga 2012) empirisch nachgewiesen. Dies legt „linked lives" im Sinne interpersonaler Verknüpfungen mobilitätsbiografischer Verläufe nahe. Allerdings setzt der Gedanke einer Mobilitätssozialisation voraus, dass Mobilität für die Integration in die entsprechende Gruppe überhaupt relevant ist, denn andernfalls gäbe es keinen Anpassungsdruck. Eine entsprechend hohe Relevanz von Mobilität lässt sich unter Jugendlichen plausibel annehmen – das erste Mofa, der Führerscheinerwerb, das erste eigene Auto gehen mit erheblichen (subjektiven und objektiven) Freiheiten einher (Mienert 2003; Tully und Baier 2006, 2011). Für die gesellschaftliche Integration insgesamt lässt sich dies nicht ohne Weiteres unterstellen. Selbst wenn Mobilität eine grundlegende, strukturierende Dimensionen moderner Gesellschaften darstellt, ist mit ausgedehnten oder weniger ausgedehnten Aktionsräumen, mit der Bevorzugung des Autos, der Bahn oder des Fahrrads nicht ohne Weiteres eine Art sozialer Exklusion verbunden, die in einen Anpassungsdruck münden würde. Allerdings ist zu vermuten, dass die erzwungene Einschränkung des Aktionsradius aufgrund fehlender Mobilitätsoptionen solche Exklusionstendenzen hervorruft. Zudem ist zu beachten, dass die „Übertragung" von Handlungsweisen von einer Generation auf die nächste keineswegs nur normativ, sozialpsychologisch oder durch Lerneffekte begründet sein kann, sondern auch ökonomische Hintergründe hat (etwa Vererbung von Wohneigentum).

Die Verknüpfung des Themas Mobilitätssozialisation mit Mobilitätsbiografien besteht darin, dass Sozialisation als Prozess nur im Zeitverlauf verstanden werden kann. Wenn es eine Mobilitätssozialisation in der Kindheit und Jugend gibt, lässt sich diese somit als mobilitätsbiografische Vorstrukturierung verstehen. Das relevante „Zeitfenster" ist dabei keineswegs nur auf die Kindheit und Jugend beschränkt. Vielmehr erstrecken sich Sozialisationsprozesse über den gesamten Lebenslauf, wenn auch vermutlich die formativste(n) Phase(n) in Kindheit und Jugend liegen, während sich entsprechende Präferenzen im späteren Verlauf eher langsam ändern dürften. Ergänzend kann man die Frage stellen, ob nicht auch Flexibilität als Anpassungsfähigkeit und die Vielfalt der Handlungsroutinen formiert werden (können).

Die Frage nach der Relevanz von Sozialisationsprozessen für die Mobilität eröffnet in jedem Fall eine Reihe interessanter Forschungsfragen, etwa nach der Struktur entsprechender Interaktionen in Haushalten und Familien, zwischen Generationen und in persönlichen Netzwerken. Generationsspezifische Mobilitätsbiografien könnten auch unabhängig von den Generationen einer Familie (also im Sinne von Kohorten) ein lohnendes Untersuchungsfeld bilden, etwa die kollektive Erfahrung der ersten Urlaubsreisen an das Mittelmeer in der Baby Boomer Generation und die Bedeutung der sich etablierenden sozialen Norm des Reisens ins Ausland. Und schließlich stellt die junge Idee von (kommunalen oder auch nationalen) Mobilitätskulturen (Klinger et al. 2013) einen Ansatz dar, um mögliche Einflüsse des weiteren sozial-räumlichen Umfelds auf die Mobilität zu untersuchen (etwa der Idee von „slow cities").

4   Die Bedeutung von Kontextbedingungen

Die zuletzt genannten Beispiele im vorigen Abschnitt verdeutlichen, dass Lebensläufe in historische Trends eingebettet sind. Demzufolge sind zu ihrer Interpretation auch externe Bedingungen zu untersuchen bzw. heranzuziehen[3]. Diese können sich statistisch in Kohorten- und Periodeneffekten spiegeln (Weis und Axhausen 2009; Scheiner und Holz-Rau 2013a). In inhaltlicher Hinsicht muss ihre Interpretation die jeweiligen ökonomischen, sozialen, technologischen und politischen Rahmenbedingungen im Untersuchungszeitraum beachten. Andernfalls werden Erfahrungen und Veränderungen der Mobilität im Zeitverlauf ggf. verkürzend individualistisch interpretiert. Beispielsweise sind Abwanderung und Fernpendeln nicht bloß individuelle, sondern generationsspezifisch geteilte Erfahrungen unter ostdeutschen Erwerbstätigen nach der deutschen Wiedervereinigung 1990. Auch die jungen deutschen Familien, die in den 1950er und 1960er Jahren erstmals mit dem ersten Kleinwagen an die Adria oder andere mediterrane Tourismusdestinationen reisten, machten eine kollektive Erfahrung.

Die Rekonstruktion historischer Zustände und Trends stellt die mobilitätsbiografische Forschung vor erhebliche zusätzliche Herausforderungen. So lässt sich die über Jahrzehnte zunehmende Motorisierung verhältnismäßig leicht rekonstruieren, allerdings nur im Aggregat, nicht auf kleinräumlicher oder gar mikrosozialer Ebene. Wann und in welchem Ausmaß sich daraus eine soziale Norm der Motorisierung entwickelt hat, ist dagegen sehr viel schwieriger zu rekonstruieren. Ein anderes Beispiel ist der aktuelle Trend der zunehmenden Nutzung des ÖPNV unter jungen Erwachsenen, der nur vor dem Hintergrund der Einführung von Semestertickets etwa ab 1990 adäquat zu verstehen ist.

Diese Beispiele mögen verdeutlichen, dass bei der Interpretation langfristiger Verläufe der Mobilität große Vorsicht und auch die Kenntnis historischer Rahmenbedingungen notwendig sind.

5   Schlussfolgerungen für die Forschung

Mobilitätsbiografien – oder Mobilitätslebensläufe – haben sich innerhalb weniger Jahre zu einem vielfältigen und weiterhin vielversprechenden Forschungsfeld entwickelt. Eine Reihe wichtiger Fragen wurden bisher nicht oder nur selten untersucht.

---

[3] Externe Bedingungen beziehen sich hier nicht auf Bedingungen auf der Individualebene, die sich im Lebenslauf ändern können, sondern auf makroökonomische, soziale, technologische und politische Rahmenbedingungen, die für die gesamte Bevölkerung relevant sind.

- Die vorliegenden Studien beschränken sich auf wenige Maßzahlen des Verkehrsverhaltens, v. a. die Verkehrsmittelnutzung. Wegezweckspezifische Kennziffern, zurückgelegte Distanzen, Aktivitätsmuster oder die Struktur von Wegeketten wurden kaum untersucht.
- Einige wichtige Schlüsselereignisse im Lebenslauf wurden bereits häufig untersucht, etwa Wohnstandortwechsel. Interaktionen zwischen verschiedenen Schlüsselereignissen wurden dagegen vernachlässigt. Aufgrund der Vielfalt möglicher Interaktionen erfordert dies die Entwicklung detaillierter Hypothesen. Beispielsweise werden Wanderungen in ein Zentrum vor allem dann zur Abschaffung eines Haushalts-Pkw führen, wenn dies mit der konkret besseren Erreichbarkeit des eigenen Arbeitsplatzes verbunden ist.
- Gruppenspezifische Effekte von Schlüsselereignissen auf die Mobilität wurden ebenfalls bisher weitgehend ignoriert. Zwar existieren durchaus gruppenspezifische Untersuchungen. Diese verzichten allerdings auf systematische Vergleiche.
- Sozialisationseinflüsse in der Mobilität wurden bisher kaum untersucht (Haustein et al. 2009; Baslington 2008). Diese bilden in Form des Einflusses von Eltern auf ihre erwachsenen Kinder einen Schwerpunkt im DFG-Projekt ‚Mobility Biographies' (Döring, in diesem Band, Albrecht, in diesem Band).
- Schlüsselereignisse können sich nicht nur auf die betroffene Person auswirken, sondern auch auf deren Partner/in. So kann sich die Verkehrsmittelnutzung auf dem Arbeitsweg einer Person ändern, wenn sich beim Partner die Erreichbarkeit des Arbeitsplatzes ändert und dieser den Haushalts-Pkw benötigt. Interaktionen innerhalb des Haushalts haben in der jüngsten Verkehrsforschung zunehmende Aufmerksamkeit gefunden (Srinivasan und Athuru 2005; Auld und Zhang 2013), allerdings ohne Berücksichtigung einer Lebenslaufperspektive.
- Sequenzielle Strukturen zwischen Lebenslaufereignissen und Mobilität wurden bisher wenig untersucht. Einige wenige Befunde deuten auf verzögerte Effekte von Einkommensänderungen (Dargay 2001); Verhaltensänderungen in Antizipation von Schlüsselereignissen (‚lead effects') wurden erst in allerjüngster Zeit untersucht (Oakil 2013), obwohl anzunehmen ist, dass etwa eine Pkw-Anschaffung durchaus bereits vor einem Schlüsselereignis erfolgen kann.

Neben diesen mehr an der ‚Sache' motivierten Fragestellungen besteht auch ein auffälliger Mangel an ‚verstehenden', sinnrekonstruktiven Zugängen zu Mobilitätsbiografien, die sich stärker an einer im engeren Sinne biografischen – statt lebenslauforientierten – Forschung orientierten (Miles et al. 2013). Damit würde sich für das Forschungsfeld Mobilitätsbiografien eine weite Perspektive eröffnen, die das Feld stärker aus der Innensicht der handelnden Akteure selbst versteht.

Literatur

ARL (Akademie für Raumforschung und Landesplanung). (Hrsg.). (1992). *Regionale und biographische Mobilität im Lebensverlauf.* Forschungs- und Sitzungsberichte der Akademie für Raumforschung und Landesplanung 189. Hannover: ARL.

Arránz Becker, O. (2013). Effects of similarity of life goals, values, and personality on relationship satisfaction and stability: Findings from a two-wave panel study. *Personal Relationships, 20,* 443–461.

Auld, J., & Zhang, L. (2013). Inter-personal interactions and constraints in travel behavior within households and social networks. *Transportation, 40,* 751–754.

Axhausen, K. W. (2002). *A dynamic understanding of travel demand: A sketch.* Arbeitsbericht Verkehrs- und Raumplanung des Instituts für Verkehrsplanung, Transporttechnik, Straßen- und Eisenbahnbau 119. Zürich: ETH.

Axhausen, K. W., Frei, A., & Ohnmacht, T. (2006). Networks, biographies and travel: First empirical and methodological results. Paper presented at the 11th International Conference on Travel Behaviour Research, Kyoto, 16–20 August 2006.

Axhausen, K. W. (2007). Activity spaces, biographies, social networks and their welfare gains and externalities: some hypotheses and empirical results. *Mobilities, 2,* 15-36.

Bahrdt, H. P. (1994). *Schlüsselbegriffe der Soziologie* (6. Aufl.). München: Beck.

Baslington, H. (2008). Travel socialization: A social theory of travel mode behavior. *International Journal of Sustainable Transportation, 2,* 91–114.

Beckmann, K. J., Chlond, B., Kuhnimhof, T., von der Ruhren, S., & Zumkeller, D. (2006). Multimodale Verkehrsmittelnutzer im Alltagsverkehr. *Internationales Verkehrswesen, 58,* 138–145.

Beige, S. (2008). *Long-term and mid-term mobility decisions during the life course.* Dissertation an der ETH Zürich, Institut für Verkehrsplanung und Transportsysteme.

Beige, S., & Axhausen, K. W. (2012). Interdependencies between turning points in life and long-term mobility decisions. *Transportation, 39,* 857–872.

Bhat, C. R., Srinivasan, S., & Axhausen, K. W. (2005). An analysis of multiple interepisode durations using a unifying multivariate hazard model. *Transportation Research Part B, 39,* 797–823.

Birg, H., Flöthmann, E.-J., Heins, F., & Reiter, I. (1998). *Migrationsanalyse. Empirische Längsschnitt- und Querschnittanalysen auf der Grundlage von Mikro- und Makromodellen für die Bundesrepublik Deutschland. Materialien des Instituts für Bevölkerungsforschung und Sozialpolitik der Universität Bielefeld 43.* Bielefeld: Universität.

Blaauboer, M. (2011). The impact of childhood experiences and family members outside the household on residential environment choices. *Urban Studies, 48,* 1635–1650.

Bonham, J., & Wilson, A. (2012). Bicycling and the life course: The start-stop-start experiences of women cycling. *International Journal of Sustainable Transportation, 6,* 195–213.

Chatterjee, K., Sherwin, H., Jain, J., Christensen, J., & Marsh, S. (2013). A conceptual model to explain turning points in travel behaviour: Application to bicycle use. *Transportation Research Record, 2322,* 82–90.

Chikaraishi, M., Fujiwara, A., Zhang, J., & Axhausen, K. W. (2009). Exploring variation properties of departure time choice behavior using multilevel analysis approach. *Transportation Research Record, 2134,* 10–20.

Clutton-Brock, T. H. (Hrsg.). 1988). *Reproductive success. Studies of individual variation in contrasting breeding systems.* Chicago: University of Chicago.

Coulter, R. (2013). Wishful thinking and the abandonment of moving desires over the life course. *Environment and Planning A, 45,* 1944–1962.

Curl, A. L., Stowe, J. D., Cooney, T. M., & Proulx, C. M. (2013). Giving up the keys: How driving cessation affects engagement in later life. *The Gerontologist.* doi:10.1093/geront/gnt037.

Dargay, J. (2001). The effect of income on car ownership: Evidence of asymmetry. *Transportation Research Part A, 35,* 807–821.

Dargay, J., & Hanly, M. (2007). Volatility of car ownership, commuting mode and time in the UK. *Transportation Research Part A, 41,* 934–948.

Elder, G. H., Jr., Johnson, M. K., & Crosnoe, R. (2006). The emergence and development of life course theory. In J. Mortimer & M. J. Shanahan (Hrsg.), *Handbook of the life course* (S. 3–19). Berlin: Springer.

Esser, H. (1991). *Alltagshandeln und Verstehen. Zum Verhältnis von erklärender und verstehender Soziologie am Beispiel von Alfred Schütz und „Rational Choice".* Tübingen: Mohr Siebeck.

Feijten, P., & Hooimeijer, P., Mulder, C. H. (2008). Residential experience and residential environment choice over the life-course. *Urban Studies, 45,* 141–162.

Filipp, S.-H. (Hrsg.). 1995). *Kritische Lebensereignisse.* Weinheim: Beltz.

Flade, A., & Limbourg, M. (1997). *Das Hineinwachsen in die motorisierte Gesellschaft.* Darmstadt: IWU.

Fortin, N. M. (2005). Gender role attitudes and the labour-market outcomes of women across OECD countries. *Oxford Review of Economic Policy, 21,* 416–438.

Frändberg, L. (2006). International mobility biographies: A means to capture the institutionalisation of long-distance travel? *Current Issues in Tourism, 9,* 320–334.

Fujii, S., & Gärling, T. (2003). Development of script-based travel mode choice after forced change. *Transportation Research Part F, 6,* 117–124.

Fujii, S., Gärling, T., & Kitamura, R. (2001). Changes in drivers' perceptions and use of public transport during a freeway closure: Effects of temporary structural change on co-operation in a real-life social dilemma. *Environment and Behavior, 33,* 796–808.

Gärling, T., & Axhausen, K. W. (2003). Introduction: Habitual travel choice. *Transportation, 30,* 1–11.

Gerber, K. (2011). *Räumliche Mobilität im Wandel: Wanderungen im Lebenslauf und ihre Auswirkungen auf die Stadtentwicklung in Nordrhein-Westfalen.* Wiesbaden: VS Verlag.

Goodwin, P. B. (1989). Family changes and public transport use 1984–1987. *Transportation, 16,* 121–154.

Halfacree, K. H., & Boyle, P. J. (1993). The challenge facing migration research: The case for a biographical approach. *Progress in Human Geography, 17,* 333–348.

Handy, S., Cao, X., & Mokhtarian, P. (2005). Correlation or causality between the built environment and travel behavior? Evidence from Northern California. *Transportation Research Part D, 10,* 427–444.

Hanson, S., & Hanson, P. (1980). Gender and urban activity patterns in Uppsala, Sweden. *Geographical Review, 70*(3), 291–299.

Harms, S., & Lanzendorf, M. (2007). From university to working life: effects of an important biographic change on travel mode choice. Paper presented at the European Transport Conference, Leiden, Netherlands, 17–19 October, 2007.

Haustein, S., Klöckner, C. A., & Blöbaum, A. (2009). Car use of young adults: The role of travel socialization. *Transportation Research Part F, 12,* 168–178.

Heine, H., & Mautz, R. (2001). *Möglichkeiten und Grenzen des Autoverzichts. Die Wahl des Verkehrsmittels angesichts der Mobilitätszwänge und normativen Ansprüche der heutigen familiären Lebensweise.* Göttingen: Soziologisches Forschungsinstitut Göttingen.

Herkner, W. (1991). *Lehrbuch Sozialpsychologie. 5. korrigierte und stark erweiterte Auflage.* Bern: Hans Huber.

Hesse, M., & Scheiner, J. (2009). Residential location, mobility and the city: Mediating and reproducing social inequity. In T. Ohnmacht, H. Maksim, & M. Bergman (Hrsg.), *Mobilities and inequality* (S. 187–206). Aldershot: Ashgate.

Holz-Rau, C. (1997). *Siedlungsstruktur und Verkehr. Materialien zur Raumentwicklung 84.* Bonn: BfLR.

Holz-Rau, C. (2000). *Randwanderung und Verkehrshandeln.* Herdecke: Büro für Integrierte Planung.

Holz-Rau, C., & Kutter, E. (1995). *Verkehrsvermeidung – siedlungsstrukturelle und organisatorische Konzepte. Materialien zur Raumentwicklung 73.* Bonn: BfLR.

Holz-Rau, C., & Scheiner, J. (2004). Ein Blick in die Zukunft. In G. Rudinger, C. Holz-Rau, & R. Grotz (Hrsg.), *Freizeitmobilität älterer Menschen. Dortmunder Beiträge zur Raumplanung, Verkehr 4* (S. 217–224). Dortmund: IRPUD.

Holz-Rau, C., Scheiner, J., & Schwarze, B. (2010). *Wohnstandortinformation privater Haushalte: Grundlagen und Erfahrungen aus zwei Modellstädten. Dortmunder Beiträge zur Raumplanung, Verkehr 9.* Dortmund: IRPUD.

Kalter, F. (1994). Pendeln statt Migration? Die Wahl und Stabilität von Wohnort-Arbeitsort-Kombinationen. *Zeitschrift für Soziologie, 23,* 460–476.

Kasper, B., Toepsch, J., & Schubert, S. (2009). Das Patentticket. Ein erfolgreiches Forschungs- und Umsetzungsprojekt zur Gewinnung von Kunden für den ÖPNV in der Zielgruppe 60+. *Nahverkehrspraxis, 56,* 19–21.

Kieschke, U., Kieschke, T., & Schubert, W. (2010). Fahrerlaubnisentzug als kritisches Lebensereignis. *Zeitschrift für Verkehrssicherheit, 56,* 143–148.

Klinger, T., Kenworthy, J. R., & Lanzendorf, M. (2013). Dimensions of urban mobility cultures – a comparison of German cities. *Journal of Transport Geography, 31,* 18–29.

van der Klis, M. (2009). *Commuter partnerships. Balancing home, family, and distant work.* Amsterdam: University, Faculty of Social and Behavioural Sciences.

Krämer-Badoni, T., & Kuhm, K. (2000). Mobilität. In H. Häußermann (Hrsg.), *Großstadt. Soziologische Stichworte* (2. Aufl., S. 162–173). Opladen: Leske + Budrich.

Krizek, K. J. (2003). Residential relocation and changes in urban travel. Does neighborhood-scale urban form matter? *Journal of the American Planning Association, 69,* 265–281.

Kuhnimhof, T., & Wirtz, M. (2012). Von der Generation Golf zur Generation Multimodal. *Der Nahverkehr, 30,* 7–12.

Lanzendorf, M. (2001). *Freizeitmobilität. Materialien zur Fremdenverkehrsgeographie 56.* Trier: Universität.

Lanzendorf, M. (2003). Mobility biographies. A new perspective for understanding travel behaviour. Paper presented at the 10th International Conference on Travel Behaviour Research, Lucerne, 10th–15th August 2003.

Lanzendorf, M. (2010). Key events and their effect on mobility biographies: The case of childbirth. *International Journal of Sustainable Transportation, 4,* 272–292.

Liefbroer, A. C., & Elzinga, C. H. (2012). Intergenerational transmission of behavioural patterns: How similar are parents' and children's demographic trajectories? *Advances in Life Course Research, 17,* 1–10.

Martensson, S. (1979). *On the Formation of Biographies in Space-Time Environments. Lund Studies in Geography, Series B, Human Geography, 47*. Lund: University, Department of Geography.

Merton, R. (1969). Lifetime portfolio selection under uncertainty: The continuous-time case. *Review of Economics and Statistics, 51*, 247–257.

Michielin, F., & Mulder, C. H. (2008). Family events and the residential mobility of couples. *Environment and Planning A, 40*, 2770–2790.

Mienert, M. (2003). Entwicklungsaufgabe Automobilität. Psychische Funktionen des Pkw-Führerscheins für Jugendliche im Übergang ins Erwachsenenalter. *Zeitschrift für Verkehrssicherheit, 49*, 26–48 und 75–99 und 127–139 und 155–161.

Miles, A., Moore, N., & Muir, S. (2013). Mobility biographies: Studying transport and travel behaviour through life histories. In R. Gerike, F. Hülsmann, & K. Roller (Hrsg.), *Strategies for sustainable mobilities: Opportunities and challenges* (S. 173–188). Farnham: Ashgate.

Mokhtarian, P., & Cao, X. (2008). Examining the impacts of residential self-selection on travel behavior: A focus on methodologies. *Transportation Research Part B, 42*, 204–228.

Mortimer, J. T., & Shanahan, M. J. (Hrsg.). 2006). *Handbook of the life course*. Berlin: Springer.

Mulder, C. H. (1993). *Migration dynamics: A life course approach*. Amsterdam: Thesis Publishers.

Mulder, C. H., & Cooke, T. J. (2009). Guest editorial: Family ties and residential locations. *Population, Space and Place, 15*, 299–304.

Mulder, C. H., & van Ham, M. (2005). Migration histories and occupational achievement. *Population, Space and Place, 11*, 173–186.

Mussa, M. (1976). *A study in macroeconomics*. Studies in Monetary Economics 3. Amsterdam, New York, Oxford: North Holland.

Myers, S. M. (1999). Residential mobility as a way of life: Evidence of intergenerational similarities. *Journal of Marriage and the Family, 61*, 871–880.

Oakil, A. T. M. (2013). Temporal dependence in life trajectories and mobility decisions. PhD thesis, Utrecht University, Faculty of Geosciences.

Ottmann, P. (2009). *Abbildung demographischer Prozesse in Verkehrsnachfrageprognosen mit Hilfe von Längsschnittdaten*. Dissertation, Fakultät Bauingenieur-, Geo- und Umweltwissenschaften, Universität Karlsruhe (TH).

Pailhé, A., & Solaz, A. (2008). Professional outcomes of internal migration by couples: Evidence from France. *Population, Space and Place, 14*, 347–363.

Prillwitz, J., Harms, S., & Lanzendorf, M. (2006). Impact of life course events on car ownership. *Transportation Research Record, 1985*, 71–77.

Raz-Yurovich, L. (2013). Divorce penalty or divorce premium? A longitudinal analysis of the consequences of divorce for men's and women's economic activity. *European Sociological Review, 29*, 373–385.

Rockwell, R. F., & Barrowclough, G. F. (1995). Effective population size and lifetime reproductive success. *Conservation Biology, 9*, 1225–1233.

Rodriguez, D. A., Levine, J., Weinstein, A., & Song, J. (2011). Can information promote transportation-friendly location decisions? A simulation experiment. *Journal of Transport Geography, 19*, 304–312.

Sackmann, R. (2007). *Lebenslaufanalyse und Biografieforschung*. Wiesbaden: VS Verlag für Sozialwissenschaften.

Sackmann, R., & Wingens, M. (Hrsg.). 2001). *Strukturen des Lebenslaufs: Übergang – Sequenz – Verlauf*. Weinheim: Juventa.

Salomon, I. (1983). Life styles – a broader perspective on travel behaviour. In S. Carpenter & P. Jones (Hrsg.), *Recent advances in travel demand analysis* (S. 290–310). Aldershot: Gower.

Samuelson, P. A. (1969). Lifetime portfolio selection by dynamic stochastic programming. *Review of Economics and Statistics, 51*, 239–246.

Sandow, E. (2014). Til work do us part: The social fallacy of long-distance commuting. *Urban Studies, 51*, 526–543.

Scheiner, J. (2000). *Eine Stadt - zwei Alltagswelten? Ein Beitrag zur Aktionsraumforschung und Wahrnehmungsgeographie im vereinten Berlin. Abhandlungen Anthropogeographie 62*. Berlin: Reimer.

Schad, H., Funke, C., Rommerskirchen, S., & Vödisch, M. (2001). *Konstanz und Variabilität des Mobilitätsverhaltens im Wochenverlauf*. Basel: Prognos.

Scheiner, J. (2003). Housing mobility and travel behaviour: A process-oriented approach to spatial mobility. Evidence from a new research field in Germany. Paper presented at the RGS-IBG International Annual Conference „Geography, Serving Society and the Environment", London, 3–5 September, 2003.

Scheiner, J. (2004). Aktionsräume älterer Menschen in der Freizeit. *Raumplanung, 114/115*, 137–142.

Scheiner, J. (2005). Auswirkungen der Stadt- und Umlandwanderung auf Motorisierung und Verkehrsmittelnutzung: Ein dynamisches Modell des Verkehrsverhaltens. *Verkehrsforschung Online, 1*, 1–17.

Scheiner, J. (2006). Does the car make elderly people happy and mobile? Settlement structures, car availability and leisure mobility of the elderly. *European Journal of Transport and Infrastructure Research, 6*, 151–172.

Scheiner, J. (2007). Mobility biographies: Elements of a biographical theory of travel demand. *Erdkunde, 61*, 161–173.

Scheiner, J. (2009). *Sozialer Wandel, Raum und Mobilität*. Wiesbaden: VS Verlag für Sozialwissenschaften.

Scheiner, J., & Holz-Rau, C. (2013a). A comprehensive study of life course, cohort, and period effects on changes in travel mode use. *Transportation Research Part A, 47*, 167–181.

Scheiner, J., & Holz-Rau, C. (2013b). Changes in travel mode choice after residential relocation: A contribution to mobility biographies. *Transportation, 40*, 431–458.

Schlich, R., König, A., & Axhausen, K. W. (2000). Stabilität und Variabilität im Verkehrsverhalten. *Straßenverkehrstechnik, 36*, 431–440.

Schneider, N. F., Limmer, R., & Ruckdeschel, K. (2002). *Berufsmobilität und Lebensform. Sind berufliche Mobilitätserfordernisse in Zeiten der Globalisierung noch mit Familie vereinbar?* Stuttgart: Kohlhammer.

Schütz, A. (1932/1981). *Der sinnhafte Aufbau der sozialen Welt* (2. Aufl.). Frankfurt a. M.: Suhrkamp.

Schwanen, T. (2007). Gender differences in chauffeuring children among dual-earner families. *The Professional Geographer, 59*, 447–462.

Sharmeen, F., Arentze, T., & Timmermans, H. (2014). An analysis of the dynamics of activity and travel needs in response to social network evolution and life-cycle events: A structural equation model. *Transportation Research Part A, 59*, 159–171.

Srinivasan, K., & Athuru, S. (2005). Analysis of within-household effects and between-household differences in maintenance activity allocation. *Transportation, 32*, 495–521.

Stutzer, A., & Frey, B. (2004). *Stress that doesn't pay: The commuting paradox*. Institute for Empirical Research in Economics Working Paper 151. Zürich: Universität Zürich.

Susilo, Y. O., & Kitamura, R. (2005). Analysis of day-to-day variability in an individual's action space: Exploration of 6-Week Mobidrive Travel Diary Data. *Transportation Research Record, 1902,* 124–133.

Thøgersen, J. (2006). Understanding repetitive travel mode choices in a stable context: A panel study approach. *Transportation Research Part A, 40,* 621–638.

Tully, C. J., & Baier, D. (2006). *Mobiler Alltag. Mobilität zwischen Option und Zwang – Vom Zusammenspiel biographischer Motive und sozialer Vorgaben.* Wiesbaden: VS Verlag für Sozialwissenschaften.

Tully, C. J., & Baier, D. (2011). Mobilitätssozialisation. In O. Schwedes (Hrsg.), *Verkehrspolitik* (S. 195–211). Wiesbaden: VS Verlag.

Van der Waerden, P., Timmermans, H., & Borgers, A. (2003). The Influence of Key Events and Critical Incidents on Transport Mode Choice Switching Behaviour: A Descriptive Analysis. Paper presented at the 10th International Conference on Travel Behaviour Research (IATBR), Lucerne, 10th–15th August 2003.

Van Wee, B., Holwerda, H., & van Baren, R. (2002). Preferences for modes, residential location and travel behaviour: The relevance for land-use impacts on mobility. *European Journal of Transport and Infrastructure Research, 2,* 305–316.

Wagner, M. (1989). *Räumliche Mobilität im Lebensverlauf.* Stuttgart: Ferdinand Enke.

Weber, M. (1921/1972). *Wirtschaft und Gesellschaft. Grundriß der verstehenden Soziologie* (5. Aufl.). Tübingen: J.C.B. Mohr.

Weis, C., & Axhausen, K. W. (2009). Induced travel demand: Evidence from a pseudo panel data based structural equations model. *Research in Transport Economics, 25,* 8–18.

Willekens, F. J. (1999). The life course: Models and analysis. In L. J. G. van Wissen & P. A. Dykstra (Hrsg.), *Population issues* (S. 23–51). New York: Kluwer.

Zhang, J., Yu, B., & Chikaraishi, M. (2014). Interdependences between household residential and car ownership behavior: A life history analysis. *Journal of Transport Geography, 34,* 165–174.

Zumkeller, D., Chlond, B., & Lipps, O. (1998). *Konstanz/Variabilität des Verkehrsverhaltens bei gleichen Personen.* Endbericht (BMV FE 70.595/1998). Karlsruhe: Institut für Verkehrswesen.

Zwerts, E., Janssens, D., & Wets, G. (2007). *How the presence of children affects parents' travel behaviour.* Paper presented at the Transportation Research Board 86th Meeting. Washington, DC, 21–25 January 2007.

Prof. Dr.-Ing. Christian Holz-Rau ist seit 1998 Professor für Verkehrsplanung an der Fakultät Raumplanung der Technischen Universität Dortmund. Er leitet dort das Fachgebiet Verkehrswesen und Verkehrsplanung. Zuvor war er wissenschaftlicher Assistent an der Technischen Universität Berlin. Seine Forschungsinteressen umfassen die Wechselwirkungen zwischen Raum- und Verkehrsentwicklung, Verkehrsverhalten, nachhaltige Verkehrsplanung, und den Öffentlichen Personennahverkehr.

Prof. Dr. Joachim Scheiner Dipl.-Geogr. geboren 1964, ist seit 2000 wissenschaftlicher Mitarbeiter am Fachgebiet Verkehrswesen und Verkehrsplanung an der Fakultät Raumplanung, Technische Universität Dortmund. Dort leitet er das Forschungsfeld Verkehrsverhalten und Mobilität. Daneben ist er freiberuflich in der Verkehrsforschung tätig. In seiner Forschung beschäftigt er sich mit Verkehrsentwicklung, Raumentwicklung, sozialem Wandel und Wohnstandortwahl.

Biografieeffekte und intergenerationale Sozialisationseffekte in Mobilitätsbiografien

Lisa Döring

Zusammenfassung

Dieser Beitrag legt die theoretische Basis für empirische Analysen des Mobilitätshandelns im Lebensverlauf und familiären Kontext. Ausgehend vom Modell der produktiven Realitätsverarbeitung und dem Ansatz der Mobilitätsbiografien werden die Wirkungsbeziehungen zwischen dem Mobilitätshandeln von Familienmitgliedern im Lebensverlauf untersucht. Mobilitätshandeln wird entsprechend von räumlich-strukturellen Bedingungen, dem historischen, politischen und technischen Kontext, den individuellen Fähigkeiten sowie dem sozialen Umfeld beeinflusst. Fokussierend auf die familiäre Mobilitätssozialisation wird erwartet, dass das individuelle Mobilitätshandeln einerseits durch das Handeln der Familienmitglieder zum untersuchten Zeitpunkt und andererseits durch das

Danksagung: Dieser Beitrag ist im Rahmen des Projektes „Mobility Biographies: A Life-Course Approach to Travel Behaviour and Residential Choice" (Förderkennziffern HO 3262/5-1, LA 2407/4-1, SCHE1692/1-1) entstanden. Ich bedanke mich bei der Deutschen Forschungsgemeinschaft für die finanzielle Unterstützung für diesen Beitrag sowie für zahlreiche thematische Diskussionen mit Kollegen des Fachgebiets Verkehrswesen und Verkehrsplanung an der TU Dortmund.

L. Döring (✉)
Fakultät Raumplanung, FG VPL, Technische Universität Dortmund,
August-Schmidt-Str. 10, 44227 Dortmund, Deutschland
E-Mail: lisa.doering@tu-dortmund.de

© Springer Fachmedien Wiesbaden 2015
J. Scheiner, C. Holz-Rau (Hrsg.), *Räumliche Mobilität und Lebenslauf,*
Studien zur Mobilitäts- und Verkehrsforschung, DOI 10.1007/978-3-658-07546-0_2

(frühere) Handeln der Familienmitglieder in einer ähnlichen Lebensphase beeinflusst wird. Zusätzlich beeinflussen individuelle Erfahrungen das Mobilitätshandeln. So werden *aktuelle* und *verzögerte intergenerationale Sozialisationseffekte* sowie *Biografieeffekte* in Mobilitätsbiografien abgeleitet.

Schlüsselwörter

Familiäre Sozialisation · Intergenerationale Transmission · Mobilitätssozialisation · Modell der Produktiven Realitätsverarbeitung · Mobilitätsbiografien Lebensverlauf · Mobilitätshandeln · Verkehrsverhalten

1 Einleitung

Dieser Beitrag legt die theoretische Basis für empirische Analysen des Mobilitätshandelns im Lebensverlauf und familiären Kontext. Ausgehend vom Modell der produktiven Realitätsverarbeitung und dem Ansatz der Mobilitätsbiografien werden die Wirkungsbeziehungen zwischen dem Mobilitätshandeln von Familienmitgliedern im Lebensverlauf untersucht.

Mobilitätssozialisation ist ein lebenslanger Prozess, in dem das Individuum autonomes Mobilitätshandeln erlernt. Neben der Schule und dem Freundeskreis beeinflussen insbesondere Familienmitglieder den Sozialisationsprozess. Im Folgenden liegt der Fokus auf den intergenerationalen Sozialisationseffekten der Familienmitglieder. Personen unterschiedlicher Generationen unterscheiden sich maßgeblich in ihrer Biografie, denn sie haben unterschiedliche politische, historische, technische und gesellschaftliche Entwicklungen miterlebt. Obwohl diese Unterschiede in verschiedenen Erfahrungen resultieren und somit das Handeln beeinflussen, sind Ähnlichkeiten zwischen dem Handeln von Familienmitgliedern verschiedener Generationen zu erwarten, da Werte, Einstellungen sowie der Bildungsgrad und der ökonomische Status der Eltern ihr Handeln und das Handeln ihrer Kinder beeinflussen.

Eine Mobilitätsbiografie bildet das individuelle Mobilitätshandeln im Lebensverlauf ab. Sie bietet damit einen passenden Ansatz, den lebenslangen Prozess der Sozialisation zu untersuchen. Eine Mobilitätsbiografie steht in Wechselwirkung mit anderen Teilbiografien, wie z. B. der Haushalts-, Erwerbs- und Ausbildungsbiografie. Neben diesen individuellen Faktoren werden in diesem Beitrag der räumliche, soziale, zeitliche, technische und politische Kontext von Mobilitätshandeln berücksichtigt und die Biografien der Familienmitglieder im Zusammenhang betrachtet.

Bei dieser Betrachtung entstehen insbesondere folgende Herausforderungen:

1. Da Mobilitätssozialisation hauptsächlich in den Sozialwissenschaften untersucht wird und dabei meist der räumliche Kontext vernachlässigt wird, liegt
   eine Herausforderung darin, die Perspektiven und die bereits gewonnenen
   Erkenntnisse der Raum- und Sozialwissenschaften zu berücksichtigen.
2. Da Mobilitätsbiografien individuell sind (Mikroebene), Sozialisation insbesondere in gesellschaftlichen Subgruppen (Mesoebene, z. B. Familie) stattfindet und
   technische, politische und räumliche Einflussfaktoren auf der Makroebene liegen, besteht die Anforderung, diese verschiedenen Ebenen zusammenzuführen.
3. Schließlich beinhaltet räumliche Mobilität unterschiedliche Aspekte, d. h.
   es gilt sowohl dem alltäglichen Verkehrshandeln als auch dem Urlaubs- und
   Umzugshandeln gerecht zu werden.

Durch die Verknüpfung von Mobilitätssozialisation mit Mobilitätsbiografien von
Familienmitgliedern verschiedener Generationen wird im Folgenden ein Beitrag
geleistet diesen Herausforderungen gerecht zu werden.

In Kap. 2 diese Beitrages wird *Sozialisation* zunächst im Allgemeinen und in
Kap. 3 das *Modell der produktiven Realitätsverarbeitung* als ein Sozialisationsan-
satz erläutert. Dieses Modell bildet das theoretische Fundament dieses Beitrages.
Mobilitätssozialisation im Speziellen ist ein relativ junges Forschungsfeld. Ergebnisse bisheriger Studien zu diesem Thema werden anschließend in Kap. 4 zusammengefasst. Kap. 5 in diesem Beitrag stellt den Ansatz der Mobilitätsbiografien
vor. Schließlich werden in Kap. 6 Sozialisationseffekte zwischen Familienmitgliedern hergeleitet und erläutert. Der Beitrag endet mit einer Zusammenfassung und
einem kurzen Ausblick auf eine mögliche Überführung der vermuteten Zusammenhänge in spätere empirische Analysen (Kap. 7).

2   Sozialisation

Sozialisation ist seit gut 100 Jahren Untersuchungsgegenstand in der Psychologie
und kaum weniger in den Sozialwissenschaften. Sozialisation wird heute weitgehend übereinstimmend als Prozess

*„der Entstehung und Entwicklung der Persönlichkeit in wechselseitiger Abhängigkeit
von der gesellschaftlich vermittelten sozialen und materiellen Umwelt"* (Geulen und
Hurrelmann 1980, S.51)

definiert. Seit den 1980er Jahren verlieren schichtspezifische Ansätze der Sozialisation besonders in Deutschland ihren vorrangigen Erklärungswert, da sie neuere gesellschaftliche Entwicklungen wie die Emanzipation der Frau nicht erklären
können. Entsprechend dem danach aufkommenden und bis heute viel vertretenen
Paradigma der Person-Umwelt-Interaktion liegen erklärende Faktoren der Sozialisation nicht mehr nur auf der gesellschaftlichen Makroebene, sondern darüber
hinaus auf der gesellschaftlichen Mesoebene und der individuellen, psychologischen Mikroebene (s. o.). Persönlichkeit entwickelt sich als Ergebnis von Sozialisation im Zeitverlauf während des gesamten Lebens (Hurrelmann 1988, S. 2).
Das Modell der produktiven Realitätsverarbeitung (Hurrelmann et al. 1986) prägt
das Paradigma der Person–Umwelt–Interaktion maßgeblich. Dieser Perspektive
folgend ist das Individuum nicht mehr passiv, sondern gestaltet aktiv seine Sozialisation. Zwar beeinflusst weiterhin die Umwelt das Individuum, aber umgekehrt
wird die Fähigkeit der Individuen erkannt, die Umwelt individuell zu bewältigen
und zu verändern (Bauer 2012, S. 39 ff., 49). Damit determiniert die Umwelt nicht
mehr die Sozialisation; vielmehr verlaufen Entwicklungsprozesse innerhalb des
Kontextes individuell unterschiedlich (Bauer 2012, S. 49).

3 Das Modell der produktiven Realitätsverarbeitung

Das Modell der produktiven Realitätsverarbeitung (MpR) beansprucht für sich bisherige Ansätze der soziologischen und psychologischen Sozialisationsforschung
mit einander zu verknüpfen. In dem Modell steht das Individuum im Fokus und die
Gesellschaft stellt einen äußeren Einflussfaktor dar. Außerdem wird Sozialisation
explizit als ein lebenslanger Prozess beschrieben. Diese Auslegungen entsprechen
unseren Annahmen. Zusätzlich ist das Modell detailliert beschrieben, so dass eine
Operationalisierung möglich ist. Damit bietet das MpR eine Möglichkeit, Mobilitätssozialisation in Mobilitätsbiografien zu untersuchen (weitere theoretische
Überlegungen zu Mobilitätssozialisation vgl. Kogler, in diesem Band).

Im MpR gestaltet das Individuum seine Persönlichkeit aktiv, basierend auf individuellen Fähigkeiten und Fertigkeiten und wird dabei durch seine Umgebung
beeinflusst. Die Persönlichkeit ist das individuelle

*„Gefüge von Merkmalen, Eigenschaften, Einstellungen, Fertigkeiten und Handlungs-
kompetenzen [...], das sich auf der Grundlage der biologischen und psychischen
Ausstattung als Ergebnis der Bewältigung von Lebensaufgaben jeweils lebensge-
schichtlich ergibt".* (Hurrelmann 1998, S. 206)

Es werden die *innere Realität* und die *äußere Realität* unterschieden (Hurrelmann 2012, S. 54, basierend auf der psychosozialen Entwicklungstheorie von Erikson und dem Symbolischen Interaktionismus von Mead). Die *innere Realität* bezeichnet die körperlichen Anlagen und psychischen Prozesse innerhalb des menschlichen Organismus (Hurrelmann et al. 1986, S. 98). Demgegenüber werden unter der *äußeren Realität* die Gesellschaft mit ihrer Sozial- und Wertstruktur sowie materielle Rahmenbedingungen im Umfeld der Individuen verstanden (Hurrelmann et al. 1986, S. 97 f.). Gegenstand der *äußeren Realität* sind beispielsweise gesellschaftliche Teilsysteme wie Familien, Kindergärten und Schulen (Hurrelmann et al. 1986, S. 99). Erst später wurden die politische und physische Umwelt, bestehend aus *„Räumen und Plätzen, natürlichen Lebensbedingungen und Ernährungsangeboten"* (Hurrelmann 2012, S. 56) ergänzt.

Im MpR verarbeitet das Individuum seine individuelle und subjektiv wahrgenommene *innere* und *äußere Realität*, indem es sich aktiv mit ihnen auseinandersetzt (Hurrelmann 2012, S. 56, Abb. 1). Da das menschliche Gehirn die Realitäten nicht nur passiv aufnimmt, sondern mit bisherigen Erfahrungen kombiniert, vergleicht, in diese einordnet und schließlich Reaktionen und Handlungsmuster entwirft, wird die Verarbeitung der Realitäten als *„produktiv"* bezeichnet (Hurrelmann 2012, S. 57). Diese Verarbeitung der *äußeren* und *inneren Realität* findet ständig und während des gesamten Lebens statt (Hurrelmann et al. 1986, S. 100).

Fähigkeiten und Fertigkeiten sind Reaktions- und Handlungsformen, die in jedem Individuum von Geburt an angelegt sind. Basierend auf dieser Grundstruktur entwickelt das Individuum durch Erfahrungen im Lebensverlauf (Handlungs-) Kompetenzen zur Bewältigung der Realitäten. Mit der Zeit entwickelt das Indivi-

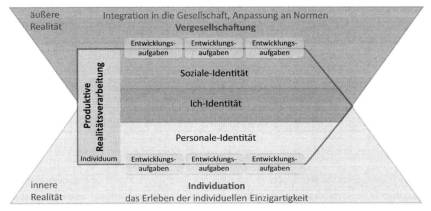

Abb. 1 Das Modell der produktiven Realitätsverarbeitung. (Quelle: Eigene Darstellung nach Hurrelmann 2012, S. 54 ff.)

duum zuverlässige Kompetenzen, d. h. Kategorien und Strategien zur Abstimmung der *inneren* und *äußeren Realität* und Handlungsmuster, auf die es immer wieder zurückgreifen kann (Hurrelmann et al. 1986, S. 100).

Durch einen längerfristigen Ausgleich der *inneren* und *äußeren Realität* entsteht die *Ich-Identität* (Abb. 1, Hurrelmann et al. 1986, S. 100). Die *Ich-Identität* setzt sich zusammen aus der *Personalen-Identität*, die durch Individuation entsteht und der *Sozialen-Identität*, die durch Vergesellschaftung entsteht. *Ich-Identität* bedeutet, dass über verschiedene Entwicklungsphasen eine Kontinuität des Selbsterlebens besteht (Hurrelmann 2012, S. 61). Die *Ich-Identität* ist der Kern der Persönlichkeitsentwicklung, die schließlich autonomes Handeln ermöglicht (Abb. 1).

Die Persönlichkeitsentwicklung wird maßgeblich von Sozialisationsinstanzen (z. B. Familie, Schulen, Freunde) unterstützt. Besonders die Familie beeinflusst, nicht nur bewusst durch Erziehung, sondern vor allem unbewusst durch den Bildungsgrad, die soziale Lage, ökonomischen Status usw. die Art und Weise, wie ein Individuum die Realitäten verarbeitet, insbesondere im Kindesalter (Hurrelmann 2012, S. 66, basierend auf der Ökologischen Entwicklungstheorie von Bronfenbrenner, der Strukturfunktionalistischen Theorie von Parsons und der Sozialen Milieutheorie von Bourdieu). Schließlich ist die Persönlichkeit und damit ihre Entwicklung im sozialen und räumlichen Kontext (Sozialisation) die Grundlage für individuelles autonomes Handeln (Bauer 2012, S. 58).

Das MpR hat viel wissenschaftliche Resonanz gefunden; dabei werden auch einzelne Aspekte des Modells kritisiert. Bauer (2012) kritisiert beispielsweise, dass der Begriff „*produktiv*" positiv assoziiert sei und im MpR wertend verwendet werde. So suggeriere das Modell, dass jedes Individuum handlungsautonom sei und über ausreichende Kompetenzen zur Umweltgestaltung und Selbstreflexion verfüge. Dabei würden ungleiche Sozialisationsbedingungen vernachlässigt (Bauer 2012, S. 97).

Diese Kritik bezieht sich hauptsächlich auf soziale Ungleichheit. Mit der hier eingenommenen raumwissenschaftlichen Perspektive kann diese Kritik jedoch auf räumlich-strukturelle Ungleichheit erweitert werden. Die räumlichen Rahmenbedingungen, wie z. B. Ländergrenzen, Verkehrsinfrastruktur oder Gebirge und Flüsse, zeigen jedem Individuum Grenzen der Handlungsautonomie auf. Außerdem bezeichnet der Begriff *äußere Realität* zwar neben der Gesellschaft die materielle Umwelt, jedoch werden die räumlichen Strukturen wenig beachtet. Hurrelmann geht davon aus, dass die Entwicklung der *äußeren Realität* auf die „*sozialen und räumlichen Gegebenheiten und Situationen*" (Hurrelmann et al. 1986, S. 99) wirken. Insbesondere für Mobilitätsforschung ist der Einfluss von räumlichen Strukturen von Interesse. Deswegen steht hier die *äußere Realität* im Fokus. Dabei bezeichnet *äußere Realität* im Folgenden die Gesellschaft mit ihrer Sozial- und Wertstruktur sowie die materiellen und die räumlichen Rahmenbedingungen.

4 Mobilitätssozialisation

Während Sozialisation in den Gesellschaftswissenschaften und der Psychologie ein traditioneller Untersuchungsgegenstand ist, ist Mobilitätssozialisation in der Mobilitätsforschung erst in der letzten Dekade besonders in Deutschland untersucht worden. Die meisten Studien sind auch in diesem Bereich auf Psychologen und Sozialwissenschaftler zurückzuführen (Haustein et al. 2009; Limbourg et al. 2000; Tully und Baier 2011). Aus soziologischer Sicht definieren Tully und Baier (2006) Mobilitätssozialisation als

> *„... einen Prozess, in dessen Verlauf ein Individuum zum Teilnehmer der Mobilitätsgesellschaft wird. Das wesentliche Ergebnis dieses Prozesses ist ein mobilitätsbezogener Lebensstil, in dem ein eigenwilliger Umgang mit Mobilität längerfristig festgelegt ist".* (Tully und Baier 2006, S. 120)

Im ersten Teil der Definition wird die soziologische Perspektive, also die Vergesellschaftung angesprochen. Im zweiten Teil wird die eher psychologische Perspektive eingenommen und Individuation bzw. (Mobilitäts-)Persönlichkeitsentwicklung als Endprodukt der Mobilitätssozialisation angesehen. Im Folgenden wird das Ergebnis der Mobilitätssozialisation mit dem Begriff *„Mobilitätspersönlichkeit"* zusammengefasst. Dabei ist zu betonen, dass das Individuum als aktiv gestaltend im Prozess der Sozialisation angesehen wird (Limbourg et al. 2000).

Die aktive und selbstständige Raumaneignung (als Teil der Aneignung der *äußeren Realität*) erweitert den individuellen Aktionsradius und unterstützt die Entwicklung von Persönlichkeit und damit autonomen, selbstständigen Mobilitätshandelns (Bastian 2010, S. 24; Tully und Baier 2011, S. 200). Modelle der Mobilitätssozialisation fokussieren den Umgang mit der Aneignung des Raums. Das *Inselmodell* beschreibt beispielsweise die *„Aktivitätszonen"* von Kindern und Jugendlichen als inselförmig (Tully und Baier 2006). Dabei ist der Weg zwischen den Inseln meist gefährlich und weit und wird deshalb häufig motorisiert in Begleitung zurückgelegt (Tully und Baier 2011, S. 198). Dagegen wird im *Zonenmodell* davon ausgegangen, dass Kinder und Jugendliche den Raum kontinuierlich vom Zentrum aus selbst erschließen (Tully und Baier 2011, S. 199, vgl. dazu Kogler in diesem Band).

Im Prozess der Sozialisation eignet sich das Individuum jedoch nicht nur den Raum an, sondern es werden zusätzlich Kenntnisse und Fertigkeiten sowie Einstellungen, Normen und Haltungen angeeignet und individuelle charakteristische Erlebens- und Verhaltensnormen sowie Kompetenzen im Lebenslauf entwickelt (Schultz-Gambard 1979 zit. in Bastian 2010, S. 30). Angewandt auf Alltagsmobilität bedeutet dies z. B.: Im Zuge der Sozialisation erlernt das Individuum Laufen

oder Radfahren und eignet sich Einstellung und Haltung des sozialen Umfeldes
(z. B. der Eltern) gegenüber den Verkehrsmitteln und ihrer Nutzung an. Angewandt
auf andere Mobilitätsbereiche bedeutet dies z. B.: Das Individuum lernt Umziehen
oder einen Reisepass beantragen und verarbeitet die Haltung des sozialen Umfeldes z. B. zum Reisen mit dem Flugzeug und entwickelt so eine eigene Haltung.
Modelle zur Raumaneignung gehen nicht detailliert auf diese Prozesse ein. Deswegen wird hier das MpR zugrunde gelegt. Demnach ist der Prozess der Aneignung
eine individuelle, aktive und produktive Verarbeitung des Subjekts und nicht eine
identische Übernahme der Einstellungen und Haltung.

Die vorliegenden Studien zu Mobilitätssozialisation analysieren meist die
Kindheit und Jugend. Dabei werden hauptsächlich Einstellungen, Routinen oder
Zukunftsvorstellungen von Kindern und Jugendlichen untersucht (Flade und Limbourg 1997; Mienert 2003; Baslington 2008; Haustein et al. 2009). Insgesamt wird
in den Studien die Vorbildfunktion von Eltern deutlich:

- Baslington hat herausgefunden, dass Kinder, deren Eltern unter Zeitdruck stehen, das Auto bereits als „zeitsparend" ansehen und deswegen selber einen Pkw
  nutzen möchten, wenn sie erwachsen sind (Baslington 2008, S. 97 f.). Kinder
  aus Haushalten mit drei Autos verbinden eine glückliche Zukunft mit eigenem
  Autobesitz (Baslington 2008, S. 101).
- Ähnliche Ergebnisse haben Flade und Limbourg (1997) erzielt. In Räumen, in
  denen Kinder auf alltäglichen Wegen hauptsächlich das Auto als Mitfahrer nutzen, sehen Kinder vermehrt das Auto als ihr zukünftiges Hauptverkehrsmittel
  (Flade und Limbourg 1997, S. 3). Außerdem wurde eine Autoorientierung bereits unter Kindern und verstärkt ab dem zwölften Lebensjahr festgestellt (Flade
  und Limbourg 1997, S. 4).
- Haustein et al. (2009) haben herausgefunden, dass das Verhalten von Jugendlichen stärker davon beeinflusst wird, ob sie von ihren Eltern zur Schule gebracht
  werden, als ob in ihrer Peergroup über Auswirkungen von Verkehrsmitteln diskutiert wird (Haustein et al. 2009, S. 174 f.).
- Demgegenüber hat Mienert (2003) festgestellt, dass nur sehr schwache Trans-
  fereffekte der elterlichen Einstellung zum Auto auf ihre Kinder und hauptsächlich zwischen Vätern und Töchtern wirken (S. 97). Zusätzlich hat er festgestellt,
  dass die regionale Herkunft der Eltern im Zusammenhang mit der Bedeutung
  des Autos für die Familie steht. Mütter in ländlichen Regionen geben dem Auto
  einen hören Stellenwert als Mütter in Städten (Mienert 2003, S. 97).

Insgesamt weisen bisherige empirische Befunde darauf hin, dass bereits in der
Kindheit das Fundament für mobilitätsbezogene Einstellungen gelegt wird (Kalwitzki 1994 zit. in Bastian 2010, S. 31). Die Studien zu Mobilitätssozialisation

konzentrieren sich deshalb auf Kindheit und Jugend, da die Persönlichkeitsbildung in dieser Lebensphase größtenteils abgeschlossen wird. Trotzdem beeinflussen auch im Erwachsenenalter soziale und räumliche Strukturen das Mobilitätshandeln und können zu Veränderungen der Mobilitätspersönlichkeit führen. So können sich im Lebensverlauf Prioritäten und Ziele ändern und damit eine Restrukturierung der Mobilitätspersönlichkeit stattfinden. Beispielsweise fordern der Arbeitsmarkt und die familiäre Situation häufig eine hohe räumliche und zeitliche Flexibilität und damit z. B. Pendel- oder Umzugsbereitschaft. Außerdem können sich äußere Rahmenbedingungen ändern, z. B. durch den Ausbau oder Rückbau der Verkehrsinfrastruktur, durch steigende Verkehrskosten oder den Wechsel des Arbeitsplatzes. Durch neue Situationen können Individuen ihre Mobilitätspersönlichkeit und damit das Mobilitätshandeln verändern.

Bisherige Studien machen deutlich, dass Mobilitätssozialisation vor allem in den ersten Lebensphasen und vor allem in Verbindung mit Familiengliedern stattfindet. Hier wird davon ausgegangen, dass Mobilitätssozialisation auch in späteren Lebensphasen stattfindet. Folglich ist Mobilitätssozialisation im gesamten Lebensverlauf und unter Berücksichtigung der Lebensverläufe von Familienmitgliedern zu untersuchen. Dabei stehen besonders räumliche Einflussfaktoren und das Mobilitätshandeln von Familienmitgliedern im Mittelpunkt. Um Mobilitätshandeln im Lebensverlauf zu untersuchen, bietet sich der Ansatz der Mobilitätsbiografien an.

5 Mobilitätsbiografie

In der aktuellen Mobilitätsforschung werden die für diese Disziplin noch recht neuen Konzepte Lebenslauf- und Biografieansatz häufig synonym benutzt. Sie haben erst in der letzten Dekade an Bedeutung gewonnen, obwohl Hägerstrand (1975) bereits in den 1970er Jahren die Bedeutung des Lebensverlaufes betonte (Lanzendorf 2003; Ohnmacht und Axhausen 2005; Beige und Axhausen 2006; Scheiner 2007; Prillwitz 2008; Chatterjee et al. 2013; Scheiner und Holz-Rau 2013). Der Begriff „Mobilitätsbiografie" wurde von Lanzendorf (2003) und Scheiner (2006) in die Mobilitätsforschung eingeführt und hat sich in den letzten Jahren zunehmend etabliert. Mobilitätsbiografien bilden das Mobilitätshandeln unter Berücksichtigung der individuellen Rahmenbedingungen im Lebensverlauf ab. Dadurch können unterschiedliche Lebensphasen, Kohorten- und Alterseffekte sowie gesamte Mobilitätsbiografien untersucht werden. Außerdem können Kausalitäten durch die zeitliche Reihenfolge treffender identifiziert werden als durch statistische Zusammenhänge zwischen einzelnen Querschnittsdaten (Lanzendorf 2003, S. 3). Darüber hinaus bieten Mobilitätsbiografien die Möglichkeit, die Abfolge von Lebensphasen und Schlüsselereignissen sowie die Dauer von Lebensphasen zu untersuchen. Mobilitätsbiografien können sowohl qualitative als auch quantitative Daten enthalten.

Nach Lanzendorf (2003) und Scheiner (2007) lassen sich unterschiedliche Domänen bzw. Teilbiografien identifizieren, die sich gegenseitig beeinflussen. Während Lanzendorf die Mobilitätsdomäne insbesondere von der Lebensstildomäne und Erreichbarkeitsdomäne beeinflusst sieht (2003, S. 9), beeinflussen nach Scheiner (2007) die Erwerbs-, Haushalts- und Wohnbiografie die Mobilitätsbiografie. Beiden Ansätzen ist gemein, dass das Mobilitätshandeln im Lebensverlauf im Zusammenhang mit anderen Lebensbereichen untersucht wird. Sowohl Lanzendorf (2003) als auch Scheiner (2007) vermuten wechselseitige Beziehungen zwischen den Domänen bzw. Teilbiografien.

Bisher bilden vor allem Schlüsselereignisse in Mobilitätsbiografien den Untersuchungsgegenstand. Schlüsselereignisse sind markante Ereignisse in einer Domäne oder Teilbiografie und können Wendungen der Mobilitätsbiografie initiieren. Schlüsselereignisse stehen häufig mit verändertem Mobilitätshandeln im Zusammenhang. Zwischen ihnen wird das Mobilitätshandeln meist als konstant und routiniert angenommen (Scheiner 2007, S. 163). Insbesondere die Beziehung zwischen Wohnortwechsel und Verkehrsmittelausstattung und -nutzung ist bereits untersucht worden (Wagner 1990; Scheiner 2006, 2009; Beige und Axhausen 2006; Prillwitz 2008; Scheiner und Holz-Rau 2013; Zhang et al. 2014). Weitere Studien stehen zwar nicht explizit im Zusammenhang mit dem biografischen Ansatz, aber untersuchen ebenfalls Veränderung und Stabilität von Alltagswegen im Zusammenhang mit Umzügen (z. B. Geier et al. 2001; Dittrich-Wesbuer et al. 2004; Bauer et al. 2005; Albrecht, in diesem Band).

Außerdem sind der Einfluss von Veränderungen der Verkehrsinfrastruktur (Chatterjee et al. 2013), Veränderungen im Haushalt (Scheiner und Holz-Rau 2013) und der Einfluss von Veränderungen in der Verkehrsmittelverfügbarkeit (Fujii und Kitamura 2003; Beige und Axhausen 2006) auf alltägliches Mobilitätshandeln untersucht worden.

Bisher steht jedoch nicht die Abfolge von Mobilitätshandeln im gesamten Leben im Fokus. Mobilitätsbiografien bieten die Möglichkeit, das Mobilitätshandeln über das gesamte Leben hinweg zu analysieren. Einerseits ist es dabei von Interesse, den Einfluss von räumlichen, strukturellen und materiellen Rahmenbedingungen der Biografie zu untersuchen. Andererseits findet Mobilitätshandeln nicht nur im räumlich-strukturellen Kontext, sondern auch im sozialen Kontext statt. Es ist also zusätzlich von besonderer Bedeutung, den Einfluss des Mobilitätshandelns anderer Personen im sozialen Umfeld zu untersuchen. Dieser Einfluss ist in Mobilitätsbiografien noch weitgehend unberücksichtigt (eine Ausnahme sind Klöpper und Weber 2007).

In der Literatur werden zusammenfassend entweder einzelne Mobilitätsbiografien (Kap. 5) oder Mobilitätssozialisation (Kap. 4) untersucht. Bei letzteren werden zwar Sozialisationseffekte z. B. von der Familie analysiert, jedoch werden meist Querschnittsdaten dafür genutzt. Entsprechend sind diese Studien auf bestimmte Lebensphasen beschränkt (Kap. 4). Demgegenüber untersuchen Studien zu Mobilitätsbiografien einzelne Individuen. Dabei werden die Individuen losgelöst von Sozialisationsinstanzen betrachtet. Die Zusammenführung der Mobilitätsbiografien von Individuen, die sich (z. B. als Familienmitglieder) gegenseitig beeinflussen, stellt eine Forschungslücke dar. Dieser Beitrag liefert ein theoretisches Konzept, um diese Forschungslücke zu schließen.

6 Biografische Effekte und intergenerationale Sozialisationseffekte in Mobilitätsbiografien

Vor dem Hintergrund der vorgestellten theoretischen Ansätze wird zunächst das MpR auf Mobilitätshandeln angewandt. Anschließend werden die erwarteten Wirkungsbeziehungen der intergenerationalen Sozialisation in Mobilitätsbiografien erläutert. Dabei wird im Speziellen darauf eingegangen, *welche* intergenerationalen Sozialisationseffekte in Mobilitätsbiografien erwartet werden und *wie* diese wirken.

Im MpR ist die Kompetenzentwicklung Ausgangspunkt für Sozialisation. Für Mobilitätssozialisation ist entsprechend die Entwicklung von Mobilitätskompetenzen Ausgangspunkt. Mobilitätskompetenzen bauen auf sensorischen, kognitiven, motorischen, interaktiven, intellektuellen und affektiven Grundstrukturen des Individuums auf. Sie entstehen durch Mobilitätserfahrungen im Lebenslauf und sind beeinflusst vom räumlichen, zeitlichen, politischen Kontext und der materiellen Ausstattung des Individuums. Erfahrungen können z. B. die alltägliche Verkehrsmittelnutzung, Umzüge oder Reiseerfahrungen sein. Beispielsweise können folgende Erfahrungen Präferenzen bzw. Mobilitätshandeln fördern: a) durch die Schulwege mit den Eltern im Auto grundsätzlich für alltägliche Wege ein bequemes motorisiertes Verkehrsmittel zu nutzen oder b) durch Umzugserfahrungen bei der Wohnortwahl auf die soziale Struktur der Nachbarschaft zu achten oder c) durch Urlaubsreisen bei Fernreisen das Flugzeug zu bevorzugen. Der Effekt dieser Erfahrungen wird im Folgenden *Biografieeffekt* genannt.

Im MpR wird davon ausgegangen, dass neben den eigenen Erfahrungen Anforderungen der *äußeren und inneren Realität* im Lebensverlauf Kompetenzen fördern. Konkret bedeutet dies, dass das Individuum durch Entwicklungsaufgaben des sozialen Umfelds (hier z. B. Familienmitglieder) und der räumlichen Struktur

(z. B. am Wohn- oder Arbeitsort) Kompetenzen zum Mobilitätshandeln im Lebens-
verlauf entwickelt (Abb. 1). Familiäre Anforderungen an das Mobilitätshandeln
können z. B. Bringdienste oder die Norm zu umweltfreundlichem Handeln sein.
Die Anforderungen der räumlichen Strukturen sind z. B. die Erreichbarkeit des
Wohn-, Arbeits- oder Urlaubsortes. Gleichzeitig verarbeitet das Individuum die
Anforderungen der *inneren Realität* (körperliche Möglichkeiten und psychische
Prozesse), z. B. die physische Möglichkeit Rad zu fahren oder zu Fuß zu gehen.
Das Individuum bringt die *innere* und *äußere Realität* in Einklang. Dies kann beispielsweise bedeuten: Dem Individuum ist einerseits bewusst, dass es pünktlich
morgens im Büro erscheinen muss (*äußere Realität, Vergesellschaftung*), andererseits weiß es, dass es ausreichend Schlaf braucht, um Leistung erbringen zu
können (*innere Realität, Individuation*). Folglich wählt es für den Arbeitsweg das
schnellste Verkehrsmittel oder den Wohn- und Arbeitsort so, dass ein möglichst
kurzer Arbeitsweg entsteht. Um den Entwicklungsaufgaben gerecht zu werden,
entwickelt das Individuum einerseits motorische und andererseits kognitive Handlungskompetenzen, Einstellungen, Präferenzen und Normen.

Insgesamt verarbeitet das Individuum die Realitäten produktiv, d. h. sie wird
mit Erfahrungen verglichen und in diese eingeordnet. So entwickelt das Indivi-
duum Reaktionen und Handlungsmuster. Moderiert durch das Selbstbild und die
Identität (längerfristige Konstanz der Persönlichkeitswahrnehmung), handelt das
Individuum schließlich autonom. Das Selbstbild, also die Selbsteinschätzung
(Selbstreflexion, –wahrnehmung und -bewertung der Mobilitätskompetenzen) und
Erfahrungen strukturieren damit das Handeln. Demzufolge wird beispielsweise die
Pkw-Nutzung strukturiert durch:

1. die Selbstreflexion, z. B. die subjektive Meinung über einen positiven Ausgang
   der Nutzung des Pkws,
2. die Selbstwahrnehmung, z. B. die subjektive Einschätzung der Fähigkeit, einen
   Pkw zu fahren und
3. die Erfahrungen, z. B. Erfahrungen mit der Pkw-Nutzung aus der Vergangenheit.

Durch die individuelle Mobilitätserfahrung (z. B. im Verkehr, auf Reisen oder bei
Umzügen), Reflexion und Aneignung der Realitäten entwickelt und modifiziert
das Individuum Heuristiken und Kompetenzen zum selbstständigen Mobilitätshandeln. Durch die Einsicht, dass es auf diese Weise beide Realitäten im Einklang
hält, verfestigt sich mit der Zeit das Handlungsmuster. Es wird immer effizienter
und findet wiederholt Verwendung. So verfestigt sich z. B. das Handlungsmuster,
dass bei Zeitdruck das Auto oder für Urlaubsreisen das Flugzeug genutzt wird.

Wenn das Gleichgewicht von Individuation und Vergesellschaftung, über verschiedene Lebensphasen und –situationen (z. B. Kindergarten-, Freizeit-, Schul-,

Ausbildungsweg) anhält, d. h. ein kontinuierliches „Selbsterleben" gegeben ist (Hurrelmann 2012, S. 61), entwickelt sich die *Ich-Identität* und im Speziellen, hier von besonderem Interesse, die „*Mobilitäts-Ich-Identität*", als ein relevanter Teil der *Ich-Identität*. Damit einhergehend entwickelt sich schließlich die *Persönlichkeit*, bzw. die „*Mobilitätspersönlichkeit*", die Grundlage für selbstständiges, autonomes Mobilitätshandeln ist.

Mobilitätshandeln ist also maßgeblich von der *äußeren Realität*, d. h. dem räumlichen, strukturellen und sozialen Umfeld sowie der *inneren Realität* bestimmt. Der Fokus hier liegt auf dem Einfluss des sozialen Umfelds und im Speziellen der intergenerationalen Sozialisation durch Familienmitglieder. Familienmitglieder vermitteln ihren Kindern die äußere Realität und beeinflussen so insbesondere die Art und Weise der produktiven Verarbeitung der Realitäten (Hurrelmann 2012, S. 66).

Mit Rückgriff auf das MpR wird hier davon ausgegangen, dass sich das Individuum basierend auf der individuellen Grundstruktur die Verarbeitung der Realität und damit schließlich das Handeln von Vorbildern älterer Generationen aneignet. Es wird von folgender Annahme ausgegangen: Je ähnlicher der Kontext, in dem Eltern und später ihre erwachsenen Kinder handeln, ist, desto eher spiegelt sich die verinnerlichte Art und Weise der produktiven Realitätsverarbeitung in ähnlichem bzw. gleichem Handeln wider. Ist dieser Kontext sehr unterschiedlich (z. B. technischer Fortschritt, politischer, kultureller Rahmen) kann zwar die Art und Weise der produktiven Verarbeitung ähnlich sein, aber das daraus resultierende Handeln kann sich unterscheiden.

Es können durchaus auch Sozialisationseffekte von der jüngeren auf die ältere Generation wirken, z. B. beim Kompetenzerwerb im Umgang mit neuen Technologien. Im Vordergrund der Analyse stehen aber die auch in der Literatur dominanten Sozialisationseffekte von Eltern auf die Kinder (s. Kap. 4). Wenn dagegen Eltern ihr Handeln wegen ihrer Kinder verändern (z. B. Anschaffung eines neuen Autos), wird hier nicht von Sozialisationseffekten der Kinder auf die Eltern gesprochen, da sich die Eltern hier nicht das Handeln ihrer Kinder aneignen.

Der Einfluss von Vorbildern wird hier zusammenfassend als *Sozialisationseffekt* bezeichnet. Mobilitätshandeln wird durch biografische Effekte, die *innere* und *äußere Realität* sowie durch das aktuelle Handeln der Eltern und durch das Handeln der Eltern in der Vergangenheit beeinflusst. Dementsprechend wird angenommen, dass Eltern das Mobilitätshandeln durch *aktuelle* und *verzögerte intergenerationale Sozialisationseffekte* zu jedem Zeitpunkt in Mobilitätsbiografien beeinflussen (Abb. 2).

Aktuelle Sozialisationseffekte beschreiben den Einfluss, den Eltern zu dem untersuchten Zeitpunkt auf ihre Kinder haben (Abb. 2). Kinder eignen sich das

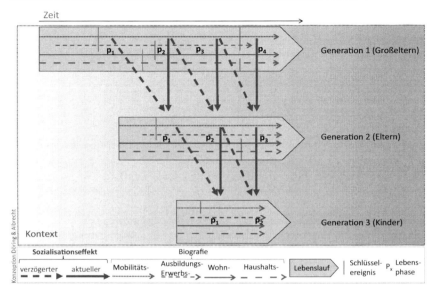

Abb. 2 Intergenerationale Sozialisationseffekte in Mobilitätsbiografien. (Quelle: eigene Darstellung in Zusammenarbeit mit Janna Albrecht)

aktuelle Handeln ihrer Eltern an. Beispielsweise nutzt das Individuum ein bequemes, umweltfreundliches, günstiges oder schnelles Verkehrsmittel, da die Eltern ein bequemes, umweltfreundliches, günstiges oder schnelles Verkehrsmittel nutzen. Im realisierten Handeln kann sich dies z. B. darin niederschlagen, dass Eltern das Auto nutzen und ihre Kinder ebenfalls das Auto nutzen. Es kann aber auch sein, dass gleiche Einstellungen, z. B. das umweltfreundlichste Verkehrsmittel zu nutzen, trotzdem zur Nutzung unterschiedlicher Verkehrsmittel führen, beispielsweise die Bahn oder das Fahrrad (z. B. aufgrund von Kontextunterschieden). Insgesamt ist davon auszugehen, dass sich Individuen die Einstellungen, Normen und Werte ihrer Eltern aneignen und sich dies im realisierten Handeln zeigt.

Gleichzeitig werden *verzögerte Sozialisationseffekte* postuliert, d. h. das Mobilitätshandeln der Eltern in der Vergangenheit beeinflusst das aktuelle Mobilitätshandeln ihrer Kinder (Abb. 2). Es ist also zu vermuten, dass das Handeln der Kinder in bestimmten Lebensphasen von dem Handeln ihrer Eltern in früheren, ähnlichen Lebensphasen beeinflusst wird. So eignet sich etwa die Tochter während ihrer Schwangerschaft das Handeln der Mutter während deren Schwangerschaft an. Beispielsweise war der Mutter während der Schwangerschaft besonders die

Bequemlichkeit eines Verkehrsmittels wichtig. Die Tochter wird von dieser Einstellung während ihrer eigenen Schwangerschaft durch Erzählungen beeinflusst. Die Mutter nutzte entsprechend während ihrer Schwangerschaft das Auto, da es bequem war. Schließlich nutzt die Tochter während ihrer eigenen Schwangerschaft ebenfalls das Auto, da es bequem ist. Es spielt dabei keine maßgebliche Rolle, ob die Tochter eine Schwangerschaft ihrer Mutter selbst miterlebt hat (durch Geschwister) oder ob die Mutter der Tochter von ihrer Schwangerschaft berichtet.

Demnach eignet sich das Individuum Einstellungen der Eltern in einer ähnlichen Lebensphase, also zeitversetzt, an und reproduziert dadurch Handlungen. Dabei ist es unerheblich, ob das Handeln der Vorbilder vom Individuum selbstständig erinnert wird oder dem Individuum durch Erzählungen bekannt ist.

Biografieeffekte und intergenerationale Sozialisationseffekte wirken während des gesamten Lebensverlaufes. Voraussetzung dafür ist, dass sowohl der Sozialisand als auch der Sozialisator in den untersuchten Lebensphasen lebt. Es ist anzunehmen, dass bestimmte Lebensphasen stärker von Sozialisatoren beeinflusst werden als andere. Es wird erwartet, dass Sozialisationseffekte insbesondere in Lebensphasen mit hohem sozialen Druck und starken normativen Vorstellungen wirken, da sich Individuen in diesen Phasen besonders an Vorbildern orientieren. Entsprechend werden insbesondere in der Jugend und während der Familienphase Sozialisationseffekte erwartet.

Außerdem wird angenommen, dass intergenerationale Sozialisation durch die Art der Beziehung zwischen Eltern und Kindern beeinflusst wird. Zusätzlich findet Handeln immer in einem räumlichen, sozialen, zeitlichen, technischen und politischen Kontext statt, der individuell unterschiedlich ausgeprägt ist und verschieden wahrgenommen wird (Abb. 2).

Durch die Berücksichtigung von intergenerationalen, familiären Sozialisationseffekten kann die Perspektive auf Mobilitätshandeln erweitert werden. Dieser Beitrag vertieft also nicht bereits untersuchte Einflussfaktoren, sondern schafft die theoretische Basis für die zusätzliche Berücksichtigung von intergenerationalen Sozialisationseffekten, bildet also eine horizontale Erweiterung der Betrachtung von Mobilitätshandeln.

7   Zusammenfassung

In diesem Beitrag wird Mobilitätshandeln biografisch betrachtet. Die zu erwartenden Biografieeffekte und intergenerationalen Sozialisationseffekte in Mobilitätsbiografien basieren auf dem sozialwissenschaftlichen Modell der produktiven Realitätsverarbeitung, das psychologische und sozialwissenschaftliche Ansätze der Sozialisation vereint. Zusätzlich werden Erkenntnisse der Sozial- und Raumwissenschaften berücksichtigt. Vor dem Hintergrund des MpR wird die Mobilitätspersönlichkeit durch die Anforderungen der *inneren* und *äußeren Realität* entwickelt. In diesem Beitrag liegt der Fokus auf der *äußeren Realität*. Da die Familie eine wichtige Sozialisationsinstanz ist und einen Teil der *äußeren Realität* darstellt, liegt der Fokus des Beitrages auf intergenerationalen Sozialisationseffekten von Familienmitgliedern. Es werden im Speziellen *aktuelle* und *verzögerte Sozialisationseffekte* erwartet, da davon ausgegangen wird, dass sich Individuen das aktuelle Handeln ihrer Eltern und das Handeln ihrer Eltern während bestimmter früherer Lebensphasen (z. B. Jugend, Schwangerschaft) aneignen. Außerdem wird davon ausgegangen, dass *Biografieeffekte*, also Erfahrungen im Lebensverlauf eine wichtige Rolle spielen.

Zusammenfassend werden verschiedene Einflussebenen berücksichtigt. Der räumliche, soziale, zeitliche, technische und politische Kontext auf der Makroebene bildet den Rahmen für die untersuchten Effekte. Die intergenerationalen Sozialisationseffekte zwischen Familienmitgliedern liegen auf der Mesoebene, während die individuelle Situation, z. B. die Biografien, die Verkehrsmittelausstattung oder die Wohnsituation auf der Mikroebene liegen.

Da *Biografie-* und *Sozialisationseffekte* in verschiedenen Bereichen der Mobilität erwartet werden, wird davon ausgegangen, dass die hier beschriebenen Effekte in unterschiedlichen Bereichen wirken z. B. bei alltäglicher Verkehrsmittelnutzung, bei Wohnstandortentscheidungen (vgl. Albrecht, in diesem Band) und bei Fernreisen. Schließlich wird vermutet, dass die hier beschriebenen intergenerationalen Sozialisationseffekte auch in anderen Teilbiografien wirken.

Zukünftig werden aus den hier beschriebenen Sozialisations- und Biografieeffekten operationale Hypothesen für empirische Arbeiten abgeleitet. Basierend auf empirischen Daten zu Mobilitätsbiografien von Familienmitgliedern verschiedener Generationen (Döring et al. 2014a) und unter Zuhilfenahme von multivariaten Statistiken wird das hier dargestellte theoretische Gerüst empirisch geprüft (erste Einblicke in Döring et al. 2014).

Literatur

Baslington, H. (2008). Travel socialization: A social theory of travel mode behavior. *International Journal of Sustainable Transportation, 2*(2), 91–114.

Bastian, T. (2010). *Mobilitätsbezogene Einstellungen beim Übergang vom Kindes- ins Jugendlichenalter. Querschnittliche Altersvergleiche bei 14- bis 16-Jährigen.* Wiesbaden: VS Verlag für Sozialwissenschaften.

Bauer, U. (2012). *Sozialisation und Ungleichheit. Eine Hinführung* (2. Aufl.). Wiesbaden: VS Verlag für Sozialwissenschaften.

Bauer, U., Holz-Rau, C., & Scheiner, J. (2005). Standortpraferenzen, intraregionale Wanderungen und Verkehrsverhalten. Ergebnisse einer Haushaltsbefragung in der Region Dresden. *Raumforschung und Raumordnung, 63*(4), 266–278.

Beige, S., & Axhausen, K. W. (2006). Long-term mobility decisions during the life course: Experiences with a retrospective survey. Paper presented at the 11th International Conference on Travel Behaviour Research, Kyoto, 16–20 August 2006.

Chatterjee, K., Sherwin, H., Christensen, J., & Marsh, S. (2013). A conceptual model to explain turning points in travel behaviour: Application to bicycle use. *Transportation Research Part F, 16*, 60–72.

Dittrich-Wesbuer, A., Frehn, M., & Löchl, M. (2004). Verkehrliche Orientierungen und ÖPNV-Nutzung in der Stadtregion Münster. Teil 2. *Verkehr und Technik, 57*(4), 115–122.

Döring, L., Albrecht, J., & Holz-Rau, C. (2014a). *Generationsübergreifende Mobilitätsbiografien – Soziodemografische Analyse der Erhebung*. Raum und Mobilität – Arbeitspapiere des Fachgebiets Verkehrswesen und Verkehrsplanung 30. www.vpl.tu-dortmund. de. Zugegriffen: 25. April 2014.

Döring, L., Albrecht, J., Scheiner, J., & Holz-Rau, C. (2014b). Mobility biographies in three generations – socialization effects on commute mode choice. *Transportation Research Procedia, 1*(1), 165–176.

Flade, A., & Limbourg, M. (1997). *Das Hineinwachsen in die motorisierte Gesellschaft*. Manuskript. www.uni-due.de/~qpd402/alt/texte.ml/FladeLimb.html. Zugegriffen: 25. April 2014.

Fujii, S., & Kitamura, R. (2003). What does a one-month free bus ticket do to habitual drivers? An experimental analysis of habit and attitude change. *Transportation, 30*(1), 81–95.

Geier, S., Holz-Rau, C., & Krafft-Neuhäuser, H. (2001). Randwanderung und Verkehr. *Internationales Verkehrswesen, 53*(1–2), 22–26.

Geulen, D., & Hurrelmann, K. (1980). *Zur Programmatik einer umfassenden Sozialisationstheorie. Handbuch der Sozialisation*. Weinheim: Beltz.

Hägerstrand, T. (1975). Survival and arena: On the life-history of individuals in relation to their geographical environment. *The Monadnock, 49*, 9–29.

Haustein, S., Klöckner, C. A., & Blöbaum, A. (2009). Car use of young adults: The role of travel socialization. *Transportation Research Part F, 12*(2), 168–178.

Hurrelmann, K. (1988). *Social structure and personality development. The individual as a productive processor of reality*. New York: Cambridge University Press.

Hurrelmann, K. (1998). Gesundheitswissenschaftliche Ansätze in der Sozialisationsforschung. In K. Hurrelmann & D. Ulich (Hrsg.), *Handbuch der Sozialisationsforschung* (5. Aufl., S. 189–213). Weinheim: Beltz.

Hurrelmann, K. (2012). *Sozialisation. Das Modell der produktiven Realitätsverarbeitung* (10. Aufl.). Weinheim: Beltz.

Hurrelmann, K., Mürmann, M., & Wissinger, J. (1986). Persönlichkeitsentwicklung als produktive Realitätsverarbeitung. Die interaktions- und handlungstheoretische Perspektive in der Sozialisationsforschung. *Zeitschrift für Sozialisationsforschung und Erziehungssoziologie (ZSE), 6*(1), 91–109.

Kalwitzki, K.-P. (1994). Verkehrsverhalten in Deutschland. Daten und Fakten. In A. Flade (Hrsg.), *Mobilitätsverhalten. Bedingungen und Veränderungsmöglichkeiten aus umweltpsychologischer Sicht* (S. 15–24). Weinheim: Psychologie Verlags Union.

Klöpper, V., & Weber, A. (2007). *Generationsübergreifende Mobilitätsbiographien*. Unveröffentlichte Diplomarbeit an der Fakultät Raumplanung, betreut von Christian Holz-Rau und Anja Dr. phil. Szypulski. Dortmund: TU Dortmund.

Lanzendorf, M. (2003). Mobility biographies. A new perspective for understanding travel behaviour. Paper presented at the 10th International Conference on Travel Behaviour Research, Lucerne, 10–15 August 2003. www.ivt.ethz.ch/news/archive/20030810_IATBR/lanzendorf.pdf. Zugegriffen: 31. Okt. 2012.

Limbourg, M., Flade, A., & Schönharting, J. (2000). *Mobilität im Kindes- und Jugendalter*. Opladen: Leske + Budrich.

Mienert, M. (2003). Entwicklungsaufgabe Automobilität – Psychische Funktionen des PKW-Führerscheins für Jugendliche im Übergang ins Erwachsenenalter (Teil 2). *Zeitschrift für Verkehrssicherheit, 49*, 75–99.

Ohnmacht, T., & Axhausen, K. W. (2005). *Entwicklung des Forschungsdesign und der Erhebungsinstrumente für das Projekt Mobilitätsbiographien, Mobilitätswerkzeuge und soziale Netze*. Institut für Verkehrsplanung und Transportsysteme (IVT). Zürich (Arbeitsberichte Verkehrs- und Raumplanung, 298): Eidgenössische Technische Hochschule (ETH).

Prillwitz, J. (2008). *Der Einfluss von Schlüsselereignissen im Lebenslauf auf das Verkehrshandeln unter besonderer Berücksichtigung von Wohnumzügen*. Dissertation. Leipzig: Universität Leipzig, Fakultät für Physik und Geowissenschaften.

Scheiner, J. (2006). Housing mobility and travel behaviour: A process-oriented approach to spatial mobility. *Journal of Transport Geography, 14*(4), 287–298.

Scheiner, J. (2007). Mobility biographies: Elements of a biographical theory of travel demand. *Erdkunde, 61*(2), 161–173.

Scheiner, J. (2009). *Sozialer Wandel, Raum und Mobilität. Empirische Untersuchungen zur Subjektivierung der Verkehrsnachfrage*. Wiesbaden: VS Verlag für Sozialwissenschaften.

Scheiner, J., & Holz-Rau, C. (2013). Changes in travel mode use after residential relocation: A contribution to mobility biographies. *Transportation, 40*(2), 431–458.

Schultz-Gambard, J. (1979). Umweltpsychologische Aspekte frühkindlicher und vorschulischer Sozialisation. In R. Dollase (Hrsg.), *Handbuch der Früh- und Vorschulpädagogik* (S. 27–54). Düsseldorf: Schwann.

Tully, C. J., & Baier, D. (2006). *Mobiler Alltag. Mobilität zwischen Option und Zwang – Vom Zusammenspiel biographischer Motive und sozialer Vorgaben*. Wiesbaden: VS Verlag für Sozialwissenschaften.

Tully, C. J., & Baier, D. (2011). Mobilitätssozialisation. In O. Schwedes (Hrsg.), *Verkehrspolitik. Eine interdisziplinäre Einführung* (S. 195–211). Wiesbaden: VS Verlag für Sozialwissenschaften.

Wagner, M. (1990). Wanderungen im Lebensverlauf. *Kölner Zeitschrift für Soziologie und Sozialpsychologie; Sonderheft, 31*, 212–238.

Zhang, J., Yu, B., & Chikaraishi, M. (2014). Interdependences between household residential and car ownership behavior: A life history analysis. *Journal of Transport Geography, 34*, 165–174.

Lisa Döring Dipl.-Geogr. geboren 1987, ist seit 2012 wissenschaftliche Mitarbeiterin am Fachgebiet Verkehrswesen und Verkehrsplanung an der Fakultät Raumplanung, Technische Universität Dortmund. Sie bearbeitet das von der Deutschen Forschungsgemeinschaft geförderte Projekt „Mobility Biographies: A Life-Course Approach to Travel Behaviour and Residential Choice" und promoviert zum Thema intergenerationale Sozialisationseffekte in Mobilitätsbiographien. Ihr Interesse liegt in den Themenfeldern Mobilitätshandeln, Wechselwirkungen zwischen Raum, Gesellschaft und dem Individuum und Verkehrsmittelwahl. Sie studierte zwischen 2006–2012 Geographie an der Philipps-Universität Marburg und der University of Tennessee in Knoxville und beendete ihr Studium mit der Diplomarbeit zum Thema „Ein Modell zur Zusammenführung von empirischen Primärdaten und GIS-basierten räumlichen Strukturdaten zur Verkehrsmittelwahl".

Zonen, Inseln, Lebenswelten, Sozialräume. Konzepte zur Raumaneignung im Alltag von Kindern

Raphaela Kogler

Zusammenfassung

Mobilitätssozialisation im Kindesalter steht in einem engen Verhältnis zu Raumaneignung als Teil der Alltagsmobilität und beide sind Teil des lebenslangen Sozialisationsprozesses. Es existieren diverse theoretische Konzepte zur Erforschung der Raumaneignung von Kindern: Vier ausgewählte sozialräumliche Zugänge (Zonenmodell, Inselmodell, Lebensweltkonzept, Sozialraummodell) werden im Beitrag diskutiert, um relevante Dimensionen und ihre Eignung für die empirische Praxis aufzuzeigen. Dabei wird ersichtlich, dass den Modellen unterschiedliche Raumvorstellungen (physisch-materieller Ort oder relationaler Sozialraum) zugrunde liegen und sowohl räumliche, als auch subjektive Perspektiven eingenommen werden. Zur Erforschung von Mobilitätssozialisation reichen ortsfokussierende Zugänge oft nicht aus, vielmehr sollten subjektiv-lebensweltliche Faktoren und die Handelnden selbst berücksichtigt werden. Dies gelingt mithilfe einer Sozialraumanalyse, die sowohl die multidimensionalen Wechselbeziehungen von baulichem Kontext und sozialer Interaktion, als auch soziale und räumliche Umwelt beachtet.

R. Kogler (✉)
Department für Raumplanung, FB Soziologie, Technische Universität Wien,
Karlsplatz 13, 1040 Wien, Österreich
E-Mail: raphaela.kogler@tuwien.ac.at

© Springer Fachmedien Wiesbaden 2015
J. Scheiner, C. Holz-Rau (Hrsg.), *Räumliche Mobilität und Lebenslauf,*
Studien zur Mobilitäts- und Verkehrsforschung, DOI 10.1007/978-3-658-07546-0_3

Schlüsselwörter

Mobilitätssozialisation · Raumaneignung · Kindheitsforschung · Sozialraum ·
Zonenmodell · Inselmodell · Lebenswelt · Lebensraum des Kindes

1 Mobilitätssozialisation und Raumaneignung im Kindesalter

Aufwachsen in der heutigen, mobilen Gesellschaft impliziert, sich frühzeitig
verschiedene Orte und Räume aneignen zu müssen, um Teil der Gesellschaft zu
werden. Sozialisation als lebenslanger Prozess, der ein Individuum zum Teil einer
Gesellschaft oder Subgruppe werden lässt, umfasst auch Prozesse der Mobilitätssozialisation. Da Mobilität sowohl als Ausdruck der sozio-kulturellen Umstände
als auch der individuellen, biografischen Lage gefasst werden kann (vgl. Tully und
Baier 2006, S. 85), wird in diesem Beitrag eine individuelle, biografische Perspektive eingenommen und Raumaneignung als Teilprozess der Mobilitätssozialisation
im Kindesalter thematisiert.

Mobilitätssozialisation ist ein Prozess, der wie andere Sozialisationsprozesse durch verschiedene Elemente beeinflusst wird. Diese Elemente umschließen
den gesellschaftlichen Kontext (beispielsweise kulturelle Leitbilder, Infrastruktur,
Technik), diverse Sozialisationsinstanzen (wie Familie, Medien, Peers), individuelle Merkmale (wie Geschlecht und Alter) sowie den sozialräumlichen Kontext.
Dieser sozialräumliche Einfluss auf Mobilitätssozialisation, in Verbindung mit sozialen Indikatoren, stellt das spezifische Interesse dieses Beitrags dar.

Theoretische Auseinandersetzungen in Bezug auf die Frage, wie individuelles,
alltägliches Mobilitätshandeln zustande kommt, setzten lange Zeit auf die Analyse
soziodemografischer Strukturen. Zunehmend wurde Kritik laut, dass die Verkehrsforschung den sozialen Wandel und Individualisierungsprozesse zu wenig beachte,
aber Mobilitätshandeln ohne diese Komponenten nur schwer zu erklären sei (vgl.
Scheiner 2009, S. 26 ff.). Dagegen können Sozialisationstheorien das sich stetig
entwickelnde, veränderliche Mobilitätshandeln prozesshaft erklären und werden
daher auch von der Mobilitäts- und Verkehrsforschung zunehmend als begründete
Theorien gesehen. Im engen Zusammenhang damit steht das theoretische Konstrukt der Mobilitätsbiografie, das die Entwicklung des individuellen Mobilitätshandelns fokussiert. Man folgt der These, dass nicht nur „biografische Schlüsselmomente" (Scheiner 2009, S. 52) bzw. „transitorische Ereignisse" (Ohnmacht 2006,
S. 15) das Mobilitätshandeln bedingen, sondern längere, prozesshafte Phasen für
die Mobilitätsbiografie entscheidend sind, allen voran die Kindheitsphase.

Alltagsmobilität im *Kindesalter* wird vielfach in Zusammenhang mit der räumlichen Mobilität der Eltern erklärt bzw. werden auch häufig die negativen Aspekte für Kinder (z. B. die Gefahren im Straßenverkehr) empirisch untersucht (vgl. z. B. Limbourg et al. 2000, S. 33 ff.). Die Relevanz der Mobilitätssozialisation aus Kinderperspektive und ihre positiven Auswirkungen (z. B. Freiräume erhalten) werden hingegen seltener thematisiert. Eine Ausnahme stellt hier die neuere Entwicklung einer *sozialräumlichen Sozialisationsforschung* dar, die Mobilität und Raum als determinierende Größen im Rahmen von Sozialisationsprozessen sieht. Sozialräumliche Sozialisationsforschung entwickelte sich aus der sozialökologischen Sozialisationsforschung (vgl. z. B. Bronfenbrenner 1981; Baacke 1983) und stellt biografische Strukturen und Prozesse in den Mittelpunkt. Kinder werden als aktive Handelnde gesehen, die sich ihre Umwelt eigenständig aneignen (vgl. z. B. James und James 2012; Fritsche et al. 2011). Angelehnt an die Kindheitssoziologie wird die Lebensphase Kindheit als im sozialen und gesellschaftlichen Wandel eingebettet verstanden. Im Kindesalltag zeigen sich verstärkt zeitliche und räumliche Veränderungsprozesse, wie beispielsweise die Spezialisierung und Institutionalisierung kindlicher Lebensräume.

Innerhalb der sozialräumlichen Sozialisationsforschung wird als Schlüsselprozess und als Sozialisationspraxis die *Raumaneignung* gesehen. In diesem Zusammenhang werden biografische Strukturen zur Erforschung der Alltagswelt der Kinder ins Zentrum gestellt. Der Prozess der Sozialisation ist in wechselseitiger Abhängigkeit von der gesellschaftlich vermittelten, sozialen, räumlichen und materiellen Umwelt zu verstehen. Differenzierter betrachtet ist Raumaneignung wiederum ein Teil der Mobilitätssozialisation bzw. als Sozialisationspraxis zu verstehen. Raumaneignung umfasst daher die Auseinandersetzung mit der räumlichen Umwelt und die Erweiterung des subjektiven Handlungsraumes durch physische und symbolische Prozesse, in die stets Mensch-Umwelt-Relationen eingebettet sind (vgl. z. B. Deinet 2009). Raumaneignung ist als handlungstheoretisches Paradigma zur Erklärung des Verhältnisses zwischen Kindern und Raum geeignet, um auch Alltagsmobilität und Mobilitätssozialisation zu fassen.

Folglich ist das Ziel dieses Beitrags, die Fragen zu beantworten, wie sich Kinder ihren Lebensraum aneignen und welche sozialwissenschaftlichen bzw. sozialräumlichen Konzepte der Raumaneignung als Grundlage zur Erforschung dieser geeignet sind. Dazu werden vier Zugänge zur Raumaneignung zunächst diskutiert und gegenübergestellt. Die Auswahl orientiert sich an der Annahme, dass es nicht ein leitendes Raumaneignungskonzept geben kann, welches wissenschaftliche Erklärungen zur heutigen Raumaneignung und Mobilitätssozialisation liefert. Daher werden differente theoretische Zugänge gegenübergestellt. Auf Basis dieser Auseinandersetzung werden die relevanten Aspekte und Dimensionen der Modelle für zukünftige Forschungen im Bereich der Alltagsmobilität von Kindern herausgearbeitet.

2 Sozialräumliche Konzepte zur Raumaneignung

2.1 Zonenmodell

Das Zonenmodell, welches auf Martha Muchow und ihre bekannte Studie „Der Lebensraum des Großstadtkindes" (vgl. Muchow und Muchow 1935)[1] zurückgeht, versteht die Raumaneignung von Kindern als einen Prozess, der in konzentrischen Kreisen verläuft.

Die methodisch und inhaltlich umfassende Lebensraumstudie stellt die Kinder des damaligen Arbeitermilieus in den Mittelpunkt und erforscht die (räumlichen) Lebensbedingungen. Die Alltagswelt der Kinder wird im Begriff des Lebensraumes subsumiert, der bei Muchow jene Räume meint, in denen das Kind lebt bzw. jene Räume, die aufgesucht werden. Gemäß dem damals gängigen Raumverständnis, welches Raum als territorialen, geographisch abgrenzbaren Ort fasst, sind die Lebensräume der Großstadtkinder voneinander abgrenzbar und als spezifische Orte zu verstehen. Nicht nur die empirischen Ergebnisse der Studie sind auch heute noch inhaltlich sehr interessant (bspw. die kindliche Aneignung des Warenhauses als Lebensraum), bedeutsam ist in diesem Zusammenhang das entwickelte Modell in Bezug auf Raumaneignung von Kindern.

> Im Grunde (…) lebt auch das Großstadtkind ‚wie auf dem Dorfe' und kommt meist nicht sehr weit herum. Mehr oder weniger eng um die Wohnung und die Wohnstraße gelagert, breitet sich der Lebensraum der Kinder von diesem Zentrum aus schichtenförmig aus. (Muchow und Muchow 1935, S. 147 f.)

Die Raumaneignung verläuft im Entwicklungsprozess des Kindes in Form konzentrischer Kreise, ausgehend vom eigenen Wohnraum über den Nahraum bis hin zum kontinuierlich erweiterbaren (Lebens-)Raum, welcher immer in Verbindung mit den anderen Kreisen steht. Dieses Modell wurde von Pfeil (1965), Bronfenbrenner (1981) und Baacke (1983) weiterentwickelt und die konzentrischen Zonen in 1) Familie und Heim, 2) Nahraum und Wohnviertel, 3) funktionsspezifische Räume wie die Schule und 4) Freizeiträume eingeteilt. Der Lebensraum des Kindes stellt im Zonenmodell immer ein zusammenhängendes Areal dar, das allmählich erkundet und angeeignet wird.

Im Zonenmodell wird der Ort, verstanden als geographisches Territorium, erstmals als maßgeblicher Kontext von Sozialisation bestimmt und der Lebensraum

---

[1] Die Publikation wurde posthum vom Bruder Martha Muchows – Hans Heinrich Muchow – fertiggestellt.

des Kindes als empirisch zu erforschender Gegenstand deklariert. Auch heutige Studien greifen – wenn auch oftmals kritisch – Methoden und Zugänge dieser Studie auf (vgl. z. B. Deinet und Krisch 2002).

2.2 Inselmodell

In den 1980er und 1990er Jahren kommt die Verinselungstheorie bzw. das Inselmodell als Raumaneignungstheorie in der Kindheitsforschung auf. Aus dieser Sicht erschließen Kinder verschiedene „Inseln" in der Stadt und der Lebensraum besteht aus spezifischen einzelnen Orten, die erreicht werden müssen, um bestimmte Aktivitäten ausüben zu können. Raumaneignung im Inselmodell ist kein kontinuierlicher Prozess, sondern erfolgt phasenweise und kann auch rückgängig gemacht werden, indem eine Insel aufgegeben wird.

Ausgehend von der Pädagogin Helga Zeiher (1983) und weiterentwickelt mit Hartmut Zeiher (1994) widmet sich das Inselmodell der Frage nach den Veränderungen (alltäglicher) räumlicher Kindheitsbedingungen. Dabei wird der Fokus auf die Funktionstrennung und Spezialisierung von Räumen gelegt. Die zunehmende Beschränkung auf die Wohnfunktion neuer Siedlungen hat Einfluss auf die Raumaneignung der Kinder. Die spezialisierten Außenräume drängen die Kinder in abgegrenzte Privaträume (vgl. Zeiher und Zeiher 1994, S. 19 f.). Die Verinselung der Kindheit(-sräume) muss daher historisch bedingt gesehen werden. Durch die Spezialisierung von Orten und Zeiten sind die Kinder verstärkt dazu angehalten, ihr Handeln an vordefinierte Orte zu verlagern. So ist beispielsweise Ballspielen im urbanen Gebiet heute nur mehr an Sport- und Spielplätzen möglich – früher jedoch nahezu vor jedem Wohnhaus. Diese Funktionstrennungen wurden bei der Entwicklung der Theorie beachtet (vgl. Zeiher und Zeiher 1994, S. 26).

Die Orte, die von Kindern genutzt werden können bzw. dürfen, liegen immer häufiger wie Inseln verstreut im städtischen Meer. Die Orte zwischen den Inseln sind den Kindern unbekannt, daher wird kein zusammenhängendes Areal erschlossen. Dies hängt auch damit zusammen, dass die oft weit voneinander entfernten Inseln von Kindern ohne die Hilfe Erwachsener nicht aufgesucht und damit angeeignet werden können. Durch die Zunahme der funktionsspezifischen Kindheitsräume und der Hilfe der Eltern und anderer Erwachsener beim Erreichen dieser Räume scheint das Zonenmodell mit der selbstständigen Aneignung von Räumen teilweise überholt. Zeiher und Zeiher gehen explizit auf das Zonenmodell ein und erläutern, dass dieses Modell in der modernen Ausgestaltung von Räumen und Orten nicht mehr zutreffend sei:

Kinder weiten nicht einen zusammenhängenden Lebensraum allmählich aus (...).
Vielmehr leben Kleinkinder in einem verinselten Lebensraum. Eltern transportieren
sie zu den Inseln: zu Wohnungen von Freunden und Verwandten, zum Spielplatz, zum
Kindergarten, zum Ort des Sporttrainings, zu Einkaufsorten in der Innenstadt, zum
Wochenend- und Urlaubsort. Das Areal, in dem der verinselte Lebensraum kleiner
Kinder liegt, ist so weit, wie die Alltagsmobilität der Eltern reicht. (Zeiher und Zeiher
1994, S. 27 f.)

Die Alltagsmobilität der Eltern ist demnach ein maßgeblicher Faktor für die Bestimmung der Lebensrauminseln der Kinder. Dennoch hat man damit zwar Kenntnis über die Anzahl und Art der Orte von Kindern, der tatsächliche Prozess der
Raumaneignung wird durch die Erhebung und Analyse der Alltagsmobilität von
Erwachsenen aber nicht erschlossen. Daher benötigt es Modelle zur Erforschung
der Raumaneignung, die das Kind als Subjekt mit einschließen, wie später noch
erläutert wird.

Tabelle 1 stellt die ersten beiden Konzepte gegliedert nach wesentlichen Aspekten und Dimensionen dar und zeigt auf, dass das Zonenmodell idealtypisch als Ge-
genbild des Inselmodells fungiert – mit einer wesentlichen Gemeinsamkeit: Beide
gehen von absolutistischen Raumvorstellungen aus. Raum wird als territorialer,
physisch-materieller, abgrenzbarer Ort verstanden. Raumaneignung bezieht sich
hier nicht auf einen Sozialraum als Handlungs- und Interaktionsraum.

Tab. 1 Idealtypische Gegenüberstellung des Zonenmodells und Inselmodells. (Quelle:
eigene Darstellung)

	Zonenmodell	Inselmodell
Lebensraum des Kindes	Zusammenhängendes Areal	Nicht zusammenhängende Inseln
Raumaneignung	Kontinuierliche Aneignung gesamter Zonen (in konzentrischen Kreisen)	Phasenweise Aneignung einzelner Orte (Insel für Insel wird erschlossen)
Alltagsmobilität	Selbstständige Mobilitätserfahrungen	Mobilitätserfahrungen mithilfe von Erwachsenen
Perspektive	Holistische Perspektive	Individualisierte Perspektives
Raumkonzept	Physisch-materielles bzw. absolutistisches Raumkonzept	

2.3 Lebensweltkonzept

Das *Lebensweltkonzept* kann nicht als ein Modell bezeichnet werden, da es einen umfassenden sozialwissenschaftlichen, biografisch zentrierten Theorieansatz darstellt. Raumaneignung findet danach in subjektiv sinnstiftendem, sozialem Handeln in alltäglichen Interaktionen statt.

Die Theorie der Lebenswelt zählt zu den mikrosoziologischen Ansätzen, welche Interaktionen von Subjekten in alltäglichen Situationen fokussiert. Sie gilt als Hauptwerk des Soziologen Alfred Schütz[2], der die Soziologie als eine Theorie der Lebenswelt konzipiert, deren Aufgabe es sein muss, das Handeln der Menschen als Aufbau der sozialen Wirklichkeit zu begreifen. Die Lebenswelt ist nach Schütz jene Wirklichkeit, die im alltäglichen Leben erfahren wird – der Erfahrungsort, der auch als sinnhafte, soziale und intersubjektive Kulturwelt bezeichnet wird (vgl. Fischer 2012, S. 52). Die Lebenswelt ist sozial, zeitlich und räumlich begrenzt. Sozial begrenzt meint, dass die Lebenswelt immer intersubjektiv ist. Das heißt, die Lebenswelt ist weder "meine" private Welt, noch "deine" private Welt, sondern besteht aus gemeinsamen Erfahrungen (vgl. Schütz und Luckmann 2003, S. 109). Zeitlich begrenzt bedeutet, dass das Leben einer Zeitstruktur unterliegt. Die räumliche Grenze zeigt sich in räumlichen Schichten verschiedener Reichweite, in welche die Lebenswelt aufteilbar ist (vgl. Schütz und Luckmann 2003, S. 71). Die aktuelle Reichweite von Lebenswelten bzw. Lebensräumen, die auch als aktuelle Situationen oder Erfahrungen verstanden werden können, wird durch Mobilität verändert. Alltagsmobilität ist daher ein maßgeblicher Faktor, um Erfahrungen zu erlangen und die eigene Lebenswelt zu erweitern.

Lebenswelten sind des Weiteren immer etwas Individuelles und eng an den Begriff des Alltags gekoppelt. Daher spricht man auch von der alltäglichen Lebenswelt bzw. Alltagswelt. Diese Alltagswelt ist kein territorialer Ort, sondern eine soziale Sphäre (vgl. Rahn 2010, S. 143) und umschließt weit mehr als den physisch fassbaren Ort. Jegliche Interaktion mit Umwelt oder Menschen erweitert die Lebenswelt und die aktuelle Reichweite der Erfahrungen – gleichzeitig werden dabei Räume angeeignet.

Lebenswelten sind trotz ihres individuellen Charakters keine privaten, sondern intersubjektive Sozialwelten, in denen sich Soziales und Individuelles in Handlungsmustern vermischt. Speziell die Lebenswelten junger Menschen werden durch Mobilität und Aneignung geprägt, da sie sich durch Alltagsmobilität mit neuen Lebenssituationen auseinandersetzen (vgl. Schönduwe et al. 2012, S. 8).

---

[2] Das dazugehörige Werk „Strukturen der Lebenswelt" wurde posthum von Thomas Luckmann anhand der Notizen von Alfred Schütz fertig gestellt.

Angelehnt an diese Theorie ist die phänomenologische Analyse, die als *Lebensweltanalyse* bezeichnet wird (vgl. z. B. Eberle 2000). Die Lebensweltanalyse folgt keiner festgelegten Reihenfolge an anwendbaren Techniken, sondern setzt am alltäglichen Handeln an. Im Zentrum steht der subjektive Sinn des sozialen Handelns und damit auch der Mobilität, verstanden als sozial konstituierte, reproduzierte Lebenspraxis (vgl. Wilde 2013, S. 35).

Die Lebensweltanalyse und das Lebensweltkonzept zeigen die Relevanz der Rekonstruktion subjektiver Lebensweisen auf, die auch für die Erforschung der Alltagsmobilität und Raumaneignung von Bedeutung ist. Wenn Mobilitätshandeln als alltägliches, routiniertes Handeln erfolgt, dann ist die Erforschung dieses sozialen Handelns in alltäglichen Interaktionen unumgänglich. Dabei darf nicht vom Raum als abgrenzbarem Ort ausgegangen werden. Vielmehr sollten das Individuum und seine Interaktionen als Ausgangspunkte definiert werden. Der Mensch steht im Mittelpunkt und der spezifische Ort, welcher angeeignet wird, spielt nur eine sekundäre Rolle.

Das Lebensweltkonzept unterscheidet sich in großen Teilen von den beiden ersten Modellen, da es einen anderen Ausgangspunkt besitzt bzw. eine differente Perspektive einnimmt. Dies ließe in Hinblick auf Raumaneignung den Schluss zu, dass der Raum und vor allem der konkrete Ort, der angeeignet wird, vernachlässigt werden könnte, was aber nicht immer sinnvoll erscheint, weswegen im Folgenden ein letztes Modell diskutiert wird.

2.4 Sozialraummodell

Das Sozialraummodell stellt die jüngste Entwicklung der hier genannten Modelle dar. Es verbindet theoretische Raumkonzepte mit empirischen Ansätzen zur Analyse differenter Raumebenen, um sowohl das Individuum im Raum als auch den Raum an sich zu erkunden.

Der Begriff Sozialraum erlebt seit rund einem Jahrzehnt außerordentliche Beliebtheit und wird je nach Disziplin und Bezugsrahmen unterschiedlich verstanden. So sieht die Pädagogik den Sozialraum vorwiegend als Lernraum, die Sozialökologie als Sozialisations- und Aneignungsraum, lebensweltliche Theorien sehen ihn als Raum alltäglicher Erfahrungen und die Soziologie sieht ihn vorwiegend als relationalen Raum (vgl. Überblick in Schumann 2004). Neuere sozialräumliche Ansätze gehen von einer Kombination des relationalen Sozialraums und des subjektiven Aneignungs- und Lebensraumes aus und setzen sich mit dem Wandel des Raumverständnisses in den Sozialwissenschaften, dem *spatial turn* (vgl. Döring und Thielmann 2008; Löw 2001; Läpple 1991), auseinander. Zentrales Moment eines sozialraumorientierten Zugangs ist es am Individuum anzusetzen, wie es das

Lebensweltkonzept deklariert, aber zusätzlich den Raum nicht zu vernachlässigen. Ein bestimmter Ort kann je nach Perspektive unterschiedlich gedeutet werden, beispielsweise als Erlebnis- oder auch als Verkehrsraum. Es muss hierbei zwischen dem geographischen Raum – verstanden als Territorium bzw. konkretem Ort – und dem Sozialraum – verstanden als Handlungs- und Interaktionsraum – unterschieden werden. Eine theoretische und empirische Sozialraumorientierung darf daher weder ausschließlich den physisch-materiellen Raum (territoriale Orte und Plätze wie bspw. Stadtteile oder Straßen), noch allein das soziale Handeln samt Interaktionen im Raum (Prozesse der Aneignung und Deutung) fassen, sondern muss beides integriert erforschen.

> Sozialräume sind keine fixierten, absoluten Einheiten, die sozialen Prozessen vorausgehen, sondern sie stellen selbst das Ergebnis sozialer Prozesse dar, das heißt sie sind ein ständig (re)produziertes Gewebe sozialer Praktiken. Sozialräume sind in diesem Sinne sinnvoll als ein heterogen-zellulärer Verbund, als Gewebe zu beschreiben, da in ihnen heterogene historische Entwicklungen, kulturelle Prägungen, politische Entscheidungen und damit bestehende Macht- und Herrschaftsverhältnisse eingeschrieben sind. Dieses Gewebe wirkt wiederum auf die Handlungen zurück. (Kessl und Reutlinger 2010, S. 253)

Dieses Wechselwirkungsverhältnis zwischen Raum und Mensch beginnt bereits in der frühen Kindheitsphase. Aus Sicht der sozialräumlichen Sozialisationsforschung sind differente Raumebenen von Relevanz (vgl. Fritsche et al. 2011, S. 35). Kindliche Raumaneignung geschieht durch individuelle Auseinandersetzung mit Raum bzw. durch soziales Handeln im Raum und zusätzlich durch das Schaffen eigener Räume im Raum. Kinder begreifen Raum nicht als homogenes Ganzes, nicht als kontinuierlich erweiterbares Territorium, sondern als Stückwerk, als viele uneinheitliche, diskontinuierliche und heterogene Räume (vgl. Löw 2001, S. 86) ähnlich dem Inselmodell, mit dem wesentlichen Unterschied, dass mehrere Räume an einem Ort angeeignet werden können. Raum ist hier nicht als Ort zu verstehen, und daher kann derselbe Ort sowohl als Lernraum, als auch als Verkehrsraum und Wohlfühlraum wahrgenommen und angeeignet werden.

Diese theoretische Perspektive wird im Rahmen von praxis- und sozialraumorientierten Studien als sogenannte *Sozialraumanalyse* empirisch umgesetzt. Sozialraumanalysen arbeiten mit einer Vielzahl empirischer Methoden, um ein holistisches Bild der multidimensionalen Wechselbeziehungen von baulichem Kontext und sozialer Interaktion sowie sozialer und räumlicher Umwelt zu erfassen. Empirisch werden bei Sozialraumstudien die strukturelle Raumebene und die individuelle Handlungsebene verknüpft und in einem umfassenden Mehrebenen-Design integriert.

Tab. 2 Idealtypische Gegenüberstellung des Lebensweltkonzepts und Sozialraummodells. (Quelle: eigene Darstellung)

	Lebensweltkonzept	Sozialraummodell
Lebensraum des Kindes	Alle Erfahrungsräume im Alltagsleben	Alle Erfahrungs-, Handlungs-, und Deutungsräume
Raumaneignung	Aneignung in alltäglichen Situationen durch soziale Interaktionen	
Alltagsmobilität	Eigenes soziales Handeln zur Veränderung der subjektiven Lebenswelt	Eigenes soziales Handeln und Konstruktion von verschiedenen Räumen an einem Ort
Perspektive	Subjektive Perspektive (setzt am Individuum an)	Subjektive und räumliche Perspektive (setzt am Individuum und am Raum an)
Raumkonzept	Relationales Sozialraumkonzept	

Folgt man dem Modell nach Riege und Schubert (2005), dann sind zumindest vier Ebenen bei der empirischen Erforschung zu analysieren: 1) Der physisch-materielle Raum, im Sinne eines Teilraumes eines (Stadt-)Gebietes; 2) das innere strukturelle Profil des Raumes; 3) eine infrastrukturelle Bestandsbeschreibung, um lokale Gegebenheiten zu verstehen; 4) die tiefenscharfe Erfassung und Erkundung der Lebens- und Nutzungsräume der Menschen, im Sinne der subjektiv und sozial konstruierten Sozialräume. Bei diesem Mehrebenen-Design wird immer ein Methodenmix angewandt, um struktur- und verhaltensanalytische Komponenten gleichermaßen zu erfassen. Das Sozialraumanalysekonzept bietet daher konkrete Analysevorgaben, die damit auch mobilen (Kinder-)Alltag erschließen lassen.

Betrachtet man nun in Tab. 2 das Lebensweltkonzept und das Sozialraummodell schematisch in Hinblick auf Raumaneignung und Mobilitätssozialisation im Kindesalter, können auf theoretischer Ebene sowohl Gemeinsamkeiten als auch Unterschiede festgestellt werden.

Der Prozess der Raumaneignung, verstanden als subjektiv ausgestalteter Prozess der Mobilitätssozialisation, ist in alltäglichen Situationen durch jegliche Form sozialer Interaktion gegeben, da man unter sozialer Interaktion jede Art sozialen Handelns, als auch beispielsweise das Beobachten und Wahrnehmen ohne konkret darauf folgende Handlung, versteht. Raumaneignung wird im Lebenswelt- und Sozialraumkonzept umfassender gesehen als dies im Zonen- und Inselmodell der Fall ist. Denn hier wird zwar der individuelle Charakter jeder Lebenswelt erkannt, aber dennoch in die intersubjektive Sozialwelt eingebettet. Alltagsmobilität umfasst im Lebensweltkonzept aber ausschließlich subjektives Handeln an einem konkreten, geographischen Ort, wohingegen das Sozialraummodell den Raum als Handlungs- und Deutungsraum versteht. Hier geht man davon aus, dass an

einem bestimmten Ort verschiedene, individuell unterschiedliche Räume entstehen
können, je nachdem welche Bedeutungen man einem Ort zuweist. Aneignungsorte
werden im Rahmen des Sozialraumkonzepts einerseits als einzelne funktionsge-
bundene Inseln gefasst (wie beim Inselmodell auch). Andererseits wird während
des Aneignungsprozesses eine Syntheseleistung (vgl. Löw 2001) erbracht. Diese Syntheseleistung meint, dass Kinder einzelne Orte oder Elemente mithilfe von
Wahrnehmungs-, Vorstellungs- und Erinnerungsleistungen zu Räumen verknüpfen
und damit soziale Dimensionen in den Aneignungsprozess einfließen. In dieser
differenten Perspektive liegt der grundsätzliche Vorteil des Sozialraummodells
gegenüber dem Lebensweltkonzept, als Grundlage der Erforschung der Raumaneignung.

3   Fazit

Vier Modelle zur Raumaneignung von Kindern wurden skizziert, um die Fragen zu
erläutern, wie sich Kinder ihren Lebensraum aneignen und welches dieser sozialwissenschaftlichen Konzepte als Grundlage zur Erforschung der Raumaneignung
als Teil der Mobilitätssozialisation geeignet ist.

Als grundlegende Erkenntnis jener theoretischen Gegenüberstellung gilt, dass
je nach Perspektive der sozialisations- und kindheitsspezifischen Forschung unterschiedliche Modelle tragend werden. Ist ein konkreter Ort im Siedlungsgefüge
Ausgangspunkt und Mittelpunkt einer Forschung, dann kann vom Ort (statt vom
Menschen) ausgegangen werden und man wird sich dem Zonen- oder Inselmodell
zuwenden. Das Zonenmodell als historisch frühes Raumaneignungskonzept weist
jedoch Schwächen in Bezug auf heutige Raumaneignungsprozesse von Kindern
auf, da keineswegs mehr ausschließlich miteinander verbundene Lebensraumzo-
nen angeeignet werden. Als Ergebnis der Gegenüberstellung des Zonen- und Inselmodells kann gelten, dass in der Forschungspraxis beide integriert als Grundlage
verwendet werden sollen. Es kommt heute zu einer konzentrischen Erweiterung
des Lebensraumes um jede Insel und daher sind Dimensionen aus beiden Modellen
sinnvoll. Man setzt an den territorialen Orten – den kindlichen Lebensinseln – an,
um welche sich der Lebensraum des Kindes konzentrisch ausweitet.

Ist aber nicht der Ort, sondern das Individuum Ausgangspunkt der Forschung,
da man Kindheitsräume nicht nur beschreiben, sondern sie als subjektive Lebenswelten verstehen will, dann läuft man ohne die Zuhilfenahme des Lebenswelt- oder
Sozialraumkonzepts Gefahr, die subjektiv-lebensweltlichen Faktoren zu vernachlässigen, welche jedoch zentraler Bestandteil jedes sozialen Handelns sind. Individuelles, alltägliches und routiniertes Mobilitätshandeln von Kindern lässt sich mit-

hilfe des Lebensweltkonzeptes gut erfassen. Wenn man aber sowohl die subjektive als auch die räumliche Perspektive einnehmen will, um Raumaneignung als Teil der Mobilitätssozialisation umfassender zu analysieren, dann empfiehlt sich das Sozialraummodell als theoretische Basis der Untersuchung. Es wurde durch die Erläuterung des relationalen Sozialraumkonzepts in Verbindung mit dem Sozial-raummodell gezeigt, dass beim Forschungsgegenstand der Raumaneignung von Kindern nicht nur die Erforschung der Aneignung vorhandener und vorstrukturier-ter Räume zentral ist. Gleichzeitig ist die Verbindung von Elementen im Raum und von den Menschen zu Räumen von Relevanz. Speziell im Kindesalter werden in Raumaneignungsprozessen sowohl Menschen, Geschichten und Wahrnehmungen, als auch spezifische Orte miteinander verknüpft.

Durch Mobilität wird die individuelle, kindheitsspezifische Erfahrung und Ver-bindung verschiedener Orte miteinander zentral, und die Mikroperspektive ein-zunehmen wird unumgänglich. Die Erfahrungen im Lebensverlauf, die im indivi-duellen Mobilitätshandeln münden, sollen daher *aus Kinderperspektive* betrachtet werden, wie dies auch die sozialräumliche Sozialisationsforschung fordert. Vor-handene Studien fokussieren zumeist die Erwachsenenperspektive und erheben die Elternmobilität, die zwar auch bedeutsam ist, aber eben nur einen bestimmten As-pekt zur Erforschung der Alltagsmobilität und Raumaneignung von Kindern bei-trägt.

In der empirischen Forschung fehlt es bislang oftmals an einem *mehrdimen-sionalen Raumverständnis*. Mobilitätsforschung sollte in ihrer Umsetzung ver-mehrt auf Mehrebenenanalysen im Sinne einer Sozialraumanalyse setzen. Dies impliziert, dass empirisch auch qualitative Methoden zum Einsatz kommen sollen, um die Räume von Kindern in der Stadt erschließen und verstehen zu können[3]. Sozialraumanalyse muss sowohl in die Mobilitätsforschung und die Verkehrswis-senschaft als auch in die Kindheits- und Sozialisationsforschung Einzug halten. Angedacht werden sollte ein Zugang „über den Menschen" und „über den Ort" und daher ein vermehrter Einsatz partizipativer Forschungsmethoden. Jedenfalls muss ein alltags-, lebensweltlich und biografisch orientierter Zugang gewählt wer-den, um Raumaneignungsprozesse zu rekonstruieren. Auch Selbstzeugnisse von Kindern als Datengrundlagen, wie beispielsweise gezeichnete Karten der Wege durch die Stadt oder Fotointerviews, sind für solche Zugänge empfehlenswert (vgl.

---

[3] Auch quantitative Methoden werden im Rahmen von Sozialraumanalysen verwendet, vor-wiegend um die strukturelle Ebene des Raumes zu verstehen und zu erklären. Zur Erfor-schung der subjektiven Raumaneignungsprozesse von Kindern sind quantitative Methoden nicht zielführend, da beispielsweise Fragebögen bestimmte Kategorien und Begriffe ver-wenden, die speziell für die Population der Kinder unverständlich sind oder anders gedeutet werden.

auch Lange und Mierendorff 2009). In der Analysephase können auch qualitative Typenbildungen (vgl. Kelle und Kluge 2010) unterstützend eingesetzt werden, um Mobilitäts- und Raumaneignungsmuster von Kindern aufzudecken. Diese Anregungen, erarbeitet anhand der theoretischen Erläuterung verschiedener sozialräumlicher Konzepte, können als sozialwissenschaftliche Impulse bei zukünftigen Forschungen zur Raumaneignung von Kindern gesehen werden.

Literatur

Baacke, D. (1983). *Die 13- bis 18-Jährigen. Einführung in die Probleme des Jugendalters.* Weinheim: Beltz.

Bronfenbrenner, U. (1981). *Die Ökologie der menschlichen Entwicklung. Natürliche und geplante Experimente.* Stuttgart: Klett.

Deinet, U. (2009). Aneignung und Raum. Zentrale Begriffe des sozialräumlichen Konzepts. In U. Deinet (Hrsg.), *Sozialräumliche Jugendarbeit. Grundlagen, Methoden und Praxiskonzepte* (S. 27–58). Wiesbaden: VS Verlag für Sozialwissenschaften.

Deinet, U., & Krisch, R. (Hrsg.). (2002). *Der sozialräumliche Blick der Jugendarbeit. Methoden und Bausteine zur Konzeptentwicklung und Qualifizierung.* Wiesbaden: VS Verlag für Sozialwissenschaften.

Döring, J., & Thielmann, T. (Hrsg.). (2008). *Spatial Turn. Das Raumparadigma in den Kultur- und Sozialwissenschaften.* Bielefeld: Transcript.

Eberle, T. (2000). *Lebensweltanalyse und Handlungstheorie. Beiträge zur Verstehenden Soziologie.* Konstanz: UVK Universitätsverlag.

Fischer, P. (2012). *Phänomenologische Soziologie.* Bielefeld: Transcript.

Fritsche, C., Rahn, P., & Reutlinger, C. (2011). *Quartier macht Schule.* Wiesbaden: VS Verlag für Sozialwissenschaften.

James, A., & James, A. (2012). *Key concepts in childhood studies.* London: Sage.

Kelle, U., & Kluge, S. (2010). *Vom Einzelfall zum Typus. Fallvergleich und Fallkontrastierung in der qualitativen Sozialforschung.* Wiesbaden: VS Verlag für Sozialwissenschaften.

Kessl, F., & Reutlinger, C. (2010). Sozialraum. In C. Reutlinger, C. Fritsche, & E. Lingg (Hrsg.), *Raumwissenschaftliche Basics. Eine Einführung für die Soziale Arbeit* (S. 247–255). Wiesbaden: VS Verlag für Sozialwissenschaften.

Lange, A., & Mierendorff, J. (2009). Methoden der Kindheitsforschung. Überlegungen zur kindheitssoziologischen Perspektive. In M.-S. Honig (Hrsg.), *Ordnungen der Kindheit. Problemstellungen und Perspektiven der Kindheitsforschung* (S. 183–210). Weinheim: Juventa.

Läpple, D. (1991). Essay über den Raum. Für ein gesellschaftswissenschaftliches Raumkonzept. In H. Häußermann, et al. (Hrsg.), *Stadt und Raum. Soziologische Analysen* (S. 157–207). Pfaffenweiler: Centaurus.

Limbourg, A., Flade, A., & Schönhartig, J. (2000). *Mobilität im Kindes- und Jugendalter.* Opladen: Leske + Budrich.

Löw, M. (2001). *Raumsoziologie.* Frankfurt a. M.: Suhrkamp.

Muchow, M., & Muchow, H. (1998 [1935]). *Der Lebensraum des Großstadtkindes*. Weinheim: Juventa.

Ohnmacht, T. (2006). *Die Geografie des Sozialen als Aktivitätsraum. Räumliche Verteilung der Sozialkontakte unter den Bedingungen von Mobilitätsbiografien*. Diplomarbeit am Institut für Verkehrsplanung und Transportsysteme, ETH Zürich, Zürich.

Pfeil, E. (1965). *Das Großstadtkind*. München: Ernst Reinhardt Verlag.

Rahn, P. (2010). Lebenswelt. In C. Reutlinger, C. Fritsche, & E. Lingg (Hrsg.). *Raumwissenschaftliche Basics. Eine Einführung für die Soziale Arbeit* (S. 141–148). Wiesbaden: VS Verlag für Sozialwissenschaften.

Riege, M., & Schubert, H. (2005). Zur Analyse sozialer Räume. Ein interdisziplinärer Integrationsversuch. In Riege, M. & Schubert, H. (Hrsg.). *Sozialraumanalyse. Grundlagen – Methoden – Praxis* (S. 7–58). Wiesbaden: VS Verlag für Sozialwissenschaften.

Scheiner, J. (2009). *Sozialer Wandel, Raum und Mobilität. Empirische Untersuchungen zur Subjektivierung der Verkehrsnachfrage*. Wiesbaden: VS Verlag für Sozialwissenschaften.

Schönduwe, R., Bock, B., & Deibel, I. (2012). Alles wie immer, nur irgendwie anders. Trends und Thesen zu veränderten Mobilitätsmustern junger Menschen. Innovationszentrum für Mobilität und gesellschaftlichen Wandel. http://www.innoz.de/fileadmin/INNOZ/pdf/Bausteine/innoz-baustein-10.pdf. Zugegriffen: 28. Okt. 2013.

Schumann, M. (2004). Sozialraum und Biographie. Versuch einer pädagogischen Standortbestimmung. *Zeitschrift für Sozialarbeit, Sozialpädagogik und Sozialpolitik, 34*(4), 323–338.

Schütz, A., & Luckmann, T. (2003). *Strukturen der Lebenswelt*. Konstanz: UVK Verlagsgemeinschaft.

Tully, C., & Baier, D. (2006). *Mobiler Alltag. Mobilität zwischen Option und Zwang - vom Zusammenspiel biographischer Motive und sozialer Vorgaben*. Wiesbaden: VS Verlag für Sozialwissenschaften.

Wilde, M. (2013). Mobilität als soziale Praxis. Ein handlungstheoretischer Blick auf Bewegung. In J. Scheiner, et al. (Hrsg.), *Mobilitäten und Immobilitäten. Menschen – Ideen – Dinge – Kulturen – Kapital* (S. 35–48). Blaue Reihe Dortmunder Beiträge zur Raumplanung Band 142. Essen: Klartext.

Zeiher, H. (1983). Die vielen Räume der Kinder. Zum Wandel der räumlichen Lebensbedingungen seit 1945. In U. Preuss Lausitz, et al. (Hrsg.), *Kriegskinder, Konsumkinder, Krisenkinder. Zur Sozialisationsgeschichte seit dem Zweiten Weltkrieg* (S. 176–195). Weinheim: Beltz Verlag.

Zeiher, H., & Zeiher, H. (1994). *Orte und Zeiten der Kinder. Soziales Leben im Alltag von Großstadtkindern*. Weinheim: Juventa.

Raphaela Kogler Mag. MA geboren 1985, ist seit 2012 Universitätsassistentin am Fachbereich Soziologie (ISRA), Department für Raumplanung, Technische Universität Wien. Nach ihrem Studium der Soziologie und der Bildungswissenschaften an der Universität Wien schreibt sie derzeit an ihrer Dissertation im Themenfeld „Kindheit und Stadt". Neben zahlreichen Lehrtätigkeiten an der TU Wien und der Universität Wien arbeitet sie an Projekten zu Mobilität mit. Ihre Arbeitsschwerpunkte liegen neben qualitativen Methoden und Methodologie der empirischen Sozialforschung vor allem im Bereich der Familien- und Kindheitsforschung an der Schnittstelle zu Raum- und Stadtsoziologie.

Kein Zugang zum Backstage-Bereich? Methodologische Überlegungen zu biographischen Interviews mit hochmobilen Künstlerinnen und Künstlern

Anna Lipphardt

Zusammenfassung

Künstler_innen gelten in der aktuellen Mobilitätsforschung als Trendsetter, deren Beispiel wesentliche Erkenntnisse über gegenwärtige und zukünftige mobile Arbeits- und Lebensarrangements verspricht. Bisher liegen indes kaum empirische Studien vor, die differenzierte Einblicke in die mobilen Karrierewege und Lebensläufe von zeitgenössischen Künstler_innen bieten. Ausgehend von einer kurzen Feldskizzierung wendet sich der Beitrag den konzeptionellen und methodischen Herausforderungen zu, die mit der Erforschung hochmobiler Milieus einhergehen und greift dabei insbesondere den Ansatz des qualitativen Interviews heraus. Für Künstler_innen fungiert das Interview als zentrales Medium der Werkvermittlung und Selbstdarstellung. Der Beitrag greift zentrale methodologische Fragen und analytische Schlüsselmomente auf, mit denen es sich auseinanderzusetzen gilt, wenn man hinter das offizielle Erfolgsnarrativ mobiler Künstler_innen gelangen möchte: 1. der narrative Habitus, 2. das Public Image-Dilemma, 3. langfristige Kontakte in einem transitorischen Feld, und 4. Prekarität und Narrativität. Der abschließende Teil thematisiert die Problematik der Projektions- und Rückkopplungseffekte zwischen Künsten und Wissenschaft als hochmobilen Berufsfeldern.

A. Lipphardt (✉)
Institut für Kulturanthropologie, Albert-Ludwigs-Universität Freiburg,
Maximilianstr. 15, 79100 Freiburg, Deutschland
E-Mail: alipphardt@yahoo.com

© Springer Fachmedien Wiesbaden 2015
J. Scheiner, C. Holz-Rau (Hrsg.), *Räumliche Mobilität und Lebenslauf,*
Studien zur Mobilitäts- und Verkehrsforschung, DOI 10.1007/978-3-658-07546-0_4

Schlüsselwörter

Künstler_innen · Mobile Hochqualifizierte · Mobile Forschungsstrategien und
-methoden · Qualitative Interviews · Biographie und Lebenslauf · Prekarität
und Narrativität

Keywords

Artists · Mobile highly qualified professionals · Mobile research strategies and
methods · Qualitative interviews · Biography and life-course · Precarity and
narrativity

1 Einleitung

In den interdisziplinär ausgerichteten Mobility Studies zählen hochmobile professionelle Milieus gegenwärtig zu den populärsten Forschungsgebieten (vgl. Cohen
2010, S. 65–68). Im Kontext dieser Forschung zu Hochmobilen wird der sogenannten „creative class" besondere Aufmerksamkeit gewidmet. Marktanalysten,
Politikern, Forschern und Medienvertretern gelten die Angehörigen der sogenannten „creative class " als „Mobilitätspioniere" und Trendsetter, aus deren Beispiel
sich wesentliche Erkenntnisse über gegenwärtige und künftige Modi mobiler Ar-
beits- und Lebensarrangements gewinnen lassen. Die Devise lautet hier: „Kreative reisen häufig und zu weit entfernten Destinationen. Ihre Mobilität ermöglicht
daher *erstens* Freiheit und Unabhängigkeit, fördert *zweitens* den interkulturellen
Austausch und Kosmopolitismus, und bringt *drittens* Kreativität und Innovation
voran – was, nebenbei, großartig für die Wirtschaft ist." Zentrales Anliegen dieses
Beitrags ist es indes nicht, diese Argumentationslinie kritisch zu überprüfen oder
der Frage nachzugehen, wie sinnvoll und wünschenswert es ist, die mobilen Le-
bens- und Arbeitsarrangements von Hochqualifizierten zur Richtschnur für ökonomische und gesellschaftliche Transformationsprozesse zu machen.

Vielmehr geht es darum, die spezifischen methodologischen Herausforderungen in den Blick zu nehmen, die sich in qualitativ angelegten Forschungsprojekten
stellen, welche sich mit der Mobilität hochqualifizierter professioneller Milieus
und Berufsgruppen beschäftigen. Das empirische Feld, welches hierfür exemplarisch betrachtet werden soll, ist die Berufsgruppe der Künstler_innen. Für die Mobilitätsforschung sind diese von besonderer epistemischer Relevanz, da sie eines
der mobilsten professionellen Milieus verkörpern – und dies nicht erst mit der Globalisierung der Arbeitsmärkte und dem Ausbau des internationalen Flugverkehrs
gegen Ende des 20. Jahrhunderts.

Im Unterschied zu dem von Joachim Scheiner und anderen entwickelten Ansatz der „Mobilitätsbiographien", welcher untersucht, wie sich die alltägliche Nutzung von Verkehrsmitteln über den Lebensverlauf einzelner Personen bzw. bestimmter Personengruppen verändert (vgl. Scheiner 2007), beschäftigt sich der vorliegende Beitrag mit der biographischen Erzählung von hochfrequenter Mobilität als Teil der künstlerischen Tätigkeit. Wie sprechen Künstler_innen über ihr arbeitsbedingtes Unterwegssein und wie können wir diese Aussagen im Kontext qualitativer Sozialforschung, insbesondere im Rahmen qualitativer Interviews, interpretieren? Welche analytischen Möglichkeiten, aber auch Herausforderungen gehen mit diesem methodologischen Ansatz einher, auf den sich die Mehrheit der empirischen Studien zu hochmobilen professionellen Milieus stützt? Und wo liegen seine Grenzen in Bezug auf deren Erforschung?

Ausgangspunkt für diese kritische Befragung und Reflexion qualitativer Interviews innerhalb der Mobilitätsforschung ist mein laufendes Forschungsprojekt *Travelling Artists. Mobility and Artistic Practice in the 21st Century*. Auf der Basis eines Forschungsdesigns, welches Politikfeld-Analyse, ethnographische Feldforschung, Experteninterviews und qualitative Interviews[1] sowie Ansätze der künstlerischen Forschung miteinander verbindet, beschäftigt sich das Projekt mit dem Zusammenspiel von künstlerischer Praxis, Arbeitsverhältnissen im Kunstbereich, kulturpolitischen Rahmenbedingungen und den sozialen Lebenswelten von Künstler_innen.

Da bisher kaum empirische Studien vorliegen, die sich systematisch mit deren mobilen Lebens- und Arbeitsarrangements beschäftigen und „Künstler" in der Forschung zur Mobilität von Hochqualifizierten fälschlicherweise häufig unter dem Oberbegriff der „kreativen Klasse" subsumiert werden, ist den methodologischen Ausführungen zunächst eine kurze Feldbestimmung vorangestellt Dieser folgt ein Überblick zu aktuellen Ansätzen mobiler Forschungsstrategien und ein Exkurs zur Bedeutung des Interviews im Kunstkontext, bevor das Augenmerk auf analytische Schlüsselmomente und zentrale methodologische Fragen gelenkt wird: 1) Der spezifische narrative Habitus, mit dem Künstler_innen sozialisiert werden, 2) das *Public Image*-Dilemma, das sich der Forscherin/dem Forscher bei der Darstellung der Interviewergebnisse stellt, sowie 3) die Relevanz langfristiger Kontakte in einem transitorischen Feld, und 4) das (Nicht)Sprechen über Prekarität im Zusammenhang mit berufsbedingter Mobilität von Hochqualifizierten. Der Schlussabschnitt wendet sich den Projektions- und Rückkopplungseffekten zu, die sich für mobile Forscher_innen aus und in ihrer Arbeit zu berufsbedingter Mobilität ergeben können.

---

[1] Bei der Erhebung und Auswertung der Interviews, die in dem Projekt eine zentrale Rolle spielen, orientiere ich mich an Schütze (1983), Rosenthal (1995), Schorn (2000) sowie Bogner und Menz (2002), Gläser und Laudel (2004); siehe auch Skinner (2013).

2   Mobilität in den Künsten – eine Feldbestimmung

Mobilität ist seit jeher integraler Bestandteil künstlerischer Arbeitspraxis. Von der Antike an spielt Mobilität im Kontext der künstlerischen Ausbildung sowie der fortlaufenden Aneignung neuer künstlerischer Techniken und ästhetischer Zugänge eine zentrale Rolle. Darüber hinaus erschließen sich Künstler_innen durch ihre Mobilität neue Publikumskreise und damit neue Möglichkeiten zur Gewinnung von Anerkennung und Einkommen. Aufgrund des temporären Charakters von Aufführungen ist regelmäßiges Unterwegssein insbesondere in den Darstellenden Künsten und der Musik seit jeher integraler Bestandteil der künstlerischen Praxis. Ab dem 18. Jahrhundert gewinnt für Bildende Kunst und Literatur die sogenannte „Künstlerreise" zunehmend an Bedeutung, in deren Rahmen das Reisen – gerne zu weitentlegenen, „fremden" Destinationen – gezielt als künstlerische Strategie eingesetzt wird, um sich neue Perspektiven, Motive und Inspirationsquellen zu erschließen. Im 20. Jahrhundert kommen drei weitere Faktoren hinzu, die die zentrale Rolle der Mobilität in künstlerischen Kontexten festigen. Zum einen gewinnt ab den 1970er Jahren das Unterwegssein an sich als Sujet künstlerischer Arbeiten enorm an Bedeutung, was so auch zu einer zunehmenden Ästhetisierung von Mobilität führt (so z. B. Bianchi 1997a, b; für eine kritische Analyse dieses Phänomens siehe Kwon 1997). Zweitens wächst in diesem Zeitraum die Zahl der Festivals, Biennalen und sonstigen regelmäßig stattfindenden Kunst-Events in allen Sparten weltweit massiv (siehe etwa Klaić 2014, Bydler 2004, S. 82–157). Ab den 1990ern wird die immer stärkere Internationalisierung von Kunstszenen und -märkten zudem von einem Boom bei Förderprogrammen zur Erhöhung der internationalen Mobilität von Künstler_innen befördert (vgl. Lipphardt 2012). Und schließlich hat sich künstlerische Mobilität auch infolge der Expansion von Billigfluglinien und des Ausbaus innereuropäischer Schnellzugstrecken deutlich intensiviert[2].

Jenseits dieser strukturellen Faktoren sind jedoch die zentralen Mobilitätsdeterminanten in der künstlerischen Praxis selbst zu suchen, die von einem hohen Maß an Idiosynkrasie, der jeweiligen Materialgebundenheit und spezifischen Repertoires geprägt ist. Die Bildhauerei etwa lässt einen weitaus geringeren Bewegungsspielraum zu als etwa die Malerei oder gar die Videokunst. Mobilität im Theaterbereich hängt wiederum maßgeblich vom Faktor Sprache ab, der die zentrale

---

[2] Nahezu alle Künstler_innen, die ich im Laufe meiner Feldforschung näher kennen lernte bzw. mit denen ich Interviews führte, geben an, häufig Billigfluglinien zu nutzen. Viele sind zudem in Besitz einer BahnCard 100 o. ä. Dies resultiert zum einen aus den engen Zeitfenstern für Produktionen wie auch aus dem niedrigen finanziellen Budget, welches insbesondere jüngeren Künstler_innen i. d. R. zur Verfügung steht, für eine exemplarische Fallstudie vgl. z. B. Lipphardt (2010, S. 115–118).

Brücke zum Publikum bildet. Bei Musiker_innen ergeben sich stark divergierende mobile Trajekte durch die jeweilige Sparte, das Repertoire und die damit einhergehende Publikumsbindung, je nachdem ob sie in Klassik oder Neuer Musik, Jazz oder Musical, Pop oder Punk beheimatet sind.

Obwohl also die Künste als empirisches Feld der Mobilitätsforschung – insbesondere auch aus phänomenologischer Perspektive – viel zu bieten haben, ist die Zahl der empirischen Studien zu diesem Feld bisher recht überschaubar. In den vergangenen zehn Jahren sind insbesondere in Europa, wo die Förderung künstlerischer Mobilität inzwischen fest in der kulturpolitischen Agenda der EU und vieler ihrer Mitgliedsstaaten verankert ist, eine Reihe von quantitativen und policyorientierten Studien entstanden, die sich mit künstlerischer Mobilität in einzelnen Sparten und Ländern wie auch mit der Evaluation bestimmter Mobilitätsprogramme beschäftigen[3]. Auch in den zahlreichen Studien, die sich mit der sogenannten „creative class" beschäftigen, würde man relevante Daten erwarten, zumal in ihren Einleitungen immer wieder die tragende Rolle von hochmobilen Künstler_innen für die „creative cities" und die „knowledge society" hervorgehoben wird. Weil hierfür jedoch fast ausschließlich professionelle Felder in den kommerziell ausgerichteten „creative industries" wie etwa Medien, Film oder Design in den Blick genommen werden, finden sich dort kaum empirisch basierte Erkenntnisse zu Künstler_innen im Allgemeinen oder zur Mobilität von Künstler_innen im Besonderen[4]. Aus Kulturanthropologie und -soziologie liegen inzwischen einige wenige qualitative Studien vor, die untersuchen, wie sich Unterwegssein und transnationale Vernetzungen aus der Perspektive der Künstler_innen gestaltet (für die Bildende Kunst siehe z. B. Nippe (2006), Glauser (2009); für Tanz siehe Wulff (2001), für den Theaterbereich siehe Lipphardt (2012); für die alternative Musikszene Nóvoa (2012).

---

[3] Eine umfassende Zusammenstellung dieser Studien bietet etwa die Online-Bibliothek des seit 2013 existierenden Internetportals Touring Artists unter http://www.touring-artists.info/bibliothek.html.

[4] Als Paradebeispiel für diese konzeptionelle Schwammigkeit seien hier die Arbeiten von Richard Florida selbst angeführt, der wie kein anderer zur Popularisierung des Begriffes der „creative class" beigetragen hat. Er zählt Künstler_innen zum sogenannten "super-creative core" der „creative class" (Florida 2002, S. 8, 2005, S. 34), ohne diese indes in seinem analytischen Vorgehen oder bei der Auswahl des statistischen Materials, welches er heranzieht, von anderen „super-kreativen" Berufsgruppen zu differenzieren, zu denen er u. a. Hochschulprofessor_innen, Ingenieur_innen, Designer_innen oder Architekt_innen rechnet (siehe Florida 2002, 2005, 2014). Künstler_innen unterscheiden sich von letzteren indes wesentlich in Bezug auf relevante Faktoren; zur spezifischen Erwerbsstruktur von Künstler_innen siehe Menger (1999, 2002).

3   *Follow the People!* Zur Mobilisierung von Forschungsperspektiven und -strategien

Zu Recht ist bereits 1995 von George Marcus in seinem wegweisenden Beitrag zum Konzept der *multi-sited ethnography* und in den vergangenen Jahren auch von Wissenschaftler_innen aus den Mobility Studies darauf hingewiesen worden, dass mit der Transnationalisierung von Forschungsgegenständen und dem „mobility turn" nicht nur epistemologische Grundpositionen neu zu verhandeln sind. Darüber hinaus müssen auch vorhandene methodologische Repertoires mobilisiert und neue mobile Forschungsstrategien und methoden entwickelt werden. Hatte ethnographische Feldforschung ursprünglich in klar abgrenzten, meist dörflichen Räumen stattgefunden, argumentierte Marcus aufgrund der veränderten Lebensbedingungen im ausgehenden 20. Jahrhundert für eine Erweiterung bzw. Verschiebung der analytischen Perspektiven. Um globale Verflechtungen in den Blick zu bekommen, schlug er zum einen vor, „viel-örtig" (multi-sited) zu forschen und zum anderen die Verbindungen *zwischen* diesen Orten aufzuzeigen: „Multi-sited research is designed around chains, paths, threads, conjunctions, or juxtapositions of locations in which the ethnographer establishes some form of literal, physical presence, with an explicit, posited logic of association or connection among sites that in fact defines the argument of the ethnography" (Marcus 1995, S. 106)[5].

In Bezug auf Mobilitätserfahrungen, die subjektive Sinngebung der mobilen Forschungssubjekte und ihre mobilen Lebenswelten kommt dem forschenden Mitreisen bzw. der Forschung in Bewegung zusammen mit den untersuchten Personen besondere Bedeutung zu. Mobile Forschungsstrategien kombinieren dabei stets mehrere Methoden (z. B. teilnehmende Beobachtung, raumanalytische Verfahren, Interviews und informelle Gespräche, Wahrnehmungsspaziergänge, Videoethnographie u. a.) und ermöglichen so einen multiperspektivischen Zugang[6]. Grundsätzlich wäre dieser Ansatz also ideal für empirische Projekte, die sich mit mobilen Künstler_innen oder anderen Hochqualifizierten beschäftigen – in der Forschungspraxis stößt man gerade in diesem Feld allerdings sehr schnell an Grenzen.

Zum einen haben mobile Hochqualifizierte – gerade wenn sie unterwegs sind – meist ein hohes Arbeitspensum und haben nebenher kaum Zeit für anderes, insbesondere wenn sie projekt-basiert arbeiten. Operiert die qualitative Sozialforschung allgemein schon mit kleinen Samples, so verlangt das mitreisende Forschen zwei-

---

[5] Eine Weiterentwicklung des Ansatzes findet sich bei Falzon (2009).

[6] Zu mobilen Forschungsmethoden siehe Büscher et al. (2011), Fincham et al. (2010) sowie den von Anthony D'Andrea et al. herausgegebenen Themenschwerpunkt „Methodological Challenges and Innovations in Mobilities Research" in Mobilities Vol. 6, No. 2 (2011).

tens, diese noch weiter einzuschränken. Die wenigen qualitativen Fallstudien zu Künstler_innen, die mit mobilem Forschungsdesign operieren, folgen einem „Fall", d. h. einer Ballettcompanie, einer Rockband bzw. einem Circus, durch ständig wechselnde Kontexte (Wulff 2001; Nóvoa 2012; Alzaga 2007)[7]. Voraussetzung für mitreisendes Forschen sind zudem ein großes Maß an Vertrauen und die Bereitwilligkeit Nähe zuzulassen, da es beim gemeinsamen Unterwegssein viel weniger Rückzugsmöglichkeiten gibt als in den meisten stationären Feldforschungssettings. Nóvoa und Alzaga arbeiteten als *Roadie* bzw. *Stagehand* in der Band bzw. in dem Zirkus, die sie erforschten. Wenn ein solch integrierter Feldzugang nicht möglich ist, und Mitreisen und Aufenthalte eigenständig zu organisieren sind, erfordert dies seitens der Forschenden hohen Koordinationsaufwand und große Flexibilität, zumal in der projekt-basierten freien Kunstszene, wo sich Planungen häufig sehr kurzfristig ändern[8].

Zudem ist das Mitreisen mit Personen, die mit hoher Frequenz und über lange Strecken unterwegs sind, über die an Universitäten üblichen Reisebudgets in der Regel nicht finanzierbar, zumal es bisher auch so gut wie keine Förderformate für Drittmittel gibt, über die sich mobile Feldforschung in transnationalen Kontexten finanzieren lässt. Last but not least haben Hochschulverwaltungen Probleme, mobile Forschung mit den Dienstreise-Regularien in Einklang zu bringen, was in der Vorbereitungsphase viel Zeit, Geduld und Argumentationsgeschick erfordert. Aus diesen Gründen gibt es bisher kaum Studien zur Mobilität von Künstler_innen oder anderen Hochqualifizierten, die mit einem mobilen Forschungsdesign operieren. Die meisten einschlägigen qualitativen Studien arbeiten daher entweder an einem Forschungsstandort, der ihnen guten Zugang zum Feld ermöglicht (d. h. in Städten, in denen sich viele Hochmobile aufhalten); einige wenige reisen zu ihren Gesprächspartner_innen hin und dann wieder an den eigenen Arbeitsort zurück. Als zentraler methodologischer Zugang wird dabei fast immer das qualitative Interview gewählt, meist in einer Kombination aus biographischen und/oder themenzentrierten Interviews (exemplarisch Nowicka 2006; Kesselring 2006;

---

[7] Während sich die Bewegungen eines größeren Samples an mobilen Künstler_innen heutzutage dank ihrer Blogs, Facebook-Seiten und anderer digital gestützter Methoden (wie etwa Interviews/informeller Austausch per skype oder email) i.d. R. gleichzeitig nachvollziehen lassen, kann die Feldforscherin/der Feldforscher nur jeweils bei einem „Fall" physisch mitreisen und ethnographisch forschen.

[8] Mehrfach waren z. B. geplatzte Projekte aufgrund ausbleibender Projektförderungen und kurzfristige Planänderungen der Grund, weshalb ich selbst im Rahmen meines Travelling Artists- Projekt bisher keine ‚mitreisende' Feldforschung durchgeführt, sondern überwiegend im Kontext strategisch ausgewählter Kulturinstitutionen und temporärer Kunstevents geforscht habe.

Glauser 2009; Huchler 2013). Ausgehend von den Erfahrungen aus meinem aktuellen Projekt möchte ich im Folgenden auf einige der spezifischen Herausforderungen und die Grenzen qualitativer Interviews bei der Erforschung hochmobiler und hoch qualifizierter Milieus eingehen.

4 Interviewprofis im Gespräch. Zu den Rahmenbedingungen qualitativer Forschung im Kunstfeld

Wie entwickeln sich die Trajekte hochmobiler Künstler_innen im Verlauf unterschiedlicher Lebens-, Schaffens- und Karrierephasen? Über welche Mobilitätserfahrungen verfügen sie und wie ordnen sie diese ein? Wie setzen sie Ortsbezüge, Anwesenheit, Unterwegssein und kreative Praxis ins Verhältnis zueinander? Welche Rolle spielt das Unterwegssein in ihren autobiographischen Erzählungen und welcher narrativen Strategien bedienen sie sich dabei? – Mit diesen Leitfragen startete ich 2011 in die ersten informellen Gespräche und biographisch angelegten Interviews mit Künstler_innen. Trotz der durchweg positiven Reaktionen, auf die meine Interviewanfragen stießen, und dem großen Interesse, das meine Gesprächspartner_innen dem Projekt entgegenbrachten, kam mein ursprünglicher Interviewansatz recht bald an seine Grenzen. Dies lag nicht etwa daran, dass es schwierig gewesen wäre, mit meinen Interviewpartner_innen ins Gespräch zu kommen. Ich saß vielmehr ausgemachten Interviewprofis gegenüber, die äußerst mitteilsam waren. Seit den 1970er Jahren hat das sogenannte Künstler-Interview in allen Kunstsparten enorm an Bedeutung gewonnen, auch wenn sich Format und Bedeutung je nach Disziplin unterscheiden und, wie Helena Wulff zu Recht feststellt, die verbale Eloquenz von Künstler_innen stark geprägt ist von der spezifischen künstlerischen Ausdrucksform einer jeweiligen Sparte (Wulff 2013)[9]. Für Künstler_innen ist das Interview eine vertraute Kommunikationsform und fungiert als zentrales Mittel, um das eigene kreative Schaffen zu erklären, einzuordnen und zu promoten. Im Kontext von Festivals, Aufführungen oder Ausstellungen werden sie regelmäßig für Ausstellungskataloge und Werkgespräche von den einladenden Kurator_innen zu Werdegang und künstlerischer Praxis befragt (vgl. Lichtin 2004; Diers 2013). Die Aufmerksamkeit, die einem Künstler oder einer Künstlerin in den einschlägi-

---

[9] Wulff, die sowohl mit Tänzer_innen als auch mit Schriftsteller_innen gearbeitet hat, weist auf den Zusammenhang zwischen der spezifischen künstlerischen Praxis und dem Gesprächsverlauf hin: „Dancers are trained to talk with their bodies while writers are trained to talk with words, when it comes to speaking about their work as well as doing the actual writing." (Wulff 2013, S. 164).

gen Fachforen durch Kunst-, Theater- oder Musik-Kritiker_innen und in der allgemeinen medialen Berichterstattung zuteil wird, stellt einen zentralen Erfolgsmarker dar – sowohl in den Augen der Kunstschaffenden selbst, als auch aus Sicht der jeweiligen künstlerischen Communities, einschließlich Kurator_innen bzw. Intendat_innen, Kulturinstitutionen, Stiftungen und anderen Geldgebern, Auswahlgremien und Preisjurys, und im Fall der Bildenden Künste aus Sicht relevanter Marktakteure wie Sammlern und Galeristen. Weil sie häufig interviewt werden und viele Fragen immer wieder auftauchen, tendieren Künstler_innen dazu, ihre Selbsterzählung zunehmend zu standardisieren. Weil das Interview eine wichtige Währung für ihre Karriere darstellt und als Vehikel ihrer Erfolgsgeschichte dient, kontrollieren sie dieses öffentliche Narrativ zudem in hohem Maße. Aufgrund des „Mobilitätsdispositivs" im Kunstbereich spielt die Mobilität eines Künstlers/einer Künstlerin sowie ihre/seine persönliche Einstellung zum Unterwegssein in Interviews in der Regel eine prominente, durchweg positiv besetzte Rolle und wird Teil der medialen Selbstinszenierung. Doch wie gelangt man in den Backstage-Bereich mobiler Erfolgsgeschichten, nicht nur von Künstler_innen, sondern auch von anderen Hochqualifizierten?

Im Folgenden möchte ich, ausgehend von der Reflexion meiner eigenen Forschungserfahrungen mit Künstler_innen, zentrale methodologische Fragen und analytische Schlüsselmomente in den Blick nehmen, mit denen es sich im Rahmen interviewbasierter Studien zu mobilen Hochqualifizierten auseinander zu setzen gilt.

4.1 Mobilitätserfahrung und narrativer Habitus

Um die Interviewaussagen von Künstler_innen und anderen hochqualifizierten mobilen Akteuren differenziert einordnen zu können, ist es wichtig, sich im Vorfeld wie auch im Verlauf der empirischen Forschung mit den spezifischen Interviewkonventionen und dem narrativen Habitus in dem entsprechenden Berufsfeld vertraut zu machen. Unter „narrativem Habitus" sind nach Ove Sutter mehrere Aspekte zu verstehen – als „Repertoire an Geschichten, [das] die Ressource einer bestimmten sozialen Gruppe ist, derer ihre Mitglieder sich bedienen und die sie gleichzeitig laufend aktualisieren", aber auch „eine Form von implizitem und praktischem Wissen, das ErzählerInnen einen Sinn gibt dafür, wie Geschichten zu erzählen sind" (Sutter 2013). Im Rahmen von Forschungsprojekten zu mobilen Hochqualifizierten gilt es also zu fragen: In welchen Kontexten und mit welchen Intentionen sprechen die Interviewpartner_innen üblicherweise über ihre Mobilität? Welchen Stellenwert hat das Reden über Mobilität in einem professionellen

Milieu in Bezug auf den Status seiner Mitglieder und welche Rolle spielt dieses
Reden für die professionelle Selbstinszenierung, insbesondere bei besonders ex-
pressiven Milieus?

Die Reflexion des spezifischen narrativen Habitus in einem professionellen Milieu ist sowohl für die Durchführung von Interviews als auch für deren Interpretation von zentraler Bedeutung. Den wenigsten Forscher_innen ist das Gespür dafür
indes à priori gegeben. Es zu entwickeln, verlangt Zeit und sollte, insbesondere in
der Anfangsphase, systematisch in den Forschungsprozess integriert werden. In
meinem Fall etwa verliefen die ersten Interviews recht frustrierend. Zwar kam ich
jedes Mal mit langen druckreifen Passagen zurück, die mir meine Gesprächspart-
ner_innen zur internationalen Dimension ihrer Karriereverläufe und Werksrezep-
tion sprichwörtlich „ins Mikrophon diktierten". Jedoch gab es nur wenig aussage-
kräftiges Material, wie sie mit den künstlerischen, organisatorischen, finanziellen
und sozialen Herausforderungen umgingen, die aus ihrer beruflichen Mobilität
resultierten. Durch informelle Gespräche mit Künstler_innen im Kontext meiner
Feldforschung und im eigenen Bekanntenkreis wie auch durch meine Feuilleton-
Lektüre wurde mir erst nach und nach die oben geschilderte spezifische Bedeutung
des Interviews im Kunstbereich klar. Die unterschiedlichen Erwartungshaltungen,
mit denen meine Gesprächspartner_innen und ich anfangs in die Interviews gingen, führten dazu, dass wir über weite Strecken aneinander vorbeiredeten. Ich ging
schließlich dazu über, mein Gegenüber im Vorbereitungsgespräch zunächst von
den letzten Interviews erzählen zu lassen, die mit ihr oder ihm geführt wurden,
um dann die Unterschiede zu meinem eigenen Interviewansatz und dessen analy-
tischer Intention genauer vorzustellen. Gerade bei Interview-Profis scheint mir der
Austausch zu den unterschiedlichen Parametern der Interviews, die sie gewöhnt
sind, und des qualitativen Forschungsinterviews essentiell für die Gesprächsbasis
wie auch die spätere Interview-Auswertung.

4.2   Das Public Image-Dilemma

Während Künstler_innen zum einen umfassende Erfahrungen damit haben, interviewt zu werden, sind sie häufig beunruhigt, ob durch das wissenschaftliche
Interview gegebenenfalls Details über sie bekannt werden, die sie nicht mit der
Öffentlichkeit teilen möchten. Eine Möglichkeit mit dieser Problematik umzu-
gehen ist es, den Gesprächspartner_innen zuzusichern, bei der Veröffentlichung
der mit ihnen geführten Interviews deren Klarnamen zu nennen, jedoch keinerlei
sensitive Informationen beruflicher oder privater Natur zu verwenden und so die

Grenze zwischen der öffentlichen Figur bzw. Rolle einer Künstlerin/eines Künstlers und ihrer/seiner Position als Privatmensch zu respektieren (siehe etwa Wulff 2013, S. 168).

Wer sich wie ich indes genau für das Zusammenspiel persönlicher und beruflicher Ambivalenzen interessiert, die mit dem Unterwegssein einhergehen, muss sich einen anderen Zugang suchen. Um einen tiefergehenden Einblick in ihre alltägliche Lebensführung und die berufliche Praxis sowie in die Herausforderungen und Nachteile zu bekommen, die damit für sie einhergehen, habe ich mich – entgegen den Konventionen im Kunstfeld – dazu entschlossen, von Beginn an klarzustellen, dass jedes Interview anonymisiert wird, und zwar sowohl in Bezug auf den Namen der jeweiligen Künstlerin/des jeweiligen Künstlers, als auch in Bezug auf relevante Orte und andere personenspezifische Daten. Was in der qualitativen Forschung Standard ist, und von den meisten Interviewees als „Schutzraum" verstanden wird, irritiert indes die meisten meiner Interviewpartner_innen sehr. Da sind zum einen pragmatische Überlegungen: Das Abgeben öffentlicher Statements ist integraler Teil ihrer Berufspraxis – weshalb sollten sie dies ausgerechnet hier nicht unter ihrem eigenen Namen tun? Zudem können sie ein anonymisiertes Interview nicht für ihr öffentliches Profil verwenden und auf ihrer Website, Facebook, oder Twitter re-posten. Zweitens, und dies ist für Künstler_innen ein weitaus gewichtigeres Argument als die mögliche Weiterverwertung von Interviews zu PR-Zwecken, stellt die Anonymisierung ein zentrales Merkmal künstlerischer Arbeit und Selbstwahrnehmung in Frage – Einzigartigkeit und Idiosynkrasie. Den Namen einer Künstlerin, eines Künstlers zu verändern und möglicherweise auch andere Faktoren auszutauschen, die zu einer Re-identifizierung führen könnten, bedeutet, ihre oder seine Individualität auszulöschen und sie oder ihn von ihrem künstlerischen Werk zu trennen, mit der sie/er sich so stark identifiziert. Es ist meines Erachtens jedoch wert, diese Widerstände zu überwinden und in der späteren öffentlichen Darstellung des Interviews den Klarnamen und damit die öffentliche Person der Künstlerin/des Künstlers durch die Anonymisierung vom Privatmenschen zu trennen. Im Rahmen des analytischen Verfahrens ist die Reflexion des Verhältnisses zwischen der öffentlichen Person einer bestimmten Künstlerin/eines bestimmten Künstlers und der Künstlerin/dem Künstler als Privatmensch indes ein wichtiges Element, das es bei Erhebung wie auch Auswertung des Interviews fortlaufend zu berücksichtigen gilt, um sich nicht auf eine eindimensionale Interpretation zu beschränken. Auch wenn der Vergleich zwischen Aussagen einer Künstlerin/eines Künstlers in ihrer/seiner öffentlichen Rolle bzw. in ihrer/seiner Rolle als Privatperson wegen des Risikos der Re-identifizierung nicht immer unmittelbar in einer bestimmten Fallbeschreibung sichtbar werden kann, gilt es die Überschneidungen, insbesondere aber auch die Unterschiede beider Positionen zu thematisieren.

4.3   Langfristige Feldkontakte

Aufgrund ihres häufigen Unterwegsseins und engen Terminkalenders ist es im Allgemeinen recht schwierig, Interviewtermine mit Angehörigen hochmobiler Gruppen festzulegen. Dies mag einer der Gründe sein, weshalb bisher so gut wie keine qualitativen Fallstudien zur Mobilität von Hochqualifizierten existieren, deren Forschungsdesign auf einen längerfristigen Zeitrahmen angelegt ist und die einschlägigen Arbeiten auf einzelnen Interviews von maximal ein bis drei Stunden basieren (z. B. Nowicka 2006,;Glauser 2009; Huchler 2013). Auf diese Weise entstehen Momentaufnahmen, die die (Retro-)Perspektive der Gesprächspartner_innen zum Zeitpunkt des Interviews einfangen.

Während dieser Ansatz insbesondere in Studien, die allein auf Interviews basieren, Standard ist und in der Auswertung entsprechend Wert darauf gelegt wird, die spezifischen Konstellationen zum Zeitpunkt des Interviews herauszuarbeiten, existieren in der qualitativen Sozialforschung seit langem auch alternative Ansätze, deren Perspektiven explizit über die des *Hier und Jetzt* hinausgehen[10]. Ausgehend von längerfristigen Kontakten zu den Interviewpartner_innen, versuchen diese Studien etwa mit Hilfe von Mehrfachinterviews längerfristige Veränderungen nachzuverfolgen und die dafür verantwortlichen Faktoren zu identifizieren. Da häufige Veränderungen und Kontextwechsel integrale Aspekte hochfrequenter, berufsbedingter Mobilität sind – und dies ganz besonders bei freien Künstler_innen – scheinen mir längerfristig angelegte Forschungsdesigns gerade in diesem Themengebiet sinnvoll.

Zum anderen lassen einmalige, kurze Interviews wenig Raum, um so viel Vertrauen aufzubauen, dass Interviewpartner_innen auch Ambivalenzen und problematische Aspekte offen thematisieren.

Um hinter das öffentlich sichtbare Erfolgsnarrativ des Unterwegsseins zu kommen und einen Blick für die Komplexität von Mobilitätserfahrungen in der *longue durée* zu bekommen, ist es meiner Ansicht nach notwendig, längerfristige Beziehungen zum Feld aufzubauen. Im Forschungsprojekts *Travelling Artists* sind die Interviews z. B. eingebettet in meine ethnographische Feldforschung bei

---

[10] Ausgehend von lebensgeschichtlichen Ansätzen in Psychologie (insbesondere der Trauma- und der Identitätsforschung), den Erziehungswissenschaften oder *der Oral History*-Forschung haben sich qualitative Langzeitstudien, die mit entsprechend modifizierten Interviewdesigns operieren und zudem häufig in langfristig angelegte Praxiskontexte eingebettet sind, auch in Bereichen wie der Gesundheits- oder Kriminialitätsforschung auf breiter Basis etabliert, vgl. Saldana (2003), Kraus (1996) sowie das *Qualitative Research* special issue „Advancing Methods and Resources for Qualitative Longtitudinal Research. The Timescapes Initiative" (February 2012: 12/1).

Theaterfestivals, interdisziplinären Kunstevents, Workshops, einem Theater und über mehrere Jahre verteilte, mehrwöchige Aufenthalte in einer Künstlerresidenz. Hinzu kommen – in ganz unterschiedlicher Intensität und nicht mit allen Interviewpartnerinnen – fortdauernde Kontakte über Facebook oder email sowie informelle Treffen, die sich ergeben, wenn wir in derselben Stadt sind, oder die ich gezielt mit dem Besuch von Aufführungen oder Ausstellungseröffnungen verbinde, an denen sie mitwirken. Diese wiederholten, über einen längeren Zeitraum und in unterschiedlichen Umgebungen stattfindenden Treffen eröffneten mir nicht nur entscheidende Einsichten in die Prozesshaftigkeit und Vielschichtigkeit der Trajekte meiner Gesprächspartner_innen sowie in ihre sich wandelnden Einstellungen dazu. Sie gaben zudem den Blick frei auf einen Aspekt, der in den mobilen Erfolgsgeschichten von Künstler_innen sorgfältig verdeckt bzw. ausgeklammert wird: das hohe Maß an Prekarität, welches mit mobilen Lebens- und Arbeitsarrangements insbesondere in der freien Kunst einhergeht[11].

4.4   Über Prekarität sprechen – oder nicht

Prekarität wird in den Künsten seit langem als relevante Kategorie verhandelt. Seit dem 19. Jahrhundert haben sich die Topoi „Künstler sind arm" (vgl. Kreuzer 1968) und „Künstler sind emotional instabil" (vgl. Neumann 1986; Franke 2008) fest im öffentlichen Diskurs etabliert, und auch zahlreiche Künstler_innen spielen damit in ihrer Selbstdarstellung. Dieser Topos hat zugleich eine realökonomische Basis, insbesondere bei freischaffenden Künstler_innen, welche gegenwärtig „über ein durchschnittliches Einkommen verfügen, das gerade über dem der Sicherung des Existenzminimums liegt. [...] Die Gruppe der Selbstständigen auf den Künstlerarbeitsmärkten ist demnach in einem besonderen Ausmaß mit wirtschaftlichen und sozialen Risiken konfrontiert. Ihr Einkommen liegt weit unter dem der übrigen Erwerbstätigen mit ähnlichem Qualifikationsniveau und die Auftragslage ist volatil" (Haak 2008, S. 158; siehe auch Manske 2013a, b; Gerschonnek 2010). In Deutschland, welches im Vergleich zu den meisten anderen Ländern durch die stabile Wirtschaftslage und die hohen Subventionen im Kulturbereich besonders gute Arbeitschancen bietet, verfügten die über die Künstlersozialkasse Versicherten 2012 über ein durchschnittliches Jahreseinkommen von 14.557 € brutto (KSK 2013), wobei deutliche Unterschiede zwischen einzelnen Sparten sowie in Bezug auf Geschlecht und Alterskohorten auszumachen sind. Berücksichtigt man dann noch, dass künst-

---

[11] Zu den spezifischen Anforderungen an Forschungsethik und Reflexivität im Kontext qualitativer Langzeitstudien, siehe etwa Neale (2013), O'Reilly (2012).

lerische Arbeitsmärkte nach dem Prinzip der „star economy" funktionieren, d. h.
dass einige wenige sehr gut, die überwiegende Mehrzahl hingegen sehr wenig ver-
dient (vgl. Abbing 2002; Menger 2002), relativiert sich dieser Durchschnittswert
noch weiter. Darüber hinaus nimmt die ökonomische Unsicherheit aufgrund der
fortschreitenden „Projektifizierung" im Kulturbereich (Löffler 2010) beständig zu.
In den vergangenen Jahren ist diese Problematik im kulturpolitischen Diskurs – an
dem sich auch viele Kulturschaffende aktiv beteiligen – zunehmend ins Zentrum
der Aufmerksamkeit gerückt[12]. Bisher kaum thematisiert werden dabei indes die
Interdependenzen von Prekarität und Mobilität. Wenn überhaupt, wird Mobilität
als Mittel zur Bekämpfung von Prekarität angesehen, weil sie neue Verdienstmög-
lichkeiten und kreative Potentiale eröffnet. Inwieweit Mobilität die bereits existierenden Unsicherheiten für Künstler_innen verstärkt (etwa durch die hohen, nicht
vergüteten Kosten, die für das Unterwegssein anfallen, den Mangel an nicht-ma-
teriellen Ressourcen oder die negativen Auswirkungen auf enge soziale Beziehungen), wird gegenwärtig noch kaum diskutiert.

Auch meine Gesprächspartner_innen haben diese Problematik anfangs fast
nie selbst thematisiert, obwohl ich von Beginn an deutlich machte, dass ich mich
nicht nur für die Chancen und den Alltag ihres Unterwegsseins, sondern auch für
dessen Herausforderungen und Grenzen interessierte, und meine Fragen und Er-
zählimpulse entsprechend offen formulierte. Stattdessen stieß ich oft erst durch
Zufall darauf, wie relevant dieser Aspekt für viele von ihnen war. Während meines
Aufenthalts an einer Künstlerresidenz aß ich beispielsweise manchmal mit meinen beiden Studionachbarn zu Abend. Irgendwann einmal fragte ich, weshalb sie
nie zum gemeinsamen Mittagstisch der Stipendiaten gingen, der nicht nur äußerst
gut, sondern mir mit 4,00 € (inkl. Salat und Dessert) auch sehr günstig erschien.
„Mittagstisch? – Der ist uns zu teuer! Jetzt zum Monatsende gibt es bei uns mittags
meistens Tütensuppe." bekam ich zur Antwort und erfuhr, dass sie sich ihr Stipen-
dium von monatlich 1100 € (inkl. freier Logis) – wie auch andere Künstler-Stipen-
dien und Honorare – teilen mussten, weil diese in der Regel für Einzelpersonen
bemessen werden. Wie sich im Verlauf weiterer Gespräche herausstellte, konnten

---

[12] Siehe etwa die Initiative *Haben und Brauchen*, von und für Bildende Künstler_innen in
Berlin (www.habenundbrauchen.de), *Arts and Labour*, eine Initiative New Yorker Kultur-
schaffender, die sich im Kontext von Occupy Wallstreet zusammengefunden haben (http://
artsandlabor.org), oder *Art but Fair*, eine Initiative, die sich für verbesserte Arbeitsbedingungen insbesondere im Musiktheaterbereich einsetzt (http://artbutfair.org/). Das Thema steht
zunehmend auch auf der Agenda künstlerischer Berufsverbände wie z. B. der Dramaturgi-
schen Gesellschaft, deren Jahrestagung 2014 den Titel „Leben, Kunst und Produktion. Wie
wollen wir arbeiten?" trug, oder der Kulturpolitischen Gesellschaft, die 2014 ein Kolloquium
zum Thema „Kreatives Prekariat. Wie lebt es sich und mit der Kunst?" ausrichtete.

die beiden seit mehreren Jahren keine Wohnung finanzieren, so dass sie mit ihrem gesamten Haushalt beständig von einem Projekt zum nächsten reisten, was beide als Belastung empfanden.

In einem anderen Fall hatte ich mich mehrfach um einen Gesprächstermin mit einem Opernregisseur bemüht, den ich bereits einige Jahre zuvor kennengelernt kannte. Da ich wusste, dass er viel beschäftigt und dauernd unterwegs war, schrieb ich ein Interview mit ihm schließlich ab, nachdem auf wiederholte Anfragen per Email keine Antwort kam. Ein dreiviertel Jahr später liefen wir uns zufällig am Rande einer Kulturveranstaltung über den Weg. Alejandro, wie er hier genannt werden soll, kam mit ausgebreiteten Armen auf mich zu und entschuldigte sich vielmals, dass er sich nicht gemeldet habe. Er wollte das Interview unbedingt nachholen und bestand darauf, es an einem der kommenden Tage durchzuführen, obwohl sich dies mit meinem Zeitplan kaum vereinbaren ließ. Beim Frühstück am darauffolgenden Tag erklärte er mir den Grund für sein langes Schweigen. Meine Emails erreichten ihn in Buenos Aires, seinem Geburtsort, wohin er einige Zeit zuvor, nachdem er fast 20 Jahre in Europa studiert und später mit großem Erfolg gearbeitet hatte, zurückgekehrt war. Dies hatte er eigentlich nie vorgehabt, aber bei einem Gastengagement in der alten Heimat war ihm bewusst geworden, wie viel ihm die Lebensart und die Menschen dort bedeuteten, so dass er kurzentschlossen seinen Lebensmittelpunkt wieder dorthin zurück verlegte. Zwei Jahre pendelte er zwischen Argentinien, wo er vergeblich versuchte, sich beruflich eine Basis zu schaffen, und Europa, wo er weiterhin für attraktive Produktionen engagiert wurde, dann brach er zusammen. „Ich lag zwei Monate gelähmt im Bett," beschreibt er diese Zeit, „das war die Phase, in der Deine Emails kamen. Ich konnte nicht darauf reagieren."

Ove Sutter hat das Reden über Prekarität als Strategie der Selbstermächtigung interpretiert (Sutter 2013, S. 173–225), einen Befund, den ich vor dem Hintergrund meiner Interviewerfahrung bestätigen möchte. In mehr oder weniger starker Form taucht das Phänomen der „mobility anxiety", wie ich es nennen möchte, im Verlauf unserer Gespräche bei den meisten der hochmobilen Künstler_innen auf. Auch Alejandro fasste seine mobilitätsbedingte Krise schließlich in Worte und hatte sogar ein großes Bedürfnis, mir seine Erfahrungen mitzuteilen – allerdings erst zu einem Zeitpunkt, als er sich stabilisiert und die bewusste Entscheidung getroffen hatte, seinen Wohnsitz wieder nach Europa, an seinen alten Studienort zu verlegen, und nachdem er zu einer gewissen Routine in Bezug auf seinen Proben- und Aufführungskalender zurückgekehrt war. Als wir uns trafen, steckte er gerade mitten in den Vorbereitungen für ein Musik-Theater-Projekt zu den Herausforderungen des Zwischen-den-Welten-Lebens und griff damit die erlebte Krise auch mit seinen künstlerischen Mitteln auf.

Solange es sich als etwas, das sie meistern können und wegen der gleichzeitigen Vorzüge auf sich nehmen, in die Selbsterzählung integrieren lässt, sprechen die meisten *frequent travellers* bereitwillig über die Schwierigkeiten, die mit ihrem Unterwegssein einhergehen. Je schwerwiegender mobilitätsbedingte Krisenmomente und Verunsicherungen sind – nicht nur in Bezug auf die gegenwärtige Situation, sondern auch in Bezug auf die längerfristigen Aussichten – desto schwieriger ist es jedoch, diese zu verbalisieren. Dies gilt auch oder vielleicht gerade für Künstler_innen, deren starkes Streben nach Autonomie dadurch in Frage gestellt wird. Die Prekarität, mit der viele Künstler_innen sich konfrontiert sehen, resultiert selbstverständlich nicht allein aus ihrer Mobilität, sondern aus der Kombination von Unterwegssein, Beschäftigungsunsicherheit und niedrigen Einkommen. Auch wenn in den vergangenen Jahren eine zunehmende Zahl an Kulturschaffenden begonnen hat, Prekarität am eigenen Beispiel öffentlich zu thematisieren[13], fällt es dem Großteil von ihnen schwer darüber zu sprechen, auch im relativ geschützten Raum des anonymisierten Interviews. Für uns Mobilitätsforscher_innen bedeutet das zum einen, aufmerksam zu sein für die dahin geworfenen Nebensätze, narrativen Brüche, Gesprächspausen und misslungenen Kontaktaufnahmen. Zum anderen bedeutet es auch anzuerkennen, dass wir in qualitativen Interviews – vor allem wenn sie einmalig und einem eng begrenzten Zeitrahmen von ein, zwei Stunden stattfinden – oft nicht alles erfahren, was für die differenzierte Einordnung eines konkreten Fallbeispiels oder des Phänomens der mobilen Arbeits- und Lebensarrangements nötig wäre.

5 Your journey, or mine? Projektions- und Rückkopplungseffekte im mobilen Feld

Last but not least möchte ich das Augenmerk auf die Positionierung des Wissenschaftlers/der Wissenschaftlerin im transitorischen Feld lenken – und darauf, wie wir diese im Forschungsprozess reflektieren und transparent machen. Als Berufsfelder teilen die Künste und die Wissenschaften einige grundlegenden Strukturmerkmale: Als Säulen der Wissensgesellschaft begründen beide ihre Berufspraxis auf immaterieller Arbeit. Hier wie da wird diese überwiegend aus öffentlichen Geldern finanziert und funktioniert auf der Basis permanenter Re-Evaluation indivi-

---

[13] Siehe etwa die Inszenierung „Wie wollen wir arbeiten?" des freien Theater-Kollektivs Turbo Pascal in Zusammenarbeit mit dem Stadttheater Freiburg im März 2014, die auf biographischen Versatzstücken der beteiligten Schauspieler_innen basierte (Details unter http:// www.theater.freiburg.de/blog/?p=13057) oder Katja Kuhlmanns Erfahrungsbericht als freiberufliche Kulturjournalistin auf Hartz IV (Kuhlmann 2011).

dueller Leistung und „Performance". Und in beiden Bereichen sind Karrierewege über lange Phasen sowohl von einem hohen Maß an Unsicherheit als auch von einem hohen Maß an Mobilität geprägt.

Indem wir Wissenschaftler_innen unsere Relokalisierungen von einem Wissenschaftsstandort zum nächsten, unser permanentes Unterwegssein von Konferenz zu Konferenz und unsere internationalen Netzwerke gegenüber Promotionsprogrammen, Stipendiengebern, Berufungskommissionen und Kolleg_innen als Zeichen unserer wissenschaftlichen Qualifikation darbieten – und gleichzeitig versuchen, negative Nebenwirkungen, Brüche und Krisenmomente, die damit einhergehen, zu verbergen, sind wir ganz ähnlichen Mobilitätslogiken verhaftet wie Künstler_innen. Es steht außer Frage, dass uns dies in besonderer Weise für die phänomenologische Komplexität von Mobilität und ihre lebensweltlichen Auswirkungen sensibilisiert. Zugleich verlangt dies jedoch von uns, uns mit der eigenen Voreingenommenheit in Bezug auf das Unterwegssein auseinanderzusetzen.

Als ich 2001 mein als *multi-sited ethnography* angelegtes Dissertationsprojekt (Lipphardt 2010) begann, war ich begeistert von der Aussicht, lange Feldforschungsphasen in New York, Tel Aviv und Vilnius zu verbringen. Nach mehreren Jahren beruflicher Tätigkeit in der politischen Verwaltung, die mich an Berlin gebunden hatte, war ich dankbar, dass mir die Wissenschaft diese Möglichkeiten eröffnete und sogar noch beförderte. Nicht nur in meinem Exposé und Stipendienanträgen sowie im Austausch mit Professor_innen und anderen Promovierenden, sondern auch in Gesprächen mit Freund_innen, ehemaligen Kolleg_innen oder Party-Bekanntschaften, stellte ich die Besonderheit dieses Unterfangens immer wieder gerne heraus und kam mir dabei ziemlich ‚cool' und weltläufig vor. Nachdem ich meine Dissertation in zwei weiteren Ländern (Polen und Deutschland) zu Ende geschrieben hatte und mehrere Jahre als Postdoc mit Kurzzeit-Verträgen und Stipendien zwischen Berlin, Konstanz und Stuttgart pendelte, bevor ich 2011 eine längerfristig angelegte Stelle antrat, ist meine persönliche Einstellung zum Thema berufsbedingte Mobilität heute indes weitaus kritischer. Dass ich mein eigenes Unterwegs-Sein im Laufe der Jahre immer weniger als Möglichkeit, sondern statt dessen immer stärker als Imperativ wahrgenommen habe, hat starke Auswirkungen auf die Art und Weise, in der ich meine heutige Forschung konzeptionell rahme, welche Aspekte ich unbewusst oder bewusst ausblende, welche Fragen ich stelle, und wie ich die Antworten darauf interpretiere.

Die systematische Reflexion der persönlichen Erfahrungen und der Positionierung als mobile Hochqualifizierte stellt meines Erachtens eine zentrale Aufgabe für alle dar, die die mobilen Trajekte (anderer) Hochqualifizierter erforschen. Wer blinde Flecken, Projektionen und Rückkopplungen zwischen eigenen Erfahrungen, dem allgegenwärtigen Mobilitätsdispositiv und dem jeweiligen hochmobilen

Untersuchungsfeld vermeiden möchte, kommt um die Auseinandersetzung mit folgenden Punkten nicht herum: Welches persönliche Gepäck und welche Träume vom Mobil-Sein nehmen wir mit auf die Reise, und wie ändert sich beides durch das Unterwegssein? Wie schaffen wir eine Balance zwischen unserer Position als ‚Mitreisender' einerseits, die uns privilegierte Einblicke ermöglicht, und einer analytischen Perspektive und empirischen Aufmerksamkeit anderseits, welche unsere Voreingenommenheit hinterfragt und offen bleibt für das Nichtoffensichtliche, das Unvorhersehbare und die Dinge, die wir gelernt haben auszublenden?

Literatur

Abbing, H. (2002). *Why are artists poor? The exceptional economy of the arts.* Amsterdam: Amsterdam UP.

Alzaga, M. (2007). The travelling lives of circus artists. Home and homelessness in a nomadic life. *Ethnologia Europaea, 37*(1–2), 51–56.

Bianchi, P., (Hrsg.). (1997a). *Ästhetik des Reisens. Kunstforum International* 136. Ruppichteroth: Kunstforum.

Bianchi, P., (Hrsg.). (1997b). *Atlas der Künstlerreisen. Kunstforum International* 137. Ruppichteroth: Kunstforum.

Bogner, A., & Menz, W. (2002). Das theoriegenerierende Experteninterview. Erkenntnisinteressse, Wissensformen, Interaktion. In A. Bogner, et al. (Hrsg.), *Das Experteninterview. Theorie, Methode, Anwendung* (S. 33–70). Opladen: Leske & Budrich.

Büscher, M., et al. (Hrsg.) (2011). *Mobile methods.* London: Routledge.

Bydler, C. (2004). *The Global Artworld Inc. On the globalization of contemporary art.* Uppsala: Uppsala University Library.

Cohen, R. L. (2010). Rethinking ‚Mobile Work': Boundaries of space, time and social relation in the Working Lives of Mobile Hairstylists. *Work, Employment & Society, 24*(1), 65–84.

Diers, M., et al. (Hrsg.). (2013). *Das Interview. Formen und Foren des Künstlergesprächs.* Hamburg: Philo Fine Arts.

Falzon, M.-A. (Hrsg.). (2009). *Multi-sited ethnography. Theory, praxis and locality in contemporary research.* Aldershot: Ashgate.

Fincham, B., et al. (Hrsg.) (2010). *Mobile methodologies.* London: Palgrave.

Florida, R. (2002). *The rise of the creative class… and how it is transforming work, leisure, community, and everyday life,* New York: Basic Books.

Florida, R. (2005). *Cities and the creative class,* New York: Routledge.

Florida, R., et al. (Hrsg.). (2014). *The creative class goes global,* New York: Routledge.

Franke, M. (Hrsg.). (2008). *Ich kann mir nicht jeden Tag ein Ohr abschneiden. Dekonstruktionen des Künstlermythos* [Katalog Werke aus der Friedrich Christian Flick Collection im Hamburger Bahnhof, 3. Oktober 2008–22. Februar 2009] Berlin: DuMont.

Gerschonnek, G. (2010). *Report Darstellende Künste. Wirtschaftliche, soziale und arbeitsrechtliche Lage der Theater- und Tanzschaffenden in Deutschland.* Essen: Klartext.

Gläser, J., & Laudel, G. (2004). *Experteninterviews und qualitative Inhaltsanalyse.* Wiesbaden: VS Verlag für Sozialwissenschaften.

Glauser, A. (2009). *Verordnete Entgrenzung. Kulturpolitik. Artist-in-Residence-Programme und die Praxis der Kunst.* Bielefeld: Transcript.

Haak, C. (2008). *Wirtschaftliche und soziale Risiken auf den Arbeitsmärkten von Künstlern.* Wiesbaden: VS Verlag für Sozialwissenschaften.

Huchler, N. (2013). *Wir Piloten. Navigation durch die fluide Arbeitswelt.* Berlin: Edition Sigma.

Kesselring, S. (2006). Pioneering mobilities. New patterns of movement and motility in a mobile world. *Environment and Planning A, 38,* 269–279.

Klaić, D. (2014). *Festivals in focus.* Budapest: Central European UP.

Kraus, W. (1996). *Das erzählte Selbst. Die narrative Konstruktion von Identität in der Spätmoderne.* Pfaffenweiler: Centaurus.

Kreuzer, H. (1968). *Die Boheme. Beiträge zu ihrer Beschreibung.* Stuttgart: Metzler.

Kuhlmann, K. (2011). *Echtleben. Warum es heute so komplizert ist, eine Haltung zu haben,* Frankfurt a. M.: Eichborn.

KSK (Künstlersozialkasse). (2013). Durchschnittseinkommen der aktiv Versicherten auf Bundesebene nach Berufsgruppen, Geschlecht und Alter zum 01.01.2013. http://www. kuenstlersozialkasse.de/wDeutsch/ksk_in_zahlen/statistik/durchschnittseinkommenversicherte.php. Zugegriffen: 15. März 2014.

Kwon, M. (1997). One place after another. Notes on site-specificity. *October, 80*(Spring), 85–110.

Lichtin, Ch. (2004). *Das Künstlerinterview. Analyse eines Kunstprodukts.* Bern: Peter Lang.

Lipphardt, A. (2010). *VILNE. Die Juden aus Vilnius nach dem Holocaust – eine transnationale Beziehungsgeschichte.* Paderborn: Schöningh.

Lipphardt, A. (2012). Artists on the Move. Theoretical Perspectives, Empirical Implications. In Internationale Gesellschaft der Bildenden Künste (Hrsg.), *a.RTISTS IN TRANSIT: How to Become an Artist in Residence* (S. 109–123). Berlin: Internationale Gesellschaft der Bildenden Künste.

Löffler, K. (2010). Arbeit am Projekt – Arbeit in Projekten. Über die disziplinierenden Formen und Praktiken institutionalisierter Beweglichkeit in kulturellen Ökonomien. In I. Götz, et al. (Hrsg.), *Mobilität und Mobilisierung. Arbeit im sozioökonomischen, politischen und kulturellen Wandel* (S. 429–443). Frankfurt a. M.: Campus.

Manske, A. (2013a) Zur sozialen Lage von Künstler_innen in der bürgerlich-kapitalistischen Industriegesellschaft. *gift. Zeitschrift für Freies Theater, 1,* 13–18.

Manske, A. (2013b). Arbeitsverhältnisse in der Kunst – eine Genderperspektive. Vortrag bei der Tagung ,Prekäre Ehre. Arbeitsverhältnisse im freien Theater- und Tanzbereich in Österreich' veranstaltet von der IG Freie Theaterarbeit und Kosmos-Theater. Wien, 21.3.2013. http://www.youtube.com/watch?v=BbZvqVrzAuQ. Zugegriffen: 15. März 2014.

Marcus, G. (1995). Ethnography in/of the world system. The emergence of multi-sited ethnography. *Annual Review of Anthropology, 24,* 95–117.

Menger, P.-M. (1999). Artistic labor markets and careers. *Annual Review of Sociology, 25*(1), 541–574.

Menger, P.-M. (2002). *Portait de l'artiste en travailleur. Métamorphoses du capitalisme.* Paris: Édition du Seuil et La République des Idées.

Neale, B. (2013). Adding time into the mix. Stakeholder ethics in qualitative longitudinal research. *Methodological Innovations Online, 8*(2), 6–20.

Neumann, E. (1986). *Künstlermythen. Eine psycho-historische Studie über Kreativität*, Frankfurt a. M.: Campus.

Nippe, Ch. (2006). *Kunst der Verbindung. Transnationale Netzwerke, Kunst und Globalisierung*. Münster: Lit.

Nóvoa, A. (2012). Musicians on the move. Mobilities and identities of a band on the road. *Mobilities, 7*(3), 349–368.

Nowicka, M. (2006). *Transnational professionals and their cosmopolitan universes*. Frankfurt a. M.: Campus.

O'Reilly, K. (2012). Ethnographic returning, qualitative longitudinal research and the reflexive analysis of social practice. *The Sociological Review,* 60, 518–536.

Qualitative Research. (2012). 12(1), February [special issue: Advancing Methods and Resources for Qualitative Longtitudinal Research. The Timescapes Initiative].

Rosenthal, G. (1995). *Erlebte und erzählte Lebensgeschichte*. Frankfurt a. M.: Campus.

Saldana, J. (2003) *Longitudinal qualitative research*. New York: Alta Mira P.

Scheiner, J. (2007). Mobility biographies. Elements of a biographical theory of travel demand. *Erdkunde,* 61(2), 161–173.

Schorn, A. (2000). Das „themenzentrierte Interview". Ein Verfahren zur Entschlüsselung manifester und latenter Aspekte subjektiver Wirklichkeit. *Forum Qualitative Sozialforschung* 1.2. http://www.qualitative-research.net/index.php/fqs/article/view/1092/2393. Zugegriffen: 25. Juli 2014.

Schütze, F. (1983). Biographieforschung und narratives Interview. *Neue Praxis,* 13(3), 283–293.

Skinner, J. (Hrsg.). (2013). *The interview. An ethnographic approach*. London: Bloomsbury.

Sutter, O. (2013). *Erzählte Prekarität. Autobiografische Verhandlungen von Arbeit und Leben im Postfordismus*. Frankfurt a. M.: Campus.

Wulff, H. (2001). *Ballet across borders. Career and culture in the world of dancers*. London: Bloomsbury.

Wulff, H. (2013). Instances of inspiration. Interviewing dancers and writers. In J. Skinner (Hrsg.), *The interview. An ethnographic approach* (S. 163–177). London: Bloomsbury.

JProf. Dr. Anna Lipphardt Dr. phil. ist seit 2011 Juniorprofessorin für Kulturanthropologie/Europäische Ethnologie an der Universität Freiburg, wo sie auch die Forschergruppe *Cultures of Mobility in Europe* (COME) leitet. Zu ihren Arbeitsthemen gehören die transnationale Migrationsforschung, mobile professionelle Milieus und soziale Minderheiten, Raum- und Stadtanthropologie, Anthropologie der Künste sowie Geschichte und Kultur der osteuropäischen Juden im 20. Jahrhundert. Ihre Studie *VILNE – eine transnationale Beziehungsgeschichte. Die Juden aus Vilnius nach dem Holocaust* (Paderborn 2010) wurde mit dem Prix de la Fondation Auschwitz und dem Klaus-Mehnert-Preis der Deutschen Gesellschaft für Osteuropakunde ausgezeichnet; zu ihren relevanten Publikationen zählen u. a. „Artists on the Move. Theoretical Perspectives, Empirical Implications", *a.RTISTS IN TRANSIT/How to Become an Artist in Residence,* Hg. Internationale Gesellschaft der Bildenden Künste, Berlin 2012, 109–122; „Spielraum des Globalen. Deutschland und der Zirkus", *Die Vermessung der Globalisierung. Kulturwissenschaftliche Perspektiven,* Hg. Ulfried Reichhard u. a., Heidelberg 2008, 159–178.

Teil II
Schlüsselereignisse in der Alltagsmobilität

Beruf und Mobilität – eine intergenerationale Untersuchung zum Einfluss beruflicher Lebensereignisse auf das Verkehrshandeln

Hannah Müggenburg und Martin Lanzendorf

Zusammenfassung

Lebensereignisse können Alltagsroutinen im Verkehrshandeln schwächen und bieten die Gelegenheit, nachhaltiges Verkehrshandeln zu fördern. Obwohl die Erforschung der Auswirkungen beruflicher Lebensereignisse bisher oft vernachlässigt wurde, kann sie einen Beitrag zur Entwicklung zielgruppenspezifischen Mobilitätsmanagements liefern. Dieser Beitrag analysiert die Änderungen des Verkehrshandelns beim Erleben beruflicher Lebensereignisse von drei Generationen. Der Vergleich zwischen Generationen zeigt Unterschiede im Erleben beruflicher Lebensereignisse. Studium, Ausbildung, Wechsel der Arbeitsstelle, Start ins Berufsleben und die Selbstständigkeit wurden als Ereignisse identifiziert, die einen Einfluss auf die Pkw Verfügbarkeit haben. In diesen Umbruchssituationen finden Änderungen in der alltäglichen Verkehrsmittelnutzung häufiger statt.

H. Müggenburg (✉) · M. Lanzendorf
Institut für Humangeographie, Goethe Universität Frankfurt,
Theodor-W.-Adorno-Platz 6, 60629 Frankfurt am Main, Deutschland
E-Mail: mueggenburg@geo.uni-frankfurt.de

M. Lanzendorf
E-Mail: lanzendorf@geo.uni-frankfurt.de

© Springer Fachmedien Wiesbaden 2015
J. Scheiner, C. Holz-Rau (Hrsg.), *Räumliche Mobilität und Lebenslauf,*
Studien zur Mobilitäts- und Verkehrsforschung, DOI 10.1007/978-3-658-07546-0_5

79

Schlüsselwörter

Lebensereignisse · Mobilität · Biographie · Intergenerational · Gewohnheit
Routine · Erwerbsbiographie

1 Einleitung

Das Verkehrshandeln – im Sinne bewusst durchgeführter Ortsveränderungen (Ahrend et al. 2013) – beruht, so wie viele alltägliche, sich wiederholende Verhaltensweisen zur Komplexitätsreduktion, auf Gewohnheiten und Routinen (Esser 1991;
Gärling und Axhausen 2003). Dies hat zur Folge, dass die alltägliche Nutzung
des Verkehrsmittels als eine sich wiederholende Aktivität durch eine reduzierte
Aufmerksamkeit bei der Suche nach relevanten Informationen selten hinterfragt
wird (Klöckner 2005). Die Möglichkeit, diese Gewohnheiten in Frage zu stellen,
bietet sich vor allem durch Kontextänderungen in der Biographie, die als „Gelegenheitsfenster" bezeichnet werden können (Franke 2001, S. 174). Durch eine
Veränderung der Umgebung, bei einem Umzug beispielsweise, erfolgt eine Neu-
orientierung und die Entscheidung zur Verkehrsmittelnutzung muss unter Umständen neu getroffen werden.

In der Literatur werden häufig Lebensereignisse aus dem privaten Bereich, wie
die Geburt eines Kindes, und ihre Auswirkungen auf das Verkehrshandeln untersucht (z. B. Lanzendorf 2010), während es zu Ereignissen im beruflichen Kontext
erst wenige Studien gibt. Ereignisse im Berufsleben können jedoch wesentliche
Änderungen im Alltagsleben hervorrufen. Die Studien, die sich damit auseinandersetzen, diskutieren als für das Verkehrshandeln relevante berufliche Lebensereignisse die folgenden: Beginn der Ausbildung oder des Studiums (Klöckner 2005),
Wechsel auf eine weiterführende Schule (Klöckner 2005), Start ins Berufsleben
(Fuji und Gärling 2003; Klöckner 2005), Wechsel der Arbeitsstelle (Oakil et al.
2011; Prillwitz et al. 2006), Arbeitslosigkeit (Prillwitz und Lanzendorf 2006), Pensionierung (Evandrou et al. 2010; Hjorthol et al. 2010; Prillwitz und Lanzendorf
2006) und Veränderungen im Einkommen (Dargay 2001).

Der vorliegende Beitrag betrachtet berufliche Lebensereignisse und ihre Auswirkungen auf das Verkehrshandeln. Dafür werden berufliche Ereignisse identifiziert und Unterschiede zwischen drei Generationen – Studierende, ihren Eltern und
Großeltern – analysiert. Zentral ist die Frage, welche beruflichen Lebensereignisse
Varianz von Verkehrshandlungen erklären und ob es häufiger Wechsel der genutzten Verkehrsmittel in beruflichen Umbruchsphasen im Vergleich zu eher kontinuierlichen Ausbildungs- und Arbeitsphasen gibt.

Dazu wird zunächst das Konzept der Gewohnheiten und Routinen dargestellt, deren Unterbrechung durch Lebensereignisse in Mobilitätsbiographien das Potential zu Änderungen im Verkehrshandeln bietet. Im Anschluss wird das Konzept der Mobilitätsbiographien als theoretische Grundlage der vorliegenden Arbeit kurz erläutert, bevor auf die spezifischen Hypothesen und die Methode eingegangen wird und erste Ergebnisse vorgestellt werden.

2 Theoretischer Hintergrund

2.1 Verkehrshandeln als Gewohnheit

Die zur Erklärung des Verkehrshandelns oft herangezogenen Modelle aus der Psychologie (Ajzen 1991; Schwartz 1977; Schwartz und Howard 1981) konzentrieren sich auf eine aktive, in der Realität seltener auftretende Entscheidung. Die alltägliche Wahl des Verkehrsmittels ist jedoch in der Regel eine sich wiederholende Handlung, bei der jeweils auf alle relevanten Entscheidungsmerkmale zurückgegriffen wird und die Aufmerksamkeit für die Suche nach relevanten Informationen stark reduziert ist (Aarts et al. 1997; Verplanken et al. 1997). Gewohnheiten können somit zwischen Handeln und Verhalten angesiedelt werden (Ahrend et al. 2013). Je nach theoretischem Modell werden hierfür Gewohnheiten zur Erklärung herangezogen und jeweils unterschiedlich konzeptualisiert. Klöckner und Matthies (2012) unterscheiden drei konzeptionelle Ansätze von Gewohnheiten: Der assoziative Ansatz begreift Handeln als determiniert durch zwei als grundsätzlich verschieden angenommene Prozesse, nämlich die automatische und die aktive Entscheidung. Der heuristische und der skript-basierte Ansatz hingegen betrachten diese Prozesse als zwei Pole eines Kontinuums, in dem die Habitualisierung entweder in der Informationssuche (skript-basiert) oder der Entscheidungsfindung (heuristisch) angenommen wird.

Die wichtigsten Eigenschaften von Gewohnheiten sind die Aktivierung eines Handelns durch situative Hinweisreize, ein geringer Einfluss von Intentionen sowie die geringere Aufmerksamkeit zur Informationssuche nach Alternativen (Verplanken et al. 2008).

Gewohnte Handlungen, wie z. B. der Weg zur Arbeit, funktionieren nach einem Umbruchsereignis nicht mehr und aktive Entscheidungen werden notwendig, bevor neue Gewohnheiten aufgebaut werden können (Klöckner 2005). Verplanken et al. (2008, S. 122) beschreiben dies als „*habit discontinuity hypothesis*: context change has the potential to make behaviour-relevant information more salient and influential, which may lead to new choices and decisions". In diesem Kontext wurde das Konzept der Mobilitätsbiographien entwickelt, das verschiedene Lebensereignisse im Laufe der Biographie integriert.

2.2 Das Konzept der Mobilitätsbiographien

Die Biographieforschung untersucht den Lebensverlauf von Individuen im Kontext
sozialer und historischer Rahmenbedingungen (für einen Überblick siehe Mortimer und Shanahan 2003). Unterschiedliche Strömungen aus der soziologischen
und psychologischen Biographieforschung (Fuchs-Heinritz 2009; Thomae 1999)
und der Lebenslaufforschung (Sackmann 2007; Voges 1987) können unterschieden
werden. Anhand der Unterscheidung der beiden Begriffe *Biographie* und *Lebenslauf* von Dausien (2008) können diese eingeordnet werden. Biographie, wörtlich
übersetzt mit dem Begriff Lebensbeschreibung bzw. Lebensgeschichte, begreift
sie als durch individuelle Erzählungen konstruierte soziale Wirklichkeit (Dausien
2008, S. 354). Dem entgegengesetzt beschreibt der Begriff Lebenslauf ein „neutraleres" Bild: „Der Begriff Lebenslauf ist enger gefasst als der Biographiebegriff
und wird häufig mit der „äußeren" oder „objektiven" Abfolge der innerhalb der
Lebensspanne eines Individuums auftretenden Ereignisse assoziiert, während Lebensgeschichte als Erzählung über diese Ereignisse, als „innere" oder „subjektive"
Seite betrachtet wird" (Dausien 2008, S. 363). Somit wird die Biographie als subjektiv konstruierte Lebensbeschreibung vom Lebenslauf als Aneinanderreihung
von „objektiveren" Ereignissen unterschieden.

Im Zusammenhang mit Mobilitätsbiographien wird zumeist auf den Ansatz
von Elder (1998) verwiesen, der oft der Lebenslaufforschung zugeschrieben wird.
Er fokussiert die Einbettung des Individuums in die historischen Rahmenbedingungen, wie z. B. wirtschaftliche Depressionen oder (Nach-)Kriegsgenerationen.
Elder beschreibt den Lebenslauf als „a sequence of socially defined events and
roles that the individual enacts over time" (Giele 1998, S. 22). Die Reihenfolge der
Ereignisse sei dabei nicht im Vorhinein festgelegt. Biographien und Lebensläufe
im Kontext von Mobilität wurden zunächst vor allem betrachtet, um langfristige
Mobilitätsentscheidungen, wie zum Beispiel die Wohnstandortwahl und Migration, zu erklären (Mulder und Wagner 1993). Erst nach und nach wurden diese auch
im Kontext von kurzfristigen Mobilitätsentscheidungen berücksichtigt, vor allem
um die Verkehrsmittelwahl zu erklären (Scheiner und Holz-Rau 2013). Dabei gibt
es Ansätze, die Biographien und Lebensläufe in Hinsicht auf Kontextwechsel betrachten (z. B. Lanzendorf 2003; Scheiner 2007) und solche, die Lebensläufe im
Rahmen von sozialen Netzwerken analysieren. Letztere erforschen Ereignisse im

Lebenslauf und deren Auswirkungen auf den Aktionsraum von Individuen (z. B. Beige und Axhausen 2006; Ohnmacht et al. 2008). Aus diesen verschiedenen Zugängen wurde der Ansatz der Mobilitätsbiographien als theoretische Rahmung gewählt, der im Folgenden näher dargestellt wird.

Das Konzept der Mobilitätsbiographien wurde entwickelt, um Stabilität und Änderungen der Mobilität im individuellen Lebenslauf zu erfassen (Lanzendorf 2003). Es baut auf dem Konzept von Salomon (1983) auf und unterscheidet drei Ebenen: Lebenslage/Lebensstil, Erreichbarkeit und Mobilität. Auf der Lebensstilebene werden Ereignisse auf der demographischen, professionellen und Freizeitebene zusammengefasst, wie die Geburt eines Kindes oder der Beginn oder das Ende einer Arbeitsstelle. Lanzendorf (2003) argumentiert, dass Änderungen auf der persönlichen Ebene Konsequenzen für die beiden anderen Ebenen haben können. So kann die Geburt eines Kindes den Umzug in eine größere Wohnung erforderlich machen, was wiederum Distanzänderungen zu Orten alltäglicher Erledigungen, der Erreichbarkeitsebene, und damit der Wahl eines Verkehrsmittels, der Mobilitätsebene, nach sich ziehen kann. In der Erreichbarkeitsdimension werden externe Faktoren in der physischen Umgebung zusammengefasst; die Mobilitätsebene bildet langfristige Verkehrsmittelentscheidungen, wie einen Autokauf, Verkehrsmittelwahl und Mobilitätsvoraussetzungen ab. Die Änderungen zwischen den Ebenen sind nicht hierarchisch, sondern können sich gegenseitig beeinflussen.

3   Fragestellung und Hypothesen

Der vorliegende Beitrag untersucht die Fragestellung, wie Lebensereignisse im Erwerbsleben das Verkehrshandeln beeinflussen. In diesem Zusammenhang wird zunächst identifiziert, welche beruflichen Lebensereignisse von der vorliegenden Stichprobe erlebt werden. Drei aus der Literatur abgeleitete Hypothesen werden geprüft.

Da Biographien in den historischen Kontext eingebettet sind (Elder 1998), ist ein Unterschied zwischen den Generationen anzunehmen. Die veränderten Anforderungen im Berufsleben legen die Vermutung nahe, dass die heutige Generation mehr berufliche Lebensereignisse, wie z. B. häufigere Wechsel der Arbeitsstelle, erlebt. Ergebnisse in der Literatur diskutieren weiterhin eine „Phase beruflicher Konsolidierung" (Birg und Flöthmann 1992, S. 27), nach der die Umzugsmobilität in Zusammenhang mit der Erwerbsbiographie abnimmt. Weiterhin wird diskutiert, ob die Anzahl der Lebensereignisse mit dem Alter abnimmt (Beige und Axhausen 2012) bzw. Verhaltensweisen stabiler werden. Dieser Unterschied soll zunächst hinsichtlich der unabhängigen Variablen der Lebensereignisse untersucht werden.

▶ **H1:** Die Generationen unterscheiden sich hinsichtlich beruflicher Ereignisse, die zu einem Umzug oder einer Wegeänderung zur Arbeit geführt haben (Kohorteneffekte). Die jüngeren Generationen erleben mehr berufliche Lebensereignisse als die älteren.

In der Forschung gibt es Hinweise darauf, dass Kontextwechsel habitualisiertes Verhalten ändern und zu aktiven Entscheidungen führen können. Lebensereignisse im Erwerbsleben können einen solchen Kontextwechsel darstellen. Daher wird angenommen, dass in Lebensphasen ohne größere Kontextwechsel das genutzte Hauptverkehrsmittel stabil ist, während es bei Kontextwechseln häufig auch zu Änderungen im genutzten Hauptverkehrsmittel kommt.

▶ **H2:** Es gibt häufiger Wechsel im Hauptverkehrsmittel zwischen den Phasen Schule – Ausbildung – Arbeit als innerhalb der entsprechenden Phasen (innerhalb der Schulzeit, innerhalb der Ausbildung, innerhalb der Phase eines Arbeitsplatzes).

Mit der letzten Hypothese soll analysiert werden, welche Lebensereignisse einen Beitrag zur Erklärung der Autoverfügbarkeit leisten können, um mithilfe der erlebten Ereignisse im Erwerbsleben Änderungen im Verkehrshandeln vorhersagen zu können. Dazu werden die Zu- und die Abnahme der Pkw Verfügbarkeit als abhängige Variablen ausgewählt.

▶ **H3:** Berufliche Lebensereignisse können Varianz in der Pkw-Verfügbarkeit erklären.

4 Methode: Vorgehen und Stichprobe

Die vorliegende Fragestellung wurde innerhalb des DFG-Projektes „Mobility Biographies: A Life-Course Approach to Travel Behaviour and Residential Choice" entwickelt und greift auf den zugehörigen Datensatz zur retrospektiven Befragung der Mobilitätsbiographien dreier Generationen zurück. Es wurden Studierende, ihre Eltern und jeweils ein Teil der Großeltern väterlicherseits und mütterlicherseits jährlich an der Fakultät Raumplanung an der TU Dortmund im Rahmen einer Lehrveranstaltung befragt (Scheiner et al. 2014). Dabei wurden die Umzugsmobilität, Alltagsmobilität, Urlaubsmobilität, Präferenzen und persönliche Angaben der Befragten erfasst. Insgesamt nahmen 4620 Personen im Zeitraum von 2007–2012 an der Studie in Dortmund teil, von denen 20,8 % der Befragten Studierende, 38,6 %

Tab. 1 Alter der Teilnehmenden nach Generationen. 29 Personen machten zum Alter keine Angabe

Generation Alter in Jahren	Min	Max	Mittelwert	Standardabweichung	n
Studierende	18	37	20,8	1,9	986
Eltern	33	82	51,4	5,5	1793
Großeltern	49	108	77,9	7,2	1294
Andere Person	13	95	54,1	21,2	518

Eltern und 28,2 % Großeltern sind[1]. Von den Teilnehmenden sind 54 % weiblich und 44 % männlich. Die Antwortenden sind zwischen 13 und 108 Jahren alt, das Durchschnittsalter beträgt 52,5 Jahre (SD = 21,82). Das Alter nach Generationen ist in Tab. 1 dargestellt.

Für den vorliegenden Beitrag sind vor allem die Variablen Umzugsgrund, Grund für Änderungen auf dem Weg zur Arbeit, meist genutztes Verkehrsmittel auf dem Weg zur Schule, zur Ausbildung bzw. zur Arbeit, die Angabe von Lebensereignissen und soziodemographische Angaben relevant. Die nachfolgenden Auswertungen fokussieren auf berufliche Lebensereignisse. Dabei wurde nicht die Gesamtheit der beruflichen Lebensereignisse der Teilnehmenden erfasst, sondern nur diejenigen, die zu einem Umzug und/oder einer Änderung des Arbeitsweges geführt haben.

5 Ergebnisse

5.1 Berufliche Lebensereignisse und intergenerationale Unterschiede

Zur Identifikation der Lebensereignisse in der Stichprobe wurden die offenen Fragen nach Umzugsgründen und Gründen für Änderungen des Arbeitsweges in Kategorien zusammengefasst, ähnlich dem Verfahren der qualitativen Inhaltsanalyse nach Mayring (2010). Diese wurden im Anschluss in das Schema der Mobilitätsbiographien (Lanzendorf 2003) integriert (siehe Abb. 1).

Tabelle 2 zeigt die am häufigsten auftretenden Lebensereignisse in der Erwerbsbiographie. Die Ereignisse Wechsel der Arbeitsstelle, Studium und Ausbildung

---

[1] 12,1 % andere Nennung, falls z. B. für ein verstorbenes Familienmitglied eine andere Bezugsperson befragt wurde.

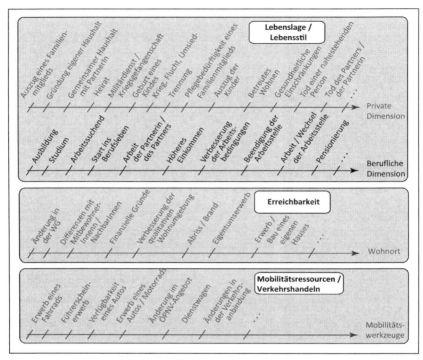

Abb. 1 In der Studie identifizierte Lebensereignisse, die zu einem Umzug führen, integriert in das Schema nach Lanzendorf (2003) orientiert an Salomon (1983)

Tab. 2 Häufigkeit der Lebensereignisse in der Erwerbsbiographie

Erwerbsbiographie	Häufigkeit	Gültige Prozent[a]
Arbeit/ Wechsel der Arbeitsstelle	2980	48,7
Studium	1140	18,6
Ausbildung	401	6,5
Beendigung der Arbeitsstelle/arbeitssuchend	245	4,0
Selbstständigkeit	213	3,5
Start ins Berufsleben	204	3,3
Arbeit des Partners/der Partnerin	168	2,7
höheres Einkommen	156	2,5
Pensionierung, Eintritt in die Rente	146	2,4
Weiterbildung	152	2,5
Verbesserung der Arbeitsbedingungen	121	2,0

[a] aller zum Umzug oder Arbeitswegänderung führenden Lebensereignisse in der Erwerbsbiographie. $N = 6124$

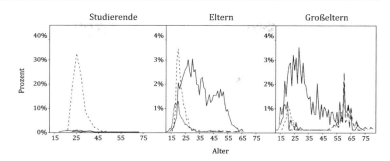

Legende		Studierende			Eltern			Großeltern		
		N	Alter		N	Alter		N	Alter	
			M	SD		M	SD		M	SD
	Gesamt	986	20,81	1,86	1793	51,38	5,51	1294	77,88	7,2
·············	Ausbildung	22	19,27	1,72	252	21,01	5,08	90	19,79	5,94
-----	Studium	481	20,58	1,44	491	22,16	4,36	57	22,49	4,67
———	Arbeit/Wechsel der Arbeitsstelle	13	23,46	4,75	1964	35,73	10,95	673	35,46	14,07
—·—·—	Pensionierung	-	-	-	10	56,3	8,07	113	60,89	8,56

Abb. 2 Auftreten von beruflichen Lebensereignissen, die zu einem Umzug geführt haben, in der Erwerbsbiographie nach Alter und Generation

sind dabei die am häufigsten von den Teilnehmenden erlebten Gründe für einen Umzug oder einen Wechsel des Arbeitsweges innerhalb der Erwerbsbiographie.

Betrachtet man die Lebensereignisse, die zu einem Umzug oder einer Änderung des Weges zur Arbeit geführt haben, kann man Unterschiede zwischen den drei Generationen in Bezug zum Alter feststellen (siehe Abb. 2): Die Studierenden erleben bisher vor allem Lebensereignisse, die studiums- oder ausbildungsbezogen sind sowie Wechsel der Arbeitsstelle, die einen Umzug oder eine Änderung des Arbeitswegs zur Folge haben. Berufsbezogene Ereignisse oder Ereignisse im höheren Alter, wie Pensionierung, treten bei ihnen, wie das Alter erwarten lässt, noch nicht auf. Das Auftreten von studiums- und ausbildungsbezogenen Lebensereignissen ist in allen drei Generationen mit einem Höhepunkt zwischen ca. 20–30 Jahren ähnlich. Es lässt sich jedoch erkennen, dass bei der Großelterngeneration die beiden Kurven der studiums- und ausbildungsbezogenen Ereignisse zeitlich versetzt ähnlich verlaufen, während bei der Elterngeneration die studiumsbezogene Kurve stark überwiegt. Der aufgrund unterschiedlich großer Stichproben und Varianzen für das Ereignis Studium durchgeführte Mediantest zeigt einen signifikanten Unterschied zwischen Eltern und Großeltern ($\chi^2(1)=117{,}17$, $p<0{,}001$). Eltern ziehen häufiger aufgrund des Studiums um bzw. wechseln den Arbeitsweg. Auch für den Wechsel der Arbeitsstelle kann ein Unterschied zwischen den Generationen festgestellt werden: die Elterngeneration erlebt bis ins Alter von ca. 55 Jahren Wechsel der Arbeitsstelle, während die Großelterngeneration ab einem Alter von Anfang 30 etwas mehr Kontinuität im Beruf erlebt hat. Im Mittel wechselt die Elterngeneration mit einer signifikanten Differenz ($U = 858593,5$ $z = -13,13$, $p < 0,001$, $r = -0,24$) häufiger ihre Arbeitsstelle ($M = 1,13$, SD $= 1,55$) als die Großelterngeneration ($M = 0,53$, SD$= 1,11$). Gerade aufgrund des Altersunterschieds der beiden Generationen zum Erhebungszeitpunkt ist es beachtlich, dass die Eltern, die bei der Befragung jünger sind, im Mittel schon bis zu diesem Zeitpunkt mehr Wechsel aufweisen als die Großeltern in höherem Alter. Daraus lässt sich schließen, dass für das Ereignis Wechsel der Arbeitsstelle und Studium Hypothese 1 bestätigt werden kann: Lebensereignisse in der Erwerbsbiographie unterscheiden sich zwischen der Eltern- und Großelterngeneration, die jüngere Generation erlebt schon jetzt mehr Arbeitsstellenwechsel und Wegeänderungen bzw. Umzüge aufgrund des Studiums.

Die Verkehrsmittelnutzung auf den verschiedenen Schul-, Ausbildungs- und Arbeitswegen ist in Abb. 3 dargestellt. Es lässt sich deutlich erkennen, dass das Zufußgehen zur Schule zunächst noch deutlich häufiger ist als die Nutzung anderer Verkehrsmittel wie das Rad und den öffentlichen Personennahverkehr (ÖPNV) und im Lebenslauf kontinuierlich abnimmt. Zunächst steigt die Nutzung des ÖPNV, was wiederum in der Ausbildung, aber vor allem mit Beginn der Arbeit stark vom motorisierten Individualverkehr (MIV) abgelöst wird.

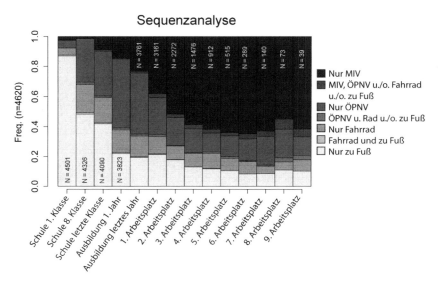

Abb. 3 Darstellung der Verkehrsmittelnutzung auf den Wegen der Ausbildungs- und Erwerbsbiographie

5.2 Auswirkungen beruflicher Ereignisse auf die Verkehrsmittelnutzung

Nachfolgend wird der Zusammenhang des Auftretens von Änderungen in der Verkehrsmittelnutzung in eher stabilen Ausbildungs- bzw. Arbeitsphasen im Vergleich zu Umbruchsphasen analysiert. Dabei werden die Schulzeit, Ausbildungs- und Arbeitszeit als stabile Phasen betrachtet, während der Wechsel von der Schule zur Ausbildung und von der Ausbildung zum Arbeitsleben als Umbruchphase in die Analyse eingeht. Ein χ^2-Test weist auf ein signifikantes Ergebnis ($\chi^2(1) = 1200{,}241$, $p < 0{,}001$) des Zusammenhangs von Umbruchsphase und Verkehrsmittelwechsel hin: Das Odds Ratio (= Chancenverhältnis; Chancen (Odds) = P/(1 − P)) zeigt, dass eine Änderung im genutzten Verkehrsmittel zum täglichen Ort der Ausbildung oder Arbeit mit einer 2,9 mal höheren Chance bei einer Umbruchsphase (zwischen den Phasen Schule, Ausbildung, Arbeit) im Vergleich zu stabilen Phasen geschieht. Die Ergebnisse sind in Abb. 4 dargestellt. Damit kann auch Hypothese 2 bestätigt werden, der Wechsel eines Verkehrsmittels geschieht signifikant häufiger in Umbruchsphasen verglichen mit eher stabilen Phasen in der Ausbildungs- bzw. Arbeitsphase.

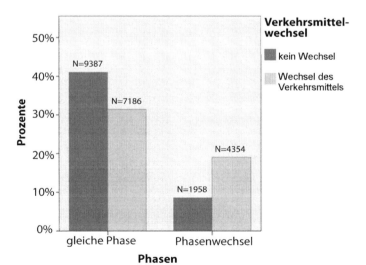

Abb. 4 Verkehrsmittelwechsel innerhalb und zwischen den Phasen Schule, Ausbildung, Arbeit

Tab. 3 Deskriptive Daten der die Varianz erklärenden Variablen der Pkw Verfügbarkeit

	Steigende Pkw-Verfügbarkeit		Sinkende Pkw-Verfügbarkeit		Häufigkeit des Gesamtereignisses[a]
Lebensereignis	N	%[b]	N	%[b]	
Wechsel der Arbeitsstelle	147	4,9	404	13,6	2980
Studium	145	12,7	333	29,2	1140
Ausbildung	45	11,2	12	3,0	401
Start ins Berufsleben	20	9,8	8	3,9	204
Selbstständigkeit	7	3,3	51	23,9	213

[a] Personenjahre (aufgrund der retrospektiven Befragung liegen für jede Person mehrere Zeitpunkte vor), in denen das Ereignis stattgefunden hat
[b] Grundgesamtheit = Lebensereignis

Im nächsten Schritt wird analysiert, welche Lebensereignisse in der Erwerbsbiographie Varianz in der Verkehrsmittelverfügbarkeit erklären können (H3). Da die Variablen kategorial sind und aufgrund einer Umstrukturierung der retrospektiv erhobenen Daten in Form eines Ereignisdatensatzes vorliegen, wurde eine Mixed Effects logistische Regression zur Erklärung der Pkw-Verfügbarkeit durchgeführt (Tab. 4). Dabei wurden berufliche Lebensereignisse, die zu einem Umzug oder einer Wegeänderung zur Arbeit geführt haben und häufig erlebt wurden (siehe Tab. 2), in das Modell einbezogen: Wechsel der Arbeitsstelle, Studium, Ausbildung[2], arbeitssuchend, Selbstständigkeit[3] und Start ins Berufsleben[2] (siehe Tab. 3). Werden diese Faktoren in das Modell aufgenommen, wird die Güte des Modells verbessert[4]. Die beiden Modelle sagen die Pkw-Verfügbarkeit signifikant besser voraus ($p < 0{,}001$) als die Konstantenmodelle.

Die Lebensereignisse der Erwerbsbiographie Studium, Ausbildung und Start ins Berufsleben leisten einen signifikanten positiven Beitrag zur Vorhersage einer steigenden Autoverfügbarkeit: Die Chance einer Zunahme der Autoverfügbarkeit wird am stärksten durch das Erleben von studiumsbezogenen Ereignissen erhöht. Die beruflichen Lebensereignisse Wechsel der Arbeitsstelle, Studium und Selbstständigkeit leisten einen signifikanten Beitrag zur Vorhersage einer verringerten

---

[2] Aufgrund der niedrigen Fallzahlen wurden Ausbildung und Start ins Berufsleben nur in die Mixed Effects logistische Regression zur steigenden Pkw-Verfügbarkeit einbezogen (s. Tab. 3).

[3] Aufgrund der niedrigen Fallzahlen wurde die Selbständigkeit nur in die Mixed Effects logistische Regression zur *sinkenden* Pkw-Verfügbarkeit einbezogen (s. Tab. 3).

[4] Die Güte betrug zuvor für das Modell zur Vorhersage der steigenden Pkw Verfügbarkeit AIC = 2939.502, BIC = 2986.541 und für das Modell zur Vorhersage der sinkenden Pkw Verfügbarkeit AIC = 4995.543, BIC = 5035.863. vgl. Tab. 4.

Autoverfügbarkeit: Die Selbstständigkeit erhöht die Chance einer Abnahme der Autoverfügbarkeit, wie auch das Erleben eines Arbeitsplatzwechsels. Studiumsbezogene Lebensereignisse senken die Chance einer abnehmenden Pkw-Verfügbarkeit. Die Stärke des Einflusses der Ereignisse Studium (1,4 fach) und Wechsel der Arbeitsstelle (1,8 fach) ist jedoch geringer im Vergleich zur Selbstständigkeit. Hypothese 3 kann somit ebenfalls bestätigt werden, berufliche Lebensereignisse können intraindividuelle Varianz in der Pkw-Verfügbarkeit erklären.

Tab. 4 Ergebnisse der Mixed Effects logistischen Regression der Veränderung der Pkw Verfügbarkeit durch ausgewählte Ereignisse im Erwerbsleben

Vorhersage der Pkw Verfügbarkeit mit beruflichen Lebensereignissen				
Random Effects				
Gruppen			Varianz	
ID: $N=6093$, groups ID$=2561$,			0,11	
Alterskategorien$=6$ (min-24 Jahre, 25–35 Jahre, 36–48 Jahre, 49–55 Jahre, 56–74 Jahre, 75-max.),			$2,08e^{-08}$	
Generationen$=4$ (Studierende, Eltern, Großeltern, andere Personen)			0,056	
Steigende Pkw-Verfügbarkeit 95 % Konfidenzintervall für odds ratio				
Fixed Effects				
	B (SE)	*Unterer Wert*	*Odds Ratio*	*Oberer Wert*
Konstante	−3,35 (0,20)			
Wechsel der Arbeitsstelle	0,17 (0,18)	0,83	1,18	1,67
Studium	1,26*** (0,19)	2,45	3,54	5,12
arbeitssuchend	0,30 (0,33)	0,71	1,35	2,57
Ausbildung	1,05 *** (0,22)	1,85	2,86	4,44
Start ins Berufsleben	0,87** (0,28)	1,38	2,40	4,18
AIC$=2923.875$, BIC$=2984.309$, McFadden$=0,03$, Model $\chi2$ (5)$=81.692$, $p<0,001$				
Sinkende Pkw Verfügbarkeit 95 % Konfidenzintervall für odds ratio				
Gruppen			Varianz	
ID: $N=6093$, groups ID$=2561$,			$8,62e^{-12}$	
Alterskategorien$=6$ (min-24 Jahre, 25–35 Jahre, 36–48 Jahre, 49–55 Jahre, 56–74 Jahre, 75-max.),			1,444	
Generationen$=4$ (Studierende, Eltern, Großeltern, andere Personen)			0,93	
Konstante	−2,28 (0,70)			
Wechsel der Arbeitsstelle	0,58*** (0,11)	1,43	1,78	2,23
Studium	−0,34* (0,16)	0,51	−1,40	0,99
arbeitssuchend	−0,05 (0,27)	0,56	−1,04	1,62
Selbstständigkeit	1,60*** (0,20)	3,34	4,94	7,30
AIC$=4242.631$, BIC$=4296.350$, McFadden$=0.02$, Model $\chi2$ (4)$=100.73$, $p<0,001$				
$*p<0,05$; $** p<0,01$; $*** p<0,001$				

6 Zusammenfassung und Diskussion

Im vorliegenden Beitrag wurde der Einfluss von Lebensereignissen im Erwerbsleben auf das Verkehrshandeln und die Verkehrsmittelverfügbarkeit analysiert. Dabei wurde untersucht, welche beruflichen Lebensereignisse von der Stichprobe erlebt wurden und wie diese sich zwischen den drei Generationen unterscheiden. Weiterhin wurden Phasen, in denen ein Kontextwechsel im Erwerbsleben stattfand, mit stabilen Phasen hinsichtlich des Verkehrshandelns verglichen. Schließlich wurde analysiert, welche Lebensereignisse Varianz in der Pkw-Verfügbarkeit erklären können. Dabei konnten, erstens, Hinweise darauf gefunden werden, dass es Unterschiede zwischen der Eltern- und Großelterngeneration gibt: Bei den Eltern ist die Kurve des Studiums ausgeprägter als bei den Großeltern, zudem wechseln sie häufiger die Arbeitsstelle als ihre Eltern, was sicherlich im Kontext der unterschiedlichen Bildungsgrade und einer Flexibilisierung der Arbeitswelt gesehen werden muss. Abgesehen von der theoretischen Relevanz der empirischen Ergebnisse lässt sich zumindest eine Schlussfolgerung für die Planungspraxis ziehen. Während das Mobilitätsmanagement sich hinsichtlich Umbruchsphasen bislang auf Umzüge konzentriert, deuten die Ergebnisse darauf hin, dass die Berücksichtigung von beruflichen Lebensereignissen und der Alterskohorte vielversprechend ist.

Zweitens konnte für den Datensatz gezeigt werden, dass Änderungen im genutzten Hauptverkehrsmittel eher in Umbruchphasen von der Schule zur Ausbildung oder von der Ausbildung zum ersten Job erfolgen als innerhalb einer stabilen Phase. Dies hat Konsequenzen für Interventionen zur Veränderung des Verkehrshandelns, weil diese in Umbruchphasen somit erfolgversprechender sind als in stabilen Lebensphasen.

Drittens konnten Lebensereignisse, die die Pkw-Verfügbarkeit signifikant beeinflussen, identifiziert werden. So gibt es Hinweise darauf, dass Ereignisse wie die Ausbildung, das Studium und der Start ins Berufsleben die Chance einer Zunahme der Autoverfügbarkeit erhöhen. Dies sind Ereignisse, die besonders häufig in jüngeren Jahren erlebt werden. Daher könnte in zukünftigen Untersuchungen analysiert werden, ob Änderungen im Verkehrshandeln eher in jüngeren Jahren stattfinden und im weiteren Lebensverlauf so starke Gewohnheiten aufgebaut wurden, dass Änderungen erschwert werden.

Im vorliegenden Datensatz erhöhen, viertens, überraschenderweise Arbeitswechsel und Selbstständigkeit die Chance einer Abnahme in der Pkw-Verfügbarkeit, das Studium senkt die entsprechende Chance. Dies könnte damit in Zusammenhang gebracht werden, dass die Selbstständigkeit für viele Befragte eine unsichere Lebensphase darstellen könnte, in der – vor allem in der Anfangsphase, die hier untersucht wurde – knappe finanzielle Ressourcen eine wichtige Rolle spielen.

Der Wechsel der Arbeitsstelle kann an dieser Stelle nicht eindeutig interpretiert werden, da dies sowohl Änderungen der Pendeldistanzen, des beruflichen Status, als auch der Arbeitszeit (Teil- vs. Vollzeit) implizieren kann. So konnten Oakil et al. (2011) zeigen, dass der Wechsel der Arbeitsstelle eine Verlagerung hin zur Autonutzung, aber auch zu anderen Verkehrsmitteln bewirken kann.

Die Ergebnisse liefern erste Hinweise auf Zielgruppen und Lebensereignisse, die, wie in der Literatur angenommen, „Gelegenheitsfenster" (Franke 2001, S. 174) zur Änderung von Verkehrshandeln und Verkehrsmittelbesitz darstellen können. Bisher geschieht dies mit Interventionen des Mobilitätsmanagements vor allem im Zusammenhang mit Wohnumzügen (z. B. Bamberg et al. 2008). Es könnte also darüber nachgedacht werden, ob nicht zum Beispiel spezifisch am Ende weiterer stabiler Phasen, wie etwa der Schulzeit, für entsprechende Zielgruppen angepasste Strategien zur Verhaltensänderung entwickelt werden und somit das bestehende Angebot, wie schulisches Mobilitätsmanagement, durch eine Konzentration der Schulungen auf die Übergangsphasen erweitert wird. Von diesen Gedanken ausgehend, können im nächsten Schritt weitere Untersuchungen zur Verifizierung der Ergebnisse mit weiteren Datensätzen sowie nachfolgend die Entwicklung und Überprüfung von zielgruppenspezifischen Interventionen vorgenommen werden.

Literatur

Aarts, H., Verplanken, B., & van Knippenberg, A. (1997). Habit and information use in travel mode choices. *Acta-Psychologica, 96,* 1–14.

Ajzen, I. (1991). The theory of planned behavior. *Organizational Behavior and Human Decision Processes, 50,* 179–211.

Ahrend, C., Daubitz, S., Schwedes, O., Böhme, U., & Herget, M. (2013). *Kleiner Begriffskanon der Mobilitätsforschung.* (IVP-Discussion Paper No. 1). Berlin.

Bamberg, S., Nallinger, S., Heipp, G., & Heller, J. (2008). Multimodales Marketing für Münchener Neubürger: Entwicklung, Evaluation, Ausblick. *Internationales Verkehrswesen, 60*(3), 73–76.

Beige, S., & Axhausen, K. W. (2006). Long-term mobility decisions during the life course: Experiences with a retrospective survey. *Paper presented at the 11th International Conference on Travel Behaviour Research Kyoto, 16–20, August 2006.*

Beige, S., & Axhausen, K. W. (2012). Interdependencies between turning points in life and long-term mobility decisions. *Transportation, 39*(4), 857–872. doi:10.1007/s11116-012-9404-y.

Birg, H., & Flöthmann, E. (1992). Biographische Determinanten der räumlichen Mobilität. In Birg H. (Hrsg.), *Forschungs- und Sitzungsberichte* (S. 27–52). Hannover.

Dargay, J. (2001). The effect of income on car ownership: Evidence of asymmetry. *Transportation Research Part A, 35,* 807–821.

Dausien, B. (2008). Biografieforschung: Theoretische Perspektiven und methodologische Konzepte für eine re-konstruktive Geschlechterforschung. In R. Becker & B. Kortendiek (Hrsg.), *Handbuch Frauen- und Geschlechterforschung* (S. 354–367). Wiesbaden: VS Verlag für Sozialwissenschaften.

Elder, G. H. (1998). *Children of the great depression: 25th anniversary edition*. New York: Westview Press.

Esser, H. (1991). *Alltagshandeln und Verstehen. Zum Verhältnis von erklärender und verstehender Soziologie am Beispiel von Alfred Schütz und „Rational Choice"*. Tübingen.

Evandrou, M., Falkingham, J., & Green, M. (2010). Migration in later life: evidence from the British Household Panel Study. *Population Trends, 141*(1), 77–94. doi:10.1057/pt.2010.22.

Franke, S. (2001). *Car Sharing: Vom Ökoprojekt zur Dienstleistung*. Berlin.

Fuchs-Heinritz, W. (2009). *Biographische Forschung*. Wiesbaden: VS Verlag für Sozialwissenschaften.

Fuji, S., & Gärling, T. (2003). Development of script-based travel mode choice after forced change. *Transportation Research Part F, 6*(2), 117–124.

Gärling, T., & Axhausen, K. W. (2003). Introduction: Habitual travel choice. *Transportationn, 30*, 1–11.

Giele, J. Z. (Hrsg.). (1998). *Methods of life course research: Qualitative and quantitative approaches*. Thousand Oaks: Sage.

Hjorthol, R. J., Levin, L., & Sirén, A. (2010). Mobility in different generations of older persons. *Journal of Transport Geography, 18*(5), 624–633. doi:10.1016/j.jtrangeo.2010.03.011.

Klöckner, C. A. (2005). Können wichtige Lebensereignisse die gewohnheitsmäßige Nutzung von Verkehrsmitteln verändern? – eine retrospektive Analyse. *Umweltpsychologie, 9*, 28–45.

Klöckner, C. A., & Matthies, E. (2012). Two pieces of the same puzzle? Script-based car choice habits between the influence of socialization and past behavior. *Journal of Applied Social Psychology, 42*(4), 793–821.

Lanzendorf, M. (2003). Mobility Biographies. A New Perspective for Understanding Travel Behaviour. *Paper presented at the 10th International Conference on Travel Behaviour Research, Lucerne, 10th–15th August*.

Lanzendorf, M. (2010). Key events and their effect on mobility biographies: The case of childbirth. *International Journal of Sustainable Transportation, 4*, 272–292.

Mayring, P. (2010). *Qualitative Inhaltsanalyse: Grundlagen und Techniken* (11., aktualisierte und überarb. Aufl.). Weinheim: Beltz.

Mortimer, J. T., & Shanahan, M. J. (2003). *Handbooks of sociology and social research. Handbook of the life course*. Boston: Springer US.

Mulder, C. H., & Wagner, M. (1993). Migration and marriage in the life course: a method for studying synchronized events. *European Journal of Population, 9*, 55–76.

Oakil, A. T. M., Ettema, D., Arentze, T., & Timmermans, H. (2011). A longitudinal analysis of the dependence of the commute mode switching decision on mobility decisions and life cycle events. *Proceedings of the 16th International Conference of Hong Kong, China*.

Ohnmacht, T., Frei, A., & Axhausen, K. W. (2008). Mobilitätsbiografie und Netzwerkgeografie: Wessen soziale Beziehungen sind räumlich dispers? *Schweizerische Zeitschrift für Soziologie, 34*(1), 131–164.

Prillwitz, J., & Lanzendorf, M. (2006). The Importance of life course events for daily travel behaviour – A panel analysis. *11th International Conference on Travel Behaviour Research Kyoto, 16–20, August 2006*.

Prillwitz, J., Harms, S., & Lanzendorf, M. (2006). Impact of life-course events on car owner-ship. *Transportation Research Record: Journal of the Transportation Research Board, 1985*(1), 71–77. doi:10.3141/1985-08.

Sackmann, R. (2007). *Lebenslaufanalyse und Biografieforschung: Eine Einführung*. Wies-baden: VS Verlag für Sozialwissenschaften.

Salomon, I. (1983). Life styles – a broader perspective on travel behaviour. In S. Carpenter & P. Jones (Hrsg.), *Recent advances in travel demand analysis gower, aldershot, hants* (S. 290–310). Aldershot: Gower.

Scheiner, J. (2007). Mobility biographies: Elements of a biographical theory of travel de-mand. *Erdkunde, 61,* 161–173.

Scheiner, J., & Holz-Rau, C. (2013). A comprehensive study of life course, cohort, and peri-od effects on changes in travel mode use. *Transportation Research Part A, 47,* 167–181.

Scheiner, J., Sicks, K., & Holz-Rau, C. (2014). *Generationsübergreifende Mobilitätsbiogra-fien - Dokumentation der Datengrundlage: Eine Befragung unter Studierenden, ihren Eltern und Großeltern* (Arbeitspapiere des Fachgebiets Verkehrswesen und Verkehrspla-nung 29). Dortmund.

Schwartz, S. (1977). Normative influences on altruism. In L. Berkowitz (Hrsg.), *Advances in experimental social psychology* (S. 221–279). New York: Academic.

Schwartz, S., & Howard, J. (1981). A Normative decision-making model of altruism. In J. P. Rushton & R. M. Sorrentino (Hrsg.), *Altruism and helping behaviour* (S. 189–211). Hillsdale: Lawerence Erlbaum.

Thomae, H. (1999). Psychologische Biographik. Theoretische und methodische Grundlagen. In G. Jüttemann & H. Thomae (Hrsg.), *Beltz-Taschenbuch: 43: Psychologie. Biographi-sche Methoden in den Humanwissenschaften* (S. 75–97). Weinheim: Beltz.

Verplanken, B., Aarts, H., & van Knippenberg, A. (1997). Habit, information acquisition, and the process of making travel mode choices. *European Journal of Social Psychology, 27,* 539–560.

Verplanken, B., Walker, I., Davis, A., & Jurasek, M. (2008). Context change and travel mode choice: Combining the habit discontinuity and self-activation hypotheses. *Journal of En-vironmental Psychology, 28,* 121–127.

Voges, W. (1987). *Biographie und Gesellschaft: Vol. 1. Methoden der Biographie- und Le-benslaufforschung*. Opladen: Leske + Budrich.

Hannah Müggenburg Dipl.-Psych. geboren 1986, ist seit 2012 wissenschaftliche Mit-arbeiterin und Promovendin in der AG Mobilitätsforschung am Institut für Humangeogra-phie an der Goethe Universität Frankfurt am Main. Zuvor arbeitete sie als wissenschaftliche Mitarbeiterin in der Forschungsgruppe Umweltpsychologie an der Universität des Saarlan-des. Ihre Forschungsinteressen sind Fragestellungen der Umweltpsychologie im Bereich Mobilität und Energie.

Prof. Dr. Martin Lanzendorf geboren 1966, ist seit 2008 Professor für Mobilitätsfor-schung am Institut für Humangeographie der Goethe Universität Frankfurt am Main. Die Professur wurde gestiftet vom Rhein-Main Verkehrsverbund (RMV) sowie der ivm – Integ-riertes Verkehrs- und Mobilitätsmanagement Rhein-Main. Zuvor arbeitete er am Wuppertal Institut für Klima, Umwelt, Energie, am Urban Research Centre der Universität Utrecht, am Helmholtz-Zentrum für Umwelforschung UFZ Leipzig (zeitgleich am Geographischen Institut der Universität Leipzig) sowie am Department für Geographie der LMU München.

Towards a Theory of the Dynamics of Household Car Ownership: Insights from a Mobility Biographies Approach

Ben Clark, Kiron Chatterjee and Glenn Lyons

Abstract

Household car ownership has arguably been one of the most widely studied areas within the field of transport research. Recently, studies in this area have moved to a focus on understanding the dynamic (time varying) nature of household car ownership. The chapter advances the contention that there is often a missing link between the reporting of empirical findings relating to the dynamics of household car ownership, and a critical articulation of theory that both underpins and is developed through the empirical research. The chapter explores how the 'Mobility Biographies' approach offers a new opportunity to revisit the relationship between theory and empirical approaches to examining household car ownership and how it changes over the life course. It presents a dynamic conceptual framework that was generated from qualitative accounts of car ownership histories and empirical results from a large-scale panel data set that confirm the strong association between life events and car ownership

B. Clark (✉) · K. Chatterjee · G. Lyons
Centre for Transport & Society, University of the West of England,
Coldharbour Lane, BS16 1QY Bristol, UK
e-mail: Ben4.Clark@uwe.ac.uk

K. Chatterjee
e-mail: Kiron.Chatterjee@uwe.ac.uk

G. Lyons
e-mail: Glenn.Lyons@uwe.ac.uk

© Springer Fachmedien Wiesbaden 2015
J. Scheiner, C. Holz-Rau (Hrsg.), *Räumliche Mobilität und Lebenslauf*,
Studien zur Mobilitäts- und Verkehrsforschung, DOI 10.1007/978-3-658-07546-0_6

changes. It concludes with an assessment of the differing longitudinal analytical approaches (both qualitative and quantitative) that may be effectively combined in furthering understanding and developing theory.

Keywords
Household car ownership · Mobility biography · Life events · Longitudinal Panel data · Methodology

1   Introduction

Household car ownership has arguably been one of the most widely studied areas within the field of transport research. Recently, studies in this area have moved to a focus on understanding the dynamic (time varying) nature of household car ownership (Oakil et al. 2014). This is founded on the argument that in order to fully understand household car ownership states it is necessary to examine how and why these states arise and change over time. In this chapter we make the contention that there is often a missing link between the reporting of empirical findings relating to household car ownership, and a critical articulation of theory that both underpins and is developed through the empirical research. We suggest that the 'Mobility Biographies' approach offers a new opportunity to revisit the relationship between theory and empirical approaches to examining household car ownership and how it changes over the life course.

The chapter begins with an overview of theories that have been put forward on how individual travel behaviour is related to life context. We then review studies of household car ownership with a view to examining the extent to which theory of car ownership dynamics has been acknowledged or developed in the literature. Noting that household car ownership has mainly been examined through quantitative approaches, we explain the contribution made by a small scale, *qualitative* longitudinal study of household car ownership. This study applied mobility biography interviews and set out to establish an evidence based conceptual framework to elucidate the key elements in the process through which household car ownership levels change over time. We then provide a discussion of how a new panel survey being conducted in the UK (the UK Household Longitudinal Study) has provided an opportunity to examine the process of car ownership change amongst a larger scale sample of UK households. A presentation of simple bivariate tests sets up a discussion of how quantitative and qualitative techniques may be successfully used in combination to further theoretical understanding of the dynamics of household car ownership.

2 The Life Course Perspective and Travel Behaviour Research

It has long been recognised that relationships exist between different aspects of travel behaviour and decisions made in other life domains such as who to live with and where, what type of employment to pursue and the employment location and so on. The spatial and temporal distribution of an individual's life activities (which is strongly influenced by residential location and employment decisions during working life) is expected to influence transport choice sets and hence travel behaviour. This observation is reflected in long standing theories of travel behaviour that have been put forward and developed over the years.

Ben-Akiva and Atherton (1977) initially conceived of daily travel behaviours in terms of a three tiered choice hierarchy relating to different time horizons. Employment and residential location are conceived as long range decisions which influence the medium range car ownership and commute mode choice. The car ownership decision then influences short range (e.g. daily) discretionary travel decisions. Ben-Akiva later refined this framework in collaboration with Salomon who reconceived it in terms of *lifestyle* choices (long range), mobility choices (medium range) and activity and travel choices (short range) (Salomon and Ben-Akiva 1983). Salomon conceptualised the lifestyle as the longest term choices relating to family formation, type of employment to pursue and preferences towards leisure. He further recognised that there was a two-way relationship between the shortest and longest range decisions i.e. daily activity preferences could also influence longer-term lifestyle decisions.

Some twenty years later, Lanzendorf (2003) revisited Salomon's theory with a motivation to conceptualise, in a single framework, the *dynamics* of travel behaviour i.e. how and why travel behaviours change over an individual's life course. The life course perspective is a theoretical approach to research that has been developed and refined in other spheres of social science and has until recently received relatively little attention in the transport domain. Pioneers of life course research Giele and Elder (1998, p. 19) state that in the life course perspective it is assumed that "any point in the life span must be viewed dynamically as the consequence of past experience and future expectation as well as the integration of individual motive with external constraint". A central concept is the trajectory which represents a person's thoughts, feelings, capabilities and actions related to a particular domain (e.g. mobility). Individual lives as a whole can be conceived as a set of trajectories which are inter-connected and have reciprocal effects on each other. Life events in one domain such as a change in employment can lead to changes in the trajectories in other domains (e.g. the mobility domain). Lanzendorf's contribution was to adapt Salomon's framework to explicitly represent the dimension of time by incorporating the notion of trajectories. He suggests that trajectories of relevance to understanding changing travel behaviour over the life course may develop through three related life domains:

1. the lifestyle domain (family formation, employment type, leisure preferences and so on);
2. the accessibility domain (relative spatial locations of home, work place and other activity centres); and
3. the mobility domain (car availability, public transport season ticket purchases, daily travel routines).

The implication of this framework is that, in order to understand how travel behaviour (including the household car ownership state) has arisen and may change, it is necessary to have captured a history of events occurring in the lifestyle, accessibility and mobility domains (including their relative timings) and to have an appreciation of how they are related to one another.

3   Methods of Researching Household Car Ownership

An observation from a review of studies of household car ownership (see Clark 2012) is that the great majority of studies have followed a *quantitative* approach. These may be further categorised as cross-sectional or longitudinal. Cross-sectional analyses rely on data sets that capture information about a given population at a single point in time. They offer an opportunity to establish the presence of *associations* between a range of different factors and household car ownership, usually employing some form of utility maximising framework[1]. They cannot infer causal relationships however as this requires evidence of *time-precedence*. This is largely why the focus of attention has now shifted to longitudinal studies of household car ownership as these have the potential to offer insight into causal relationships and the drivers of change. Those developing transport model forecasting systems have recognised the value of including travel behaviour models (or relationships) that explicitly represent the drivers of change, as this will enable more accurate forecasts to be made. Current state-of-the-art efforts are using microsimulation and agent-based modelling to move to a dynamic framework of modelling travel choices (Miller 2005).

---

[1] Utility is a measure of the relative attractiveness of a choice outcome and depends on the characteristics of the available choices (number of cars to own) and the characteristics of individuals/households (whom may have particular preferences). Households are assumed to make decisions concerning the number and type of cars to own by selecting the option that offers the highest utility.

Nevertheless, cross-sectional quantitative approaches have clearly and usefully established that the household car ownership level (number of cars owned) tends to be higher in households with higher income, more licence holders and employees, increasing distance from urban centres and in areas with poorer public transport (Whelan 2007; Crampton 2006).

Another body of largely cross-sectional studies have more directly sought to examine the presence of the hierarchical relationships described earlier. Specifically a great deal of research has focussed on the relationship between residential location choice (conceived as a long range decision by Salomon and Ben-Akiva 1983) and household car ownership level, in setting out to test the residential self-selection hypothesis. This posits that households move to locations that meet a pre-existing attitude orientation towards car ownership i.e. car lovers move to spacious suburban locations while car loathers move to inner-urban accessible locations. These studies tend to conclude that the built environment does exert a marginal influence on car ownership independently of self-selection effects (Bhat and Guo 2007; Cao et al. 2007). Given cross-sectional data limitations however, it is not possible to examine the residential location decision nor the car ownership decision in the context of the household's longer term history. For instance, residential location changes may be triggered by life-stage, familial or employment role changes which influence attitudes and also car ownership requirements over time (as suggested by the mobility biography framework).

In contrast to cross-sectional studies, *longitudinal* data sets (as required by mobility biography approaches) capture information about individuals in a given population through time. They thus provide greater potential to examine how car ownership levels change over time and to establish whether inter-relationships exist between changes in other life-domains and travel behaviour.

Such longitudinal approaches reveal a household car ownership life cycle effect, as observed in aggregate population level statistics (Dargay and Vythoulkas 1999). Car ownership tends to increase as the head of the household reaches the age of 50 and thereafter declines. This mirrors the traditional family life cycle through which the household size expands and contracts—couples form and have children creating one or two car owning households. Offspring reach driving age and potentially acquire cars of their own, before leaving home taking their cars with them. In retirement and older age, households begin the process of driver cessation and car relinquishment (Musselwhite and Shergold 2012).

Longitudinal studies also reveal that household car ownership is state dependent and stable (Simma and Axhausen 2007; Thorgersen 2006; Hanly and Dargay 2000). That is, the car ownership state in a previous time period is a strong predictor of the car ownership state in the current time period. Stability in car ownership may be partially explained by the notion of travel behaviour habit formation. Habits are automatically repeated behaviours with little or no conscious reconsideration of whether alternative behaviours may be as, or more effective (Verplanken et al. 1997). The acquisition of a car encourages lifestyles and travel routines which require car use to form. This is evidenced by the observed asymmetric relationship between car ownership and income (Dargay 2001). A rise in income tends to be associated with a probable increase in the number of cars owned, while an equivalent reduction in income does not prompt an equal and opposite reduction in the number of cars owned. There is a reluctance to relinquish cars once car based lifestyles have become entrenched.

Longitudinal studies also confirm an *association* between life events (child birth, residential relocation, employment change, retirement) and changes in car ownership level (Beige and Axhausen 2012; Dargay and Hanly 2007; Prillwitz et al. 2006; Mohammadian and Miller 2003; Oakil et al. 2014; Scheiner and Holz-Rau 2013). It may be hypothesised that life events mark a distinct change in circumstances providing an opportunity to reconsider habitual behaviours and the car ownership state that might otherwise be maintained. However it is not necessarily possible to infer a casual association between life events and changes to car ownership level based merely on their time coincidence.

4   The Process of Car Ownership Change—Developing a Conceptual Framework

Thus, longitudinal quantitative studies of household car ownership have revealed many valuable insights. Until recently, there have been few attempts to draw them together into a single theoretical framework that elucidates the key elements in the *process* through which household car ownership changes over the life course. This observation provided the motivation to conduct a predominantly *qualitative* longitudinal study of household car ownership. The rationale for adopting a qualitative approach was to enable new conceptual understanding to emerge *inductively* from the data analysis, given the lack of an agreed theoretical framework that could be tested deductively. Qualitative research methods also have great scope for providing insights on the mechanism through which life events may trigger changes in travel behaviour (Chatterjee et al. 2013).

The study employed two instruments: First, in-depth biographical interviews were conducted with members of 15 households located in Bristol, UK. These were recruited via a neighbourhood leaflet drop, advertising on car sales websites and using postings on employer intranet sites in order to achieve a sample with a range of different car owning states, household structures and residential contexts. The interviews employed Lanzendorf's (2003) mobility biography framework and captured life events, car ownership level changes and changes in the household's daily travel routines. A visually recorded timeline of when car ownership level changes had occurred relative to life events provided a reference for more focused discussions around the motivations for specific car ownership level changes. All of the interviews were recorded and fully transcribed.

The interviews were supplemented by a survey of 250 households located in two neighbourhood sub-areas also in Bristol, UK. A response rate of 74% was achieved in the survey (184 households). The aim of the survey was to capture a wider range of accounts of car ownership level change. It was administered via a self-completion questionnaire and a follow-up telephone call to validate the self-completion responses. In keeping with the *inductive* approach, open response questions were used in the questionnaire to allow respondents to provide their own explanations for recent car ownership level changes.

4.1   Reasons for Car Ownership Level Changes

The survey captured 102 car ownership level changes across the 184 households. A thematic coding exercise of the open responses revealed 14 common reasons for car ownership level change, as summarised in Table 1.

Table 1 Reasons for car ownership level changes

Reason for undertaking a car ownership level change	No. of instances	% of all car owner-ship level changes
Change in working circumstances	20	19.6
Opportunity to relinquish a second car after cohabitation	12	11.8
Residential relocation	10	9.8
Child birth	9	8.8
Company car acquisition or relinquishment	8	7.8
Offspring reaching driving age	8	7.8
Leisure	5	4.9
An adult joining or leaving the household	4	3.9
Bought a first car when financially able to	3	2.9
Retirement	3	2.9
Opportunism	2	2.0
Partner learns to drive for independence	2	2.0
Declining health in older age	2	2.0
A change in public transport attractiveness	1	1.0
Other	5	4.9
Unknown	8	7.8
Total	*102*	*100*

65 % of car ownership level changes were found to be associated with either a change in working circumstances, opportunity to relinquish a second car after cohabitation, residential relocation, child birth, offspring reaching driving age, an adult joining or leaving the household or retirement. This offers further evidence that car ownership level changes are usually associated with life events.

4.2 Examining the Role of Life Events in the Process of Car Ownership Level Change

The biographical in-depth interviews provided greater insight into the longer term process through which life events may become associated with changes in car ownership level. The interview transcripts were analysed thematically (Braun and Clarke 2006) with the aim of generating an evidence based conceptual framing of this process. For a full explanation of the analysis see Clark (2012). For brevity in this chapter, we present a summary of the framework in Fig. 1.

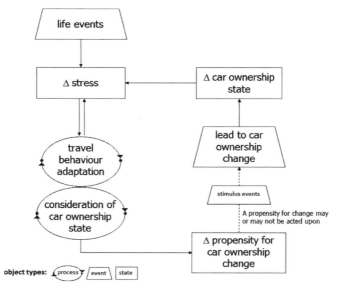

Fig. 1 A framework depicting the process of household car ownership change

Life events change household circumstances by altering one or more of the general attributes presented in Box 1.

Box 1: Household Attributes Modified in Response to a Life Event
- the resources available to the household (e.g. income and cars);
- the relationships between individuals within the household (cohabitation or non-cohabitation) and their ability to share resources (including cars);
- the roles performed by individuals in the household (at work and at home) and the activity patterns that are undertaken in order to fulfil those roles; and
- the consequent spatial and temporal distribution of the activity centres that are visited by the household (and indeed the nature of the transport links between them governed by the external environment).

A change in household circumstances was found to lead to a condition of 'stress'— that is, a discrepancy between satisfaction with the current car ownership state (which may have arisen to meet a past circumstance) and a desirable alternative state (see also Miller 2005). The 'stress' then triggers processes of travel behaviour *adaptation* to the new circumstance (e.g. trying out public transport or cycling to work if a car is not available), and possible heightened *consideration* of whether the existing car ownership state is appropriate. It is through these processes that a latent propensity to change car ownership level may arise.

It was also observed in the interviews that there is a tendency for households to resist enacting on desirable car ownership level changes, given the costs and effort involved in taking action—household car ownership is subject to inertia. And in the in depth interviews some respondents speculated that smaller stimulus events (like the receipt of a maintenance bill or a favourable offer on new car purchases) had finally prompted them into taking action. These are depicted in the framework as stimulus events which release the latent potential to change car ownership level. Lastly, following a change in car ownership state, the condition of stress with re-spect to the car ownership position is altered and a process of travel behaviour adaptation to the new car ownership position ensues.

An annotated case study from the interviews illustrating how the framework helps to explain a two to one car transition following child birth is provided in Box 2:

Box 2: Interview Account of a Two to One Car Transition in Association with Child Birth

A couple in their thirties were living together as a two car household. Both partners had sports style cars of their own. The couple then had their first child [life event] and the female partner reduced her working hours with an associated reduction in income. They initially persevered with running the two sports style cars [adaptation]. However, they found carrying baby equipment in two-door cars to be increasingly inconvenient [a stressor]. This led them to consider replacing their two sports cars with a single estate car [consideration and a latent propensity to change car ownership level]. Difficulty transporting baby equipment in a sports style car whilst on a family holiday [stimulus] prompted the family to finally replace the two sports cars with a single estate car [a car ownership level change].

We do not suggest that household car ownership level changes all follow this process in a linear, deterministic fashion. For example, households may consider car ownership changes in anticipation of expected future life events rather than after life events. Rather, the intention of putting forward the framework is to elucidate the key elements that influence the process through which car ownership level changes arise over the course of people's lives—something that had not previously been attempted in the literature on household car ownership. However, the framework was based on a relatively small sample of households and cannot be claimed to be representative of the general UK population. Thus it is necessary to return to quantitative approaches to examine if the process suggested in Fig. 1 holds across a wider population.

In the next section, we present initial results from an analysis of a large panel data set. These focus on demonstrating whether car ownership changes are more prevalent at the time of life events. This serves to test the initial assumption that life events trigger changes in car ownership. Further analysis will be needed to test detailed aspects of the conceptual framework such as the length of time required for households to take action and the importance of stimulus events.

5   Insights from the UK Household Longitudinal Study

5.1   Data

In a UK context, a new and unusual opportunity has arisen to examine the drivers of *changes* in travel behaviour amongst a large scale, representative sample of the current UK population. The UK Household Longitudinal Study (UKHLS), the successor to the British Household Panel Survey began in 2009. It captures a range of social, economic and attitudinal information about members of 40,000 UK households (McFall 2013). Attempts are made to re-interview all adult individuals from wave one sample households every 12 months to establish how their lives have changed.

Whilst it is not a dedicated survey of travel behaviour, the UKHLS captures several transport related variables, including the number of cars or vans that the individual's household owns and the transport mode used for the longest part of the journey to work. By comparing variables from successive waves, it is also possible to derive indicators of a range of different life events that may be experienced. Thus, the data set provides an opportunity to examine aspects of the mobility biography inspired framework presented in Fig. 1, but in a complexity reducing form. In the next section, we use simple bivariate statistics to examine the level of association between car ownership level changes and different life events (as hypothesised in the conceptual framework proposed in Fig. 1).

Note that data from just the first two waves of UKHLS was available for the duration of the exploratory analysis presented in the next section. Wave one surveys were conducted in 2009/2010, while wave two follow-up surveys were administered in 2010/2011. The sample analysed incorporated individual adults that were resident in England and were successfully interviewed at both waves. This constituted 32,151 individuals grouped into 19,615 household units.

5.2   Illustrative Results

Cross-tabulations were employed to examine the extent to which different life events are associated with changes in household car ownership level (Table 2). The analysis was disaggregated by the different car ownership transition types, namely: starting with zero car and moving to one or more cars by the following year; starting with one car and moving up to two or more cars or down to zero cars by the following year; and starting with two cars and moving up to three or more cars or down to one or zero cars by the following year. The cross tabulations were disaggregated by transition type for two reasons: Firstly, it has been observed that

Table 2 Percentage of households changing car ownership level with life events

Life event	0 car, n=4472		1 car, n=8449			2 cars, n=5088		
	Life event frequency	0-1+cars	Life event frequency	1-2+cars	1-0 cars	Life event frequency	2-3+cars	2-1 cars
Gained a partner	132*	53.03	201*	44.28	4.98	63*	14.29	36.51
Lost a partner	81	13.58	161*	6.83	31.06	109*	3.67	82.57
Had child	151*	24.50	232	11.21	5.17	210*	1.90	20.48
Gained a driving license	292*	41.44	301*	26.58	2.99	146*	37.67	15.75
Residential relocation	399*	21.55	574*	15.51	16.20	320*	7.19	42.50
Entered employment from non-employment	332*	20.78	587*	16.18	4.26	469*	11.09	16.42
Lost employment (excl retirement)	200	14.00	409*	10.02	10.76	319*	5.33	19.44
Changed employer	170*	24.71	649*	18.34	4.16	613*	10.44	12.56
Retired	33	3.03	141	7.80	4.96	146	6.16	17.12
% households overall	–	*10.35*	–	*8.72*	*5.44*	–	*7.43*	*15.09*

[a] The number of households in the relevant subsample that experienced the life event. e.g. 132 of the 0 car owning households (n=4472) experienced the 'Gained a partner' event. 53.03% of these 132 households also experienced the 0-1+ car level change

[b] % of the car ownership subgroup that experienced the relevant car ownership level change e.g. 10.35% of the 0 car sample (n=4472) overall had experienced the 0-1+ car level change.

* life event subgroup has a higher/lower prevalence of car ownership changers compared to subsample average, significant at 95% level

the likelihood of a particular car ownership transition occurring is related to the life stage of the household (Dargay and Vythoulkas 1999) and secondly, the car ownership transitions are clearly qualitatively different and are consequently likely to be motivated by different factors. For instance, moving to a car free lifestyle from ownership of one car is quite different to moving from two to one car, following which the household retains access to a private car. It might therefore be expected that different life events are associated with different car ownership transitions.

A first observation from the cross-tabulations is that, with the exception of retirement, all of the life events tested demonstrated a statistically significant association with at least one of the car ownership transitions. This simple observation would suggest that life events are indeed influential in the process through which household car ownership levels change. The bivariate life event relationships are now examined in relation to the family biography, the residential biography and the employment biography.

Family Biography In line with expectations, there is a strong association between changes in the number of cars available to a household and the formation and dissolution of cohabiting relationships (which influences the household size). Beginning a period of cohabitation is strongly associated with one car households being created from a zero car starting point and with two car households being created from a one car starting point. It is less strongly associated with three car households being created from a two car starting point. In the opposite direction, relationship dissolution is very strongly associated with two car households moving to a lower car ownership position and also with one car households moving to a zero car owning position but to a lesser extent—the first and only car may not be disposed if access to a private car is to be retained following relationship dissolution.

Parenting a child only has bivariate associations with two of the car ownership transitions—moves from zero to one car and moves from two to one car. This suggests that the role of parenthood is not suited to maintaining a car free existence. However, in some two car households, becoming a parent changes activity patterns in such a way that the second car is no longer required or can no longer be funded. (See Lanzendorf (2006) for a qualitative examination of the impact of child birth on travel behaviour).

Lastly, those gaining driving licences appear to be committed to acquiring their *own* cars (rather than sharing existing household cars). This event is strongly associated with the acquisition of first, second or third cars in the household. Given that licence acquisition is likely to occur in young adulthood, this will include young adults still residing in the family home gaining a car of their own (which may relate to the acquisition of the second and third car in the household) and some young, car free households gaining their first car.

Residential Biography Residential relocations are associated with increased prevalence of all car ownership transition types, with the exception of acquisitions of the third vehicle. The cross tabulations appear to show that reductions in the number of cars owned (particularly the two to one car change) are more prevalent than increases in the number of cars owned. However, closer inspection reveals that the residential relocations are often coincident with reductions in household size. This is an inevitable facet of a balanced panel sample in which, as a consequence of wave one households dividing, new smaller households are more prevalent in the following year than new larger households. Hence this effect is likely to be exaggerated by the indirect effect of changes in household composition. More sophisticated analytical techniques are required to examine the interactive effect of changes in spatial location as well as household composition.

Employment Biography The cross-tabulations confirm expected relationships between employment changes and car ownership transitions. Moves into the employment market are associated with acquiring additional cars (first, second and to a lesser extent, third cars). In the opposing direction, moves out of the employment market are associated with relinquishing vehicles (second and first cars). It is also notable that switching to a different employer is associated with increased prevalence of vehicle acquisitions, but not with increased prevalence of vehicle relinquishment. This implies that employment location changes tend to introduce the need for more car mobility. Retirement is not found to be associated with immediate changes in the number of cars available to the household. There may however, be lagged effects following retirement that are not detectable in this two wave sample.

6 Furthering Understanding of the Dynamics of Household car Ownership

We opened Sect. 4 by observing that whilst quantitative longitudinal studies of car ownership have provided very valuable insights, to our knowledge there have been few attempts to draw the findings together into a single theoretical framework. One such framework is put forward in Fig. 1 which emerged from a literature review and a small scale qualitative study. In this section we discuss how quantitative and qualitative methods may be used in combination to refine the framework and to build evidence to support or refute it.

We start with the role of longitudinal, quantitative analyses. Clearly the cross-tabulations presented above only indicate *associations* between life events and car ownership level changes and these may simply proxy for other more fundamental relationships. In further work we have employed regression analysis to confirm that a strong association between different life events and car ownership level changes remains after controlling for other factors including household structure, socio-economic/ demographic characteristics and residential context (Clark et al. 2014).

To date, longitudinal quantitative analyses in the transport field have largely been limited by a lack of reliable panel data sets. Transport analysts must take full advantage of large scale prospective panel surveys such as the UKHLS, which may now be becoming more widely available as the contribution of longitudinal studies is increasingly recognised. Where secondary data does not meet the requirements of particular research questions, retrospective life history calendars have been employed to generate primary data (as pursued by Oakil et al. 2014). However, such approaches must be used with caution. As acknowledged by those that have employed the technique, the self-completion of life history calendars is cognitively challenging and there is potential for poor completion rates, possibly unreliable retrospective data and samples biased towards particular population groups (more highly educated for example). Interviewer led survey administration may go some way to ameliorating these limitations.

We now turn to the role of qualitative longitudinal research. This chapter has briefly summarised a qualitative study that employed mobility biography interviews to examine how and why household car ownership changes over time. It is arguable that only qualitative approaches have the true potential to meet all four conditions required to establish causality at the level of the individual case: Time precedence, association, non-spuriousness and evidence of mechanism (Mokhtarian and Cao 2008). Even the most complex regression techniques can only go so far in providing controls and ruling out non-spurious statistical associations. Similarly, quantitative data will always be limited in providing evidence of 'why' a particular relationship exists. Qualitative life history interviews, during which subjects are able to explain the circumstances surrounding particular life changes, have much to offer in this regard. For instance, a qualitative mobility biography approach to examining parents that have recently had a child could provide valuable insights into why some households gain a first car while others, starting from a two car position go on to relinquish the second car (as suggested in our quantitative analysis of UKHLS data).

We suggest that smaller scale qualitative studies, which may not be generalisable to wider populations, should be more widely used to inform theoretical frameworks explaining the likely relationships in the process of household car ownership change. For instance, longitudinal qualitative approaches have the potential to explain for exemplary cases, how life events mark role transitions and associated changes in activity patterns, how individual needs within the household translate into a household decision to change car ownership level, and how longer term lifestyle preferences form (e.g. preferences towards differing residential locations) which may have later consequences for car ownership outcomes. All of these time dependent processes require carefully designed longitudinal and qualitative research methods in order to develop the necessary explanatory insights. Quantitative, longitudinal techniques may then be applied to examine the wider prevalence of relationships, but in a necessarily complexity reducing form.

As a concluding message we reiterate that dynamic theories of household car ownership have an important role to play in developing understanding and debating alternative standpoints. We suggest that the reporting of empirical research relating to the dynamics of household car ownership should always include some critical discussion of its conceptual underpinning. In this regard, the mobility biography approach has much to offer in developing theories of relevance to the process of household car ownership change through both qualitative and quantitative approaches.

References

Beige, S., & Axhausen, K. (2012). Interdependencies between turning points in life and long-term mobility decisions. *Transportation, 39,* 857–872.

Ben-Akiva, M., & Atherton, T. (1977). Methodology for short range travel demand predictions; analysis of car pooling incentives. *Journal of Transport Economics and Policy, 11*(33), 224–261.

Bhat, C., & Guo, J. (2007). A comprehensive analysis of built environment characteristics on household residential choice and auto ownership levels. *Transportation Research Part B, 41,* 506–526.

Braun, V., & Clarke, V. (2006). Using thematic analysis in psychology. *Qualitative Research in Psychology, 3,* 77–101.

Cao, X., Mokhtarian, P., & Handy, S. (2007). Cross-sectional and quasi-panel explorations of the connection between the built environment and auto ownership. *Environment and Planning A, 39,* 830–847.

Chatterjee, K., Sherwin, H., & Jain, J. (2013). Triggers for changes in cycling: The role of life events and modifications to the physical environment. *Journal of Transport Geography, 30,* 183–193.

Clark, B. (2012). Understanding how household car ownership changes over time. PhD. University of the West of England.

Clark, B., Chatterjee, K., Melia, S., Knies, G., & Laurie, H. (2014). Life events and travel behaviour: Exploring the inter-relationship using the UK Household Longitudinal Study data. *Transportation Research Record, 2413,* 54–64.

Crampton, G. (2006). Impact on car ownership of local variation in access to public transport. In Anon. *European Regional Science Association 2006 Conference Proceedings, Volos, Greece August 2006.*

Dargay, J. (2001). The effect of income on car ownership: Evidence of asymmetry. *Transportation Research Part A, 35*, 807–821.

Dargay, J., & Hanly, M. (2007). Volatility of car ownership, commuting mode and time in the UK. *Transportation Research Part A, 41*(1), 934–948.

Dargay, J., & Vythoulkas, P. (1999). Estimation of a dynamic car ownership model: A pseudo-panel approach. *Journal of Transport Economics and Policy, 33*(3), 287–302.

Giele, J., & Elder, G. (1998). *Methods of life course research: Qualitative and quantitative approaches* (1st ed.). London: Sage.

Hanly, M., & Dargay, J. (2000). *Car ownership in Great Britain—A panel data analysis*. London: University College London.

Lanzendorf, M. (2003). Mobility biographies. A new perspective for understanding travel behaviour. In Anon. *10th International Conference on Travel Behaviour Research, Lucerne 10th August 2003*. The International Association for Travel Behaviour Research.

Lanzendorf, M. (2006). Key events and their effect on mobility biographies. The case of child birth. In Anon. *11th International Conference on Travel Behaviour Research, Kyoto 16th August 2006*. The International Association for Travel Behaviour Research.

McFall, S. (2013). *Understanding Society—The UK Household Longitudinal Study, Waves 1–3, User Manual*. Colchester: University of Essex.

Miller, E. (2005). An integrated framework for modelling short and long run household decision making. In H. Timmermans (Ed.), *Activity based analysis* (1st ed., pp. 175–201). Oxford: Elsevier Ltd.

Mohammadian, A., & Miller, E. (2003). Dynamic modelling of household automobile transactions. *Transportation Research Record, 1831*, 98–105.

Mokhtarian, P., & Cao, X. (2008). Examining the impacts of residential self-selection on travel behaviour: A focus on methodologies. *Transportation Research Part B, 42*, 204–228.

Musselwhite, C., & Shergold, I. (2012). The role of contemplation and planning in successful driving cessation for older people. *European Journal of Ageing, 10*(2), 89–100.

Oakil, A., Ettema, D., Arentze, T., & Timmermans, H. (2014). Changing household car ownership level and life cycle events: An action in anticipation or an action on occurrence. *Transportation, 41*, 889–904.

Prillwitz, J., Harms, S., & Lanzendorf, M. (2006). Impact of life-course events on car ownership. *Transportation Research Record, 1985*, 71–77.

Salomon, I., & Ben-Akiva, M. (1983). The use of the life-style concept in travel demand models. *Environment and Planning A, 15*, 623–638.

Scheiner, J., & Holz-Rau, C. (2013). Changes in travel mode choice after residential relocation: A contribution to mobility biographies. *Transportation, 40*(2), 431–458.

Simma, A., & Axhausen, K. (2007). Commitments and modal usage—Analysis of German and Dutch panels. *Transportation Research Record, 1854*(2003), 22–31.

Thorgersen, J. (2006). Understanding repetitive travel mode choices in a stable context: A panel study approach. *Transportation Research Part A, 40*, 621–638.

Verplanken, B., Aarts, H., & Van Knippenberg, A. (1997). Habit, information acquisition and the process of making travel mode choices. *European Journal of Social Psychology, 27*, 539–560.

Whelan, G. (2007). Modelling car ownership in Great Britain. *Transportation Research Part A, 41*, 205–219.

Dr. Ben Clark is a researcher in the Centre for Transport & Society at the University of the West of England, Bristol. His research interests currently centre on travel behaviour, with a specific focus on the application of longitudinal research methods to exploring how and why travel behaviours change over the course of people's lives. Ben also has research interests in the practice of transport planning having previously worked as a practitioner.

Dr. Kiron Chatterjee is an Associate Professor in Travel Behaviour in the Centre for Transport & Society at the University of the West of England, Bristol. Kiron has over two decades of experience in transport research with this including studies in road safety, traffic management, travel behaviour, transport modelling and appraisal, evaluation and transport policy. Kiron is pioneering the use of longitudinal methods and analysis to understand travel behaviour. This involves both quantitative and qualitative data.

Prof. Dr. Glenn Lyons is Professor of Transport and Society and Associate Dean in the Faculty of Environment and Technology, University of the West of England, Bristol. Over the course of his career, Glenn's aim has been to improve and promote understanding of the inherent links between lifestyles and personal travel in the context of continuing social and technological change. Glenn's core interest is in understanding (travel) behaviour and behaviour change aligned also with an interest in what the information age is facilitating in this regard. zur Mobilitäts- und Verkehrsforschung, DOI 10.1007/978-3-658-07546-0_5

Understanding Change and Continuity in Walking and Cycling Over the Life Course: A First Look at Gender and Cohort Differences

Heather Jones, Kiron Chatterjee and Selena Gray

Abstract

Research of walking and cycling is dominated by approaches oriented to explanations of behavioural outcomes as a function of contemporaneous circumstances. The lack of a long term temporal perspective precludes understanding of behaviour as an outcome of past behaviour and experiences, and impedes our ability to support walking and cycling as life-long practices. This chapter presents a study that was conducted at the nexus of health and travel behaviour research to gain a life course perspective of walking and cycling. Individual's retrospective reasoning of change and continuity in their behaviour through life events and transitions was captured using biographical interviews. Biographies of older and younger adults indicated that behaviour developments were associated with changes in location, mobility resources, roles and health status and highlighted that the potential for adaptive, restorative and diminishing changes

H. Jones (✉) · K. Chatterjee
Centre for Transport & Society, University of the West of England, Coldharbour Lane, BS16 1QY Bristol, UK
e-mail: Heather6.Jones@uwe.ac.uk

K. Chatterjee
e-mail: Kiron.Chatterjee@uwe.ac.uk

S. Gray
Department of Health and Social Sciences, University of the West of England, Coldharbour Lane, BS16 1QY Bristol, UK
e-mail: Selena.Gray@uwe.ac.uk

© Springer Fachmedien Wiesbaden 2015
J. Scheiner, C. Holz-Rau (Hrsg.), *Räumliche Mobilität und Lebenslauf,*
Studien zur Mobilitäts- und Verkehrsforschung, DOI 10.1007/978-3-658-07546-0_7

extended into later life. Some distinctions were apparent between the gender and cohort groups in the timing and occurrence of behaviour change and continuity. For instance some older women appeared to be better positioned by earlier life experiences to resume active travel in later life. Biographical insights suggest interventions be tailored by consideration of target group's ability and readiness to make restorative change.

Keywords

Walking · Cycling · Life course · Gender · Baby boomer

1 Background

This chapter presents a study of individual walking and cycling behaviour that was conducted at the nexus of transport and health research. The study investigated how walking and cycling was affected by life transitions (permanent changes to a new stage of life) and life events (notable events that change the context of life) over the entirety of the life course. The chapter offers an overview of the findings from thirty-three case histories of walking and cycling compiled from a gender balanced sample of adults born in two ten year periods, in the middle and towards the end of the twentieth century.

Population health challenges in developed countries have brought to prominence the health risks of physical inactivity (Blair 2009) and prompted research to understand the determinants of physical activity behaviour. It is suggested that walking and cycling as forms of mobility may be more easily incorporated into daily routines than other forms of activity (Ogilvie et al. 2007; Yang et al. 2010) with the accompanying benefit at a population level of the reduction of the negative environmental impacts of transport (Woodcock et al. 2009).

Developing policy and practice that supports life-long engagement with walking and cycling requires an understanding of the dynamic process of behavioural development through life time. Whilst population-level monitoring of travel and physical activity behaviour (for example the National Travel Survey in UK) enables time series analysis of changes in average individual behaviour, it does not illuminate on the processes of individual change over time.

Owing to the paucity of longitudinal data, research in travel behaviour and physical activity is dominated by cross-sectional analyses of the relationships between individual characteristics and social and environmental contexts, and travel and physical activity behaviours. This neglects the study of how behaviour is shaped by past settings and behaviour, despite clear suggestions from studies of mobility and physical activity that there are long term processes involved. For example, some level of stability of physical activity through life has been shown (Friedman et al. 2008), although the reasons underlying this have not been explored. Location choices (understood to be long term decisions which shape travel behaviour) have been characterised in migration studies as life-long, dynamic, self-revising, cumulative processes after a study which demonstrated the effect of prior location experience on later relocations (Chen and Lin 2011).

A small but growing number of travel behaviour studies (including those brought together in this book) have examined the propensity for change of behaviour to occur at the time of life events. For example, Beige and Axhausen (2008) analysed retrospective biographical data with quantitative techniques and reported a higher propensity for changes in car and public transit pass ownership and commute mode choice following employment and residential changes. Reviews have found some evidence that changes in physical activity levels occur at the time of life events (Allender et al. 2008; Brown et al. 2009).

The aim for this project was ambitiously, to go beyond looking at the changeability of behaviour in proximity to life events and extend the time frame of inquiry to the full life course, examining individual development in walking and cycling behaviour. A life course perspective was adopted as a long term, longitudinal framework for this.

Briefly, the life course perspective is a set of concepts and principles for understanding different domains and dimensions of human life and functioning (Li et al. 2009) in which an individual's present position is considered "dynamically as the consequence of past experience and future expectation, as well as the integration of individual motivation with external constraint" (Giele and Elder 1998, p. 19). The life course is conceptualised as a set of interwoven life-long developmental trajectories, embedded within an evolving historical context (Giele and Elder 1998). Trajectories have been described as non-linear patterns of forward movement that chart the course of the individual's progression in a particular biological, psychological, behavioural or social dimension, being shaped by discrete changes and more gradual transitions and continuity (Li et al. 2009). Development is a life-long process that is linked to, and shaped by, multiple other lives in familial and social networks. The life course is presumed to be a fluid and varied entity rather than fixed and predictable, as it is conceived by other developmental models, (Hopkins and Pain 2007). Some analyses concern themselves with the understanding of individual outcomes in the context of their accumulated life experience (Telama et al. 2005), while others examine the varied life course experience of individuals and groups through time and space.

This study was informed in particular by a small number of studies that have employed the mobility biography framework, proposed first by Lanzendorf (2003), which incorporated some principles of the life course perspective into travel behaviour research. Lanzendorf (2010) used respondents' retrospective reasoning of past behaviour over a fifteen year period to reveal changes in everyday mobility behaviour that were associated with entry into parenthood. The notion of a cycling trajectory was used by Chatterjee et al. (2013) to study individual behaviour change in a three year period during which there was major investment in cycling. Most informative to the present study was research which looked at the experiences of women who had resumed cycling at some point in adulthood (Bonham and Wilson 2012). Using qualitative accounts the research explored engagement with cycling across the life course for women who identified as returners to cycling. A principle finding was that cycling could be taken up and given up along the life course with domestic and carer responsibilities being prominent in shaping women's opportunities for cycling. This was seen to challenge conventional conceptualisations of cycling being a practice relegated following 'progression' to motorised forms of mobility. The biographies also emphasised that changes in cycling tend to be precipitated by one or multiple events in other domains of the life course.

The objective of the present study was to understand change and continuity in walking and cycling in relation to life transitions and events. This was done using retrospective, qualitative accounts elicited through life history interviews. A common method for studies adopting a dynamic perspective has been to report the propensity for travel behaviour change in temporal proximity to life events. The rationale for a qualitative approach was to reveal the life course context of behavioural changes and continuity from the individual's perspective and to examine this in greater depth than possible with quantitative methods.

A supplementary objective was to examine how trajectories varied for groups born at different times. The hypothesis was that the 'rapid and extensive' economic, policy, cultural and technological changes that have taken place in the UK post World War Two (Wadsworth and Bynner 2011, p. 7) differentiated the macro-contextual conditions against which behavioural trajectories of walking and cycling unfolded and therefore would distinguish different cohorts in their opportunities and constraints for walking and cycling across the life course.

2 Methodology

Biographical accounts of lifetime walking and cycling were constructed in a two stage interview process. A more detailed account of the methodology is provided in Jones et al. (2013). In stage one, accounts of behaviour change and continuity were elicited using a life history calendar. Participants were not given a specific definition of a change in walking or cycling or directed to talk about activity for a specific purpose. Instead, they were invited to give an account of their lifetime walking and cycling in relation to life events and transitions. After the interview, the researcher composed a preliminary timeline depicting change and continuity in walking and cycling and life events described in the first interview. The participant was then asked to review and, if necessary, amend this during the second interview. The interview then involved the researcher probing for further detail on the context and reasoning of behaviour change and continuity. Following the second interview illustrative biographies were constructed, working from the preliminary timeline that summarised the case, and detailed the timing, ordering, circumstances and reasoning of behavioural changes (Fig. 1).

In total thirty-three biographies were constructed with participants recruited purposively from two adult birth cohorts. The participants comprised eight females and eight males in their fifties and sixties (born 1945–1955) and a further eight males and nine females in their twenties and thirties (born 1975–1985). These cohorts were chosen to explore trajectories at an earlier and more advanced stage of adulthood with a between-cohort interval that permitted the recruitment of participants as part of parent-(adult) child dyads. The latter dimension allowed the study to explore the intergenerational influence of walking and cycling trajectories (findings which are reported elsewhere, Jones 2013). For brevity the older and younger group were labelled Boomers and Echoes respectively, referencing the popular terms Baby Boomers and Baby Boom Echo often used to denote these birth cohorts. Recruitment was conducted through community groups, personal networks of the researcher and the participants, and selected sequentially to build a sample that was gender-balanced and comprised diversity in terms of education level, occupational background, residential settings and current engagement in walking and cycling.

Biographies were examined individually to identify the occurrence, timing, sequence, circumstances and reasoning of behaviour change and continuity. Analysis then proceeded to consider the commonalities and differences in these attributes within and between gender-cohort groupings e. g. older females. This was a data-driven process with earlier observations prompting subsequent queries. Trajectories were grouped on the basis of the holistic form and forward dynamic of trajectories, resulting in typologies of walking and, separately, typologies of cycling.

---

3 Findings

Most trajectories of walking and cycling demonstrated much stability interspersed with only a few significant changes in behaviour. Changes in behaviour were attributed to changes in location, interpersonal roles, mobility resources and health

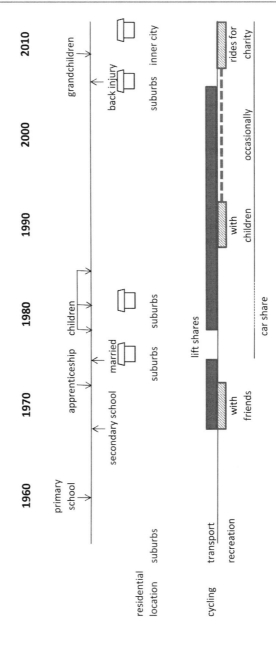

Fig. 1 Example of an illustrative biography for cycling

status. Changes in trajectories were often contextualised in terms of multiple, inter-related events. Whilst cases showed much variation in the occurrence, sequence, timing and reasoning of behavioural development, some commonalities were apparent.

The following short-form biographies depict the significant moments of change in behaviour in ten cases. These have been selected to illustrate common occurrence, sequence, timing and reasoning of behaviour development that were evident in the sample. This is followed by a summary account of the findings which highlights differences that were apparent within and between cohorts, along the dimension of gender with reference to the featured cases. The first three short-form biographies belong to women in the older cohort. Reoccurring features in this group were the impact of motherhood and caring roles and of access to mobility resources.

Boomer Females

LORNA, Boomer female

Having driven to work for over a decade Lorna achieved a desired switch to commuting by bike in the course of a change in job and residence. The residential move was also related to her child starting school. She then maintained her cycling commute by acquiring an electric bike when a further location change extended the distance. Since retiring and gaining her concessionary bus pass she tried to make local trips on foot and use the bus to go into the city centre.

CARMEL, Boomer female

Carmel's mobility until she learnt to drive in her forties was made up of walking, cycling, catching the bus and having lifts. Supporting her ageing mother had been a principal motivation to learn but it had also enabled her to change jobs, switching from cycling to driving to work. Later in life she had acquired another bike with the intention of cycling again for transport and recreation but had been unable to establish this. She no longer felt able to cycle from her front door and thought she would have to take her bike to a traffic-free route to feel comfortable cycling.

KATHY, Boomer female

Kathy initially caught the bus to work at the start of her working life but moved to a rural area after she married where she became heavily reliant on her car. Her walking increased for a period when she moved into the suburbs and was raising her children. Most of her local trips were made on foot, accompanied by children and the family dog. A pattern of walking her children to and from school was interrupted for a period when she had to care for her sick father. When her children were older she worked part time, often in the evenings, and used the car more often. Her walking and much of her activity had declined in the last decade due to a chronic health condition.

The next three biographies belong to Boomer males. In contrast to their female peers their trajectories were characterised by greater stability in adulthood.

Boomer Males

JULIAN, Boomer male

Julian had walked and cycled to work for some years in the first part of his career as a teacher. He depicted his shift to using a car as a gradual where his cycling became less frequent, replaced by using a motorbike and getting lifts, and eventually he and his wife got a second car. This gradual change was ascribed to having greater loads to carry and job changes which had increased the distance he had to travel from home to work. Theft of his bicycle stopped cycling altogether. In retirement Julian made a 4 h round trip by car to look after his grandson. This usually involved an hour's walk with his grandson in the push chair. Supporting his ageing parents-in-law also meant a regular walk for him. In contrast care of his own father before he retired had meant a long drive which had been a significant constraint on his time.

JAMES, Boomer male

James acquired a motorcycle at seventeen followed by a car three years later since when his mobility had been almost exclusively achieved through driving. Driving played a significant role in his work all the way through his career. His walking was limited to recreational walks locally with his family at weekends and routinely walking the dog for a period whilst his children were young. He was conscious of trying to walk for recreation and some local trips more recently but felt restricted in this by his wife's health conditions and the time constraints of his job.

SEAN, Boomer male

Sean cycled to work for over three decades with this phase halted initially by a back injury. The shift to driving became permanent following a residential move to downsize from their family home which made the distance and route to work unappealing. Sean restored his cycling initially with involvement in a charity cycle ride and then continued to ride occasionally for recreation.

The remaining four biographies belong to the younger cohort. They highlight the varying impact of higher education on trajectories as well as changing gender differences in assumptions of automobility.

Echo Females
HARRIET, Echo female

Harriet recalled university as a time when she walked a lot for transport having previously had access to her parents' car and using public transport regularly. For a period following university she walked every day to her office in the city centre but used a car for work related travel and other trips. Her walking for transport then demised in the course of a residential move to the suburbs and changing jobs to work at a business park alongside the motorway. Maternity leave had been a short period in which she had walked a lot in her local area. There was also a period before she had her first child when she had gone for occasional bike rides with her partner but this had ceased when she became pregnant with her first child.

PAULA, Echo female

Paula used a bike to visit her grandparents, friends and go to a youth club as a teenager. She left education and started work at sixteen in a local shop and using her bike to get there. She learnt to drive and got a car at seventeen and soon after changed jobs to work as a sales representative for a firm based in a business park in a rural location. The job involved a lot travelling, all of which Paula did by car. In this time she lived in a rural location and regularly cycled around the area she lived for fitness. This cycling diminished following a move into the suburbs where accessing places she could go for a leisure ride and getting her bike in and out of the house was less convenient.

Echo Males
AARON, Echo male

Aaron had a significant shift in his mobility away from walking and cycling when he got a car at the age of seventeen. He used a car for most trips including commuting to university from his family home. A switch to using his bike regularly to get to work occurred in his late twenties. This involved purchase of a new bike through a tax-efficient purchase scheme implemented as part of a Workplace Travel Plan. He then used this bike to start riding again for recreation.

CALLUM, Echo male

Callum had cycled to college between the ages of 16 and 18. He started work at 18 and for a short period got the bus to work. He found this inconvenient because he worked shifts and the route involved a change and so he got a car and began driving to work. Following two more shift-based jobs based at industrial sites on the edge of the city, where he continued to drive, he trained to be a gas engineer and from then on used a company van for work. His walking was limited to walking his child to the park in their neighbourhood and occasionally did some recreational cycling.

3.1　Early Walking and Cycling

Childhood and youth were recalled by both cohorts, as periods when walking made a comparatively greater contribution to their mobility. The Boomers tended to walk independently for much of childhood whilst the Echoes were generally escorted by an adult until they left primary school. For some, their mothers' return to employment brought about a shift from walking to school to being driven as the school trip was integrated into a car trip to work.

Echoes tended to have access to a bicycle for longer periods in childhood but were permitted far less spatial freedom to cycle and generally did not cycle for utility purposes (for example, travel to school). Many Echo males took to specialist forms of cycling like BMX and mountain biking in their teenage years at a time when it declined for most of their female peers. For most Boomers who had bicycles as teenagers, females and males alike, cycling was an extension to their everyday spatial mobility.

3.2　Gaining Automobility

Gaining automobility, as most of the featured biographies show, tended to lead to profound and enduring changes in travel behaviour in which cycling and walking were usually diminished. The Boomer women learnt to drive later, in general than the Boomer men. This meant they had longer periods in early adulthood of walking, using public transport and being given lifts by others. The influence of having children on their travel behaviour was noticeable. The initial impact was often more local walking trips in the company of children. These trips were then often replaced with driving as care of children had to be accommodated around returning to employment. Some women managed to incorporate cycling as a means of travel after having children (Lorna, Carmel) while one attempted it without success.

The trajectories of Boomer males were in general more stable. A few cases had long term periods of walking and cycling (Sean) but for the majority walking and cycling played only a limited role in their mobility after they had made a shift to using a car (Julian, James). Some short episodes of cycling to work in their twenties and thirties were ascribed to making a shared car available to their partner for childcare. These episodes sometimes ended with acquisition of a second car (Julian).

The impacts of having children and gaining automobility differed in the younger cohort. Younger women tended to take up driving at the start of their careers (Paula) and for those who had children it was common for them to take maternity leave and then return to work with the use of formal childcare and arrangements with family members (Harriet). Journeys to work then had to co-ordinate with childcare and usually entailed a continuity of driving. In contrast, their male peers had been more variable in switching to driving. Some acquired cars at seventeen, in advance of employment or higher education (Callum). Others reached their late twenties and early thirties without cars, with walking and, in some cases cycling, continuing to be important modes of mobility. Two of the early drivers then took up active commuting in their twenties (Aaron).

Changes in mobility resources continued to affect trajectories through adulthood. This included a suspension of driving licence, the gain and loss of bicycles (Paul, Julian) and entitlement to free bus travel. Bikes acquired through tax-efficient purchase schemes (Aaron) were a feature of some returns to cycling.

3.3   Changes of Residential Context

Changes of residence, employment or education were associated with both increasing and diminishing changes in walking and cycling. Some types of residential relocation had consistent implications for active travel. Higher education was often associated with urbanising moves. Amongst the Echo females this often meant the loss of previous access to a parent's car and increased reliance on walking and public transport (Harriet). Many of their male peers went through this transition with access to a car (Aaron). Those Echoes who did not enter higher education had greater experience of employment located in peripheral business parks and industrial sites and jobs that involved driving (Callum, Paula).

Beyond early adulthood moves to less dense areas to achieve preferred accommodation and settings for family life were a common relocation. For many of the Echoes, and Boomer men, these moves generally incurred the loss of regular walking trips. Their walking subsequently was restricted to local destinations, or occasional trips to a destination for recreational walking.

3.4   Health and Caring Responsibilities

Behaviour changes were linked to acute health changes such as heart attacks and injuries (Sean), as well as management of chronic health conditions (Kathy), fitness, weight and stress. Health events of family members could also impact on trajectories. Support of elderly parents (Kathy), partners' declining health or fitness (James, Julian) and a child's dyslexia were all cited as constraints for walking and cycling. Care of grandchildren and elders had both positive and negative effects on walking for the Boomers, either as a result of activities undertaken together, or the journey made to be with them (Julian). For the younger cohort grandparents who lived in the locality had generally enhanced opportunities for active travel in childhood, as both an additional adult to escort them and a proximal destination for walking and cycling.

3.5   Life Course Trajectories

It was common for Boomers' trajectories to portray a period of relative behavioural stability through the middle years of adulthood that coincided with continuity of residential location, employment and mobility resources. Prior to this, early adulthood was characterised by singular or multiple changes in behaviour that were related to changes in location, mobility resources and employment changes as adult activity patterns were established. Beyond this, some changes were attributed variously to later life transitions involving changes in roles, working patterns and locations. More specifically, these were negative changes associated with residential moves linked to downsizing accommodation, positive and negative changes in walking attributed to care of grandchildren (Julian) and elders (Julian, Kathy), positive and negative changes in walking and cycling associated with health events (Kathy).

Walking and cycling trajectories were broadly categorised by their longitudinal direction of change as resilient, diminished and restorative. Resilient trajectories were characterised as those where engagement with walking or cycling was sustained over a relatively long period through adulthood. Some changes were identified but these did not have a marked impact on the trajectory. Trajectories where there had been a downward shift in behaviour with no subsequent re-engagement with walking or cycling were characterised as diminished. Finally, restorative trajectories were those where there was one or multiple periods of re-engagement with walking and cycling, even if there was a subsequent disengagement.

Two Boomer women reengaged with cycling in their forties and fifties, cycling to work on some days of the week and doing some recreational cycling (Belinda). These periods followed regular cycling in their twenties and were related to changes in employment location. Both went on to acquire power-assist electric bikes to cope with the distance and topography of their commutes. Following the initial restorative change they made adaptive changes that enabled them to cope with the prevailing conditions for cycling.

It was not unusual for restorative and diminished trajectories to feature unsuccessful attempts to instigate cycling in middle and later years (Carmel). Following periods of cycling earlier in life individuals generally intimated that they had been deterred by conditions they found unpleasant or intimidating for cycling.

4   Theory Development and Discussion

As noted in the introduction, there is limited published material with which to compare these findings with other work. However, some comparison can be made to Bonham and Wilson's study with respect to the cycling trajectories of women. There is support here for their assertion that cycling should not only be associated with the earlier life course and pre-motorised mobility. In both studies it was demonstrated, that there is potential for women to rediscover and sustain cycling later in life, in particular when responsibility for children and children's mobility abates. However, looking at a sample with a wider range of cycling outcomes this study revealed also behavioural trajectories where cycling diminished in youth or younger adulthood without later restorative changes. Behaviour changes were generally attributed by participants to multiple, interrelated life events which has parallels with Bonham and Wilson's characterisation of women take up or cessation of cycling as occurring in the confluence of life course circumstances with precipitating events.

Based on the findings for the thirty-three cases we propose a framework for the conceptualisation of walking or cycling trajectories through the life course (Fig. 2). The framework integrates macro and micro level behavioural influences and addresses the temporal and gendered dimensions of trajectories. We envisage this as a framework in which to locate disparate dynamic insights on behaviour and as

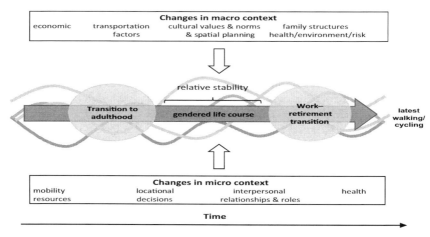

Fig. 2 Conceptual framework of a life course trajectory of walking or cycling

a platform on which to theorise the long term processes associated with life time walking and cycling.

Current behaviour is proposed as the latest manifestation of a behaviour trajectory that is interrelated with trajectories in other life domains. The trajectory progresses as the individual acts within an unfolding structure of opportunities and constraints for walking and cycling. The current behavioural pattern is then understood to be arrived at and shaped by, the cumulative experiences and evolving context of the life course. The opportunity structure evolves firstly through the progression of life events and transitions pertaining to locations, inter-personal roles, mobility resources and health which alter the micro-context for behaviour. The proximal settings of the life course, e.g. attributes of the physical settings and social norms around mobility and safety, and the timing and content of the life course, e.g. higher education and women's economic participation, shift through historical time. The trajectories of different cohorts therefore unfold within a changing macro-context.

Trajectories were gendered through the timing and occurrence of changes in the opportunity structure, particularly related to roles and mobility resources. For instance, older women's trajectories were favourably affected (by which we mean sustained or increased walking and cycling) by later access to automobility, and the negotiation of employment with family roles and child caring. It was seen that they were better positioned by these experiences than their male peers to resume active travel in later life. The well-established active commuting of some Boomer men was prone to displacement by later life relocations which disrupted previously fixed activity spaces. These gender differences were not fixed between cohorts. The younger women's acquisition of automobility and economic participation, thus far, suggested their trajectories would not be influenced similarly by these factors. Indeed, we speculate that their anticipation of complex future mobility needs, related to the balancing of family life with a career, made them less oriented to active commuting in life stages prior to these roles.

Grandchild care and the support of ageing parents could also impact on trajectories. However whether such roles were enabling or restrictive depended on the spatial dispersal of family generations. These findings indicate the need to recognise inter-generational relations as an influence of behaviour beyond periods when generations live together as one household.

The study offers tentative support for the presence of longer term influence of early experiences on later outcomes, more specifically that episodes of cycling in early adulthood are enabling of later engagement with cycling. We regard Schwanen et al.'s (2012) theorisation of travel behaviour habits as latent, generative tendencies and competencies for mobility behaviours that develop through early experiences with potential for explaining longer term processes operating in cycling trajectories. Following Schwanen et al. (2012), Echo males and Boomer females in general were advantaged over their contemporaries in their development of competencies for cycling. Failed returns could then be understood as occasions when competency was insufficient to establish behaviour in a later context.

The transition to adulthood is proposed as a sensitive period for trajectory development due to the higher propensity for changes in the individual's immediate context for walking and cycling, and the subsequent relative stability of middle adulthood. The work-retirement transition is more speculatively proposed as a time, beyond parental responsibilities, and later in working life when location changes, health events and the approach of retirement can disrupt established behaviours and institute new ones.

These findings on temporality and gender have a broad resonance with the quantitative work of Beige and Axhausen (2012) who found the frequency of personal and familial events and changes in mobility behaviour were higher between the ages of fifteen and thirty-five and that men experienced fewer mobility-related events than women. The inference followed that this made women better able to adapt to changing circumstances for mobility. The present study offers support for this proposition with the caveat that this may not be the same for all cohorts of women; economic and social changes may be restricting younger cohorts of women from acquiring the competency to restore active travel in later life.

5 Conclusion

The sample size and selection means some caution should be exercised in inter-pretation of the findings from this study. For instance, the sample offered limited insight into trajectories that unfolded in socio-economically disadvantaged cir-cumstances. At the same time in studying a small number of lives over longer time frames, and in a way that incorporates the individual's perspective on their behavioural developments, the study has revealed a significant amount about how walking and cycling behaviour changes or endures through the life course. This is knowledge that can complement insights from longitudinal studies on larger, population based samples.

We bring this chapter to a close with recommendations for promoting walking and cycling that have arisen from adopting a life course perspective to understand-ing these behaviours. These recommendations reflect the early stages of enquiry orientated to the life course but hopefully suggest the potential of such analyses to contribute in this field.

A general recommendation is that interventions be developed with the concep-tualisation of target recipients' behaviour as an unfolding behavioural trajectory. The aim, rather than to increase or initiate behaviour is then to support life-long engagement with walking and cycling. It may be pragmatic to accept that through some phases of life opportunities walk and cycle are likely to be constrained. How-ever these can be succeeded by circumstances where it becomes easier to walk and cycle; what people do at these occasions is influenced by their earlier experiences.

Whilst the findings highlight individual variation in the details of behavioural trajectories, the study has also revealed commonalities in the longer term develop-ment of trajectories. Measures could be tailored towards trajectory types, targeting diminishing, adaptive and restorative changes and taking advantage of their inter-relation with life events and transitions. By example, later life residential reloca-tion could be an occasion to prevent diminishing changes or initiate restorative changes in older males. This might entail occasions that provide social support for older males to replace active commuting trips with recreational trips.

Building from our proposition that gender and cohort groups differ in readi-ness to make restorative change we suggest, tentatively, that interventions will be more effective if tailored to reflect this differentiation. For instance, women in later cohorts might need more in-depth training and support to cycle in traf-fic given their more limited earlier experience. Finally, insights on how inter-generational care and interaction shaped opportunity structures for walking and cycling suggests another dimension through which mobility behaviour in general is being shaped along the life course.

References

Allender, S., Hutchinson, L., & Foster C. (2008). Life-change events and participation in physical activity: A systematic review. *Health Promotion International, 23*(2), 160–172.

Beige, S., & Axhausen, K. W. (2008). Long-term mobility decisions during the life course: Experiences with a retrospective survey. *IATSS Research, 32*(2) 1–19.

Beige, S., & Axhausen, K. W. (2012). Interdependencies between turning points in life and long-term mobility decisions. *Transportation, 39*(4), 857–872.

Blair, S. (2009). Physical inactivity: The biggest public health problem of the 21st century. *British Journal of Sports Medicine, 43*, 1–2.

Bonham, J., & Wilson, A. (2012). Bicycling and the life course: The start-stop-start experiences of women cycling. *International Journal of Sustainable Transport, 6*(4), 195–213.

Brown, W. J., Heesch, K. C., & Miller, Y. D. (2009). Life events and changing physical activity patterns in women at different life stages. *Annals of Behavioural Medicine, 37*(3), 294–305.

Chatterjee, K., Sherwin, H., Jain, J., Christensen, J., & Marsh, S. (2013). A conceptual model to explain turning points in travel behaviour: Application to bicycle use. *Transportation Research Record, 2322*, 82–90.

Chen, C., & Lin, H. (2011). Decomposing residential self-selection via a life course perspective. *Environment and Planning A, 43*, 2608–2625.

Friedman, H. S., Martin, L. T., Tucker, J. S., Criqui, M. H., Kern, M. L., & Reynolds, C. A. (2008). Stability of physical activity across the life span. *Journal of Health Psychology, 13*, 1092.

Giele, J. Z., & Elder, G. H. (1998). *Methods of life course research: Qualitative and quantitative approaches*. Thousand Oaks: Sage.

Hopkins, P., & Pain, R. (2007). Geographies of age: Thinking relationally. *Area, 39*(3), 287–294. doi:10.1111/j.1475-4762.2011.01056.

Jones, H. (2013). *Understanding walking and cycling using a life course perspective*. PhD, University of the West of England.

Jones, H., Chatterjee, K., & Gray, S. (2014). A biographical approach to studying intra-individual change and continuity in walking and cycling over the life course. *Journal of Transport and Health, 1(3),* 182–189

Lanzendorf, M. (2003). Mobility biographies. A new perspective for understanding travel behaviour. Paper presented at the 10th International Conference on Travel Behaviour Research. CD-ROM, Lucerne.

Lanzendorf, M. (2010). Key events and their effect on mobility biographies: The case of childbirth. *International Journal of Sustainable Transport, 4*, 272–292.

Li, K. K., Cardinal, B. J., & Settersten, R. A. (2009). A life-course perspective on physical activity promotion: applications and implications. *Quest, 61*, 336–352.

Ogilvie, D., Foster, C. E., Rothnie, H., Cavill, N., Hamilton, V., Fitzsimmons, C. F., & Mutrie, N. (2007). Interventions to promote walking: Systematic review. *British Medical Journal, 334,* 1204. doi:10.1136/bmj.39198.722720.BE.

Schwanen, T., Banister, D., & Anable, J. (2012). Rethinking habits and their role in behaviour change: The case of low-carbon mobility. *Journal of Transport Geography, 24*, 522–533.

Telama, R., Yang, X., Viikari, J., Välimäki, I., Wanne, O., & Raitakari, O. (2005). Physical activity from childhood to adulthood: A 21-year tracking study. *American Journal of Preventive Medicine, 28*(3), 267–73.

Wadsworth, M., & Bynner, J. (2011). Introduction. In M. Wadsworth & J. Bynner (Eds.), *A companion to life course studies: The social and historical context of the British birth cohort studies* (pp. 1–18). Abingdon: Routledge.

Woodcock, J., Edwards, P., Tonne, C., Armstrong, B. G., Ashiru, O., Banister, D., & Roberts, I. (2009). Public health benefits of strategies to reduce greenhouse-gas emissions: Urban land transport. *The Lancet, 374*, 1930–1943.

Yang, L., Sahlqvist, S., McMinn, A., Griffin, S. J. & Ogilvie, D. (2010). Interventions to promote cycling: Systematic review. *British Medical Journal, 341: c5293.* doi:http://dx.doi.org/10.1136/bmj.c5293.

Dr. Heather Jones is a Research Associate in the Centre for Transport and Society at the University of the West of England. Heather holds an MSc in Public Health Research from the University of Edinburgh and a PhD in Transport and Health from UWE. Her research interests centre on life course trajectories of walking and cycling. She is currently researching how the built environment and technologies shape the willingness and ability of people to continue cycling as they age.

Dr. Kiron Chatterjee is an Associate Professor in Travel Behaviour in the Centre for Transport & Society at the University of the West of England, Bristol. Kiron has over two decades of experience in transport research with this including studies in road safety, traffic management, travel behaviour, transport modelling and appraisal, evaluation and transport policy. Kiron is pioneering the use of longitudinal methods and analysis to understand travel behaviour. This involves both quantitative and qualitative data.

Prof. Dr. Selena Gray is a Professor of Public Health in the Department of Health and Social Sciences at the University of the West of England. Selena has over fifty peer-reviewed journal publications on a wide range of public health topics. One theme of her research has been the built environment as a wider determinant of health.

Veränderungen des Verkehrshandelns nach einer Wanderung in Richtung Stadt: Ergebnisse einer qualitativen Untersuchung

Gesa Matthes

Zusammenfassung

Vor dem Hintergrund der Diskussion um Reurbanisierung stellt sich aus verkehrswissenschaftlicher Sicht die Frage nach den verkehrlichen Auswirkungen dieses neuen Musters der Siedlungsentwicklung. Der vorliegende Artikel nähert sich dieser Frage mit einem handlungstheoretischen Erklärungsansatz der Verkehrsentstehung. In einem qualitativen Pseudopanel-Design wird das Verkehrshandeln von Personen erfasst, deren Haushalte aus dem Umland in die Stadt gezogen sind. So ist es möglich, das jeweilige Verkehrshandeln vor und nach der Wanderung zu vergleichen. In den Vergleich werden auch weite private Freizeitwege (Ausflüge, Urlaube) einbezogen, die verzerrende Wirkung von Selbstselektionseffekten wird methodisch reduziert. Das Ergebnis zeigt einen eindeutigen und starken Effekt des neuen Wohnorts auf das Verkehrshandeln von Umland-Stadt-Wanderern, der sich nicht nur in den Kennzahlen zur Be-

Danksagung: Die hier vorgestellte Analyse ist Teil des Forschungsprojektes „Stadtregionale Reurbanisierungstendenzen und ihre Wirkungen auf den Verkehr" (GE1080/2-1). Der Deutschen Forschungsgemeinschaft (DFG) sei für die Förderung dieses Projekts ausdrücklich gedankt.

G. Matthes (✉)
Institut für Verkehrsplanung und Logistik, Technische Universität Hamburg-Harburg,
Schwarzenbergstraße 95, 21073 Hamburg, Deutschland
E-Mail: matthes@tuhh.de

© Springer Fachmedien Wiesbaden 2015
J. Scheiner, C. Holz-Rau (Hrsg.), *Räumliche Mobilität und Lebenslauf,*
Studien zur Mobilitäts- und Verkehrsforschung, DOI 10.1007/978-3-658-07546-0_8

schreibung des individuellen Verkehrshandelns niederschlägt, sondern auch als Sinnzusammenhang besteht. Ergänzend werden Befunde zu wohnbiographischen Effekten auf das Verkehrshandeln und dem Zusammenhang zwischen städtischem Wohnort und weiten Freizeitwegen vorgestellt.

Schlüsselwörter

Verkehrshandeln · Verkehrsmittel · Aktionsraum · Siedlungsstruktur · Reurbanisierung · Wanderung · Umzug · Hamburg · Qualitativ

1 Einleitung

Wanderungen sind Wohnortwechsel, sie sind biographische Einschnitte, die eine Anpassung aller wohnungsbasierten Wege zur Folge haben. Nach Wanderungen sind zudem Veränderungen der im Alltag aufgesuchten Ziele zu erwarten, ebenso wie veränderte Wege- oder Aktivitätenhäufigkeiten, denn mit veränderten Wegedauern ändert sich die für verschiedene Aktivitäten zur Verfügung stehende Zeit. Es ist empirisch belegt, dass Stadt-Umland-Wanderer, also die Träger der Suburbanisierung, nach der Wanderung einen höheren Verkehrsaufwand haben (vgl. z. B. Geier et al. 2001, S. 24). In der vergangenen Dekade wurde nun eine Umkehr des räumlichen Musters der Siedlungsentwicklung – teilweise kontrovers – diskutiert; statt Suburbanisierung wird vielfach eine Reurbanisierung als messbarer Bedeutungsgewinn der Innenstadt als Wohnort beschrieben (z. B. Jessen et al. 2012). Daher stellt sich die Frage nach den verkehrlichen Auswirkungen dieses neuen Musters der Siedlungsentwicklung. Nach einem handlungstheoretischen Erklärungsansatz der Verkehrsentstehung ist dabei das Verkehrshandeln der Träger der Reurbanisierung zu untersuchen.

Als Träger der Reurbanisierung können Personen gelten, die heute den Wohnort „Stadt" mit größerer Wahrscheinlichkeit wählen als vergleichbare Personen in früheren Jahren. Bekannt ist, dass viele von ihnen überregional zuwandern oder bereits in der Stadt wohnen, aber nicht ins Umland abwandern, wie es für Personen vergleichbaren Alters in der Suburbanisierungsphase typisch war (vgl. Matthes 2014). Im vorliegenden Artikel werden Wanderer betrachtet, die aus dem Umland in die Stadt gezogen sind. Sie machen zwar quantitativ nicht das bedeutendste Segment der Reurbanisierungsträger aus, dennoch kann ein je nach Altersklasse unterschiedlich stark ausgeprägtes Wachstum beobachtet werden (vgl. Matthes 2014). Die Umland-Stadt-Wanderer stehen im engeren Sinne für *neue Städter*, weil sie bis zu ihrer Wanderung nicht städtisch gewohnt haben. Von den Reurbanisierungsträgern haben sie das größte Verkehrseinsparpotenzial.

Die forschungsleitenden Fragen des vorliegenden Artikels lauten:

1. In welcher Weise verändert sich das Verkehrshandeln nach einer Umland-Stadt-Wanderung?
2. Inwieweit sind siedlungsstrukturelle Eigenschaften des neuen Wohnorts der Grund für die Veränderung?

Um den Einfluss der Siedlungsstruktur auf das Verkehrshandeln zu quantifizieren, werden üblicherweise räumliche Vergleiche angestellt. Holz-Rau und Sicks (2013) quantifizieren die Stärke des siedlungsstrukturellen Einflusses bei Alltagswegen als Unterschied des Verkehrsaufwandes verschiedener Gemeindegrößenklassen in Deutschland. Demnach ist der größte Unterschied zwischen Bewohnern von sehr kleinen (unter 5000 Einwohner) und sehr großen Gemeinden (über eine Million Einwohner) zu erkennen, er beträgt 4740 km je Person und Jahr (Holz-Rau und Sicks 2013, S. 26), d. h. knapp 13 km je Person und Tag.

Obwohl bei diesen Vergleichen relevante soziodemographische und -ökonomische Einflussfaktoren kontrolliert werden, wird angenommen, dass die Vergleiche den siedlungsstrukturellen Einfluss *überschätzen*, weil eine Selbstselektion der Bewohner vorliegt (vgl. z. B. Holz-Rau und Sicks 2013, S. 28). Nach der Selbstselektionshypothese wählen Personen ihren Wohnort passend zu einem Motivrahmen, der auch das Verkehrshandeln stark beeinflusst. Somit können gemessene Unterschiede des Verkehrshandelns von Bewohnern verschiedener Räume nicht alleine auf die siedlungsstrukturellen Eigenschaften zurückgeführt werden, sondern auch auf den Motivrahmen, so dass der oben beschriebene Vergleich verzerrt sein muss (vgl. Cao et al. 2009, S. 360). Je nachdem, welche Bedeutung dem Einfluss der Siedlungsstruktur und dem Effekt der Selbstselektion beizumessen ist, muss unterschiedlich beurteilt werden, welchen Einfluss Verkehrs- und Stadtplanung auf das Verkehrshandeln haben können (vgl. Kitamura et al. 1997, S. 156).

Neben dem Argument der Selbstselektion wird gegen die verkehrssparende Wirkung städtischer Siedlungsstruktur eingewandt, dass sie zwar verkehrssparsames Handeln im Alltag ermöglicht, dafür aber umso weitere Freizeitwege einschließlich Urlaubsfahrten verursacht (vgl. Næss 2006, S. 202 f., Holz-Rau und Sicks 2013, S. 16 f.). Zur Erklärung der Freizeitwege ohne Übernachtung („Ausflüge") wird die sogenannte *compensation hypothesis* angeführt, die besagt, dass weite Freizeitwege als Reaktion auf fehlenden Naturkontakt oder städtische Umweltwirkungen unternommen werden, denen die Stadtbewohner täglich ausgesetzt sind (Holz-Rau und Sicks 2013, S. 16 f.). Im Hinblick auf private Fernreisen („Urlaube") wird angenommen, dass der „schnellere Zugang zu Fernverkehrsinfrastruktur in Großstädten" (Holz-Rau und Sicks 2013, S. 18) Fernreisen erleichtert, dass großstädtische Unternehmen (und damit auch ihre Beschäftigten) großräumlicher orientiert sind und dass „zum urbanen Lebensstil auch Kurztrips in andere Städte oder Erholungsräume gehören" (Holz-Rau und Sicks 2013, S. 18), wobei in dieser Hinsicht wieder Effekte einer Selbstselektion nach Lebensstilen wirken.

Der vorliegende Artikel nähert sich den skizzierten Themen mithilfe eines qualitativen Pseudopanel-Designs, das einen intrapersonalen Vergleich des mit üblichen Kennzahlen quantifizierten Verkehrshandelns vor und nach der Wanderung von Umland-Stadt-Wanderern erlaubt. Zugleich werden die Motive des Verkehrshandelns und seine Veränderung unter Beachtung von Wechselwirkungen mit der Wanderung analysiert, so dass in anderen Studien gefundene statistische Regelmäßigkeiten um empirisch fundierte Sinnzusammenhänge ergänzt werden können. Die Analyse erweitert damit die Diskussion um Siedlungsstruktur und Verkehrshandeln um eine neue Perspektive.

2 Methodik

Die Eignung eines qualitativen Vorgehens ergibt sich aus dem skizzierten Erkenntnisinteresse, das sich auf komplexe Wechselwirkungen richtet. Eine besondere Anforderung ist die möglichst genaue Rekonstruktion des Verkehrshandelns am neuen Wohnort und – retrospektiv – vor der Wanderung. Die Untersuchungseinheit ist der gewanderte Haushalt, u. a. weil das Verkehrshandeln im Kontext von Wanderungen auf Haushaltsebene besser zu verstehen ist, wenn beispielsweise der neue Wohnort ein Kompromiss für zwei Arbeitswege ist.

Als Interviewmethode wurde die Form des problemzentrierten Interviews nach Witzel (1982) gewählt. Dabei wird methodisch zu Beginn das Erzählprinzip herausgestellt und damit die Bedeutungsstrukturierung des Interviewgegenstands hinsichtlich Motiven und Ursache-Wirkungs-Beziehungen dem Befragten überlassen. Danach folgt das Interview einem dialogischen Muster, in dem der Interviewer die Reflexion des Befragten leitet und ihn bittet, bestimmte Äußerungen zu präzisieren (vgl. Helfferich 2011, S. 43). Gerade bei der Rekonstruktion des Verkehrshandelns hilft dieses Vorgehen, die Genauigkeit und Zuverlässigkeit zu erhöhen.

Die Auswertung folgt im Wesentlichen den Maßgaben einer qualitativen Inhaltsanalyse nach Mayring (2010), ergänzt um Überlegungen zur Typenbildung und zum Umgang mit theoretischem Vorwissen von Kelle und Kluge (2010), Reichertz (2012) und Witzel (1982). Sie wurde mithilfe der Software MaxQDA vorgenommen.

Die Stichprobe umfasst 32 Fälle (Haushalte) und wurde im Vorfeld der Befragung nach einem qualitativen Stichprobenplan aus dem hamburgischen Melderegister generiert. Ziel war es, eine möglichst heterogene Stichprobe zu erhalten; denn von der Heterogenität und Varianz der untersuchten Stichprobe hinsichtlich wichtiger Kontextbedingungen des untersuchten Handlungsfeldes (Verkehrshan-

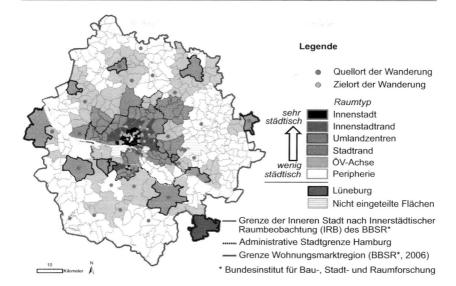

Abb. 1 Quell- und Zielorte der befragten Wanderer im Untersuchungsraum

deln, Wanderungsentscheidung) hängt die Verallgemeinerbarkeit der Ergebnisse ab (vgl. Kelle 2008, S. 165 ff.). Wie nachfolgend gezeigt wird, kann die Stichprobe die Vielfalt von Umland-Stadt-Wanderern nach verschiedenen Kriterien gut widerspiegeln. Die räumliche Übertragbarkeit ist für andere monozentrisch organisierte deutsche Großstadtregionen soweit gegeben, wie relevante siedlungsstrukturelle Eigenschaften vergleichbar sind. Hierzu gehören für die innerstädtischen Raumtypen primär ein hochwertiger öffentlicher Verkehr (ÖV), Parkraumknappheit in der Innenstadt und eine hohe Auslastung der Infrastruktur für den motorisierten Individualverkehr (MIV).

Mit der Wanderung vom Umland in die Stadt haben sich die Rahmenbedingungen des alltäglichen Verkehrshandelns der gewanderten Haushalte wesentlich verändert. Abbildung 1 zeigt die der Stichprobenauswahl zugrunde liegende innerregionale Raumeinteilung der Fallregion nach siedlungsstrukturellen Kriterien (vgl. Matthes 2014). Sie zeigt, dass sich die mögliche Vielfalt siedlungsstruktureller Unterschiede der alten und neuen Wohnorte in der Stichprobe wiederfindet.

Das Melderegister beinhaltet zwei sehr wichtige soziodemographische Merkmale mit Einfluss auf das Verkehrshandeln und die Wanderungsentscheidung: Das Alter und die Haushaltsstruktur im Sinne von Information über das Vorhandensein von Kindern. Für den Stichprobenplan wurden aus diesen Eigenschaften

Tab. 1 Realisierte Interviews nach Stichprobenplan.

	Nur kleine Kinder (< 7 Jahre)	Nur große Kinder (7–18 Jahre)	Älteste Person im Haushalt (in Jahren)			
			25–32	33–44	45–59	60–74
Einpersonenhaushalt			4	1	5	3
Zweipersonenhaushalt			0	1	2	4
Haushalt mit Kindern	5	7				
Spanne des monatlichen Haushaltsnettoeinkommens	1600 € bis 5600 €	1600 € bis über 6600 €	1000 € bis über 6600 €		Unter 900 € bis über 6600 €	

Haushaltstypen gebildet (Tab. 1). Der Tabelle kann entnommen werden, dass eine zufriedenstellende Heterogenität der Stichprobe erreicht werden konnte. Darüber hinaus ist es erfreulich, dass die Stichprobe ein breites Einkommensspektrum abbildet (Tab. 1).

Vor dem Hintergrund der Diskussion über Selbstselektion sollte die Stichprobe in Bezug auf den Motivrahmen des Verkehrshandelns heterogen sein. Dabei gibt es in der Literatur eine große Vielfalt einbezogener Einstellungen, die den Motivrahmen operationalisieren (vgl. Bohte 2010, S. 48). Bohte empfiehlt, sich auf direkt verkehrsbezogene Einstellungen zu konzentrieren (2010, S. 25, 49). Für das Verkehrshandeln unmittelbar relevant ist die Ziel- und Verkehrsmittelwahl. Bei der Zielwahl ist von Aggregaten wie Lebensstilen oder Freizeitaktivitätstypen der größte Erklärungswert zu erwarten, bei der Verkehrsmittelwahl von entsprechenden Präferenzen. Eine Typisierung nach Lebensstilen lassen die Daten nicht zu. Eine Heterogenität ausgeübter Freizeitaktivitäten ist in verschiedenen Kombinationen der Kategorien „regelmäßiger Sport", „kulturaffin", „naturverbunden" und „sozial außenorientiert" u. a. gegeben, ohne dass sinnvoll Typen gebildet werden könnten. Die besonders den Städtern zugeschriebene Kategorie „kulturaffin" ist nur bei der Hälfte der Haushalte vertreten. Der städtische Wohnort wurde also auch von Haushalten ohne eindeutig stadtspezifische Freizeitpräferenzen gewählt.

Die Typisierung nach Einstellungen zur Verkehrsmittelwahl folgt der gängigen Untergliederung von Einstellungen in affektive, kognitive und behaviorale Komponenten. Als handlungsbezogene Komponente dienen skalierende Kodierungen der Berichte über Abwägungsvorgänge bei der Verkehrsmittelwahl, nicht aber das realisierte Verkehrshandeln. Folgende Typen werden unterschieden:

- *ÖV-affine Personen* heben manchmal Qualitäten des öffentlichen Verkehrs (ÖV) positiv hervor, mögen den ÖV aber vorrangig deshalb, weil die Unannehmlichkeiten der Pkw-Nutzung entfallen (insbesondere Parkplatzsuche, Stadtverkehr).
- *Pragmatische ÖV-Nutzer* haben eigentlich nichts gegen den ÖV, mögen jedoch ein anderes Verkehrsmittel (Pkw, Rad) lieber. Die Abwägung erfolgt nach den

Rahmenbedingungen des Weges (z. B. Ziel, Transporterfordernis). Wenn diese deutlich gegen die Nutzung des präferierten Verkehrsmittels sprechen (insbesondere Parkplatzsuche und Fahrzeit), ist der ÖV eine zumeist gerne in Kauf genommene Alternative. Bei der Untergruppe von Befragten, die sich bei der ÖV-Nutzung unwohl fühlen, ist der ÖV eher ein erträgliches Übel. Kostensensible ÖV-Pragmatiker finden die Fahrscheine in ihrer aktuellen persönlichen Situation zu teuer.

- *MIV-ablehnende Nutzer des motorisierten Individualverkehrs (MIV)* ziehen zwar ein anderes Verkehrsmittel vor (ÖV, Rad), möchten jedoch nicht auf den Pkw verzichten, weil sie nicht alle ihre alltäglichen Wege mit dem Umweltverbund zurücklegen können. Bei der Abwägung zwischen den Verkehrsmitteln sind Befragte dieser Kategorie wesentlich strenger als *ÖV-Pragmatiker.* Hier wird der Pkw nur dann genutzt, wenn beispielsweise die MIV-Fahrzeit gegenüber dem präferierten Umweltverbund um ein Vielfaches kürzer ist. Einige dieser Pragmatiker unterscheiden deutlich zwischen innerstädtischen MIV-Wegen, die sie aktiv zu vermeiden versuchen, und Strecken zu entfernten Zielen über Landstraßen und Autobahnen. Letzte werden für bestimmte Zwecke gerne in Kauf genommen, einige der Befragten genießen solche Fahrten sogar, obwohl sie MIV-Fahrten in der Stadt ablehnen.
- *MIV-affine Personen* heben positive Aspekte der MIV-Nutzung hervor, fahren gerne Auto, bezeichnen sich mitunter als „leidenschaftliche Autofahrer" (1150 (B1): 210, 471: 198)[1]. In der Untergruppe der kostensensiblen MIV-Affinen wird der Verzicht auf gefahrene Kilometer als unmittelbarer finanzieller Nutzen gewertet. Obwohl diese Befragten grundsätzlich gerne Auto fahren, spielen sie mit dem Gedanken, auf den/einen Pkw wegen der Kosten zu verzichten (67, 228, 826: B1) oder haben es bereits getan und sind nun auf andere Verkehrsmittel angewiesen (863, 983).
- *Rad-affine Personen* fahren am liebsten Rad, benötigen aber für weitere Wege oder bei schlechtem Wetter sicherheitshalber ein anderes Verkehrsmittel, zumeist den ÖV.

Die meisten Befragten betrachten die Verkehrsmittel primär als Mittel zum Erreichen des Ziels, das in gewissem Rahmen austauschbar ist. Selbst Personen ohne finanzielle Restriktionen, die sich im ÖV unwohl fühlen, nutzen ihn manchmal (223, 806, 1150, B1) oder haben ihn regelmäßig genutzt (471). Die Gründe dafür sind Abenteuerlust (223), Sparsamkeit (1150, B1) oder die Empfindung, dass Autofahren in der oder in die Stadt zu bestimmten Zeiten noch schlimmer ist (806,

---

[1] Die angegebene Nummer zeigt das Interview an, nach dem Doppelpunkt steht die Absatznummer. In einigen Interviews wird zwischen zwei Befragten (B1, B2) unterschieden.

Tab. 2 Verteilung der Verkehrsmittelpräferenzen in der Stichprobe. Grau: Rad-affin, Zahlen: Interview-ID

	ÖV-affin	ÖV-neutral/pragmatisch		
			Kosten-sensibel	ÖV-unwohl
MIV- affin	406	344, 417, 632, 1009		223, 471, 806, 1150 (B1)
Kostensensibel	228	920, 1078, 1129	*826 (B1)*	67
Pkw-Verzicht			863	983
MIV-ablehnend / pragmatisch	174, 353, 518, 580, 643, 868	*325, 387, 1150 (B2)*		
Überzeugt	977	*445*		
Kostensensibel		*713*	917	
Freiwillig ohne Pkw	1005	*548, 590, 826 (B2)*		

471). Dennoch sind bei den Befragten deutliche Vorlieben erkennbar, die mitunter innerhalb eines Haushalts differieren (826) oder gegensätzlich sein können (1150). Die jeweilige Vorliebe bewirkt, dass bei der Verkehrsmittelwahl nach zweierlei Maß bewertet wird: Nachteile bestimmter Verbindungsqualitäten des vorgezogenen Verkehrsmittels werden eher hingenommen, während Nachteile der anderen Verkehrsmittel vergleichsweise stark gewichtet werden.

In Tab. 2 ist die Verteilung der Verkehrsmittelpräferenzen der Stichprobe dargestellt. Es ist eine deutliche Vielfalt erkennbar, insbesondere ist die recht große Zahl an MIV-Affinen ohne Kostensensibilität bemerkenswert. Sie bedeutet, dass diese Haushalte in der Stadt einen Wohnort gewählt haben, der nicht unbedingt zu ihren Verkehrsmittelvorlieben passt, weil der Stadtverkehr und die Parkplatzknappheit die Nutzung ihres präferierten Verkehrsmittels im Vergleich zu vorher zumindest nicht fördert. Dennoch freuen sie sich über generell kürzere Distanzen.

Hinsichtlich der Frage nach dem Einfluss des städtischen Wohnorts auf das Verkehrshandeln sind nach den folgenden methodischen Überlegungen valide Ergebnisse zu erwarten: Das Verkehrshandeln unter verschiedenen strukturellen Rahmenbedingungen wird intrapersonell verglichen. Daher können viele Einflüsse ausgeschlossen werden, die bei rein räumlichen Vergleichen die Ergebnisse verzerren würden. Die soziodemographischen und -ökonomischen Einflussgrößen sind durch das Erhebungsdesign praktisch konstant, Wechsel von Lebensphase oder Haushaltstyp mit starken Auswirkungen auf das Verkehrshandeln werden im Vorfeld weitgehend ausgeschlossen. Der grundsätzliche Motivrahmen kann unabhängig von Operationalisierungen insoweit als konstant angenommen werden, als unwahrscheinlich ist, dass ein Mensch Wertvorstellungen, subjektive Normen, verschiedene Präferenzen etc. in kurzer Zeit vollständig ändert. In der vorliegenden Stichprobe sind die Einstellungen zu Verkehrsmitteln vor und nach der Wanderung für die in Tab. 2 dargestellten Kategorien konstant. Zwar sind die Aussagen zu Einstellungen vor der Wanderung lückenhafter als diejenigen zu aktuellen Einstellungen. Dennoch lässt das vorhandene Material bei keinem Haushalt darauf schließen, dass er für die Zeit vor der Wanderung einer anderen Kategorie zugeordnet werden müsste. Erkennbare Einstellungsveränderungen sind subtiler, changieren beispielsweise zwischen „ÖV brauchte jemand wie ich dort im Umland doch nicht" (vgl. 1009: 104) und „In der Stadt ist das Busfahren manchmal schon praktisch" (vgl. 1009: 66–68). Wenn die genannten Faktoren nach der Wanderung unverändert sind, können sie Veränderungen des Verkehrshandelns nicht erklären, bei festgestellten Veränderungen müssen also andere Einflüsse wirken.

In 24 der 32 Fälle ist der beschriebene soziodemographische und -ökonomische Handlungsrahmen wie erwartet konstant; in acht Fällen kommen dagegen zeitgleich mit der Wanderung Ereignisse vor, die diesen Rahmen verändern. In diesen Fällen muss ein unmittelbarer Einfluss auf das Verkehrshandeln angenommen und in der Auswertung beachtet werden:

• In drei Fällen wird eine Arbeit bzw. ein Studium neu aufgenommen (vorher Hausfrau (643), Student (713), Azubi (983)). Hier ändern sich insbesondere die finanzielle Situation und die Freizeitverfügbarkeit, ein Arbeitsweg fällt an.
• In drei Fällen erfolgte die Wanderung zeitgleich mit dem Renteneintritt (353, 826, 1005), hier ändert sich die Freizeitverfügbarkeit, der Arbeitsweg fällt weg.
• In zwei Fällen haben sich Einpersonenhaushalte infolge einer Scheidung von einem Haushalt mit Kindern abgespalten (228, 344). Hier finden beispielsweise die auf Kinder abgestimmten Freizeitaktivitäten seltener statt, Hol- und Bringwege verändern sich.

Andere Trennungen von Lebensabschnittspartnern, bei denen kein eigenes Kind im verlassenen Haushalt wohnt, werden nicht als für die äußeren Rahmenbedingungen des Verkehrshandelns relevantes Ereignis gewertet. Weder der Rahmen für die Erwerbstätigkeit noch der Pkw-Besitz oder die Freizeitgestaltung werden von dem Ereignis grundsätzlich verändert.

Zur Rekonstruktion des Verkehrshandelns wird in Anlehnung an ähnliche Untersuchungen ein aktionsraumbasierter Ansatz gewählt (vgl. Matthes 2010, S. 9 ff., Mobiplan 2002, S. 6, 21). Ausgehend von berichteten Aktivitäten aller Haushaltsmitglieder, deren Verortung, Verknüpfung und Häufigkeit, wird das Verkehrshandeln einer „durchschnittlichen" Woche ermittelt.

3 Verkehrsaufwand vor und nach der Wanderung

3.1 Wege einer durchschnittlichen Woche

Die Abb. 2a und b zeigen den mittleren täglichen Verkehrsaufwand eines durchschnittlichen Haushaltsmitglieds vor und nach der Wanderung. Der Bezug auf eine Person wurde gewählt, um die Haushalte verschiedener Größe besser vergleichen zu können. Berechnungsgrundlage ist je Fall eine durchschnittliche Woche aller gewanderten Haushaltsmitglieder. Freizeitwege mit Übernachtung sind einbezogen – soweit es sich um Besuche bei Freunden oder Verwandten handelt, die höchstens

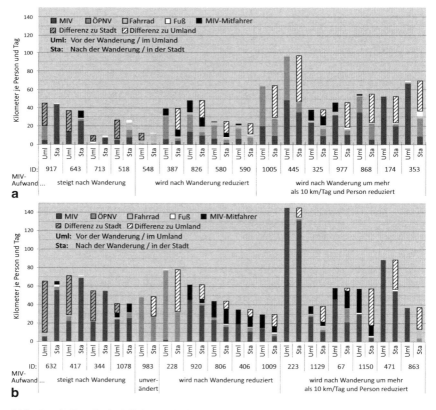

Abb. 2 a, b Durchschnittlicher Verkehrsaufwand eines durchschnittlichen Haushaltsmitglieds vor und nach der Wanderung aus dem Umland in die Stadt

ein verlängertes Wochenende dauern, auf das Jahr bezogen regelmäßig und primär „Besuch" sind oder ein Wochenendhaus zum Ziel haben[2]. Einzelwege, die seltener als einmal die Woche stattfinden, werden im dargestellten Verkehrsaufwand anteilig berücksichtigt. Weiß bzw. grau schraffiert ist jeweils die Differenz zum Verkehrsaufwand des anderen Wohnstandorts, so dass leicht erkennbar ist, ob ein Haushalt nach der Wanderung mehr (grau) oder weniger (weiß) Verkehrsaufwand erzeugt. In keinem der Haushalte hat sich die Anzahl der Freizeitaktivitäten nach der Wanderung reduziert – eine veränderte Anzahl der Freizeitaktivitäten kann also nicht die Ursache für die Reduktionen des Verkehrsaufwands sein.

In Abb. 2a sind die ÖV- oder Rad-affinen Haushalte dargestellt. Bei ihnen sind Reduktionen des MIV-Aufwandes zu beobachten, in vier Fällen um etwa ein Viertel, in sieben Fällen sogar um mehr als zwei Drittel des Umland-MIV-Aufwands. Bei vier Haushalten ist der MIV-Aufwand nach der Wanderung größer als vorher. In zweien steigt der MIV-Aufwand vor allem dadurch, dass nach der Wanderung ein Arbeitsweg anfällt, den es vorher nicht gab (713, 917). Dabei resultiert dieser Arbeitsweg in einem Fall daraus, dass ein Selbstständiger eine vergleichsweise verkehrsaufwendige räumliche Verteilung von Wohnung und Arbeitsort gewählt hat, die möglicherweise auch der Verfügbarkeit günstiger Wohnungen und Arbeitsflächen – und somit siedlungsstrukturellen Voraussetzungen – geschuldet ist (917). In einem Fall (518) liegt die Zunahme des MIV-Aufwandes an der Aufnahme einer sehr speziellen Freizeitbeschäftigung, die vor der Wanderung nicht erreichbar gewesen wäre. Insofern war das Handeln im Umland zwar verkehrssparsamer, gleichzeitig waren aber Aktivitäten eingeschränkt. Im Fall 643 entsteht zusätzlicher MIV-Aufwand durch Fahrten ins Umland, dennoch ist der städtische Wohnort die verkehrssparsamere Alternative, weil im Zuge der Wanderung eine Arbeit aufgenommen wurde, die im Falle des Wohnenbleibens im Umland einen langen Pendelweg erfordert hätte.

In Abb. 2b sind die MIV-affinen Haushalte abgebildet. Bei acht der 14 Haushalte mit Pkw-Verfügbarkeit nach der Wanderung sinkt der MIV-Aufwand um etwa ein Drittel oder mehr, bei zwei Haushalten sinkt er um weniger als ein Drittel. Bei lediglich vier von ihnen steigt der Verkehrsaufwand mit der Wanderung an, bei dreien davon um ein Vielfaches (344, 417, 632). Diese Haushalte haben gemein, dass ihr Arbeitsweg vor dem Umzug für einen Umland-Wohnort ungewöhnlich kurz (0–5 km) war. Nach der Wanderung ist der Weg zum selben Arbeitsplatz besonders lang – könnte allerdings in zwei Fällen bequem mit dem ÖV bewältigt werden (417, 632). Bei den Befragten (344, 417, 632) war die Wanderung mit einer neuen Partnerschaft verbunden, der Verkehrsaufwand des neuen Partners ist

---

[2] Hierzu gehören z. B. keine Familienfeste, Rundreisen oder Kinderbesuche im Ausland.

in Abb. 2 nicht dargestellt (vgl. S. 144). Eine Variantenprüfung unter Einbeziehung der Information zu Pendel- und regelmäßigen Freizeitwegen beider Partner zeigt, dass die gewählte Lösung in den Fällen 344 und 632 verkehrssparsamer ist als das Beibehalten eines der vorigen Wohnorte. Ähnliches ist bei anderen Haushalten mit weit auseinander liegenden Arbeitsplätzen zu beobachten (977, 920).

In nur einem Fall zehren die Freizeitwege ins Umland die Einsparungen des MIV-Aufwands bei den Arbeitswegen am städtischen Wohnort auf (1078). Dieser Haushalt ist allerdings ein Extremfall: Alle Personen sind in verschiedenen Vereinen am alten Wohnort aktiv, koordinieren aber ihre Fahrten nicht. Sie fahren teilweise mit drei Pkw am selben Tag (vgl. 1078: 164–180). Eigentlich möchten alle Haushaltsmitglieder wieder zurück ins Umland, aufgrund der Arbeitsorte der Eltern und einer Dienstwohnung wird dies jedoch aktuell nicht als realistische Option betrachtet.

Die in Abb. 2 dargestellte Reduzierung des MIV-Aufwands der anderen Haushalte kommt im Wesentlichen dadurch zustande,

- dass die Haushalte einen Wohnort wählen, der näher zu vielen ihrer im Alltag aufgesuchten, wenig variablen Ziele (Arbeit, Freunde, Kultur, Sportveranstaltung) liegt,
- dass kurz- bzw. mittelfristig variable Ziele (z. B. Einkaufen, Sportverein) so angepasst werden, dass die Wege kürzer werden oder kurz bleiben,
- dass die Verkehrsmittel diversifiziert werden. Dabei führt die hohe Einzelhandelsdichte in der Stadt häufig dazu, dass der Einkauf zu Fuß oder mit dem Rad erledigt wird. Für Wege in die Innenstadt wird der ÖV genutzt.

Besonders die zugezogenen Rentner sind sehr offen dafür, Neues und Ungewohntes auszuprobieren, u. a. weil sich die täglich sichtbaren, in der Nähe gelegenen Alternativen aufdrängen. Der mit Abstand wichtigste Grund für die Wahl des öffentlichen Verkehrs nach dem Umzug ist bei den MIV-Affinen, dass die Parkplatzsuche am Zielort entfällt. Sie bewegt nicht nur MIV-affine Haushalte dazu, den ÖV für entsprechende Strecken zu wählen, sondern ist ein wichtiger Grund für die ÖV-Affinen, ÖV-affin zu sein. Diese Personen übertragen erlebte Parkraumknappheit bzw. die Umständlichkeit, einen Parkplatz zu finden, auf einen Großteil ihrer aufgesuchten Ziele (auch wenn sie im Einzelfall vielleicht gar nicht gegeben ist) und gewöhnen sich oft auch deshalb die ÖV-Nutzung an. Das Rad wird häufig als günstigstes Verkehrsmittel gewählt, aber eher trotz als wegen der Verkehrsinfrastruktur. Insbesondere ältere Zugewanderte, die im Umland gerne Rad fuhren, sind im Stadtverkehr ängstlich und schieben ihr Rad mitunter weite Strecken (406: 57 ff.).

Die Stärke der Reduzierungen des innerstädtischen Alltagsverkehrs fällt offensichtlich unterschiedlich aus. Die Hintergründe hierfür sind vielfältig, zwei

Befunde haben einen eindeutigen Bezug zur Mobilitätsbiographie: Im Umland aufgewachsene Befragte

- haben keine Erfahrung mit verträglicher Alltagsorganisation in der Stadt. Daher treffen sie eine organisatorisch ungünstige Auswahl mittelfristig variabler Ziele innerhalb der Stadt. Liegt ein starker allgemeiner Wille zur Reduzierung der Wegelängen bzw. zur Nutzung des ÖV vor, werden ungünstig gewählte Ziele in einem Lernprozess verändert (z. B. 868: 83).
- sind weniger empfindlich gegenüber Entfernungen als langjährige Städter. Letztere empfinden bestimmte Wegelängen als „weit". Im Umland werden vergleichbare Wege als „normal" oder „unabänderlich" wahrgenommen und insbesondere dann nicht hinterfragt, wenn kein anderer Zustand bekannt ist (863: 310 f., 223: 37). Wird dieser Maßstab auf die Stadt übertragen, kann eine objektiv ungünstige Zielwahl nicht als solche wahrgenommen werden. Daher entsteht auch kein Handlungsbedarf bei einmal ungünstig gewählten Zielen.

Die Diskussion der acht Fälle mit gestiegenem MIV-Aufwand nach der Wanderung hat gezeigt, dass nur in drei Fällen der Verbleib am alten Wohnort im Umland eindeutig verkehrssparsamer gewesen wäre. Das sind die Fälle, bei denen die Arbeitsorte aller Haushaltmitglieder nahe des Umland-Wohnorts liegen (417, 917) und der Fall, in dem die Freizeitaktivitäten aller Familienmitglieder außergewöhnlich stark auf den ehemaligen Wohnort bezogen sind. In den anderen Fällen, in denen der MIV-Aufwand nach dem Umzug gestiegen ist, kann der gewählte Wohnort noch als die verkehrssparsamere Alternative gewertet werden. In 24 Fällen wurde der Verkehrsaufwand, insbesondere der MIV-Aufwand, nach der Wanderung reduziert, wobei die Befragten von sich aus viele Veränderungen als Folge der neuen siedlungsstrukturellen Gegebenheiten deuten. Ohne die Reduzierungen von drei Haushalten infolge des Renteneintritts mitzuzählen und ohne die beiden MIV-affinen Haushalte einzubeziehen, die aus Kostengründen auf den eigenen Pkw verzichten, entspricht die Reduktion in zehn Fällen mindestens 13 Pkw-Kilometern je Person und Tag, in sechs weiteren Fällen wird ein Wert von unter zehn Pkw-Kilometer je Person und Tag erreicht.

3.2 Urlaube

Urlaube sind nicht in die Kalkulation des Verkehrsaufwands der Abb. 2 eingeflossen. Grund dafür war, dass ihr Verkehrsaufwand auf Grundlage der Daten nicht hinreichend zuverlässig ermittelt werden konnte, wie im Fall 174:

B: […] Letztes Jahr war ich zum Beispiel fünfeinhalb Wochen Griechenland unterwegs mit dem Bulli. […]Weil ich hatte früher ein Hund, […] Und von daher bin ich
sowieso immer mit dem Auto unterwegs gewesen dann wegen des Hundes […] Deswegen bin ich also seit, (pff) […] ewigen Zeiten fast immer mit dem eigenen Pkw
unterwegs (174: 54–56).

Dieses Beispiel zeigt auch einen Befund, der sich fast ohne Ausnahme über die
gesamte Stichprobe erstreckt: Die Urlaubsmuster haben sich mit der Wanderung
in die Stadt kaum verändert, die meisten Urlaube folgen langjährigen Routinen.
Liegt eine Veränderung vor, wird sie von den jeweiligen Befragten als Folge einer
persönlichen Veränderung gedeutet, z. B. Entfallen der Feriengebundenheit (Flug-
preise günstiger: 445: 119) oder berufliche Konsolidierung (Zeit, Geld: 713: 74).
Insofern ist festzustellen, dass der Verzicht auf die Einbeziehung von Urlauben die
Ergebnisse in Kap. 3.1 nicht verzerrt.

Im Hinblick auf die oben zitierten Vermutungen über Ursachen räumlicher
Unterschiede des Urlaubsverkehrsaufwands enthält das Datenmaterial eine besonders interessante Information: Eine überraschend große Zahl der Urlaube dient
der Pflege sozialer Kontakte in Deutschland, Europa und Übersee. Darunter sind
Bekanntschaften aus Auslandsaufenthalten, ausländische Lebenspartner oder im
Ausland lebende Kinder oder andere Verwandte. Insofern kann eine überregionale
bzw. internationale Orientierung der stadtregionalen Bevölkerung Ursache für besonders häufige Fernreisen sein, weil sie entsprechende Beziehungen – auch im
Privaten – wahrscheinlicher macht. Auf einen Sinnzusammenhang von Urlaubs-
mustern mit Eigenschaften des Umland- oder Stadtwohnorts lässt sich dabei jedoch nicht schließen: Vergleichbare Urlaube wurden in allen Fällen bereits vom
Umland aus unternommen.

3.3 Ausflüge als Kompensation

Nach der Wanderung in die Stadt unternehmen 27 Haushalte der Stichprobe weite
Freizeitwege ins Umland oder darüber hinaus. In 15 dieser Haushalte gibt es unre-
gelmäßige Ausflüge zur Erholung oder Erfahrung von Neuem, umlandspezifische
Hobbies wie Golf oder Aufenthalte im Wochenendhaus, aber in zwölf der 15 Fälle
wurden dieselben Ziele auch vom alten Wohnort aus aufgesucht. Diese Kontinuität
belegt, dass die Ausflüge dieser zwölf Fälle keine Reaktion auf den nun städtischen
Wohnort sein können. Dies ist umso plausibler, wenn der Befund berücksichtigt
wird, dass ihre Ausflüge mit der Wanderung tendenziell seltener werden, weil es
in der Stadt viele Alternativen gibt oder weil die Wege länger sind. Interessant ist,
dass ein Großteil der Befragten gerne „draußen" ist, dafür aber die großen städti-

schen Naherholungsmöglichkeiten oder wohnungsnahe Freiräume aufsucht. Diese Ziele ersetzen weiter entfernte Ziele (vgl. z. B: 920: 17, 826: 7). In nur drei Fällen wächst die Zahl der Ausflüge nach der Wanderung und in nur zwei dieser Fälle wird die Sehnsucht nach Natur explizit als Grund für Umlandfahrten angegeben (417: 31, 57, 917: 124).

21 Haushalte geben – zumindest bei einigen der weiten Freizeitwege – als Motiv an, Verwandte oder Freunde zu besuchen. Dabei liegt der Wohnort der Besuchten häufig in der Nähe des alten Wohnorts. Bei diesen Wegen kann nicht unterstellt werden, dass sie eine Reaktion auf Eigenschaften des städtischen Wohnorts sind, vielmehr dienen sie primär der Aufrechterhaltung sozialer Kontakte. Anders als bei Ausflügen „in die Natur" ist die Zielwahl nicht variabel, allenfalls können die Weggezogenen die Häufigkeit der Besuche beeinflussen. Aufgrund der Lage der Ziele waren diese Wege vor dem Umzug häufig wesentlich kürzer.

4 Fazit

Im Hinblick auf die erste Forschungsfrage kann festgestellt werden, dass sich der MIV-Aufwand nach einer Umland-Stadt-Wanderung im Normalfall um mehr als 13 km je Person und Tag oder auf einen Wert von unter 10 km je Person und Tag reduziert. Ein Anwachsen des Haushaltsverkehrsaufwands im Falle eines neu hinzukommenden Arbeitswegs (Arbeitsaufnahme, Arbeit des Partners) wird durch die Wanderung geringer gehalten als es bei einem hypothetischen Verbleiben am alten Wohnort möglich gewesen wäre. Grund hierfür ist, dass Wege zu Pflichtaktivitäten bei der Wohnstandortwahl berücksichtigt werden und dass die bekannten siedlungsstrukturellen Möglichkeiten, den Alltag am neuen Wohnort verkehrssparsam zu organisieren, weitgehend genutzt werden. Allerdings werden diese Möglichkeiten nicht von allen Haushalten ausgeschöpft, so dass weiteres Einsparpotenzial besteht.

Die eingangs zitierte Annahme, dass ein städtisches Umfeld weite Freizeitwege ins Umland induziert, findet sich in den Daten nicht als dominierender Sinnzusammenhang wieder. Ein sehr viel wichtigerer Grund für diese Wege ist der Besuch bei Freunden oder Verwandten (selbst bei Hobbies könnte eine soziale Komponente unterstellt werden). Die Kontakte stammen vorwiegend aus prägenden Phasen im Umland (Eltern, Schulfreunde, langjährige Nachbarn). Das bedeutet, viele der Wege ins Umland haben letztendlich biographische Ursachen.

Ein Sinnzusammenhang zwischen Eigenschaften der Siedlungsstruktur und Urlauben ist in den Daten nicht zu finden. Stattdessen zeigt sich der Besuch bei Freunden oder Verwandten als überraschend häufiges Motiv auch für sehr weite

Wege ins Ausland oder nach Übersee. Das gilt gleichermaßen für Urlaube vom städtischen wie vom Umland-Wohnort aus. Die Frage ist also, woher die gemessenen Unterschiede zwischen dem Urlaubsverkehrsaufwand der Bewohner größerer und kleinerer Gemeinden (vgl. Holz-Rau und Sicks 2013, S. 26) stammen. Eine mögliche Erklärung ist, dass der hohe Urlaubsverkehrsaufwand der Bewohner von Umlandgemeinden in großstädtischen Verflechtungsräumen vom viel geringeren Urlaubsverkehrsaufwand der Bewohner peripher gelegener kleinerer Gemeinden nivelliert wird, weil der Unterschied zwischen ländlichem Raum und großstädtischem Verflechtungsraum hinsichtlich der Urlaube weit größer ist als zwischen großen und kleinen Gemeinden innerhalb eines Verflechtungsraumes. Hierzu würde auch die eingangs zitierte Ursachenhypothese zur Erreichbarkeit der Fernverkehrsinfrastruktur gut passen.

Die zweite Forschungsfrage zielt auf die Rolle der Siedlungsstruktur bei den Veränderungen des Verkehrshandelns. Die methodische Konzeption der Analyse gewährleistet, dass die siedlungsstrukturellen Eigenschaften des neuen Wohnorts als primäre Ursache für die gemessenen Veränderungen des Verkehrshandelns gewertet können. Darüber hinaus ermöglicht die Interpretation der Erzählungen, Sinnzusammenhänge zwischen Siedlungsstruktur und Verkehrshandeln zu erkennen, die den großen gemessenen siedlungsstrukturellen Einfluss bestätigen.

MIV-affine Haushalte schätzen die städtischen Erreichbarkeitsqualitäten im Vorfeld der Wanderung weniger als beispielsweise Rad-affine Haushalte. Sie sind eher im Nachhinein positiv überrascht. Insofern spiegeln die Daten wider, dass es Selbstselektionsprozesse nach Verkehrsmittelpräferenzen gibt, denn wenn MIV-affine Haushalte die städtische Erreichbarkeitsqualität in ihrer Wohnstandortentscheidung nicht berücksichtigen oder geringer gewichten, wird die Wahrscheinlichkeit geringer sein, dass diese Haushalte einen städtischen Wohnort wählen. Wichtig ist die Erkenntnis, dass die MIV-Affinität kein Ausschlusskriterium für die Wahl eines städtischen Wohnorts ist und dass auch MIV-affine Haushalte in der Stadt verkehrssparsamer handeln. Informationen zu den Gründen MIV-affiner Haushalte, in die Stadt zu ziehen, sowie Überlegungen dazu, wie ihr Einsparpotenzial besser genutzt werden könnte, wären wertvoll für entsprechende Planungsstrategien.

Weiter bleibt zu klären, inwieweit die Ergebnisse auf andere Träger der Reurbanisierung übertragen werden können. Es ist anzunehmen, dass die festgestellte Differenz zwischen dem Verkehrshandeln in Stadt und Umland in der Tendenz auch auf die wachsende Zahl nicht abwandernder Städter übertragen werden kann: Der Verkehrsaufwand, den Umland-Stadt-Wanderer bei ihrer Wanderung in die Stadt reduzieren, wird von den Städtern, die auf eine Abwanderung verzichten, gar nicht erst erzeugt. Möglicherweise ist der vermiedene Verkehrsaufwand bei einem

Verzicht auf eine Wanderung ins Umland sogar noch größer als hier ermittelt, weil wohnbiographisch bedingte Wege zu Freunden oder Verwandten ins Umland entfallen. Möglicherweise ist das Einsparpotenzial jedoch geringer, wenn die Stadtbewohner von weiter her zugewandert sind und daher umso mehr entfernte Kontakte pflegen.

Literatur

Bohte, W. (2010). *Residential self-selection and travel. The relationship between travel-related attitudes, built environment characteristics and travel behaviour.* Amsterdam: Delft University Press.

Cao, X., Mokhtarian, P. L., & Handy, S. L. (2009). Examining the impacts of residential self-selection on travel behaviour: A focus on empirical findings. *Transportation Reviews, 29*(3), 359–395.

Geier, S., Holz-Rau, C., & Krafft-Neuhäuser, H. (2001). Randwanderung und Verkehr. *Internationales Verkehrswesen, 53*(1+2), 22–26.

Helfferich, C. (2011). *Die Qualität qualitativer Daten. Manual für die Durchführung qualitativer Interviews* (4. Aufl.). Wiesbaden: VS Verlag für Sozialwissenschaften/Springer Fachmedien Wiesbaden GmbH.

Holz-Rau, C., & Sicks, K. (2013). Stadt der kurzen Wege und der weiten Reisen. *Raumforschung und Raumordnung, 71*(1), 15–31.

Jessen, J., Siedentop, S., & Zakrzewski, P. (2012). Rezentralisierung der Stadtentwicklung? Kleinräumige Analyse des Wanderungsgeschehens in deutschen Großstädten. In K. Brake & G. Herfert (Hrsg.), *Reurbanisierung. Materialität und Diskurs in Deutschland* (S. 198–215). Wiesbaden: Springer.

Kelle, U. (2008). *Die Integration qualitativer und quantitativer Methoden in der empirischen Sozialforschung. Theoretische Grundlagen und methodologische Konzepte* (2. Aufl.). Wiesbaden: VS Verlag für Sozialwissenschaften/GWV Fachverlage.

Kelle, U., & Kluge, S. (2010). *Vom Einzelfall zum Typus. Fallvergleich und Fallkontrastierung in der qualitativen Sozialforschung* (2. Aufl.). Wiesbaden: VS Verlag für Sozialwissenschaften/GWV Fachverlage.

Kitamura, R., Mokhtarian, P.-L., & Laidet, L. (1997). A micro-analysis of land-use and travel in five neighborhoods in the San Francisco Bay area. *Transportation, 24,* 125–158.

Matthes, G. (2010). Reurbanisierung in Hamburg und ihre Auswirkungen auf die Verkehrsentwicklung. ECTL working paper 43. Technische Universität Hamburg-Harburg, Institut für Verkehrsplanung und Logistik (Hrsg).

Matthes, G. (2014). Zur Quantifizierung von Reurbanisierungstendenzen. *Raumforschung und Raumordnung.* doi:10.1007/s13147-014-0300-0.

Mayring, P. (2010). *Qualitative Inhaltsanalyse. Grundlagen und Techniken* (11., aktualisierte und überarb. Aufl.). Weinheim: Beltz.

Mobiplan-Projektkonsortium. (Hrsg.). (2002). Mobiplan. Eigene Mobilität verstehen und planen. Langfristige Entscheidungen und ihre Wirkung auf die Alltagsmobilität. Abschlussbericht, Kurzfassung. http://www.ivt.ethz.ch/vpl/research/mobiplan/Mobiplan_ Kurzfassung.pdf. Zugegriffen: 24. Feb. 2014.

Næss, P. (2006). *Urban structure matters. Residential location, car dependence and travel behaviour.* London: Routledge.

Reichertz, J. (2012). Abduktion, Deduktion und Induktion in der qualitativen Forschung. In U. Flick, E. von Kardorff, & I. Steinke (Hrsg.), *Qualitative Forschung: ein Handbuch* (S. 276–286). Reinbek: Rowohlt-Taschenbuch-Verlag.

Witzel, A. (1982). *Verfahren der qualitativen Sozialforschung. Überblick und Alternativen.* Frankfurt a. M.: Campus Verlag.

Gesa Matthes Dipl.-Ing. (Stadtplanung), ist seit 2009 wissenschaftliche Mitarbeiterin am Institut für Verkehrsplanung und Logistik der Technischen Universität Hamburg-Harburg. Dort promoviert sie derzeit über das Thema „Reurbanisierung und Verkehr" und beschäftigt sich in diesem Zusammenhang mit Wohnstandortwahl und dem Verkehrshandeln, wobei sie quantitative und qualitative Forschungsansätze nutzt.

Schlüsselereignisse und schleichende Prozesse mit Auswirkungen auf die Mobilität Älterer

Karin Kirsch

Zusammenfassung

Der Beitrag beschäftigt sich mit der Identifizierung von Schlüsselereignissen und schleichenden Prozessen (sogenannten Lebensübergängen) in der Mobilität Älterer im Längsschnitt sowie deren Auswirkungen. Die Einbettung und Verkettung der individuellen Mobilitätsbiografie mit den übrigen Lebensbereichen/ Teilbiografien einer Person geht auf den Mobilitätsbiografienansatz zurück. Es wird ein Vorgehen vorgestellt, welches die in quantitativen Studien nachgewiesenen Einflussfaktoren auf das Mobilitätsverhalten in Form standardisierter Interviews und qualitativer Fallstudien auf ihre Relevanz als mobilitätswirksame Lebensübergänge überprüft. Die Einflussfaktoren Alter, Geschlecht, Bildungsniveau, Pkw-Verfügbarkeit, Gesundheitszustand, soziales Netz, persönliche Einstellungen sowie Raumstruktur des Wohnortes stehen im Vordergrund der Untersuchung und bilden die Grundlage für die Annahme, dass bestimmte Einflussfaktoren als mobilitätswirksame Schlüsselereignisse/-prozesse wirken können und somit eine langfristige Änderung im Mobilitätsverhalten bewirken.

K. Kirsch (✉)
Fakultät Raumplanung, FG VPL, Technische Universität Dortmund,
August-Schmidt-Str. 10, 44221 Dortmund, Deutschland
E-Mail: karin.kirsch@tu-dortmund.de

© Springer Fachmedien Wiesbaden 2015
J. Scheiner, C. Holz-Rau (Hrsg.), *Räumliche Mobilität und Lebenslauf,*
Studien zur Mobilitäts- und Verkehrsforschung, DOI 10.1007/978-3-658-07546-0_9

Die exemplarische Identifikation dieser mobilitätswirksamen Lebensübergänge und ihre Bewertung vor unterschiedlichen biografischen Hintergründen stehen im Fokus. Basierend auf Interviewmaterial des Projektes „Mobilität im Alter: Kontinuität und Veränderung" (Hieber et al. *Mobilität und Alter Bd. 2.* Köln: TÜV-Media, 2006) wird dies untersucht.

Schlüsselwörter

Mobilität · Verkehrsverhalten · Alter · Lebensübergang · Schlüsselereignis Schleichender Prozess · Lebenslaufansatz · Längsschnitt · Biografie Mobilitätstyp

1 Einleitung

Rausgehn, aus'm Haus gehn, das heißt: Freunde treffen, Bekannte treffen, Kommuni-ziern, an der Kultur teilnehmen, sein' Horizont erweitern, gute Gespräche führn [...] Es ist also das Rausgehn ist eigentlich, was das Leben ausmacht, nicht. [...] (Frau Pfeil, 72 Jahre alt, Mannheim). (Hieber et al. 2006, S. 52)

Mobilität ist ein elementares Grundbedürfnis, welches insbesondere im Alter maß-geblich die Lebenszufriedenheit beeinflusst (Hieber et al. 2006, S. 177). Daher ist es von Interesse, die Mobilität beeinflussende Schlüsselereignisse und schlei-chende Prozesse, welche sich unter dem Begriff der Lebensübergänge zusammen-fassen lassen, zu identifizieren. Die bisherige Mobilitätsforschung hat sich mit der Mobilität Älterer jedoch eher im Querschnitt im Sinne von Momentaufnahmen beschäftigt. Erst die Einbettung des Mobilitätsverhaltens in den biografischen Kontext, also die Betrachtung im Längsschnitt, lässt jedoch Aussagen zu den Ver-änderungen der Mobilität im Alter, deren Ursachen sowie der subjektiven Wertung selbiger zu. Diese Wertungen, welche sich im Sinne einer durch Mobilitätsmög-lichkeiten beeinflussten Lebenszufriedenheit ausdrücken, können mit Ansätzen der Alternssoziologie überprüft werden. Es stellt sich zum einen die Frage, inwiefern gängige Ansätze der Alternssoziologie (Disengagementtheorie, SOK-Modell u. a.) individuelle Biografien erklären können, aber auch, ob reale Biografien die ver-schiedenen Ansätze stützen. Dies soll jedoch nicht den Schwerpunkt des vorlie-genden Beitrages bilden. Vielmehr gliedert sich das Ziel des Beitrages in folgende zwei Aspekte:

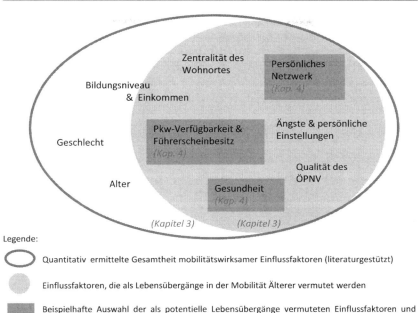

Legende:

◯ Quantitativ ermittelte Gesamtheit mobilitätswirksamer Einflussfaktoren (literaturgestützt)

▒ Einflussfaktoren, die als Lebensübergänge in der Mobilität Älterer vermutet werden

▓ Beispielhafte Auswahl der als potentielle Lebensübergänge vermuteten Einflussfaktoren und Überprüfung auf ihre Relevanz als Lebensübergänge, eingebettet in den individuellen Lebenslauf

Abb. 1 Einflussfaktoren auf das Mobilitätsverhalten mit Untersuchung auf das Potential als Lebensübergang (Schlüsselereignis oder schleichender Prozess). (eigene Darstellung)

- Es soll exemplarisch untersucht werden, ob bestimmte Einflussfaktoren auf die Mobilität, wie Gesundheit, persönliches Netzwerk oder Verfügbarkeit eines Autos bei entsprechender Veränderung als Schlüsselereignis oder schleichender Prozess wirken können. Der vorliegende Beitrag basiert daher auf dem Konzept der Mobilitätsbiografienforschung nach Lanzendorf (2003) und Scheiner (2007), welches den Längsschnittgedanken zur Untersuchung des Mobilitätsverhaltens aufgreift. Die integrierte Betrachtung verschiedener Lebensbereiche und Teilbiografien verdeutlicht zudem die Vielseitigkeit der das Mobilitätsverhalten beeinflussenden Faktoren.
- Um den Nachweis mobilitätswirksamer Lebensübergänge zu erbringen, wird eine *Vorgehensweise zur Identifizierung von Lebensübergängen in der Mobilität Älterer* entwickelt und exemplarisch angewandt. Diese sieht folgendes Vorgehen vor:
  1. Zusammentragen von in quantitativen Studien als signifikant nachgewiesenen Einflussfaktoren auf das Mobilitätsverhalten Älterer (Abb. 1, *Außenkreis*).

2. Begründete Reduzierung der Einflussfaktoren aus (1) auf potentiell mobilitätswirksame Lebensübergänge (Abb. 1, *grau schraffierter Kreis*).
3. Exemplarische Überprüfung der in (2) vorgenommenen Reduzierung
   anhand (retrospektiver) Längsschnitt-Interviews aus dem Projekt „Mobilität
   im Alter: Kontinuität und Veränderung" (Hieber et al. 2006). Hierbei wird
   insbesondere die Wirkung verschiedener mobilitätswirksamer Schlüsselereignisse beziehungsweise Prozesse vor dem Hintergrund unterschiedlicher
   Lebensläufe in den Vordergrund gestellt (Abb. 1, *dunkelgraue Kästen*).

Der Aufbau des Beitrages orientiert sich an dem vorgestellten Vorgehen zur Identifizierung von mobilitätswirksamen Lebensübergängen. Zuvor werden die zentralen Begriffe Mobilität und Alter einführend definiert und die gängigsten Theorien
der Alternssoziologie sowie der Ansatz der Mobilitätsbiografien wiedergegeben.

2 Mobilitätsbiografien und Alter

2.1 Mobilität

Der Begriff Mobilität erschließt sich aus zwei Dimensionen:

- *Mobilität als Möglichkeit* zur Ortsveränderung, d. h. als Beweglichkeit. Mobilität ist damit ein Potential, welches sowohl aus der individuellen Lebenssituation erwächst als auch aus der Verfügbarkeit von Möglichkeiten und Erreichbarkeiten (Scheiner und Holz-Rau 2002).
- *Realisierte Mobilität* im Sinne von Verkehrsmittelwahl, Aktivitäts- oder Wege-
  häufigkeiten innerhalb einer bestimmten Zeitspanne und zurückgelegten Distanzen (= Mobilitätskenngrößen) (Scheiner 2007, S. 162 f.).

Für die vorliegende Arbeit ist insbesondere die Möglichkeitsdimension von Bedeutung. Es interessieren eher die von den Senioren wahrgenommenen Potentiale
zur Fortbewegung und die damit verbundene subjektive Zufriedenheit. Beide Dimensionen dienen als Erklärung für realisierte sowie nicht realisierte Wege sowie
eine Einordnung in die entsprechenden Ansätze der Alternssoziologie. Dementsprechend sollten *Mobilitätseinschränkungen* durch die konkrete Erfragung un-
erfüllter oder subjektiv nicht zufriedenstellender Mobilitätsbedürfnisse erfasst
werden (Mollenkopf und Flaschenträger 2001).

2.2 Alternsprozess

Der Begriff „Alter" hat in der Vergangenheit einen deutlichen Bedeutungswandel erfahren. Während in früheren Generationen der Eintritt in das Rentenalter gleichzusetzen war mit dem Ausscheiden aus dem aktiven Leben, hat sich dieses Verständnis unter anderem in Folge gestiegener Lebenserwartungen gewandelt. Mittlerweile kann die Phase des Alters bis zu einem Drittel der individuellen Lebenszeit ausmachen. Um der Heterogenität dieser langen Zeitspanne gerecht zu werden, wird daher zunehmend in eine *dritte und vierte Lebensphase* unterschieden (Backes und Clemens 2003; Nordbakke und Schwanen 2013). Während die dritte Lebensphase als die Zeit der Gesundheit, der persönlichen Erfüllung und des aktiven Alterns verstanden wird, ist die vierte Lebensphase idealtypisch gekennzeichnet durch geistigen und körperlichen Verfall, Gebrechlichkeit, Abhängigkeit und den Verlust sozialer Kontakte (Laslett 1989 zitiert nach Nordbakke und Schwanen 2013, S. 25). Zur Abgrenzung beider Phasen wird häufig das Alter zwischen 75 und 80 Jahren als Anhaltspunkt herangezogen. Aus gerontologischer Sicht steht allerdings nicht das kalendarische Alter im Vordergrund. Vielmehr ist mit dem *funktionalen* Alter ein Begriffsverständnis gegeben, welches durch einen integrierenden und interdisziplinären, ganzheitlichen Ansatz der inter- und intraindividuellen Heterogenität der Lebensphase Alter gerecht wird. Es berücksichtigt sowohl psychologische als auch körperliche Prozesse sowie Alltagskompetenzen der Individuen zur Bestimmung des „Alters" einer Person und lässt somit Schlüsse auf deren Verkehrsverhalten zu (Ernst 1999, S. 18; Gerlach et al. 2007, S. 24; Hefter und Götz 2013, S. 24).

2.3 Ansätze der Alternssoziologie mit Bezug auf das Mobilitätsverhalten

In den *Ansätzen der Alternssoziologie* werden verschiedene Aspekte des Alterns sowie des Selbstverständnisses in dieser Lebensphase aufgegriffen. Die für die vorliegende Arbeit relevanten Ansätze sollen im Folgenden beschrieben werden, da zu erwarten ist, dass die Mobilitätsbiografien einzelner Individuen Anlehnungen an die Ansätze der Alternssoziologie aufweisen beziehungsweise zu prüfen ist, ob die jeweiligen Ansätze als Erklärungsmuster für das Mobilitätsverhalten im Alter dienen können. Die nachfolgenden Theorien vertreten unterschiedliche Meinungen darüber, mit welchem Mobilitätsverhalten das Individuum seine (Lebens-)Zufriedenheit im Alter erhöhen beziehungsweise beibehalten kann.

Die *Disengagementtheorie* (Cummings und Henry 1961) geht von einem natürlichen Rückzug der Älteren aus dem aktiven und sozialen Leben aus, welcher durch den Ruhestand eingeleitet wird. Dieser verstärkte Bezug auf sich selbst geschieht im Einvernehmen zwischen Gesellschaft und alterndem Individuum und erhöht die Lebenszufriedenheit, da soziale Zwänge und Normen nicht mehr berücksichtigt werden müssen (Engeln und Schlag 2001, S. 28). Aus Mobilitätssicht impliziert dies, dass Ältere nicht nur auf Grund äußerer Mobilitätsbarrieren, sondern auch aus eigenem Antrieb ein reduziertes Verkehrsverhalten aufweisen und sich maßgeblich im näheren Wohnumfeld beziehungsweise innerhalb der eigenen Wohnung aufhalten. Neue innerhäusliche Aktivitäten können dabei den Rückzug kompensieren (Hieber et al. 2006, S. 19 f.).

Die *Aktivitätstheorie* (Tartler 1961) demgegenüber sieht ein zufriedenes Leben des Individuums nur dann gewährleistet, wenn dieses sein außerhäusliches Aktivitätslevel konstant hält. Dies kann durch eine Bewahrung möglichst vieler Rollen aus vorangegangenen Lebensphasen geschehen beziehungsweise durch ein Ersetzen oder die Kompensation verlorener Rollen durch neue Aktivitäten. Eine Reduzierung außerhäuslicher Aktivitäten würde demnach zu Frustration und Unzufriedenheit führen (Hieber et al. 2006, S. 20).

Die *Kontinuitätstheorie* gilt als Mittelweg zwischen Aktivitäts- und Disengagementtheorie. Atchley (1989) sieht ein zufriedenes Leben gewährleistet durch die Beibehaltung sozialer und individueller Aktivitäten, welche bereits im mittleren Erwachsenenalter entwickelt wurden (Atchley 1989; Tesch-Römer 2010, S. 53). Eine kontinuierliche Fortführung der Mobilität und bekannter Aktivitätsmuster im Alter ist nur bei gleichbleibender Gesundheit möglich, was mit fortschreitendem Alter eher unwahrscheinlich scheint. Daher ist von Kontinuität der Mobilität im Alter auch dann zu sprechen, wenn das Leben nach einer gewissen Zeit der Anpassung und Bewältigung neu gestaltet wurde (Hieber et al. 2006, S. 20).

Das *Modell der selektiven Optimierung und Kompensation (SOK-Modell)* geht zurück auf Baltes und Baltes (1989) und berücksichtigt den Verlust kognitiver und körperlicher Fähigkeiten hinsichtlich ihrer Auswirkungen auf die individuelle Lebenszufriedenheit. Diesen Verlusten werden die Möglichkeiten der Selektion, Optimierung und Kompensation gegenübergestellt. *Selektion* bedeutet das Aufgeben subjektiv weniger bedeutsamer Ziele zugunsten persönlich wichtigerer Ziele und Funktionsbereiche entsprechend den noch vorhandenen Kräften und Potentialen. Die gleichzeitige *Optimierung* (noch) vorhandener Kompetenzen, wie beispielsweise der Fähigkeit des Autofahrens, soll dazu dienen, die für die eigene Lebenszufriedenheit wichtigen Funktionsbereiche aufrecht zu erhalten, um den gewählten Lebensweg qualitativ und quantitativ zu verbessern. Verhaltensanpassungen oder die Nutzung von Hilfsmitteln wie Rollatoren oder Hörgeräten dienen der *Kompensation*, mit welcher verminderte Ressourcen und Möglichkeiten ausgeglichen werden beziehungsweise Anpassungen an Einschränkungen vorgenommen werden (Baltes und Baltes 1989; Hefter und Götz 2013, S. 20 f.). Auf den Mobilitätskontext bezogen bedeutet dies, dass ältere Menschen Zeiten und Orte ihrer Verkehrsteilnahme selektieren und beispielsweise ihre Einkäufe auf die Mittagszeit und nicht in den Berufsverkehr verlegen. Durch Verkehrsprogramme für Ältere (Fahrsicherheitstrainings, Schulungen im Öffentlichen Personennahverkehr (ÖPNV)) können bestehende Fertigkeiten optimiert werden und durch die Nutzung des Pkw oder aber eines Rollators Probleme beim Laufen kompensiert werden (Kocherscheid und Rudinger 2005, S. 27 f.).

Da die beschriebenen Theorien die Fortführung individueller Aktivitätsmuster im Alter und deren Auswirkungen auf die Lebenszufriedenheit untersuchen, ist eine Betrachtung des Mobilitätsverhaltens Älterer im Längsschnitt maßgeblich zur Beantwortung der Frage, wie Mobilität im Alter individuell gestaltet werden sollte und welche Faktoren dem möglicherweise entgegenstehen. Denn „Handlungsmuster und Lebensstile im Alter [sind] auch ein Produkt der individuellen Biografie und der Geschichte der Kohorte" (Kramer und Pfaffenbach 2011, S. 81, eigene Anmerkung). Die Identifikation von mobilitätswirksamen Schlüsselereignissen oder Prozessen setzt die Kenntnis des biografischen Kontextes voraus. Dies ist Kerninhalt des im Folgenden beschriebenen Mobilitätsbiografienansatzes.

2.4 Ansatz der Mobilitätsbiografien

Lanzendorf (2003) und Scheiner (2007) begründeten den Mobilitätsbiografienansatz in Deutschland, welcher biografischen Kontext und realisiertes Mobilitätsverhalten einer Person zusammenführt. Der Begriff *Mobilitätsbiografie* beschreibt dabei die Entwicklung der Verkehrsnachfrage einer Person über den gesamten Lebensverlauf inklusive der Pkw-Nachfrage und anderer Verkehrsmittel (Scheiner 2007, S. 162). Im Sinne der zwei Dimensionen von Mobilität wird unterschieden in die Verfügbarkeit von Verkehrsmitteln und das tatsächlich realisierte Verkehrsverhalten (Scheiner 2007, S. 163).

Es handelt sich um einen Forschungsansatz, welcher die Kausalitätsbestimmung von Ursache und Wirkung auf individueller Ebene zulässt (Scheiner 2007; Lanzendorf 2003). Kernelement ist es, das individuelle Mobilitätsverhalten nicht losgelöst zu betrachten, sondern eingebettet und in Wechselwirkung zu anderen Teilbiografien und Lebensbereichen eines Individuums (Scheiner 2007, S. 163;

Abb. 2 Mobilitätsbiografienansatz nach Scheiner
(2007) – Modell der Beziehungen zwischen Mobili-
tätsbiografie und anderen
relevanten Teilbiografien
(in Anlehnung an Scheiner
2007, S. 167)

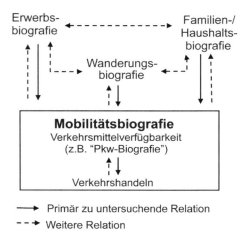

Lanzendorf 2003). Laut Scheiner (2007) sind dies die individuellen *Erwerbs-* sowie *Haushalts-* und *Wanderungsbiografien* von Personen (vgl. Abb. 2). Diese stehen in Wechselwirkung mit der *Mobilitätsbiografie*, welche sich im Verkehrsverhalten ausdrückt. Lanzendorf (2003) (vgl. Abb. 3) spricht nicht von Teilbiografien,
sondern unterscheidet in drei Lebensbereiche, welche die maßgeblichen Trajekto-
rien des Verkehrshandelns abdecken. Diese sind im Einzelnen die *life style domain*,
welche das soziale, kulturelle und politische Umfeld betrifft. Hier unterscheidet
Lanzendorf (2003) in objektive Charakteristika wie Einkommen, Alter, Haushaltsstruktur sowie Freizeitaktivitäten und subjektive Charakteristika wie Einstellungen
hinsichtlich Verkehr, Verkehrsmitteln und Freizeitaktivitäten. Diese sind stark miteinander verknüpft und beeinflussen sich wechselseitig. Einen weiteren mobilitätsrelevanten Lebensbereich bildet die *accessibility domain* mit den entsprechenden
Standorten von Wohnen, Arbeit und Freizeit sowie die *mobility domain*, welche
Informationen bezüglich der Verfügbarkeit von Verkehrsmitteln und tatsächlichen
Aktivitäts- und Verkehrsmustern liefert.

Während das Verkehrsverhalten auf kurze oder mittelfristige Sicht eher stabil
ist, liegt das Forschungsinteresse im Mobilitätsbiografienansatz auch auf der Identifikation von *Schlüsselereignissen* und *schleichenden Prozessen* in den verschiedenen Teilbiografien, die sich langfristig in Form eines veränderten Mobilitätsverhaltens auswirken (Scheiner 2007, S. 164). Klöckner (2005, S. 31) formuliert
klar definierbare Kriterien an ein „*verkehrsmittelbezogenes Lebensereignis*". Be-
treffende Ereignisse müssen:

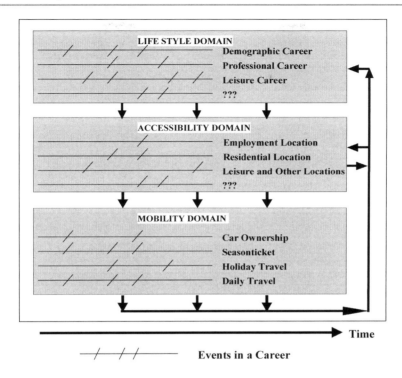

Abb. 3 Mobilitätsbiografienansatz nach Lanzendorf (2003) – Modell der Lebensbereiche und Schlüsselereignisse mit Einfluss auf den Mobilitätsbereich (Lanzendorf 2003)

- subjektiv im Zusammenhang mit der Verkehrsmittelwahl gesehen werden,
- sich zeitlich eng umgrenzen lassen oder aber einen klar umrissenen Startpunkt aufweisen,
- eine subjektiv herausragende Bedeutung (geringe Häufigkeit, Einzigartigkeit) haben
- und somit zu einer Unterbrechung verkehrsmittelbezogener Lebensabläufe führen, die in einem Modus der aktiven Entscheidungsfindung resultiert.

Wie in Kap. 3 ersichtlich, werden in vorliegendem Beitrag auch andere Aspekte als die reine Verkehrsmittelwahl zur Untersuchung des Mobilitätsverhaltens herangezogen. In Ergänzung zur Definition nach Klöckner (2005) können
auch *mobilitätswirksame Prozesse*, d. h. längerfristige Entwicklungen ohne
zeitlich enge Umgrenzung bzw. ohne klaren Startpunkt untersucht werden
(z. B. chronische Erkrankungen mit Auswirkungen auf das Mobilitäts- und
Verkehrsverhalten).

Da sich bisher nur wenige Anwendungen des Mobilitätsbiografienansatzes
auf die Lebensphase Alter beziehen, ist eine Anwendung des Ansatzes speziell
auf ältere Personen Anliegen des Beitrages. Mit steigendem Alter kann von einer
Vielzahl durchlebter Schlüsselereignisse und Prozesse mit langfristigen Auswirkungen auf das Mobilitätsverhalten ausgegangen werden. Grundlage dessen bildet
zunächst die Identifikation von Faktoren, welche potentielle Ursachen für veränderte Mobilität darstellen können. Die Erläuterung dieser Faktoren ist Inhalt des
folgenden Kapitels.

3   Einflussfaktoren der Mobilität als potentielle Schlüsselereignisse und Prozesse

Im Folgenden werden die in quantitativen Studien als statistisch signifikant er-
mittelten Einflussfaktoren auf das Mobilitätsverhalten älterer Menschen über-
blicksartig dargestellt. Dabei wird in Anlehnung an Nordbakke (2013) eine
Unterscheidung in *soziodemografische Faktoren, individuelle Ressourcen und
Mobilitätsmöglichkeiten* sowie *Kontextbedingungen* vorgenommen. Tabelle 1
gibt einen Überblick über die beschriebenen Faktoren und die zugrunde liegenden Studien.

Angeschlossen an die Erläuterung der jeweiligen Einflussfaktoren folgt eine
Bewertung des Faktors hinsichtlich seines Potentials als Schlüsselereignis oder
schleichender Prozess, das Mobilitätsverhalten im Alter beeinflussen zu können.
Berücksichtigt werden hierbei nur mögliche Veränderungen der Faktoren *nach*
Eintritt in den Ruhestand, so dass beispielsweise eine berufliche Weiterqualifizie-
rung und ein damit verbundener Arbeitsplatzwechsel mit veränderter Verkehrsmittelnutzung nicht als möglicher Lebensübergang in die Bewertung einfließt. Als
Zwischenfazit dieses Kapitels wird die Relevanz der beschriebenen Einflussfaktoren zur Bildung von Mobilitätstypen im Sinne einer *Querschnitts*analyse herausgestellt.

Tab. 1 Einflussfaktoren auf das Mobilitätsverhalten Älterer (Auswahl)

Einflussfaktor	Studien (Auswahl)
Soziodemografische/-ökonomische Faktoren	
Geschlecht	Hildebrand (2003), Scheiner (2006a)
Alter	Hildebrand (2003), Nordbakke (2013), Scheiner (2006a)
Bildungsniveau + Einkommen	Evans (2001), Haustein (2012), Hildebrand (2003), Kramer und Pfaffenbach (2011), Nordbakke (2013), Scheiner (2006a)
Individuelle Ressourcen und Mobilitätsmöglichkeiten	
Pkw-Verfügbarkeit + Führerscheinbesitz	Haustein (2012), Hildebrand (2003), Nordbakke (2013), Scheiner (2006a)
Gesundheit	Hildebrand (2003), Kramer und Pfaffenbach (2011), Nordbakke (2013), Scheiner (2006a)
Persönliches Netzwerk	Haustein (2012), Hildebrand (2003), Kramer und Pfaffenbach (2011), Nordbakke (2013), Scheiner (2006a)
Ängste + persönliche Einstellungen (z. B. *Cycling attitude + walking attitude + Perceived mobility necessities*)	Haustein (2012), Nordbakke (2013)
Kontextbedingungen	
Zentralität des Wohnortes	Haustein (2012), Nordbakke (2013)
Qualität des ÖPNV	Haustein (2012), Nordbakke (2013)

3.1　Soziodemografische und sozioökonomische Faktoren

Der Einfluss des *Geschlechts* auf das Mobilitätsverhalten ist vor allem im Zusammenhang mit der Verfügbarkeit eines Pkw im Haushalt von Bedeutung. Die aktuelle Seniorengeneration weist eine erhöhte Führerscheinbesitzrate bei Männern im Vergleich zu den Frauen auf (Siren und Hakamies-Blomqvist 2006). Dies resultiert in weniger unerfüllten Aktivitätswünschen bei Männern im Vergleich zu Frauen (Scheiner 2006a; Siren und Hakamies-Blomqvist 2006).

Die Auswirkungen des *Alters* als Einflussgröße auf das Mobilitätsniveau sind umstritten. Scheiner (2006a) spricht eher von altersbezogenen Attributen als vom Alter per se, welche Auswirkungen auf die realisierte Mobilität haben. Eine Orientierung bietet dabei der ganzheitliche, funktionale Altersbegriff (s. Kap. 2.2). Nordbakke (2013) demgegenüber weist einen negativen Zusammenhang zwischen Alter und Außer-Haus-Aktivitäten nach.

Da ein höherer *Bildung*sabschluss in der Regel auch ein höheres *Einkommen*sniveau erwarten lässt, werden beide Faktoren im Folgenden gemeinsam betrachtet. Mit höherem Bildungsniveau steigen Aktivitätsniveau und Mobilitätsbeteiligung im Alter

(Evans 2001; Mollenkopf et al. 2005). Einen ähnlichen Effekt von Bildung und Ein-
kommen auf die Wegehäufigkeit wiesen Schwanen et al. (2001) in einer dänischen
Studie nach. Dabei kann die erhöhte Weganzahl auch Ausdruck der größeren Pkw-
Verfügbarkeit in gut situierten Haushalten sein (Nordbakke und Schwanen 2013, S. 7).

► Im Folgenden werden weder Geschlecht noch Alter als potentielle
   Lebensübergänge gehandhabt. Das Geschlecht ist unveränderbar,
   während es in Bezug auf das zweitgenannte Merkmal eher die altersbezogenen Attribute sind, welche zu einer Veränderung des Mobilitätsverhaltens führen (Scheiner 2006a). Ebenso wird das Bildungsniveau
   voraussichtlich keinen Bruch im Alter erleben. Eine Veränderung der
   finanziellen Situation wird möglicherweise durch den Tod des Partners und die dadurch veränderte Rentensituation (Wegfall der zweiten
   Rente, Bezug einer Witwen-/Witwerrente) eintreten.

3.2 Individuelle Ressourcen und Mobilitätsmöglichkeiten

Die *Pkw-Verfügbarkeit*, welche eng verbunden ist mit *Führerscheinbesitz* und
finanziellen Ressourcen, kann altersbedingte gesundheitliche Einschränkungen
kompensieren (Scheiner 2006a, S. 154). Ältere ohne Pkw bilden die Gruppe der
am wenigsten Mobilen mit dem gleichzeitig höchsten Risiko sozialer Isolation und
eingeschränktem Zugang zu Dienstleistungen (Evans 2001, S. 153). Das eigene
Auto bildet somit einen Garanten für hohe Mobilität, Autonomie, soziale Integration und Zufriedenheit in Folge von Außer-Haus-Aktivitäten (Evans 2001, S. 153).
Dabei ist die Kausalität dieser Beziehungen umstritten. Scheiner (2006a, S. 154)
stellt fest, dass es der rüstige, gesunde und zufriedenere, mobile Senior ist, welcher
als Ausdruck seiner persönlichen Lebensumstände ein Auto besitzt und nicht der
ansonsten eher häuslich geprägte Rentner, welcher erst in Folge des Autobesitzes
mehr Außer-Haus-Aktivitäten unternimmt (Mollenkopf und Flaschenträger 2001).

► Pkw-Verfügbarkeit und Führerscheinbesitz bilden mobilitätsrelevante
   Merkmale, deren Verlust einen massiven Einschnitt in die realisierte
   Mobilität bedeutet. Daher ist zu unterscheiden in Personen, welche nie
   einen eigenen Pkw besessen haben versus Personen, die aktuell über
   keinen Pkw mehr verfügen, früher jedoch hauptsächlich Pkw-Nutzer
   waren. Für die zweite Gruppe wird das Aufgeben des Autofahrens vermutlich eine deutliche Veränderung des Mobilitätsverhaltens mit sich
   gebracht haben. Das Aufgeben des Autofahrens stellt in diesem Fall ein
   Schlüsselereignis oder einen Prozess dar.

Die *geistige und körperliche Verfassung* und damit einhergehend der *Gesundheitszustand* und die Möglichkeit sich *selbstständig fortzubewegen* bilden einen weiteren, in der Person begründeten Faktor, der sich maßgeblich auf die Mobilität Älterer auswirkt. Seh-, Hör- und Beweglichkeitsprobleme betreffen einen Großteil der alternden Bevölkerung. Die Mobilitätsteilnahme und Aktivitätshäufigkeit von Personen mit Mobilitätseinschränkungen ist deutlich reduziert (Mollenkopf und Flaschenträger 2001). Hinsichtlich der langfristigen Auswirkungen gesundheitlicher Einschränkungen auf das Mobilitätsverhalten von Senioren ist zu berücksichtigen, ob diese plötzlich (z. B. Autounfall) oder aber schleichend (z. B. Diabetes) auftreten und inwiefern die betroffene Person Gelegenheit hatte, Kompensationsstrategien zu entwickeln.

▶ Die Veränderung der körperlichen und geistigen Gesundheit kann sowohl als Schlüsselereignis als auch als schleichender Prozess auftreten. Während der zweite Fall der betroffenen Person die Möglichkeit gibt, Anpassungs- oder Kompensationsstrategien für die nachlassenden körperlichen Fähigkeiten im Sinne des SOK-Modells zu entwickeln und somit möglicherweise gar nicht als mobilitätsbeeinflussender Faktor wahrgenommen wird, können plötzliche Ereignisse einen deutlichen und rapiden Bruch in der Mobilität bedeuten.

Aus der Größe und Struktur des *persönlichen Netzwerkes* älterer Personen können Mobilitätsanlässe resultieren, welche zu einem höheren Aktivitätsniveau führen (Mollenkopf et al. 2005; Scheiner 2006a). Je größer das soziale Netz, desto eher stehen Personen bereit, welche bei körperlichen Einschränkungen Älterer als Hilfe für bestimmte Wege zur Verfügung stehen. Außerdem werden gemeinsame Aktivitäten als angenehmer und erfüllender empfunden (Mollenkopf et al. 2005; Scheiner 2006a). Demgegenüber steht die Erkenntnis, dass alleinstehende Ältere häufiger außerhäuslich unterwegs sind als ältere Paare (Schwanen et al. 2001), da diese entweder durch die Pflegebedürftigkeit des Partners insbesondere im höheren Lebensalter ans Haus gebunden sind (Scheiner 2006c, S. 169) oder aber durch den Lebensgefährten bereits sozialen Austausch in den eigenen vier Wänden erfahren (Scheiner 2006a).

▶ Veränderungen des persönlichen Netzwerkes und der Lebenssituation können sich vielseitig in der Mobilität wiederspiegeln. Der Verlust wichtiger Bezugspersonen kann in einem plötzlich erhöhten Mobilitätsniveau durch den Wegfall der pflegebedürftigen Person resultieren oder aber in einem verminderten Aktivitätslevel, da der Begleiter für gemeinsame Unternehmungen fehlt. Demgegenüber kann das schrittweise „Ausdünnen" des sozialen Netzes zu einem allmählichen Rückzug aus außerhäuslichen Aktivitäten führen.

Persönliche Einstellungen beziehungsweise Präferenzen für Außer-Haus-Aktivitäten und *empfundene Ängste* bilden eine weitere, in der bisherigen Forschung eher vernachlässigte Triebfeder beziehungsweise ein Hemmnis für das realisierte Mobilitätsverhalten älterer Personen. Dabei verändern sich die Präferenzen entsprechend dem persönlichen Kontext und den eigenen Fähigkeiten im Alter. Ein Wandel des Mobilitätsverhaltens kann mit den entsprechenden Motiven und Präferenzen gemäß den zuvor beschriebenen Ansätzen der Alternssoziologie geschehen (vgl. Kap. 2.3 dieses Beitrags). Mollenkopf et al. (2005) fanden heraus, dass die Outdoor-Indoor Motivation[1] älterer Personen (neben anderen Faktoren) in der Tat einen Indikator für die Vielfalt der ausgeübten außerhäuslichen Aktivitäten und damit deren Mobilitätsverhalten darstellte. Von Senioren empfundene Ängste oder Gefährdungen wirken sich insbesondere auf den Zeitpunkt der Durchführung außerhäuslicher Aktivitäten und auch die Wahl des Verkehrsmittels aus. Ältere haben ein größeres Sicherheitsbedürfnis in öffentlichen Räumen als Jüngere und meiden insbesondere bei Dunkelheit die Nutzung des ÖPNV (Scheiner und Holz-Rau 2002; Engeln und Schlag 2001). Persönliche und soziale Normen bilden weitere Einflussfaktoren auf das Mobilitätsverhalten (Haustein 2012).

▶ Ein weitgehender Rückzug aus dem öffentlichen Leben, der Folge eines allmählichen Wandels persönlicher Einstellungen und Präferenzen ist und nicht durch äußere Zwänge (z. B. nachlassende Beweglichkeit) bedingt wurde, entspricht der Disengagementtheorie.

3.3 Kontextbedingungen

Senioren, welche in *dicht besiedelten Gebieten*, d. h. zentralen Wohnorten leben, unternehmen mehr Wege als Bewohner ländlicher Räume (Schwanen et al. 2001; Siren und Hakamies-Blomqvist 2006). Dies lässt sich begründen mit der hohen nahräumlichen Versorgungsdichte, fußläufigen Entfernungen zu vielen Zielen, guten Verkehrsanbindungen und dem höheren *ÖPNV-Angebot* in städtischen Regionen (Nordbakke 2013; Haustein 2012; Rudinger et al. 2006). Bewohner ländlicher Regionen gehen eher sozialen Aktivitäten wie Kirch- oder Verwandtenbesuchen nach. Im urbanen Raum hingegen überwiegen der Besuch kultureller Veranstaltungen, Ausflüge oder Lokalbesuche (Scheiner 2006b).

---

[1] Outdoor-Indoor-Motivation: In welchem Ausmaß fühlt sich die befragte Person eher als Outdoor- oder aber Indoor-Typ (= home orientation), basierend auf der Vielfalt der durchgeführten außerhäuslichen Aktivitäten.

▶   Der Blick auf die lebenslange Wohnbiografie einer betagten Person ist insofern von Interesse, als dass mit urbanen Wohnlagen bestimmte mobilitätsbeeinflussende Fähigkeiten, die im Alter von Relevanz sein können (z. B. U-Bahn-Nutzung), tendenziell eher erworben werden konnten als in ländlichen Regionen. Verbrachte eine Person ihr bisheriges Leben im ländlichen Raum mit überwiegender Pkw-Nutzung, entfällt diese Ressource im Alter und muss gegebenenfalls erlernt werden.

Hinsichtlich der Auswirkungen verschiedener Einflussfaktoren ist auch zu berücksichtigen, dass zwischen einzelnen Faktoren vielseitige Wechselwirkungen bestehen. Das gleichzeitige Auftreten mehrerer Faktoren kann somit die aus einzelnen Faktoren resultierenden Effekte verstärken oder möglicherweise aufheben. Beispielsweise kann ein großes persönliches Netz das Aufgeben des Autofahrens kompensieren, indem zahlreiche Mitfahrgelegenheiten zur Verfügung stehen (Hieber et al. 2006, S. 118).

3.4   Zwischenfazit: Mobilitätstypen

Im Folgenden wird die Relevanz der beschriebenen Einflussfaktoren als Grundlage für die Bildung von Mobilitätstypen herausgestellt. Die Grenzen dieser querschnittsartigen Beschreibung des Mobilitätsverhaltens liegen jedoch in ihrer fehlenden Eignung zur Bestimmung von Lebensübergängen. Dennoch ermöglichen Mobilitätstypen eine Unterteilung der heterogenen Gesamtheit der Älteren in Gruppen mit einem jeweils homogenen Mobilitätsverhalten. In bisherigen Forschungen identifizierte Haustein (2012) beispielsweise vier relevante *Mobilitätstypen* Älterer: „Captive Car Users", „Affluent Mobiles", „Self-Determined Mobiles" und „Captive Public Transport Users". Hildebrand (2003) bestimmte in seinen sieben Mobilitätsclustern ähnliche Typen. Gängige Segmentierungsansätze im Verkehrssektor basieren somit laut Haustein (2012, S. 1082) auf folgenden Segmentierungsfaktoren:

a. Mobilität, wie Vielfalt und Häufigkeit von Aktivitäten, Pkw-Verfügbarkeit,
b. soziodemografische Merkmale, z. B. Alter, Geschlecht und Führerscheinbesitz und
c. psychographische Merkmale, die sich maßgeblich stützen auf Einstellungen und Wertvorstellungen (bevorzugte Freizeitaktivitäten, Möblierung etc.). Allgemein lässt sich unterscheiden in generelle Lebensstilansätze sowie die konkreteren Mobilitätsstile und Mobilitätstypen.
d. Rudinger et al. (2006, S. 145) weisen räumliche Merkmale des Wohnortes (urbane, suburbane oder ländliche Raumstrukturen) nach (Rudinger et al. 2006).

Für die Bestimmung von Lebensübergängen erweisen sich die genannten Mobilitätstypen lediglich als Anhaltspunkt. Da Haustein (2012) und Hildebrand (2003) zur Bestimmung der Mobilitätstypen lediglich die individuellen Ausprägungen der Einflussfaktoren (z. B. Pkw-Besitz) zum jeweiligen Erhebungszeitpunkt in Form einer Querschnittsabfrage nutzten, erlauben sie weder die Identifikation noch eine Aussage über vorangegangene Schlüsselereignisse oder Prozesse, welche zu der aktuellen Ausprägung geführt haben. Ist das Fehlen eines eigenen Pkw zum Beispiel ein erst kürzlich eingetretener Zustand oder hat die betroffene Person nie einen Pkw besessen? Ob ein konkreter Zustand also als eine Veränderung oder Einschränkung wahrgenommen wird, kann nur untersucht werden, indem das Mobilitätsverhalten im Lebensverlauf betrachtet wird. Aus diesem Grund ist eine Erfassung der Einflussfaktoren in Form einer (retrospektiven) Längsschnitterhebung nötig, die eine Erweiterung der Mobilitätstypen darstellt und die Basis des folgenden Kapitels bildet.

4 Exemplarischer Nachweis von Lebensübergängen anhand bisheriger empirischer Ergebnisse

Im Folgenden werden exemplarisch für das eingangs beschriebene Vorgehen (vgl. Abb. 1) die Einflussfaktoren „Aufgeben des Autofahrens", „Veränderung des Gesundheitszustandes" sowie „Veränderung des persönlichen Netzwerkes" als mobilitätswirksame Lebensübergänge im Alter untersucht. Die Auswahl dieser drei Einflussfaktoren beruht auf der aktuellen Datenlage. In der zukünftigen Forschung wird im Rahmen eigener Erhebungen auch die Relevanz der übrigen Einflussfaktoren als Lebensübergang analysiert. Objektiv ähnliche Ereignisse weisen hier je nach biografischem Kontext unterschiedliche Auswirkungen auf das Mobilitätsverhalten auf. Aussagen darüber ergeben sich aus den zugrunde liegenden Biografien der einzelnen Individuen. Soweit möglich, wird zudem überprüft inwiefern sich die verschiedenen Ansätze der Alternssoziologie (Kap. 2.3) in den verschiedenen Biografien wiederfinden.

Die in diesem Beitrag zur Bestimmung der Lebensübergänge zugrunde liegenden Zitate der befragten Personen stammen aus dem Projekt „Mobilität im Alter: Kontinuität und Veränderung"[2]. Die dort geführten retrospektiven Interviews

---

[2] Mit dem Projekt bot sich die Chance „eine seit 1995 begleitete Stichprobe älterer Menschen zum dritten Mal im 5-Jahresabstand (1995, 2000, 2005) zum Thema ‚Mobilität im Alter' zu befragen" (Hieber et al. 2006, S. 15). Den methodischen Rahmen bildeten standardisierte Interviews, Mobilitätstagebücher, qualitative Fallstudien und internationale Expertenworkshops.

zeigen sich als geeignet zur Identifikation mobilitätswirksamer Lebensübergänge. Der Fokus wird zudem auf die Beschreibung der konkreten mobilitätsrelevanten Lebensübergänge und deren Auswirkungen gelegt, Informationen zum sonstigen persönlichen Umfeld der Senioren werden außer Acht gelassen. Um zu verdeutlichen, inwiefern objektiv gleiche Ereignisse unterschiedliche Auswirkungen für eine Person bedeuten können, wurden aus dem Interviewmaterial von Hieber et al. (2006) bewusst Individuen ausgewählt, welche zum Zeitpunkt der Befragung ähnliche Ausprägungen in einem bestimmten Einflussfaktor aufwiesen, jedoch über unterschiedliche biografische Hintergründe verfügten, da sich nur so das daraus resultierende unterschiedliche Mobilitätsverhalten im Alter erklären lässt.

4.1 Schlüsselereignis/-prozess: Aufgeben des Autofahrens

Im Folgenden wird anhand verschiedener Individuen der Nachweis erbracht, dass das Aufgeben des Autofahrens als Schlüsselereignis oder -prozess mit unterschiedlichen Folgen für das Mobilitätsverhalten wirken kann.

a. Auswirkung: Deutliche Mobilitätsabnahme durch das Aufgeben des Autofahrens

Folgende Zitate verdeutlichen die Relevanz des eigenen Pkw und die Bewertung der Folgen, welche aus dem Aufgeben des Autofahrens resultieren würden.

> Ja, das bedeutet mir viel, weil ich ja schon 50 Jahr fahr. Vorher hab ich ein Motorrad gehabt. […] Und jetzt einfach wegzuschmeißen, das kann ich nicht. (Herr Paul, 84 Jahre alt, Mannheim). (Hieber et al. 2006, S. 110)

> Alles. Des bedeutet alles. Ohne Auto bin ich aufgeschmissen. (Herr Stolpe, 85 Jahre alt, Mannheim). (Hieber et al. 2006, S. 111)

Für (zukünftige) Betroffene dieses Schlüsselereignisses mit einem ähnlichen biografischen Hintergrund bedeutet es einen massiven (befürchteten) Einschnitt in ihr Mobilitätsverhalten, wenn der eigene Pkw plötzlich nicht mehr als Verkehrsmittel zur Verfügung steht und wegen der Fokussierung auf den Pkw im bisherigen Lebensverlauf keine Fortbewegungsalternativen verfügbar sind beziehungsweise nicht erlernt wurden.

> Ich […] bin doch noch nie gefahren {mit den öffentlichen Verkehrsmitteln, I}. Ich hab gerade die Tage zu meinem Enkel gesagt […] ich tät mich blöd anstellen […] ich wüsste gar nich, wie ich mir einen Fahrschein und wie ich da umgehen müsste und alles […]. (Herr Jahn, 90 Jahre alt, Mannheim). (Hieber et al. 2006, S. 127)

b. Auswirkung: Kaum Veränderungen im Mobilitätsverhalten nach dem Aufgeben des Autofahrens aufgrund vorangegangener geringer Pkw-Nutzung

Frau Faust hingegen, 77 Jahre alt, ist verwitwet und besaß nie einen Führerschein, nutzte den Pkw also nur als Mitfahrerin. Aus diesem Grund und in Folge einer Augenerkrankung, welche ihr die Orientierung zu Fuß erschwert, bewältigt sie einen Großteil ihrer außerhäuslichen Wege mit dem ÖPNV. Sie gibt an, *„dass die öffentlichen Verkehrsmittel für sie in den letzten Jahren noch an Bedeutung gewonnen haben und sie bei der Ausübung ihrer alltäglichen Aktivitäten unterstützen"* (Hieber et al. 2006, S. 128). In nächster Zukunft möchte Frau Faust versuchen eigenständig den Zug zu nutzen, um ihre entfernt wohnenden Kinder zu besuchen. Der Pkw als Fortbewegungsmittel spielt in ihrer Biografie keine Rolle.

Frau Dahlmann demgegenüber durchlebte im Lebensverlauf eine sukzessive Reduzierung des Autofahrens als schleichenden Prozess, bevor sie das Autofahren mit 87 Jahren nach dem Tod ihres Ehemannes schließlich endgültig aufgab. Dennoch steht sie nun vor der Herausforderung, neue Formen der Fortbewegung zu erlernen beziehungsweise kennen zu lernen:

> Größere Fahrten hab ich sowieso nicht mehr gemacht und dann hab ich's jetzt aufgegeben und deshalb bin ich auch jetzt im Moment erst mal dabei, mich *vielleicht* mit dem Bus anzufreunden, aber das dauert noch nen bisschen […]. (Hieber et al. 2006, S. 58, eigene Hervorhebung)

▶   Mit verschiedenen biografischen Hintergründen und Verkehrsmittelnutzungsverhalten wird das Aufgeben des Autofahrens als unterschiedlich prägendes Ereignis empfunden, mit stark differierenden Auswirkungen auf das eigene Mobilitätsverhalten. Hierbei spielt auch eine Rolle, welche Alternativen (Mitfahrgelegenheiten, Verwandte, Taxi, ÖPNV) zum Auto nach dem Verkauf desselbigen zur Verfügung stehen beziehungsweise vorher genutzt wurden und somit vertraut sind.

4.2   Schlüsselereignis/-prozess: Veränderte Gesundheit und körperliche Verfassung

Die nachfolgenden zwei Beispiele zeigen auf, dass der Einflussfaktor Gesundheit sowohl als schleichender Prozess als auch als plötzliches Ereignis das Mobilitätsverhalten beeinflussen kann und somit verschiedene Auswirkungen bedingt.

a. Auswirkung: Entwicklung von Kompensationsstrategien durch allmähliche chronische Erkrankung (*schleichender Prozess*)

Herr Walter muss sich auf Grund seines sich altersbedingt allmählich verschlechternden Gesundheitszustandes mit stetig zunehmenden Einschränkungen in seinem Mobilitätsverhalten auseinander setzen. Er ist 86 Jahre alt, hat eine schwere Kriegsverletzung, die ihn stark einschränkt, und lebt mit seiner Ehefrau in Chemnitz. Auf Grund der im Laufe der vergangenen Jahre allmählich hinzugekommenen Erkrankungen und dem langen Zeitrahmen um Kompensationsmöglichkeiten für seine Kriegsverletzung herauszubilden, hat er Anpassungsmaßnahmen entwickeln können, sich dennoch ein konstantes Maß an Mobilität zu erhalten:

> Ich versuche eben, die Wege zusammenzufassen, da gehe ich eben hier zwei Stellen auf einmal. Früher bin ich zur Sparkasse gegangen, wenn ich gehen musste, da hab ich nicht geachtet, dass ich noch mal nächsten Tag zum Arzt gehen muss oder irgendwie. (Hieber et al. 2006, S. 161)

Infolge der körperlichen Einschränkungen, auch seiner Frau, entfallen gemeinsame Spaziergänge. Alternativ trifft sich das Ehepaar mit Bekannten im eigenen Garten: *„Ja, bei vernünftigem Wetter sitzen wir hier draußen, und wir sind meistens so 4–5 Personen noch dazu, da haben wir Spaß dran."* (Hieber et al. 2006, S. 161) und erhalten sich somit ihre Lebenszufriedenheit. *„Wir sind also etwas unzufrieden, will ich sagen, aber setzen uns durch, also da gibt's keine ‚Wehleiderei'"* (Hieber et al. 2006, S. 162).

► Das allmähliche Einsetzen körperlicher Beeinträchtigungen im biografischen Kontext ermöglichte es Herrn Walter, Kompensationsstrategien im Sinne des SOK-Modells zu entwickeln, welche ihm trotz seines hohen Alters noch ein verhältnismäßig hohes Maß an Mobilität und Lebenszufriedenheit erhalten.

b. Auswirkung: Mobilitätseinschränkung durch plötzliche Erkrankung oder Unfall (*Schlüsselereignis*)

Herr Ober, 77 Jahre, hingegen stellt sich vor, wie mit oben genanntem Fall vergleichbare körperliche Einschränkungen wahrgenommen werden, wenn diese plötzlich, beispielsweise in Form eines Unfalles oder eines Schlaganfalles, auftreten.

Der Herr meiner selbst bin ich. [...]. Ich stell jetzt mal eine Gegenfrage: Wenn ich jetzt, sag mal, ich wär jetzt gelähmt [...] das ham wir alles schon erlebt bei Kollegen, die ein Schlag gehabt haben. Die habe halt auch ihr Leben so beenden müssen. Aber dann, die hast ja gesehen, dass sie nicht zufrieden waren. [...] Wer ist dann noch zufriede wenn er den ganzen Tag da hockt und nix treiben kann? (Hieber et al. 2006, S. 53 f.)

▶ Beide Fälle beschreiben einen schlechten Gesundheitszustand. Während Herr Ober jedoch von einer plötzlichen Verschlechterung der physischen Fähigkeiten ausgeht, beschreibt Herr Walter das allmähliche Auftreten körperlicher Einschränkungen. Dieses unterschiedliche Auftreten einer beeinträchtigten Beweglichkeit beeinflusst die Mobilität in verschiedenem Maß: Herr Walter entwickelte im Laufe der Zeit alternative Mobilitätsformen und Kompensationsstrategien verbunden mit einer immer noch recht hohen Lebenszufriedenheit, während im Falle einer plötzlichen Gesundheitsverschlechterung nahezu völlige Immobilität drohen kann.

4.3 Schlüsselereignis/-prozess: Verändertes persönliches Netzwerk

Ein sich veränderndes persönliches Netzwerk oder der Verlust des Partners können Schlüsselereignisse oder schleichende Prozesse mit unterschiedlichen Auswirkungen auf das Mobilitätsverhalten darstellen, wie die folgenden Lebensübergänge verdeutlichen.

a. Auswirkung: Mobilitätseinschränkung durch Pflegearbeit (*schleichender Prozess*) und anschließender Anstieg der Mobilität durch Wegfall der Pflegeaufgabe (*Schlüsselereignis*)

Frau Pfeil durchlebte beide Lebensübergänge. Sie ist 70 Jahre alt, geschieden und lebt alleine. Der Tod ihrer fast 100-jährigen, stark pflegebedürftigen Mutter bedeutete ein einschneidendes Ereignis mit Blick auf ihr Mobilitätsverhalten. Frau Hansen, welche ihren demenzkranken Mann pflegt, beschreibt die Verantwortung für einen pflegebedürftigen Menschen ähnlich:

Natürlich, die gesamte Situation hat sich für mich eingeschränkt, indem ich eine Aufgabe habe [...]. Ich nehm meinen Mann mit. Ich bin natürlich..., ich hab immer jemand, ich muss aufpassen, ich muss mein Zettel haben. [...]. (Hieber et al. 2006, S. 71)

Durch den Wegfall der zeit- und kraftraubenden Pflegefunktion von Frau Pfeil, welche wenig Raum für Reisen und die Erfüllung eigener Interessen ließen, erhöhte sich ihre Zufriedenheit mit ihren Reise- und Freizeitmöglichkeiten deutlich. Nach und nach nahm Frau Pfeil ihre inner- und außerhäuslichen Freizeit- und Reiseaktivitäten wieder auf. Sie besucht gerne Konzerte, Museen und Theateraufführungen und betätigt sich sportlich. Besonders Tagesreisen, Kulturfahrten und größere Reisen kann sie seit dem Tod ihrer Mutter wieder vermehrt wahrnehmen. *„Ja, da war ich in London eine Woche und eine Woche in Prag und in Paris und dieses Jahr mach ich ne zweiwöchige Reise durch die baltischen Länder"* (Hieber et al. 2006, S. 95).

b. Auswirkung: Einschränkung der Mobilität durch Wegfall von Reisepartnern (*Schlüsselereignis*)

Der Verlust von Bezugspersonen kann jedoch auch einschränkende Auswirkungen auf das Mobilitätsverhalten der betroffenen Personen haben. Frau Anders, 78 Jahre, bedauert ihre mittlerweile eingeschränkten Urlaubsaktivitäten: *„Die Gründe sind die zwei {verstorbenen} Freundinnen. {Wir haben} früher schöne Busreisen gemacht"* (Hieber et al. 2006, S. 102).

► Frau Pfeil erlebte zwei einschneidende Ereignisse: zum einen die lang andauernde Pflegebedürftigkeit der eigenen Mutter, welche ihre außerhäuslichen Aktivitäten beeinträchtigte und zum anderen deren als Schlüsselereignis empfundenen Tod. In Folge dessen konnte sie an ihre zuvor geschmiedeten Pläne wieder anknüpfen und ein mobileres und zufriedeneres Leben führen. Ihre Aussagen beschreiben ein Mobilitätsverhalten im Sinne der Aktivitäts- oder Kontinuitätstheorie. Frau Anders demgegenüber ist ebenfalls von Todesfällen in ihrem persönlichen Netzwerk betroffen. Da es sich hierbei jedoch um Reisepartner handelte, bedeutet dies für sie ein eingeschränktes Mobilitätsverhalten. Eine Verkleinerung des sozialen Netzes, hier in Form von Todesfällen, kann sich also individuell verschieden auswirken.

5 Fazit und Ausblick

Die in Kap. 4 exemplarisch beschriebenen Lebensübergänge verdeutlichen, dass sich mobilitätsrelevante Schlüsselereignisse und schleichende Prozesse aus im Querschnitt identifizierten Einflussfaktoren auf das Mobilitätsverhalten ableiten

lassen. Das in Abb. 1 beschriebene Vorgehen, quantitativ ermittelte Einflussfaktoren im Rahmen standardisierter Interviews und qualitativer Fallstudien auf ihre Relevanz als mobilitätswirksame Lebensübergänge zu überprüfen, hat sich somit als
geeignet erwiesen. Die Faktoren „Aufgeben des Autofahrens", „Veränderung des
Gesundheitszustandes" sowie „Veränderung des persönlichen Netzwerkes" wurden empirisch als mobilitätswirksame Lebensübergänge nachgewiesen. Zukünftig
soll dieses Vorgehen auch auf die übrigen Einflussfaktoren angewandt werden.
Als Lebensübergänge können diese jedoch nur dann erkannt und bewertet werden,
wenn die bisherige Vita der Untersuchungsperson gemäß Lanzendorf (2003) und
Scheiner (2007) im Längsschnitt bekannt ist. Dies betrifft nicht nur die Mobilitätsbiografie, sondern alle Lebensbereiche wie Wohn-, Erwerbs- und Familienbiografie sowie persönliche Netzwerke. Mit Kenntnis des jeweiligen Lebenslaufes
können die Ansätze der Alternssoziologie der Einordnung dessen dienen, was
das Individuum berichtet, indem sie eine Kategorisierung der unterschiedlichen
Mobilitätsmuster nach den verschiedenen Theorien ermöglichen. Bereits in den
exemplarischen Zitaten in Kap. 4 finden sich Belege für das SOK-Modell sowie
die Aktivitäts- oder Kontinuitätstheorie. Diese Thematik könnte den Schwerpunkt
weiterer Forschungen bilden.

Einen weiteren Ansatz zur Bestimmung mobilitätswirksamer Lebensübergänge bildet die Durchführung qualitativer, nicht-standardisierter Interviews, welche
Schlüsselereignisse und schleichende Prozesse identifizieren können, die sich
nicht aus den genannten Einflussfaktoren ergeben. Beispielhaft aufgeführt seien
die komplizierte Anwendung und Technik der Fahrkartenautomaten der Verkehrs-
verbünde, welche dazu führen, dass der ÖPNV im Alter weniger genutzt wird oder
aber Negativereignisse wie das Verstauchen des Knöchels beim Ausstieg aus der
Regionalbahn, die zu einem zukünftigen Meiden des Verkehrsmittels Zug führen.

Für die weitere Forschung sollten die den aktuellen Zustand beschreibenden
Mobilitätstypen um den biografischen Kontext erweitert werden. Demnach ent-
scheidet nicht nur die punktuelle Ausprägung eines Merkmales über die Zuord-
nung zu einem bestimmten Typ, sondern vielmehr die biografischen Ausprägungen der einzelnen Kernmerkmale sowie die Erfahrungen im Laufe des Lebens und
widerfahrene mobilitätswirksame Lebensübergänge. Die Ergebnisse dieser Untersuchung weisen darauf hin, dass sich mit solcherart gebildeten *Mobilitäts*biografi-
en*typen* (Hochaltriger) die heterogene Masse der „Älteren" detaillierter beschreiben und differenzieren ließe. Der Mobilitätstyp „Rentner ohne Auto" beispielsweise ließe sich somit konkreter unterscheiden in die Mobilitäts*biografien*typen
„Rentner mit kürzlicher Aufgabe des Autofahrens" und „Rentner ohne jegliche
Autoerfahrung". Vertreter beider Typen weisen vermutlich sehr unterschiedliche

Anforderungen an ihr Mobilitätsverhalten und somit auch unterschiedliche Ansprüche an die Planung auf.

Die Identifikation mobilitätswirksamer Schlüsselereignisse und Prozesse stellt einen wichtigen Baustein für ein umfassendes Verständnis und die Bewertung der Mobilität im Alter dar. Ansätze qualitativer Forschung, die das Individuum im Längsschnitt erfassen, dienen dabei als erfolgversprechendes Instrument zur Ableitung weiterer Erkenntnisse in diesem Forschungsfeld.

Literatur

Atchley, R. C. (1989). A continuity theory of normal aging. *The Gerontologist, 29,* 183–190.

Backes, G., & Clemens, W. (2003). *Lebensphase Alter: Eine Einführung in die sozialwissenschaftliche Alternsforschung. Grundlagentexte Soziologie* (2. überarbeitete und erweiterte Aufl.). Weinheim: Juventa.

Baltes, P. B., & Baltes, M. M. (1989). Optimierung durch Selektion und Kompensation. Ein psychologisches Modell erfolgreichen Alterns. *Zeitschrift für Pädagogik, 35,* 85–105.

Cummings, E., & Henry, W. E. (1961). *Growing old – The process of disengagement.* New York: Basic Books.

Engeln, A., & Schlag, B. (2001). *ANBINDUNG. Abschlussbericht zum Forschungsprojekt „Anforderungen Älterer an eine benutzergerechte Vernetzung individueller und gemeinschaftlich genutzter Verkehrsmittel".* Schriftenreihe des BMFSFJ (Bd. 196). Stuttgart: Kohlhammer.

Ernst, R. (1999). *Mobilitätsverhalten und Verkehrsteilnahme älterer Menschen: Auswirkungen auf Kompetenz und Lebensgestaltung.* Frankfurt a. M.: Lang.

Evans, E. L. (2001). Influences on mobility among non-driving older Americans. *Transportation Research Circular, E-CO26,* 151–168.

Gerlach, J., Neumann, P., Boehnke, D., Bröckling, F., Lippert, W., & Rönsch-Hasselhorn, B. (2007). Mobilitätssicherung älterer Menschen im Straßenverkehr – Forschungsdokumentation. In Eugen-Otto-Butz-Stiftung (Hrsg.), *Forschungsergebnisse für die Praxis* (Bd. 2). Köln: TÜV-Media.

Haustein, S. (2012). Mobility behavior of the elderly: An attitude-based segmentation approach for a heterogeneous target group. *Transportation, 39,* 1079–1103.

Hefter, T., & Götz, K. (2013). *Mobilität älterer Menschen. State of the Art und Schlussfolgerungen für das Projekt COMPAGNO.* Institut für sozial-ökologische Forschung (ISOE) GmbH (Hrsg.), ISOE-Diskussionspapiere Nr. 36, Frankfurt a. M.

Hieber, A., Mollenkopf, H., Kloé, U., & Wahl, H.-W. (2006). Kontinuität und Veränderung in der alltäglichen Mobilität älterer Menschen. In Eugen-Otto-Butz-Stiftung (Hrsg.), *Mobilität und Alter* (Bd. 2). Köln: TÜV-Media.

Hildebrand, E. (2003). Dimensions in elderly travel behaviour: A simplified activity-based model using lifestyle clusters. *Transportation, 30,* 285–306.

Klöckner, C. A. (2005). Können wichtige Lebensereignisse die gewohnheitsmäßige Nutzung von Verkehrsmitteln verändern? – eine retrospektive Analyse. *Umweltpsychologie, 9*(1), 28–45.

Kocherscheid, K., & Rudinger, G. (2005). Ressourcen älterer Verkehrsteilnehmerinnen und Verkehrsteilnehmer. In W. Echterhoff (Hrsg.), *Mobilität und Alter, Strategien zur Sicherung der Mobilität älterer Menschen* (Bd. 1, S. 19–42). Köln: TÜV-Media.

Kramer, C., & Pfaffenbach, C. (2011). Junge Alte als neue „Urbaniten"? Mobilitätstrend der Generation 50plus. *Raumforschung und Raumordnung, 69,* 79–90.

Lanzendorf, M. (2003). Mobility biografies. A new perspective for understanding travel behaviour. Conference paper presented at the 10th International Conference on Travel Behaviour Research (IATBR). Luzern (10–15 August 2003).

Laslett, P. (1989). *A fresh map of life: The emergence of the third age.* London: Weidenfeld and Nicolson.

Mollenkopf, K., & Flaschenträger, P. (2001). *Erhaltung von Mobilität im Alter.* Schriftenreihe des BMFSFJ, Bd. 197. Stuttgart: Kohlhammer.

Mollenkopf, H., Marcellini, F., Ruoppila, I., Széman, Z., & Tacken, M. (2005). *Enhancing mobility in later life: Personal coping, environmental resources and technical support.* Amsterdam: IOS Press.

Nordbakke, S. (submitted). Mobility in old age: A result of choices within given opportunities. *Transportation Research Part A*

Nordbakke, S., & Schwanen, T. (2014). Transport, unmet activity needs and wellbeing in later life Exploring the links. *Transportation.* doi:10.1007/s11116-014-9558-x

Rudinger, G., Holz-Rau, C., & Grotz, H. (Hrsg.). (2006). *Freizeitmobilität älterer Menschen* (2. Aufl.). Dortmund: Dortmunder Vertrieb für Bau- und Planungsliteratur (Dortmunder Beiträge zur Raumplanung/Verkehr, 4).

Scheiner, J. (2006a). Does the car make elderly people happy and mobile? Settlement structures, car availability and leisure mobility of the elderly. *European Journal of Transport and Infrastructure Research, 6*(2), 151–172.

Scheiner, J. (2006b). Langfristige und aktivitätsübergreifende räumliche Orientierungen – aktionsräumliche Analysen. In G. Rudinger, C. Holz-Rau, & H. Grotz (Hrsg.), *Freizeitmobilität älterer Menschen* (2. Aufl., S. 142–157). Dortmund: Dortmunder Vertrieb für Bau- und Planungsliteratur (Dortmunder Beiträge zur Raumplanung/Verkehr, 4).

Scheiner, J. (2006c). Macht der Pkw ältere Menschen glücklich und mobil? – Multivariate Analysen zur Freizeitmobilität. In G. Rudinger, C. Holz-Rau, & H. Grotz (Hrsg.), *Freizeitmobilität älterer Menschen* (2. Aufl., S. 163–173). Dortmund: Dortmunder Vertrieb für Bau- und Planungsliteratur (Dortmunder Beiträge zur Raumplanung/Verkehr, 4).

Scheiner, J. (2007). Mobility Biografies: Elements of a biografical theory of travel demand. *Erdkunde, 61*(2), 161–173.

Scheiner, J., & Holz-Rau, C. (2002). Seniorenfreundliche Siedlungsstrukturen. In B. Schlag & K. Megel (Hrsg.), *Mobilität und gesellschaftliche Partizipation im Alter. Schriftenreihe des BMFSFJ* (Bd. 230, S. 198–221). Stuttgart: Kohlhammer.

Schwanen, T., Djist, M., & Dielemann, F. M. (2001). Leisure trips of senior citizens: Determinants of modal choice. *Tijdschrift voor Economische en Sociale Geografie, 92,* 347–360.

Siren, A., & Hakamies-Blomqvist, L. (2006). Does gendered driving create gendered mobility? Community-related mobility in Finnish women and men aged 65+. *Transportation Research Part F, 9,* 374–382.

Tartler, E. (1961). *Das Alter in der modernen Gesellschaft.* Stuttgart: Enke.

Tesch-Römer, C. (2010). *Soziale Beziehungen alter Menschen.* Grundriss Gerontologie (Bd. 8). Stuttgart: Kohlhammer.

Karin Kirsch Dipl.-Verkehrswirtschaftlerin, geboren 1987, ist seit 2013 wissenschaftliche Mitarbeiterin am Fachgebiet Verkehrswesen und Verkehrsplanung an der Fakultät Raumplanung, Technische Universität Dortmund. Ihre Forschungsschwerpunkte liegen in den Themenfeldern Verkehrsverhalten und (Alltags-)Mobilität im Alter sowie qualitative Methoden. In ihrer Promotion setzt sie sich mit dem Thema „Schlüsselereignisse und Prozesse in der Mobilität Älterer im biografischen Kontext" auseinander.

Teil III
Mobilitätssozialisation

Verkehrsmittelwahl bei Jugendlichen – Integration von objektiven Wegemerkmalen in die Theory of Planned Behaviour

Juliane Stark und Reinhard Hössinger

Zusammenfassung

Das Forschungsprojekt UNTERWEGS (2012–2014) befasst sich mit der Analyse des Mobilitätsverhaltens und der Einstellungen von Jugendlichen im Alter von 12–14 Jahren. Vier Schulen unterschiedlicher Standorte wirken an dem Projekt mit. Im Rahmen des Projektes wurden eine Mobilitätserhebung und eine Einstellungserhebung durchgeführt (Jahr 2013). Die Analyse der Einstellung-Verhaltens-Relation erfolgt mit Hilfe von Strukturgleichungsmodellen. Hier werden neben den aus der Theory of Planned Behaviour abgeleiteten Zusammenhängen zahlreiche weitere mögliche Einflussfaktoren untersucht: i) das wahrgenommene Verhalten der Eltern und Peers und ii) wegespezifische

Danksagung: Wir bedanken uns bei dem Fördergeber (Bundesministerium für Wissenschaft, Forschung und Wirtschaft) für die Finanzierung des Projektes im Rahmen der Programmschiene Sparkling Science, bei unserem Kooperationspartner Gesundheit Österreich GmbH (GÖG) sowie bei unseren Kooperationsschulen für die Unterstützung in der Abwicklung des Projektes.

J. Stark (✉) · R. Hössinger
Institut für Verkehrswesen, Universität für Bodenkultur,
Peter Jordan Str 82, 1190 Wien, Österreich
E-Mail: juliane.stark@boku.ac.at

R. Hössinger
E-Mail: reinhard.hoessinger@boku.ac.at

Merkmale wie Entfernung, Entscheidungsfreiheit und Verfügbarkeit öffentlicher Verkehrsmittel. In der Analyse wird getestet, welchen Wert die Theorie zur Erklärung der Verkehrsmittelwahl auf der Ebene einzelner Wege besitzt, wo die situationsbedingte Varianz der wegebezogenen Merkmale voll zum Tragen kommt. Dieser Ansatz stellt gewissermaßen die Brücke zwischen zwei bisher weitgehend getrennten Bündeln von Erklärungsansätzen dar: den sozialpsychologischen Ansätzen, die stets auf Personenebene operieren, und den verkehrsplanerischen Ansätzen, in denen die Verkehrsmittelwahl auf Wegeebene betrachtet wird. Die breitere Betrachtungsweise zielt darauf ab das Mobilitätsverhalten von Jugendlichen im Sozialisationskontext besser zu verstehen. Die Ergebnisse weisen darauf hin, dass die Verkehrsmittelwahl der Jugendlichen durch ihre Einstellungen bzw. durch andere situative, system- und umweltspezifische Einflussgrößen erklärt werden kann. Es zeigt sich, dass die Hinzunahme von situationsbezogenen Wegemerkmalen die Erklärung des Verhaltens deutlich verbessert. Das Verhalten von Bezugspersonen ist ebenfalls von Bedeutung, insbesondere für die Nutzung des Fahrrades. Sehr große Unterschiede zeigen sich zwischen Schulwegen und Nicht-Schulwegen. Die Jugendlichen haben gemäß ihren Einstellungen die Intention bestimmte umweltfreundliche oder aktive Verkehrsmittel zu nutzen, setzen diese aber nur auf Schulwegen in konkretes Verhalten um. Bei Nicht-Schulwegen zeigt sich ein deutliches intention-behaviour gap. Die Überführung der Verhaltensintention in Verhalten hängt hier stark von der wahrgenommen Verhaltenskontrolle ab. Die Ergebnisse deuten darauf hin, dass für das Mobilitätsverhalten von Jugendlichen neben persönlichen und mesosozialen Bedingungen auch gesellschaftliche Leitbilder eine Rolle spielen.

Schlüsselwörter

Theorie des geplanten Verhaltens · Einstellungen · Mobilitätsverhalten von Jugendlichen · Sozialisation

1   Einleitung

Das Mobilitätsverhalten von Kindern und Jugendlichen unterscheidet sich von jenem Erwachsener deutlich (Tully 2002). In Abhängigkeit vom Alter sind ihre Wegezwecke stark von Ausbildungs- und Freizeitwegen dominiert. Sie sind überdurchschnittlich häufig unterwegs und zeigen vergleichsweise einfache Mobilitätsmuster (Hunecke et al. 2002). Ihre Verkehrsmittelwahl ist grundsätzlich stärker eingeschränkt als bei Erwachsenen (fehlende Fahrerlaubnis). Hinzu kommt die limitierte Entscheidungsfreiheit durch die elterliche Vormundschaft. Als Einflüsse auf das Verkehrsverhalten von Kindern und Jugendlichen lassen sich in aktuellen Studien das Geschlecht, die räumliche Struktur des Wohnortes und Nationalität nachweisen (Funk 2013). Es ist jedoch zu erwarten, dass neben geografischen und soziodemografischen Faktoren sowie der Betreuungssituation auch die soziale bzw. familiäre Situation von Kindern und Jugendlichen auf das Verkehrsverhalten wirken. Hier kommen insbesondere die sozialen Beziehungen zur Familie (Großeltern, Eltern, Geschwister) und zu Gleichaltrigen (Kindergarten-, Schul- und VereinsfreundInnen) sowie bisherige (Sozialisations-) Erfahrungen zum Tragen. Aus sozial-kognitiven Theorien wissen wir, dass unter anderem Wertorientierungen, Einstellungen, Motivationen und Fähigkeiten das individuelle Verhalten entscheidend beeinflussen (MAX 2007). So konnte nachgewiesen werden, dass innerpsychische Variablen – neben situativen und soziodemographischen Faktoren – signifikante Zusammenhänge zum Mobilitätsverhalten aufweisen (z. B. Hunecke et al. 2007; Van Wee et al. 2002). Werte und Einstellungen regulieren und filtern dabei mobilitätsbezogene Informationen und nehmen so Einfluss darauf, welche objektiven Informationen in Entscheidungsprozesse einbezogen werden (Hunecke 2002).

Aus psychologischer und in weiterer Folge aus verkehrsplanerischer Sicht sind besonders Jugendliche nach dem Verlassen der Grundschule und vor dem Eintritt ins Führerscheinalter interessant, weil sie in diesem Alter zunehmend selber über ihre Aktionsräume entscheiden. Gleichzeitig wird hier der Beginn der Einstellungsprägung auf das Auto vermutet (Flade und Limbourg 1997). Im Allgemeinen steigt eine pro-auto-orientierte Einstellung bis zum Führerscheineintrittsalter an; das Zufußgehen verliert zunehmend an Attraktivität. Damit erscheint es besonders interessant, die Bedeutung der Sozialisationskontexte, in welche die Jugendlichen direkt eingebunden sind, für ihr Verhalten näher zu beleuchten und in der Folge das Potenzial für Einstellungs- und Verhaltensänderungen in dieser sensiblen Altersphase zu untersuchen. Insbesondere stellt sich die Frage, inwieweit das Verkehrsverhalten der Jugendlichen einerseits durch ihre Einstellungen und andererseits durch situative sowie system- und umweltspezifische und soziale Einflussgrößen erklärt werden kann. Wenn wir diesen Zusammenhang besser verstehen, ist es möglich Interventionen für gezielte Verhaltensänderungen zu entwickeln.

2 Die Theorie des geplanten Verhaltens in der Verkehrsverhaltensforschung

Die *Theory of Planned Behaviour (TPB)* ist eines der am weitesten verbreiteten sozialpsychologischen Modelle für die Vorhersage bzw. Erklärung eines überlegten Verhaltens. Entwickelt wurde die Theorie von Icek Ajzen in den 1980er Jahren aufbauend auf die *Theory of Reasoned Action (TRA)*. Nach der TPB ist die Verhaltensabsicht (*intention*) der beste Prädiktor für das Verhalten. Die Intentionen werden dabei durch drei Dispositionen bestimmt, die wechselseitig aufeinander einwirken (Ajzen 1991): die Einstellung zum Verhalten (*attitude*), die Erwartung, wie Bezugspersonen das geplante Verhalten bewerten werden (*subjective norm*) und die Erwartung, wie schwierig die Umsetzung des geplanten Verhaltens sein wird (*self-efficacy* oder *perceived behavioural control=PBC*). Je stärker die Intention, desto höher die Wahrscheinlichkeit, dass das entsprechende Verhalten ausgeübt wird. Die wahrgenommene Verhaltenskontrolle (*PBC*) kann auch direkt auf das Verhalten wirken, vor allem dann, wenn eine Person nur über eine geringe willentliche Kontrolle über das Verhalten verfügt.

Die Verkehrsmittelwahl wurde in der Psychologie zumeist über soziale Wertorientierungen und das Umweltbewusstsein untersucht, jedoch ohne die Zusammenhänge in einen theoretischen Bezugsrahmen einzubetten (Heath und Gifford 2002). Nur in jüngeren Studien wird die TPB vereinzelt in der Verkehrsverhaltensforschung angewendet: Bamberg et al. untersuchten in mehreren Arbeiten die Anwendbarkeit der TPB hinsichtlich der Vorhersage der Verkehrsmittelwahl und der Analyse von Interventionen (z. B. Bamberg 1995; Bamberg und Schmidt 1998, 2003; Bamberg et al. 2003; Heath und Gifford 2002). Die TPB-Handlungsmodelle haben sich empirisch bewährt. Es wurde auch die Integration weiterer Einflussfaktoren über das o. g. Grundgerüst der TPB hinaus untersucht. Diese Faktoren sind insbesondere Gewohnheit, vergangenes Verhalten, persönliche/moralische Normen und wahrgenommene Mobilitätszwänge (u. a. Bamberg et al. 2003, 2007; Haustein und Hunecke 2007). Es sind uns jedoch keine Studien im Bereich der Verkehrsverhaltensforschung bekannt, die sich speziell mit der Zielgruppe 12- bis 14-Jähriger beschäftigen.

In anderen Forschungsbereichen wird die TPB durchaus zur Einstellungs-Verhaltensforschung bei Kindern und Jugendlichen verwendet. Entsprechende Studien sind vorrangig in der Gesundheits- bzw. Sportpsychologie (USA) angesiedelt: So nutzten z. B. Fila und Smith (2006) die TPB, um das Essverhalten von Kindern/ Jugendlichen im Alter von 9 bis 18 vorherzusagen. Hier wurden neben den üblichen Konstrukten der TPB auch i) „self efficacy" sowie ii) „barriers" (Faktoren, die die Kinder/Jugendlichen vom gesunden Essverhalten abhalten) als Prädiktoren für *intention* und *behaviour* in das Modell aufgenommen. Die Ergebnisse der Modellierung zeigen, dass der Effekt der Intention auf ein gesundheitsbewusstes Essverhalten nicht abgebildet werden kann. Nach Fila und Smith lässt dies vermuten, dass es andere Faktoren neben der Intention sind, die gesundes Essverhalten bestimmen.

Inhaltlich am ähnlichsten zu unserer Studie sind die Fragestellungen des Projektes U.Move (Mobilitätsstilforschung zur Entwicklung zielgruppenorientierter, intermodaler Mobilitätsdienstleistungen für Jugendliche, 1998–2002), in dessen Rahmen u. a. der Einfluss von umweltbezogenen Einstellungen auf das Mobilitätsverhalten von Jugendlichen im Alter von 15–26 Jahren untersucht wurde. Die Ergebnisse von Regressionsmodellen zeigen, dass Jugendliche zwar umweltsensibel sind – „in Hinblick auf ihr Mobilitätsverhalten agieren sie allerdings inkonsistent. Die stärksten Einflussfaktoren der Verkehrsmittelwahl stellen nicht personenbezogene Einstellungen dar, sondern Raumstruktur und MIV-Verfügbarkeit" (Hunecke et al. 2002, S. 212, MIV: motorisierter Individualverkehr). Ein großer Teil der Verkehrsmittelwahl lässt sich allerdings nicht erklären. Neben methodischen Gründen vermuten die Autoren, dass „die Verkehrsmittelwahl auf der Gesamtheit aller Wege durch eine Vielzahl spezifischer Faktoren beeinflusst wird, die sich in kein allgemeines Erklärungsmodell mehr überführen lassen" (Hunecke 2002, S. 62). Zur Verbesserung der Modelle empfehlen Hunecke et al. (2002), eine differenziertere Betrachtung der Verkehrsinfrastruktur und Raumstruktur vorzunehmen.

3 Untersuchungsziel

Das Forschungsprojekt UNTERWEGS (Jugend unterwegs in Wissenschaft und Alltag, 2012–2014) untersucht das Mobilitätsverhalten von Jugendlichen im Alter von 12–14 Jahren. Im Rahmen eines Vorher-Nachher-Kontrollgruppenexperiments werden insbesondere die Änderung des Mobilitätsverhaltens und der Einstellungen der Jugendlichen nach Interventionen für eine gesundheitsfördernde und umweltverträgliche Mobilität analysiert. Die Interventionsphase über ein Jahr umfasste neben reinen Informationsworkshops auch gemeinsame Aktivitäten, Analysen der eigenen Wege sowie Wettbewerbe. Nachfolgende Untersuchung beschreibt die Ergebnisse der ersten Einstellungserhebung (Vorher-Situation), um zu klären, inwieweit die Verkehrsmittelwahl der Jugendlichen durch ihre Einstellungen bzw. durch andere situative, system- und umweltspezifische Einflussgrößen erklärt werden kann. Zu diesem Zweck wurden im Rahmen des Projektes eine Mobilitätserhebung und eine Einstellungserhebung durchgeführt (Jahr 2013).

4 Datenerhebung

Die Mobilitätserhebung erfolgte mittels jugendgerechter Wegetagebücher über einen Zeitraum von 7 Tagen. Die Wegetagebücher basierend auf dem KONTIV-Design wurden gemeinsam mit den Kindern entwickelt. Die Einstellungserhebung wurde vor Beginn der Erhebungswoche ausgefüllt. Insgesamt wurden 171 Jugendliche an vier verschiedenen Schulstandorten eingebunden. Die Standorte wurden so ausgewählt, dass sie sich hinsichtlich Siedlungsdichte und Verkehrsangebot unterscheiden und somit standortspezifische Aussagen gemacht werden können. Neben den üblichen Wegemerkmalen wurden die Begleitung der Jugendlichen (Wer hat begleitet?) und mögliche Verkehrsmittel-Alternativen erfragt; die Reisezeiten der Wege mit alternativen Verkehrsmitteln wurden zusätzlich objektiv ermittelt. Des Weiteren wurden auch Etappenmerkmale erfasst. Die Jugendlichen mussten die Reisezeit pro Verkehrsmittel-Etappe angeben und wurden gefragt, inwieweit sie das Verkehrsmittel selbst bestimmen konnten oder von anderen abhängig waren. Die Codierung erfolgte dreistufig: 1 (eigene Entscheidung), 0,5 (Entscheidung erfolgte gemeinsam mit anderen) und 0 (andere haben die Entscheidung getroffen). Die Variable ermöglicht Analysen zum Zusammenhang der Verkehrsmittelwahl und der Entscheidungsfreiheit der Kinder. In einem Haushaltsbogen wurden unter anderem die Verkehrsmittelverfügbarkeit, das wahrgenommene Verhalten der Eltern, Geschwister und Freunde, das Verkehrsverhalten in der Grundschulzeit und weitere Lebensumstände erhoben. Durch eine intensive Betreuung der Jugendlichen im Rahmen der Erhebungswoche konnte eine sehr gute Datenqualität erreicht werden.

Der Fragebogen zur Einstellungserhebung orientierte sich teilweise an bestehenden Einstellungsfragebögen im Verkehrsbereich. Zur Messung der Prädiktoren der *Theory of Planned Behaviour* beantworteten die Jugendlichen jeweils zwei Fragen für jede Verkehrsmittel-Alternative (Pkw-MitfahrerIn, öffentliche Verkehrsmittel (ÖV), Fahrrad und zu Fuß gehen) und für jeden Prädiktor (*attitude, subjective norm, perceived behavioral control* und *intention*). Alle psychologischen Konstrukte wurden mittels einer fünfteiligen Skala bewertet, welche den Jugendlichen vor dem Ausfüllen erklärt wurde. Die beiden Items je Konstrukt wurden im Fragebogen getrennt angeführt, jedoch für alle Verkehrsmittel in einem Block abgefragt. *Attitudes* wurden mit folgenden Items gemessen: a) „mit öffentlichen Verkehrsmitteln zu fahren (dem Fahrrad zu fahren/mit dem Auto mitzufahren/zu Fuß zu gehen), ist für mich *gut – schlecht*" und b) „mit öffentlichen Verkehrsmitteln zu fahren (mit dem Fahrrad zu fahren/mit dem Auto mitzufahren/zu Fuß zu gehen), ist für mich *angenehm – unangenehm*". Die Items für *subjective norm* waren: a) „Die meisten Leute, die mir wichtig sind, denken, dass ich mit öffentlichen Verkehrsmitteln fahren (mit dem Fahrrad fahren/mit dem Auto mitfahren/zu Fuß gehen) sollte" und „Die meisten Leute, die mir wichtig sind, würden es unterstützen, wenn ich mit öffentlichen Verkehrsmitteln fahre (mit dem Fahrrad fahre/mit dem Auto mitfahre/zu Fuß gehe)". Die Endpunkte der fünfteiligen Skala wurden mit *trifft zu – trifft nicht zu* definiert. Die Frage-Items für *perceived behavioral control* waren folgendermaßen formuliert: a) „mit öffentlichen Verkehrsmitteln zu fahren (mit dem Fahrrad zu fahren/mit dem Auto mitzufahren/zu Fuß zu gehen), ist für mich

einfach – schwierig", und b) „Meine Freiheit mit öffentlichen Verkehrsmitteln zu
fahren (dem Fahrrad zu fahren/mit dem Auto mitzufahren/zu Fuß zu gehen), ist
hoch – niedrig". *Intention* wurde mit diesen Items abgefragt: a) „Meine Absicht, in
nächster Zeit mit öffentlichen Verkehrsmitteln zu fahren (mit dem Fahrrad zu fah-
ren/mit dem Auto mitzufahren/zu Fuß zu gehen), ist *stark – schwach*", b) „Ich habe
vor in nächster Zeit mit öffentlichen Verkehrsmitteln zu fahren (mit dem Fahrrad
zu fahren/mit dem Auto mitzufahren/zu Fuß zu gehen)" – *trifft zu – trifft nicht zu.*

5 Analyse

Die Daten wurden nach fehlenden Items und Ausreißern untersucht und aufbereitet.
Die Datenexploration erfolgte mittels Korrelationsmatrizen. Basis für die weitere
Analyse mit Strukturgleichungsmodellen (SEM) bildete ein Wegedatensatz mit
3484 Wegen, welche in Schulwege ($N=1682$) und Nicht-Schulwege ($N=1802$)
unterteilt wurden. Nicht-Schulwege, die länger als 50 km waren, wurden als Ext-
remwerte aus der Analyse ausgeschlossen. Die Analyse der Strukturgleichungsmodelle erfolgte mit Hilfe der Maximum Likelihood Schätzmethode in AMOS 18.0.0.

Die Erklärung bzw. Prognose von Verhalten mittels der *Theory of Planned Behaviour* erfolgt bislang stets auf Personenebene. Spezifische Barrieren, die einer
Verhaltensumsetzung situationsbezogen entgegenstehen, werden nach der Theorie
bisher über die wahrgenommene Verhaltenskontrolle (*PBC*) abgefangen. Im Rahmen der folgenden Analyse wird hingegen getestet, welchen Wert die Theorie zur
Erklärung der Verkehrsmittelwahl auf der Ebene einzelner Wege besitzt, wo die situationsbedingte Varianz der wegebezogenen Merkmale voll zum Tragen kommt.
Dieser Ansatz stellt gewissermaßen die Brücke zwischen zwei bisher weitgehend
getrennten Bündeln von Erklärungsansätzen dar: den sozialpsychologischen Ansätzen, die stets auf Personenebene operieren, und den verkehrsplanerischen Ansätzen, in denen die Verkehrsmittelwahl anhand der TPB stets auf Wegeebene betrachtet wird. Folgende Fragen leiten die Analysen inhaltlich: Inwiefern kann das
wegespezifische Verhalten der Jugendlichen mit Hilfe der Einstellungen erklärt
werden? Welchen Erklärungswert liefern die wegespezifischen Merkmale darüber hinaus? Zur Klärung der Fragen wurden die Modelle von der Grundstruktur
der *Theory of Planned Behaviour* ausgehend schrittweise erweitert. Neben den
wegespezifischen Merkmalen wurde auch der Einfluss des Verhaltens von Bezugspersonen auf das Verhalten der Jugendlichen analysiert. Obwohl alle vier Verkehrsmittel (Auto, ÖV, zu Fuß, Fahrrad) analysiert wurden, beziehen sich die folgenden
Modelle auf die Fahrrad- und ÖV-Nutzung der Jugendlichen, weil dies im Hinblick
auf Umweltschutz und Gesundheitsförderung besonders interessant ist.

6   Ergebnisse

6.1   Fahrradnutzung

Das Grundmodell der TPB für die Fahrradnutzung auf Wegeebene zeigt, dass Schulwege und Nicht-Schulwege von Jugendlichen sehr unterschiedlich „funktionieren": Während auf Schulwegen das Verhalten zu 20% erklärt werden kann und eine starke Beziehung *intention-behaviour* (0,46) vorhanden ist, ist die Radnutzung auf Nicht-Schulwegen nur zu 8% durch die TPB erklärbar. Diese 8% resultieren ausschließlich aus der Beziehung *PBC-behaviour*; es gibt keinen signifikanten Pfad von der *Intention* (*intention-behaviour gap*). Das Verhalten wird also vorrangig durch andere Faktoren bestimmt, die im Modell nicht abgebildet sind bzw. entspricht das abzubildende Verhalten nicht einem überlegten Verhalten, das mittels der TPB abgebildet werden kann. Die goodness-of-fit Indices erreichen zufriedenstellende Werte (GFI = 0,97, AGFI = 0,93, RMSEA = 0,06).

In einem zweiten Schritt wurden wegespezifische Merkmale in das Modell miteinbezogen. Hierzu wurden verschiedene Indikatoren getestet; als maßgeblich für die Radnutzung erwiesen sich die Weglänge (*trip length*) sowie die wegespezifische Entscheidungsfreiheit der Jugendlichen für die Verkehrsmittelwahl (*freedom of choice*). Gemäß ihrer Codierung drückt ein höherer Wert eine höhere Entscheidungsfreiheit aus.

In einem dritten Schritt wurde das Verhalten von Bezugsgruppen als Prädiktor in das Modell aufgenommen. Das hier als *behaviour of peergroups* bezeichnete Konstrukt ist über die Radnutzung der besten Freunde/Freundinnen und älterer Geschwister definiert. Im Rahmen der Exploration zeigten sich diese Gruppen als besonders relevant für das eigene Verhalten. Das Verhalten der Mutter und vor allem jenes des Vaters spielt weniger eine Rolle. Das deckt sich mit einer Untersuchung von mobilitätsbezogenen Einstellungen 14- bis 16-Jähriger von Bastian (2010), welcher vermutet, dass „die kindlichen Lernerfahrungen zunächst in der beginnenden Jugendphase übernommen werden, anschließend jedoch sukzessive von den Einstellungen der Peergruppen überlagert werden"(zitiert in Schönduwe et al. 2012, S 15).

Die folgenden Abb. zeigen die Strukturgleichungsmodelle für Schulwege (Abb. 1) und Nicht-Schulwege (Abb. 2), welche über die TPB-Variablen hinaus wegespezifische Merkmale und das Peersverhalten einschließen. Dargestellt sind die standardisierten Lösungen. Die Fit-Maße sind in einem zufriedenstellenden Bereich (GFI = 0,91, AGFI = 0,86, RMSEA = 0,08). Durch den Einbezug wegespezifischer Merkmale (2. Schritt) und der Radnutzung der Peergroups (3. Schritt) steigt die Erklärung des Verhaltens deutlich an (von 0,20 auf 0,25 bei Schulwegen;

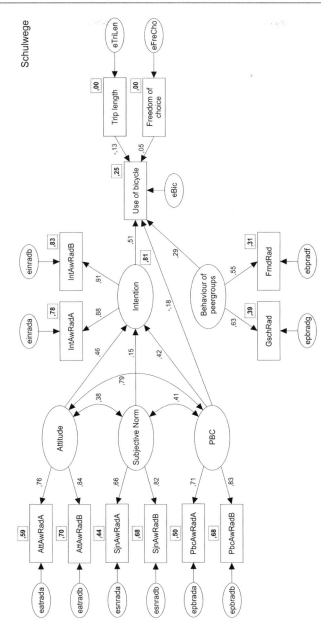

Abb. 1 Radnutzung: Strukturgleichungsmodell mit standardisierten Pfadkoeffizienten und erklärter Varianz für Intention und Verhalten. Inklusive Wegemerkmale und Verhalten der Peers. *N* = 1682 Schulwege, *nicht signifikant auf dem 0,05-Level

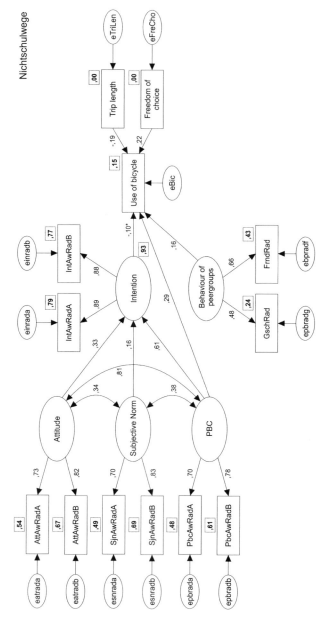

Abb. 2 Radnutzung: Strukturgleichungsmodell mit standardisierten Pfadkoeffizienten und erklärter Varianz für Intention und Verhalten. Inklusive Wegemerkmale und Verhalten der Peers. $N = 1802$ Nicht-Schulwege, *nicht signifikant auf dem 0,05-Level

von 0,08 auf 0,15 bei Nicht-Schulwegen). Auf allen Wegen sinkt erwartungsge-
mäß die Radnutzung mit zunehmender Weglänge; die Entscheidungsfreiheit spielt
nur bei den Nicht-Schulwegen eine Rolle: Ist die Entscheidungsfreiheit hoch, wird
auf diesen Wegen auch eher das Rad gewählt. Diese situativen Merkmale sind
bei Nicht-Schulwegen relevant; bei Schulwegen sind die Einstellungen und die
daraus resultierende Intention wichtiger für die Verkehrsmittelwahl. Dies spiegelt
sich auch in den unterschiedlichen Pfaden *PBC-behaviour* wider. *Subjective Norm*
zeigt sich durchgehend unauffällig, im Vergleich zu Attitude und PBC schwächer
korrelierend mit *intention*.

Die Hinzunahme des Peersverhaltens wirkt sich generell positiv auf die Erklärung der Radnutzung aus. Der Pfadkoeffizient ist bei Schulwegen höher als
bei Nicht-Schulwegen (0,29 vs. 0,16), der Beitrag zur Verhaltenserklärung ist aber
bei Nicht-Schulwegen stärker, weil hier das Ausgangsniveau des Erklärungswertes
niedriger ist als bei Schulwegen. Das wahrgenommene Peersverhalten könnte im
weiteren Sinne als Radfahrkultur oder als radfahrerfreundliches Umfeld interpretiert werden – oder zumindest damit im Zusammenhang stehen, wovon ein positiver Impuls auf das eigene Verhalten ausgeht.

Das *intention-behaviour gap* bleibt bei Nicht-Schulwegen auch in den erweiterten Modellen vorhanden. Ein ähnlicher Effekt wurde bereits in anderen Studien
entdeckt (z. B. Wigginton 2011; Fila und Smith 2006; Martin et al. 2005, 2007;
Motl et al. 2002). Die Studien, in welchen die TPB auf körperliche Bewegung bei
jüngeren Altersgruppen angewandt wurde, kamen zu dem Ergebnis, dass *intention*
kein Prädiktor für Verhalten ist. Die AutorInnen nehmen an, dass Kinder Schwierigkeiten damit haben, ihre Intentionen in Verhalten zu übersetzen – aufgrund von
externen Hürden, geringerer Kontrolle ihres Verhaltens im Vergleich zu Erwachsenen und eingeschränkten Fähigkeiten zur Selbstkontrolle. Wir vermuten als Erklärung, dass auf Schulwegen aufgrund der Verhaltensroutine eine hohe Vorhersag-
barkeit gegeben ist: Wenn jemand in den vergangenen Wochen häufig mit dem Rad
zur Schule fahren ist, wird er oder sie beabsichtigen, das auch in der kommenden
Woche zu tun (*intention*) und das tritt dann auch mit hoher Wahrscheinlichkeit ein
(*behaviour*). Allfällige Schwierigkeiten und Hürden wurden schon in der Vergangenheit internalisiert. Freizeitwege sind hingegen wesentlich variabler; dadurch ist
die beabsichtigte Verkehrsmittelwahl viel schwerer vorhersagbar.

Gleichzeitig orientiert sich die Radnutzung auf Schulwegen stärker an den
Peers; die eigene Entscheidungsfreiheit ist nicht so wichtig. Das deutet ebenfalls
auf eine bereits stattgefundene Anpassung der eigenen Intention (und des Verhaltens) an das wahrgenommene Verhalten der Peers hin (siehe Kap. 7).

Eine weitergehende explorative Modellanpassung, die den Modification Indices von AMOS folgt, zeigt eine Kopplung des Peersverhaltens an *PBC, attitude* und – weniger stark – an *subjective norm*. Abbildung 3 zeigt das Ergebnis

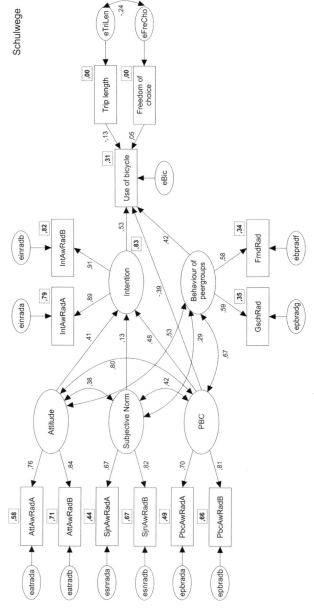

Abb. 3 Radnutzung: Strukturgleichungsmodell mit standardisierten Pfadkoeffizienten und erklärter Varianz für Intention und Verhalten. Inklusive Wegemerkmale und Verhalten der Peers, optimiertes Modell. $N=1682$ Schulwege, *nicht signifikant auf dem 0,05-Level

der Optimierung am Beispiel der Schulwege. Die Gütemaße verbessern sich
(GFI=0,94, AGFI=0,90, RMSEA=0,06); der Pfad zwischen *PBC* und *behaviour*
wird noch stärker negativ; der Pfad vom Peergroup-Verhalten auf das eigene Verhalten wird noch stärker und bewirkt eine Steigerung der Verhaltenserklärung von
25 % auf 31 %. Diese Ergebnisse deuten darauf hin, dass der Effekt des Peersverhaltens an der TPB „vorbei läuft" und einen eigenständigen Beitrag zur Verhaltenserklärung leisten kann. Dies muss in weiteren Methodenversuchen getestet
werden.

6.2 ÖV-Nutzung

Die Anwendung der *Theory of Planned Behaviour* für die Nutzung öffentlicher
Verkehrsmittel bei Jugendlichen zeigt ein ähnliches Bild wie bei der Fahrradnutzung: Die Modelle für Schulwege und Nicht-Schulwege sind stark unterschiedlich. Im TPB-Modell für Schulwege ist der Erklärungswert für das Verhalten recht
hoch (0,34), wobei die Erklärung sehr stark durch die Einstellungen geleitet wird;
der Pfad *PBC-behaviour* ist nicht signifikant. Bei Nicht-Schulwegen ist der Erklärungswert deutlich geringer (0,06); wie bei den Rad-Modellen zeigt sich auch
hier ein deutliches *intention-behaviour gap*. Die goodness-of-fit Indices erreichen
zufriedenstellende Level (GFI=0,94, AGFI=0,86, RMSEA=0,08).

Die ÖV-Modelle wurden – wie die Modelle zur Fahrradnutzung – um das Verhalten der Peergroups (Häufigkeit der Nutzung von öffentlichen Verkehrsmitteln
durch beste Freunde/Freundinnen und ältere Geschwister) und um wegespezifische Merkmale erweitert. Bei Letzteren handelt es sich wie bei den Radmodellen
zum einen um die Weglänge (*Trip length*); zum anderen um eine Variable, welche
die Qualität des Verkehrsmittelangebots beschreibt (*speed ratio public transport
(pt)/car*). Dazu wurde das Verhältnis aus der wegespezifischen Dauer mit dem öffentlichen Verkehr und mit dem Auto berechnet. Ein höherer Wert deutet auf eine
zeitsparende ÖV-Alternative für diesen Weg hin.

In Abb. 4 und 5 sind diese um Wegemerkmale und Peersverhalten erweiterten
Modelle für Schul- und Nicht-Schulwege dargestellt. Wie bei den Radmodellen
steigt durch Hinzunahme wegespezifischer Merkmale und Peersverhalten die Er-
klärungsqualität an (bei Schulwegen von 0,34 auf 0,38; bei Nicht-Schulwegen von
0,06 auf 0,14); wiederum ist die Steigerung des Erklärungswertes bei Nicht-Schulwegen stärker. Bei Schulwegen wird die Entscheidung zur ÖV-Nutzung vorwiegend aufgrund der Einstellungen und Intention getroffen; längere Wege bedingen
ebenfalls eine häufigere ÖV-Nutzung. Bei Nicht-Schulwegen hat die Weglänge
nur einen schwach positiven Effekt auf die ÖV-Nutzung. Eine Analyse der We-
gedaten zeigt, dass längere Freizeitwege eher mit dem Auto als mit öffentlichen

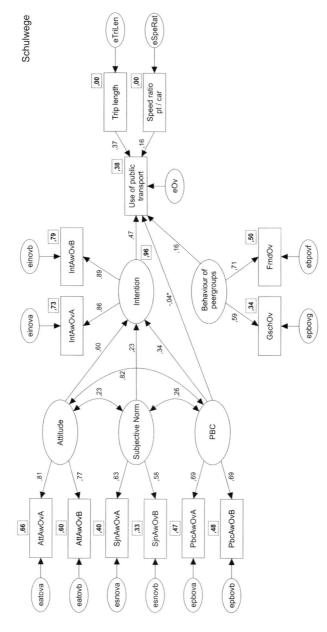

Abb. 4 ÖV-Nutzung: Strukturgleichungsmodell mit standardisierten Pfadkoeffizienten und erklärter Varianz für Intention und Verhalten. Inklusive Wegemerkmale und Verhalten der Peers. $N = 1682$ Schulwege, *nicht signifikant auf dem 0,05-Level

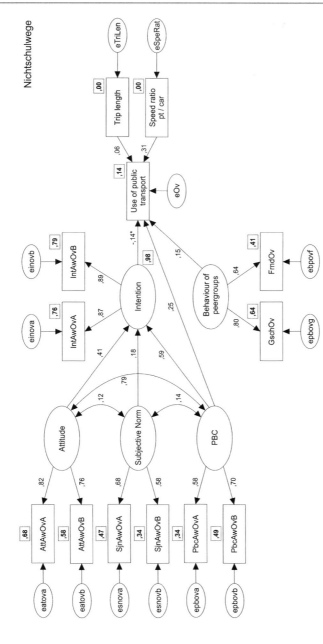

Abb. 5 ÖV-Nutzung: Strukturgleichungsmodell mit standardisierten Pfadkoeffizienten und erklärter Varianz für Intention und Verhalten. Inklusive Wegemerkmale und Verhalten der Peers. $N = 1802$ Nicht-Schulwege, *nicht signifikant auf dem 0,05-Level

Verkehrsmitteln zurückgelegt werden. Auch die Intention spielt bei Nicht-Schulwegen keine Rolle. Entscheidend für die ÖV-Nutzung ist vielmehr das Verkehrs-
mittelangebot: je höher die Geschwindigkeit des ÖV im Verhältnis zum MIV, desto
häufiger wird der ÖV genutzt. Das Verhalten der Peers ist für die ÖV-Nutzung
nicht so wichtig wie für die Radnutzung; es leistet einen signifikanten, aber hinsichtlich der Effektstärke geringeren Beitrag zur Verhaltenserklärung.

7   Schlussfolgerungen

Die Analyse zeigt, dass die *Theory of Planned Behaviour* zur Erklärung des Mobilitätsverhaltens von Jugendlichen weniger geeignet ist als bei Erwachsenen – die
Erklärungswerte für das Verkehrsverhalten liegen bei Studien mit Studierenden
und Erwachsenen deutlich höher (siehe z. B. Bamberg und Schmidt 2003). Durch
die Hinzunahme von situationsbezogenen Wegemerkmalen wie zum Beispiel
Weglänge kann die Erklärung des Verhaltens deutlich verbessert werden.

Das Verhalten von Bezugspersonen, insbesondere von FreundInnen und Ge-
schwistern, ist ebenfalls von Bedeutung, am stärksten für die Nutzung des Fahrrades auf Schulwegen. Zu diskutieren ist, ob diese Orientierung am kollektiven Rad-
fahr-Verhalten als Indikator für ein radfahrfreundliches Umfelds – eine Radfahr-
Kultur – interpretiert werden kann. Die Indizien sprechen jedenfalls dafür. Das
Konzept der *subjective norms* im Sinne der TPB bezeichnet die wahrgenommene
Zustimmung oder Ablehnung des eigenen Verhaltens durch andere. Bezeichnen-
derweise korreliert das wahrgenommene Peersverhalten nur schwach mit *subjective norm* (obwohl es in beiden Fällen um Bezugsgruppen geht), sondern viel stärker
mit *PBC* und mit *attitudes*. Diese deutet darauf hin, dass das Peersverhalten nicht
negativ als Erwartungsdruck wahrgenommen wird, sondern *positiv* als einfach
realisierbares und wünschenswertes Verhalten; im Fall des Radfahrens eben als
Radfahr-Kultur, an der man selbst teilhaben kann. Damit fällt das Peersverhalten
in die Forschungsfrage der Erweiterung der TPB um „descriptive/moral norms".
Einige Forschungsarbeiten in verschiedenen Kontexten zeigen, dass Individuen zu
einem bestimmten Verhalten motiviert werden, wenn sie wahrnehmen, dass viele
Menschen in ihrer Umgebung sich auch so verhalten (z. B. Cialdini et al. 1990;
Heath und Gifford 2002).

Sehr große Unterschiede zeigen sich im Wegezweck, insbesondere zwischen
Schulwegen und anderen Wegen (Tab. 1). Bei Schulwegen zeigt sich die Tendenz,
dass eine positive Einstellung, umweltfreundliche oder aktive Verkehrsmittel zu
nutzen, eine starke Verhaltensintention bewirkt und diese ihrerseits in konkretes
Verhalten umgesetzt wird. Offenbar stärkt die Redundanz der Schulwege den Zu-

Tab. 1 Übersicht Charakteristika der Strukturgleichungsmodelle, unterschieden nach Schulwegen, Nicht-Schulwegen und Verkehrsmitteln

	Schulwege		Nicht-Schulwege	
	Rad	ÖV	Rad	ÖV
Anteil der erklärten Varianz in der Verkehrsmittelwahl	0,25	0,38	0,15	0,14
Intention → Behaviour	Intention führt zu Verhalten		Intention-behaviour gap	
Wegemerkmale	+		++	
Weglänge	+	++	++	~
Entscheidungsfreiheit	~	n.d.	++	n.d.
Angebotsqualität	n.d.	+	n.d.	++
Peers	+		~	

++ starker Einfluss, + Einfluss, ~ kaum/kein Einfluss, *n.d.* nicht definiert

sammenhang zwischen Intention und Verhalten: Welches Verkehrsmittel jemand auf seinen Schulwegen in nächster Zeit verwenden wird, lässt sich leicht vorhersagen und diese Vorhersage tritt meist auch ein. Anscheinend wirkt die Redundanz aber auch auf der subjektiven Ebene weiter: Die Intention wird keineswegs als Zwang empfunden, sondern von einer positiven Einstellung begleitet. In einer Querschnittserhebung lässt sich nicht direkt prüfen, von welcher Seite die vereinheitlichende Wirkung ausgeht: ob es die Jugendlichen auf lange Sicht schaffen, ihre Neigungen als Verhalten zu realisieren oder ob sie ihre Einstellungen im Sinne der „reciprocal nature of psychological factors and behaviour" (Bamberg und Schmidt 1998) an die gegebene Situation anpassen. Da sich die situativen Restriktionen von Schulwegen nicht ohne weiteres beseitigen lassen (etwa die Entfernung nur durch einen Wechsel des Wohn- oder Schulstandortes) nehmen wir an, dass zumindest teilweise auch Letzteres der Fall ist. Damit unterscheidet sich das Mobilitätsverhalten grundlegend von anderen Verhaltensweisen wie z. B. dem Essverhalten, wo sich dauerhaft anti-intentionales Verhalten etablieren kann: Es besteht zwar die Intention, sich gesund zu ernähren, dennoch wird eine ungesunde Ernährung zur Routine und schließlich zur Gewohnheit (Collins and Mullan 2011).

Bei Nicht-Schulwegen besteht hingegen ein deutliches *intention-behaviour gap*. Das realisierte Verhalten hängt direkt von der wahrgenommenen Verhaltenskontrolle ab, daher kann die Intention nicht in Verhalten überführt werden. Die Nutzung eines bestimmten Verkehrsmittels entspricht hier keinem überlegten Verhalten bzw. folgt nicht der Intention des Individuums; vielmehr wird die Verkehrsmittelwahl von anderen (z. B. Eltern) vorgegeben oder aufgrund äußerer Umstände vollzogen. Letztere variieren wegespezifisch. Besonders auffällig ist der positive Zusammenhang zwischen der Entscheidungsfreiheit und Radnutzung: je höher die Entscheidungsfreiheit, desto häufiger wird das Fahrrad genutzt. Es bleibt dahingestellt, ob die berichtete Entscheidungsfreiheit tatsächlich die Ursache der Fahrradnutzung war oder ob die Entscheidung für das Fahrrad retrospektiv als frei empfunden wird, auch wenn sie aus anderen Gründen getroffen wurde. Möglicherweise ist beides der Fall; das würde bedeuten, dass sich Fahrradnutzung und Entscheidungsfreiheit wechselseitig verstärken.

In weiteren Schritten werden wir versuchen zu klären, inwieweit die einbezogenen Merkmale „echte" Erweiterungen der TPB darstellen. Zudem werden wir geschlechts- und regionsspezifische Unterschiede in Gruppenvergleichen untersuchen sowie weitere Verkehrsmittel und Einflussfaktoren in die Analyse miteinbeziehen.

Literatur

Ajzen, I. (1991). The theory of planned behavior. *Organizational Behavior and Human Decision Processes, 50*, 170–211.

Bamberg, S. (1995). How does one get the car user to take the bus? Problems and results of an application of the theory of planned behavior in the context of practical traffic planning. *Zeitschrift für Sozialpsychologie, 26*, 243–262.

Bamberg, S., & Schmidt, P. (1998). Changing travel-mode choice as rational choice: Results from a longitudinal intervention study. *Rationality and Society, 10*, 223–252.

Bamberg, S., & Schmidt, P. (2003). Incentives, morality or habit? Predicting students car use for university routes with the models of Ajzen, Schwartz and Triandis. *Environment and Behavior, 35*, 264–285.

Bamberg, S., Ajzen I., & Schmidt, P. (2003). Past behavior and reasoned action. Choice of travel mode in the theory of planned behavior: The roles of past behavior, habit, and reasoned action. *Basic and Applied Social Psychology, 25*(3), 175–187.

Bamberg, S., Hunecke, M., & Blöbaum, A. (2007). Social context, personal norms and the use of public transportation: Two field studies. *Journal of Environmental Psychology, 27*, 190–203.

Bastian, T. (2010). *Mobilitätsbezogene Einstellungen beim Übergang vom Kindes- ins Jugendlichenalter. Querschnittliche Altersvergleiche bei 14- bis 16-Jährigen*. Wiesbaden: VS Verlag für Sozialwissenschaften.

Cialdini, R. B., Reno, R. R., & Kallgren, C. (1990). A focus of normative conduct: Recycling the concept of norms to reduce littering in public places. *Journal of Personality and Social Psychology, 58*, 1015–1026.

Collins, A., & Mullan, B. (2011). An extension of the theory of planned behavior to predict immediate hedonic behaviors and distal benefit behaviors. *Food Quality and Preference, 22*(2), 638–646.

Fila, S. A., & Smith, C. (2006). Applying the theory of planned behavior to healthy eating behaviors in urban Native American youth. *International Journal of Behavioral Nutrition and Physical Activity, 3*(11). doi:10.1186/1479-5868-3-11.

Flade, A., & Limbourg, M. (1997). Das Hineinwachsen in die motorisierte Gesellschaft. *Zeitschrift für Verkehrserziehung, 47*(3), 7–25.

Funk, W. (2013). *Mobilitäts- und Verkehrssicherheitsforschung im Institut für empirische Soziologie an der Friedrich-Alexander-Universität Erlangen-Nürnberg*. Ergänzte und aktualisierte Neuauflage. Materialien aus dem Institut für empirische Soziologie an der Friedrich-Alexander-Universität Erlangen-Nürnberg, 1/2013, Nürnberg: IfeS.

Haustein, S., & Hunecke, M. (2007). Reduced use of environmentally friendly modes of transportation caused by perceived mobility necessities: An extension of the theory of planned behavior. *Journal of Applied Social Psychology, 37*(8), 1856–1883.

Heath, Y., & Gifford, R. (2002). Extending the theory of planned behavior: Predicting the use of public transportation. *Journal of Applied Social Psychology, 32*(10), 2154–2189.

Hunecke, M. (2002). Umweltbewusstsein, symbolische Bewertung der Mobilität und Mobilitätsverhalten. In M. Hunecke, C. Tully, & D. Bäumer (Hrsg.), *Mobilität von Jugendlichen – Psychologische, soziologische und umweltbezogene Ergebnisse und Gestaltungsempfehlungen* (S. 47–63). Opladen: Leske + Budrich.

Hunecke, M., Tully, C., & Rabe, S. (2002). Mobilität von Jugendlichen und jungen Erwachsenen. In M. Hunecke, C. Tully, & D. Bäumer (Hrsg.), *Mobilität von Jugendlichen – Psychologische, soziologische und umweltbezogene Ergebnisse und Gestaltungsempfehlungen* (S. 209–221). Opladen: Leske + Budrich.

Hunecke, M., Haustein, S., Grischkat, S., & Böhler, S. (2007). Psychological, sociodemographic, and infrastructural factors as determinants of ecological impact caused by mobility behaviour. *Journal of Environmental Psychology, 27*, 277–291.

Martin, J. J., McCaughtry, N., Hodges-Kulinna, P., Cothran, D., Dake, J., & Fahoome, G. (2005). Predicting physical activity and cardiorespiratory fitness in African American children. *Journal of Sport and Exercise Psychology, 27*, 456–469.

Martin, J. J., Oliver, K., & McCaughtry, N. (2007). The theory of planned behavior: Predicting physical activity in Mexican American children. *Journal of Sport and Exercise Psychology, 29*(2), 225–238.

MAX. (2007). Comprehensive State of the Art Report, Annex B1.1, Behaviour Change Models. Project: Successful Travel Awareness Campaigns and Mobility Management Strategies. Integrated Project co-funded by the European Commission within the Sixth Framework Programme (2002–2008), no 518368.

Motl, R. W., Dishman, R. K., Ward, D. S., Suanders, R. P., Dowda, M., Felton, G., & Pate, R. R. (2002). Examining social-cognitive determinants of intention and physical activity among Black and White adolescent girls using structural equation modeling. *Health Psychology, 21,* 459–467.

Schönduwe, R., Bock, B., & Deibel, I. T. (2012). *Alles wie immer, nur irgendwie anders? Trends und Thesen zu veränderten Mobilitätsmustern junger Menschen*, InnoZ-Baustein, 10. Berlin: InnoZ.

Tully, C. (2002). Bewegte Jugend – kommunikativ und mobil. Ein Kommentar aus jugendsoziologischer Sicht. In M. Hunecke, C. Tully, D. Bäumer (Hrsg.), *Mobilität von Jugendlichen – Psychologische, soziologische und umweltbezogene Ergebnisse und Gestaltungsempfehlungen* (S. 13–37). Opladen: Leske + Budrich.

Van Wee, B., Holwerda, H., & Van Baren, R. (2002). Preferences for modes, residential location and travel behaviour: The relevance for land-use impacts on mobility. *European Journal of Transport and Infrastructure Research, 2*, 305–316.

Wigginton, M. L. (2011). *Modifying the theory of planned behavior to predict exercise behaviors among children*. Dissertation, Loma Linda University, California.

Dr. Juliane Stark DI Dr. nat. techn. (Senior Scientist), geboren 1981. Studium der Landeskultur und Umweltschutz an der Universität Rostock (Abschluss 2004). 2004 bis 2008 Forschungsassistentin, seit 2008 Senior Scientist, 2010 Promotion am Institut für Verkehrswesen, Department Raum Landschaft und Infrastruktur an der Universität für Bodenkultur, Wien. Seit 2009 ist sie nebenberuflich Lektorin an der Fachhochschule Technikum Wien. Ihre Arbeitsschwerpunkte umfassen Erhebungsmethoden und Mobilitätsverhaltensforschung (insbesondere Einstellungen) in verschiedenen Kontexten.

Dr. Reinhard Hössinger Mag. Dr. nat. techn. (Senior Scientist), geboren 1963. Studium der Biologie (Studienzweig Ökologie, Wahlfach Umweltökonomie) an der Universität Wien, seit 2000 Mitarbeiter am Institut für Verkehrswesen der Universität für Bodenkultur Wien, 2006 Promotion im Fach Verkehrswesen und Empirische Sozialforschung. Methodische Schwerpunkte sind empirische Erhebungen sowie statistische Analysen und Modelle. Thematische Schwerpunkte sind Mobilitätsverhalten und Einstellungen zur Mobilität, Evaluierung von Verkehrsprojekten, Bürgerbeteiligung und Mobilitätsmarketing.

Alltagsmobilität und Mobilitätssozialisation von Menschen aus verschiedenen Herkunftsländern. Ergebnisse einer Pilotstudie in Offenbach am Main

Janina Welsch

Zusammenfassung

Im Zuge des demografischen Wandels nimmt der Anteil der Menschen mit Migrationshintergrund an der Bevölkerung zu. Wie sich dies auf die Alltagsmobilität auswirkt, ist in Deutschland bisher kaum erforscht. US-amerikanische und europäische Studien zeigen, dass Migranten sich in ihrem Mobilitätsverhalten von der einheimischen Bevölkerung unterscheiden. Basierend auf einer telefonischen Befragung zur Alltagsmobilität von Menschen mit und ohne Migrationshintergrund in Offenbach a. M. wird untersucht, inwiefern sich Menschen verschiedener Herkunftsregionen in ihrem Mobilitätsverhalten unterscheiden. Darüber hinaus werden einige Aspekte der Mobilitätssozialisation analysiert. Migranten fahren demnach zwar seltener mit dem Rad, häufiger mit dem ÖV

Danksagung: Dank gilt der ivm GmbH und der Stadt Offenbach für die Unterstützung der ILS-Pilotstudie, Dr. Rother und Dr. Stichs (BAMF) für hilfreiche Anmerkungen zum MH und den ILS-Kollegen für konstruktive Zusammenarbeit und Diskussionen im Projektteam. Dr. Haustein danke ich besonders für ihre fachliche und methodische Unterstützung. Ebenfalls möchte ich den beiden anonymen Reviewern dieses Textes für ihre kritischen und hilfreichen Anmerkungen danken.

J. Welsch (✉)
ILS – Institut für Landes- und Stadtentwicklungsforschung,
Postfach 101764, 44017 Dortmund, Deutschland
E-Mail: janina.welsch@ils-forschung.de

© Springer Fachmedien Wiesbaden 2015
J. Scheiner, C. Holz-Rau (Hrsg.), *Räumliche Mobilität und Lebenslauf,*
Studien zur Mobilitäts- und Verkehrsforschung, DOI 10.1007/978-3-658-07546-0_11

und lassen sich öfter im Auto mitnehmen. Bei der Pkw-Nutzung als Fahrer ergeben sich jedoch keine signifikanten Unterschiede. Allerdings gibt es zum Teil deutliche Unterschiede zwischen den Herkunftsregionen und auch je nach Geschlecht. Insgesamt zeigen die Ergebnisse, dass Herkunft und Sozialisation zusätzliche Erklärungsansätze für Unterschiede im Mobilitätsverhalten liefern können. Allerdings finden Migranten und ihre Mobilitätsbedürfnisse bisher kaum Berücksichtigung in Verkehrsforschung, -planung oder -politik.

Schlüsselwörter
Alltagsmobilität · Migranten · Mobilitätsverhalten · Sozialisation · Empirische Forschung · Befragung · Verkehr

1 Einleitung

1.1 Alltagsmobilität von Migranten

Deutschlands Bevölkerung wird sich aufgrund des demografischen Wandels stark verändern. Wesentliche Aspekte dieser Entwicklung sind Alterung sowie Schrumpfung der Bevölkerung. Der Aspekt der zunehmenden Internationalisierung betrifft vor allem größere Städte, in denen viele Menschen mit Migrationshintergrund (MH)[1] leben. Zu den Menschen mit MH zählen *„alle nach 1949 auf das heutige Gebiet der Bundesrepublik Deutschland Zugewanderten, sowie alle in Deutschland geborenen Ausländer und alle in Deutschland als Deutsche Geborenen mit zumindest einem zugewanderten oder als Ausländer in Deutschland geborenen Elternteil"* (Statistisches Bundesamt 2012, S. 6). Demnach betrug mit 19,5 % der Anteil der Menschen mit MH im Jahr 2011 fast ein Fünftel der Bevölkerung, etwa zwei Drittel davon sind im Ausland geboren.

Mobil sein zu können ist eine wichtige Grundvoraussetzung, um am gesellschaftlichen Leben teilzuhaben. Die Nutzung des Pkw, aber auch des Öffentlichen Verkehrs (ÖV), erschließt dabei größere Aktionsräume als die des Fahrrads oder der eigenen Füße. Für Deutschland ist es jedoch bisher ungeklärt, ob und wie sich eine zunehmende Diversifizierung der Herkunftsregionen und -kulturen auf die Alltagsmobilität der städtischen Bevölkerung und die Verkehrssysteme auswirkt.

---

[1] Im Text wird der Lesbarkeit wegen die männliche Form und die Begriffe *Menschen mit MH* und *Migranten* sowie *Bezugsland* und *Herkunftsland* synonym verwendet.

Studien aus den USA verwenden vielfach quantitative Zensusdaten oder solche der nationalen Verkehrserhebungen und zeigen, dass sich Migranten in ihrem Mobilitätsverhalten von den im Land Geborenen unterscheiden. Zusammenfassend lässt sich feststellen, je kürzer die Aufenthaltsdauer, umso seltener wird der Pkw genutzt und umso eher der ÖV. Migranten lassen sich häufiger mitnehmen, dies gilt vor allem für innerfamiliäre Fahrdienste, aber auch für sonstige (halb)private Fahrgemeinschaften. Hinsichtlich der Gründe für ein sich mit der Zeit angleichendes Mobilitätsverhalten werden vielfach ökonomische, aber auch kulturelle Aspekte hervorgehoben. Veränderungen der Haushalte und der Arbeits- und Wohnbiographie können ebenfalls eine Rolle spielen. Darüber hinaus können Probleme bei Führerscheinanerkennung oder -erwerb die Pkw-Nutzung als Fahrer verhindern (u. a. Beckman und Goulias 2008; Handy et al. 2008; Blumenberg und Smart 2010; Tal und Handy 2010; Chatman und Klein 2013). Migranten, insbesondere südostasiatischer und kanadisch/europäischer Herkunft fahren häufiger Rad. Sie wurden eventuell fahrradfreundlicher sozialisiert (Smart 2010). Zwischen den Niederlanden und den USA ähneln sich hinsichtlich des Radfahrens gesundheitliche oder umweltbezogene Einstellungen, Unterschiede bestehen bei Gefahreneinschätzungen (Heinen und Handy 2011).

Für die Niederlande wurde das Mobilitätsverhalten der größten ausländischen Gruppen untersucht. Diese nutzen den ÖV häufiger, aber vor allem seltener das Fahrrad als die Niederländer. Insgesamt sind es vor allem Türkeistämmige und ausländische Frauen, die selten mit dem Fahrrad unterwegs sind (Harms 2007). Kinder aus Haushalten mit niedrigem Einkommen und überwiegend nicht-niederländischer Herkunft wohnen doppelt so oft in autofreien Haushalten wie Kinder mit niederländischen Eltern. Allerdings messen sie dem Pkw einen wesentlich höheren Status bei als diese (Kopnina und Williams 2012).

In Deutschland zeigte 1996 eine erste Studie zum Mobilitätsverhalten von Ausländern, dass diese Haushalte weniger Pkw besitzen als deutsche. Ist ein Auto jedoch verfügbar, wird es vergleichsweise öfter genutzt. Deutsche fahren dafür häufiger mit dem Fahrrad (Hautzinger et al. 1996, S. 95). In der Erhebung Mobilität in Deutschland (MiD) wurde einmalig im Jahr 2002 die Nationalität erfasst. Das Mobilitätsverhalten der größten Nationalitätengruppen unterscheidet sich von dem der Deutschen vor allem, wenn nach Geschlecht differenziert wird. Beispielsweise gleicht sich die Anzahl der Wege pro Tag der deutschen Frauen und Männer, bei den Ausländern legten Frauen dagegen weniger Wege zurück (Kasper et al. 2007, S. 68). Insgesamt fehlen systematische Daten, da die großen Mobilitätserhebungen keine Differenzierung nach Nationalität oder MH vornehmen. Worin Unterschiede im Verhalten von Migranten und Deutschen ohne MH begründet liegen und welche Einflussfaktoren besonders relevant sind, ist ebenfalls kaum erforscht.

1.2   Mobilitätsbiographie und – sozialisation

Grundsätzlich können zur Erklärung des individuellen Mobilitätsverhaltens sowohl objektive Faktoren wie Infrastruktur oder Entfernung zu Zielorten als auch subjektive Faktoren herangezogen werden. Alter, Geschlecht, Einkommen oder Berufstätigkeit spielen dabei ebenso eine Rolle wie subjektive Einstellungen, der Lebensstil oder die derzeitige Lebensphase.

Bei der alltäglichen Verkehrsmittelwahl ist darüber hinaus ein habitualisiertes Verhalten zu beobachten, bei dem Alternativen kaum berücksichtigt werden. Mobilitätsroutinen, wie die gewohnheitsmäßige Autonutzung, bilden sich bereits in der Jugend. Kindheit und Jugend sind durch besondere Sozialisationsprozesse bestimmt. Kinder lernen Aspekte der Verkehrsmittelwahl und des Mobilitätsverhaltens nicht anders als andere Kulturaspekte. Zunächst spielt die Familie die bedeutendste Rolle, dann gewinnen auch Schule, Peer-Group, Arbeitskollegen, Medien oder Technik an Einfluss (Tully und Baier 2006; Baslington 2008; Veith 2008; Matthies et al. 2013).

Werte und Normen einer Gesellschaft sind durch die prägende Kultur beeinflusst. Interkulturelle Studien zeigen, dass sich Wertvorstellungen oder Erziehungsziele zwischen verschiedenen Ländern oder Herkunftskulturen unterscheiden. Im jeweiligen kulturellen Kontext wird definiert, was als (un)erwünschtes Sozialisationsergebnis gilt. Migrantenkinder erleben dabei oft eine Diskrepanz, z. B. wenn Mitschüler oder Lehrer in verschiedenen kulturellen Kontexten sozialisiert wurden und somit aufgrund unterschiedlicher Werte handeln. Werte variieren sowohl innerhalb eines Landes als auch je nach Familientradition und individueller Lebenssituation und sind einem stetigen Wandel unterworfen. Sie können so innerhalb einer Kultur oder Familie individuell oder zwischen den Generationen unterschiedlich ausgeprägt sein (Kâğıtçıbaşı und Ataca 2005; Westphal 2005; Idema und Phalet 2007; Citlak et al. 2008; Leiprecht 2012).

Für die Mobilitätssozialisation bedeutet dies, dass sich während des Heranwachsens ein prägender mobilitätsbezogener Lebensstil entwickelt, in dem ein persönlicher Umgang mit Mobilität längerfristig festgelegt wird (Tully und Baier 2006, S. 120). Dabei bestimmt die allgemeine Mobilitätskultur den Rahmen, in dem die individuelle Mobilitätssozialisation stattfindet. Der Umgang mit der Mobilität wird zwar in einem längeren Prozess erlernt, durch rechtliche Vorgaben geschieht aber der Übergang von passiver (mitfahren) zu aktiver Nutzung (selbst fahren) oft recht abrupt. Dabei stehen Führerscheinerwerb bzw. Kauf des ersten eigenen Pkw ganz oben auf der Liste der wichtigsten Ereignisse, die einen Einfluss auf das Mobilitätsverhalten haben. Etliche Studien weisen darauf hin, dass Routinen durch biographische Ereignisse aufgebrochen werden können. Zu solchen Schlüsselereignissen zählen beispielsweise Arbeitsplatz- oder Wohnortwechsel,

Änderungen in der Haushaltszusammensetzung wie die Geburt eines Kindes oder Erwerb bzw. Verlust des Führerscheins. Eine Untersuchung der Mobilitätsbiographie kann somit zu einem besseren Verständnis des Mobilitätsverhaltens beitragen (u. a. Klöckner 2004; Scheiner 2007; Yamamoto 2008; Lanzendorf 2010; Beige und Axhausen 2012).

Bei Umbrüchen wie dem Führerscheinverlust kann es gelingen, frühere (autofreie) Routinen zu reaktivieren, wobei frühe Prägungen eine große Rolle spielen (Schwanen et al. 2012). Frauen, die das Radfahren für sich wiederentdeckt haben, berichteten ebenfalls über starke (emotionale) Bezüge zum Radfahren in der Kindheit (Bonham und Wilson 2012). Die meisten Untersuchungen zu Sozialisationsprozessen und sich ausprägenden mobilitätsbezogenen Werten haben jedoch das Verhalten von Kindern und Jugendlichen oder deren Vorstellungen von zukünftiger Mobilität im Blick (u. a. Baslington 2009; Sigurdardottir et al. 2013; Johansson et al. 2011). Der Einfluss des Elternhauses auf Fahrstil bzw. Mobilitätssozialisation und -verhalten von jungen Erwachsenen zeigt, dass Sozialisationserfahrungen einen eher indirekten Einfluss auf deren Verhalten ausüben (Taubman-Ben-Ari et al. 2005; Haustein et al. 2009).

Sozialisationsaspekte können einen weiteren Erklärungsansatz für mobilitätsbezogenes Verhalten von Erwachsenen liefern. Welchen Beitrag individuelle, familiale und kulturelle Prägungen aus der Kindheit und Jugend für ein besseres Verständnis des Mobilitätsverhaltens von Erwachsenen leisten können und welche Rolle sie in der Mobilitätsbiographie spielen ist jedoch weitgehend ungeklärt.

1.3 Ausgangspunkt und Ziel der empirischen Untersuchung

Das ILS – Institut für Landes- und Stadtentwicklungsforschung hat eine empirische Pilotstudie zum Mobilitätsverhalten von Menschen mit und ohne MH durchgeführt. Erste Auswertungen zeigen, dass durchaus Unterschiede im Verhalten bestehen, v. a. in Bezug auf den ÖV und das Fahrradfahren. Neben klassischen Faktoren wie Alter, Einkommen oder Erwerbstätigkeit konnte vor allem die Aufenthaltsdauer als ein weiterer Einflussfaktor identifiziert werden (Suhl und Welsch 2012; Conrad und Welsch 2013).

Im folgenden Beitrag, dem ebenfalls die ILS-Pilotstudie zugrunde liegt, wird das Mobilitätsverhalten getrennt nach verschiedenen Herkunftsregionen untersucht. Dies erlaubt eine erste, allerdings sehr grobe Annäherung an mögliche kulturelle Unterschiede zwischen den Befragten. Als eher exploratives Element werden retrospektiv gestellte Fragen zu Kindheit und Jugend und somit einige wenige mobilitätsbezogene Sozialisationserfahrungen analysiert. Ziel des Beitrags ist es,

mit der Einbeziehung von unterschiedlichen Herkunftskulturen und Sozialisationserfahrungen einen Beitrag zur Diskussion von ergänzenden Einflussfaktoren zur
Erklärung des Mobilitätsverhaltens zu leisten.

2 Datengrundlage und Methoden

Im Rahmen der ILS-Pilotstudie zur Mobilität von Menschen mit MH wurde eine
quantitative Befragung von Personen ab 18 Jahren mit und ohne MH durchgeführt
($N = 1.918$). Das 20-minütige telefonische Interview konnte auf Deutsch (94 %),
Russisch, Polnisch oder Türkisch durchgeführt werden. Die Erhebung fand im
Herbst 2010 in Offenbach am Main statt, einer Stadt mit 122.000 Einwohnern, die
auch aufgrund ihres hohen Migrantenanteils von 54 % ausgewählt wurde. Neben
Deutschland sind die größten Nationalitäten aus der Türkei, Ex-Jugoslawien, Ita-
lien, Griechenland und Polen (Stadt Offenbach 2012a, b).

Für den MH wurden Geburtsland, Staatsangehörigkeit und Zuwanderung sowie
der MH der Eltern erhoben. Darüber hinaus wurden sozio-demografische Merkmale und Informationen über den Haushalt erfasst. Den Kern bildeten Mobilitäts-
indikatoren wie Führerscheinbesitz, Pkw- und Rad-Verfügbarkeit, Ausstattung der
Haushalte mit Fahrzeugen, allgemeine Verkehrsmittelnutzung sowie die wöchentliche Nutzung in Bezug auf unterschiedliche Zwecke.

Zur Mobilitätssozialisation wurde für die Kindheit bzw. Jugend der Pkw-Besitz im Elternhaus sowie verschiedene Zustimmungsfragen abgefragt (Skala:
1 = stimmt nicht bis 5 = stimmt sehr). Dabei dienen die Fragen zur Verkehrsmittelnutzung der Eltern während der Kindheit der Befragten als erste Annäherung an die
Mobilitätskultur im Elternhaus. Um bei den retrospektiven Fragen die Erinnerung
zu erleichtern und die Aussagequalität zu erhöhen, wurden die Grundschule als Be-
zugspunkt sowie jeweils eine Altersangabe von 10 bzw. 20 Jahren genannt. Für die
Kindheit wurde die Zustimmung zu folgenden Aussagen erhoben: „Mein/e Mutter/
Vater ist oft Rad/mit Bus und Bahn/selbst mit dem Auto gefahren" sowie „Wenn
ich mit dem Fahrrad unterwegs war, haben mich meine Eltern oft begleitet". Für
die Zeit als junge Erwachsene wurde die Autoorientierung und die Bedeutung des
Führerscheinerwerbs erfragt („Autofahren bedeutete für uns Jugendliche Freiheit/
war für uns ein Abenteuer", „Als ich den Pkw-Führerschein gemacht hatte, habe
ich mich richtig erwachsen gefühlt", „Den Pkw-Führerschein zu machen, war ein
wichtiger Schritt für mich"). Diese Items werden für die weiterführenden Auswertungen auf Basis einer explorativen Faktorenanalyse durch Mittelwertbildung
zusammengefasst. Je einen Faktor bildet die elterliche Nutzung von Pkw, Bus/
Bahn und Fahrrad. Letztere wird mit der elterlichen Begleitung beim Radfahren

zusammengefasst. Der Faktor „Pkw-Initiation" wird aus den vier Fragen zu Auto-fahren und Führerschein gebildet.

Auf Basis der Bevölkerungsstatistik Offenbachs aus dem Jahr 2010 wurde der Datensatz nach Geschlecht, Altersgruppen und MH gewichtet, um bekannte Schie-fen und Verzerrungen zu korrigieren. Das Höchstalter wird für die Auswertungen auf 66 Jahre begrenzt, um die Bandbreite der grundlegenden Unterschiede bei den retrospektiven Fragen zu reduzieren. Damit liegt der zu erinnernde Zeitpunkt in der Kindheit der Befragten zwischen 1954 und 2002. Der so gewonnene Datensatz enthält 1557 Fälle (ungewichtet $N = 1527$).

Die deskriptiven Auswertungen der gewichteten Daten erfolgen für die beiden Gruppen mit/ohne MH sowie z. T. nach Geschlecht und Herkunftsregion. Das da-für gebildete Bezugs- bzw. Herkunftsland wird auf Basis des Geburtslandes und der Staatsangehörigkeit zugeordnet, bei Migranten der zweiten Generation erfolgt dies auch über die Eltern. Neben Deutschland sind die größten Herkunftsländer Türkei und Polen. Weitere Länder werden zu Regionen zusammengefasst, die Kategorie ‚Sonstige' beinhaltet Nordeuropa, Westeuropa und Amerika. Die nach Herkunft gewonnenen, explorativen Auswertungen basieren für einige Länder-gruppen auf geringen (ungewichteten) Fallzahlen und können entsprechend nur erste Trendhinweise liefern. Signifikante Unterschiede werden zwischen den bei-den Hauptgruppen mit bzw. ohne MH ausgewiesen (Alpha-Niveau $< 0{,}05$). Für die allgemeinen Verkehrsmittelnutzungen wurden die ursprünglich ordinal erfassten Variablen dichotomisiert, so dass regelmäßige (täglich bis wöchentlich) und selte-ne Nutzung unterschieden wird. Auf dieser Basis wurden logistische Regressions-modelle geschätzt, wobei aus Platzgründen nur das Modell der Pkw-Nutzung als Fahrer vorgestellt wird.

3 Ergebnisse

3.1 Stichprobe

Hinsichtlich verschiedener soziodemografischer Eckwerte unterscheiden sich die Migranten signifikant von den Deutschen ohne MH: Sie sind im Schnitt jünger, leben in größeren Haushalten und häufiger mit Kindern zusammen. Außerdem ver-fügen sie über ein geringeres Durchschnittseinkommen, auch wenn die Anzahl und das Alter der im Haushalt lebenden Personen berücksichtigt wird (Äquivalenzein-kommen nach modified scale, OECD o. J.). Migranten sind häufiger noch in der Ausbildung, aber seltener erwerbstätig oder bereits im Ruhestand (Details siehe Tab. 1).

Tab. 1 Soziodemografische Eckwerte der Stichprobe nach Migrationshintergrund (MH)

	Ohne MH	Mit MH
Geschlecht (weiblich)	51%	48%
Alter (Jahre, Mittelwert)[a]	44	40
Haushaltsgröße (Personen, Mittelwert)[b]	2,47	3,12
Haushalte mit Kindern (unter 18 Jahre)[c]	31%	46%
Haushaltseinkommen (in Euro, Mittelwert)		
Monatliches Nettoeinkommen[d]	2860	2379
Äquivalenzeinkommen[e]	1842	1339
Personen in		
Voll-/Teilzeit	65%	60%
Schule/Lehre/Studium	11%	14%
Rente/Pension[f]	12%	6%

[a] $t(1555) = 6,58, p = 0,000$
[b] $t(1555) = -9,15, p = 0,000$
[c] $\chi^2 (1, N = 1558) = 33,0, p = 0,000$
[d] $t(1179) = 6,17, p = 0,000$
[e] $t(1156) = 10,38, p = 0,000$
[f] $\chi^2 (1, N = 1552) = 14,82, p = 0,000$

Mit 54% hat über die Hälfte der Befragten einen MH, von diesen sind mehr als zwei Drittel nicht in Deutschland geboren. Zwei Drittel der Migranten, aber nur 38% der Deutschen ohne MH leben in Stadtbezirken mit hoher Bevölkerungsdichte (ab 6506 Einwohnern/km^2), die überwiegend im Zentrum Offenbachs liegen. Die Anteile an der Stichprobe sowie die durchschnittliche Aufenthaltsdauer der im Ausland geborenen Migranten unterscheiden sich nach Herkunftsregion: Befragte aus den Ländern Ex-Jugoslawiens, aber vor allem aus dem sonstigen Südeuropa leben am längsten in Deutschland, jene aus Polen und dem sonstigen Osteuropa sowie Asien (ohne Türkei) am kürzesten (Details siehe Tab. 2).

3.2 Alltagsmobilität und Mobilitätssozialisation

Pkw, Fahrrad und ÖV – Voraussetzungen und Nutzung

Besitz oder Verfügbarkeit eines Fahrzeugs gehören zu den Grundvoraussetzungen für dessen Nutzung. 21% der Migranten leben in autofreien Haushalten, aber nur 15% der Deutschen ohne MH ($\chi^2(1, N = 1557) = 9,87, p = 0,002$). Auch die durchschnittliche Anzahl ist bei Migranten mit 1,1 Pkw pro Haushalt signifikant geringer (ohne MH 1,3; $t(1478) = 4,28, p = 0,000$). Der Fahrradbesitz unterscheidet sich ebenfalls signifikant, nur 14 % der Deutschen ohne MH leben in

Tab. 2 Stichproben-Anteile und Aufenthaltsdauer in Jahren (Mittelwert) nach Herkunftsregionen

		Deutschland	Polen	Ost-Europa	Ex-Jugoslawien	Süd-Europa	Türkei	Asien	Afrika	Sonstige	Alle mit MH
Anteil Stichprobe		46%	5%	8%	8%	9%	9%	8%	4%	3%	54%
	N	719	83	128	120	141	134	123	65	46	839
Aufenthaltsdauer (Jahre)		–	19,4	20,7	26,0	32,5	24,8	20,1	23,2	22,3	23,8
	N	–	60	97	78	84	84	101	50	22	576

Haushalten ohne Fahrrad (mit MH 25%; $\chi^2(1, N = 1558) = 29,42, p = 0,000$)
Im Schnitt stehen Migrantenhaushalten 1,9 Fahrräder zur Verfügung
(ohne MH 2,5;t(1384) = 6,82, p =,000). Bei größeren Haushalten ist die Differenz ausgeprägter.

Führerscheinbesitz und die Fähigkeit Fahrrad zu fahren sind ebenso wie
Pkw- und Fahrradverfügbarkeit persönliche Voraussetzungen der selbstständigen Nutzung. Beim Führerschein zeigen sich signifikante Unterschiede zwischen Personen mit und ohne MH. Migranten können insgesamt seltener Auto
fahren (80 % zu 89 %; $\chi^2(1, N = 1558) = 22,12, p = 0,000$). Alle Befragten mit
Führerschein wurden zu ihrer Pkw-Verfügbarkeit gefragt und die große Mehrheit (94% ohne MH, 92% mit MH) verfügt unabhängig vom MH immer oder
gelegentlich über ein Auto. Fahrradfahren kann eine überraschend deutliche
Mehrheit, Deutsche ohne MH (97%) jedoch signifikant häufiger als Migranten
(92 %; $\chi^2(1, N = 1557) = 15,78, p = 0,000$). Von diesen Personen können 90%
ohne MH und 81% mit MH immer oder gelegentlich über ein Fahrrad verfügen
($\chi^2(1, N = 1460) = 22,77, p = 0,000$).

Für alle Regionen gilt, dass Frauen seltener einen Führerschein besitzen als
Männer der gleichen Gruppe. Nur 65% der Polinnen haben einen Führerschein,
eine ähnlich geringe Quote weisen nur noch Frauen aus Afrika und der Türkei auf.
Bei der Pkw-Verfügbarkeit fallen die Unterschiede geringer aus. Ist ein Führerschein vorhanden, kann auch ein Großteil mindestens gelegentlich über ein Auto
verfügen, unabhängig von Geschlecht oder Herkunft. Bei der Fähigkeit Fahrrad
zu fahren zeigen sich herkunftsabhängig größere Unterschiede zwischen den Geschlechtern. Die Werte der Männer (92–100%) liegen fast durchgehend über denen
der Frauen (66–96%). Mit 28 Prozentpunkten ist dieser Unterschied bei den Afri-
kanern besonders groß (Details siehe Tab. 3).

Betrachtet man die regelmäßige Verkehrsmittelnutzung, so zeigt
sich, dass die meisten Befragten den Pkw bevorzugen, die große Mehrheit fährt entweder als Fahrer oder Mitfahrer mindestens einmal pro Woche mit dem Auto (84% ohne MH, 82% mit MH). Ist ein Pkw verfügbar, sitzen jeweils 88% unabhängig vom MH regelmäßig selbst hinter dem Steuer.
Migranten lassen sich jedoch signifikant häufiger im Auto mitnehmen
(35% ohne MH, 43% mit MH; $\chi^2(1, N = 1546) = 11,08, p = 0,001$). Im Vergleich
zum Pkw wird das Fahrrad seltener genutzt, allerdings mit 58% deutlich häufiger
von den Deutschen ohne MH (48 % mit MH; $\chi^2(1, N = 1238) = 13,26, p = 0,000$).
Bus und Bahn nutzen 42% der Migranten aber nur 35% der Deutschen ohne MH
($\chi^2(1, N = 1558) = 6,86, p = 0,009$).

Die regelmäßige Verkehrsmittelnutzung für Pkw, Fahrrad und ÖV wurde auch
nach Herkunftsregion und Geschlecht ausgewertet und ist in Tab. 4 dargestellt.
Unabhängig vom MH ist der Anteil der selbst Autofahrenden besonders hoch:

Tab. 3 Führerscheinbesitz, Fahrradfahren-Können, Pkw- und Fahrradverfügbarkeit nach Herkunftsregion und Geschlecht

		Deutsch-land	Polen	Ost-Europa	Ex-Jugos-lawien	Süd-Europa	Türkei	Asien	Afrika	Sonstige	Alle mit MH
Führer-schein (%)	♂	92	92	86	88	94	81	84	71	95	86
	♀	86	65	77	80	80	66	69	65	83	73
Pkw-Ver-fügbarkeit (%)	♂	97	86	95	96	96	95	84	92	95	93
	♀	91	93	89	94	90	95	84	100	95	91
Radfahren-Können (%)	♂	99	95	94	100	97	96	92	94	95	96
	♀	95	93	88	93	89	86	89	66	96	88
Fahrrad-Verfügbar-keit (%)	♂	89	87	82	86	77	84	72	85	81	81
	♀	90	82	70	79	80	78	82	90	83	80
		N=636–719	N=65–82	N=105–128	N=101–120	N=121–141	N=99–135	N=94–123	N=45–66	N=40–47	N=667–839

♂=männlich ♀=weiblich

Tab. 4 Regelmäßige Verkehrsmittelnutzung nach Herkunftsregion und Geschlecht

		Deutsch-land	Polen	Ost-Europa	Ex-Jugo-slawien	Süd-Europa	Türkei	Asien	Afrika	Sonstige	Alle mit MH
Pkw nur Fahrer (%)	♂	88	94	98	100	96	94	77	83	84	93
	♀	87	96	90	78	71	87	69	85	89	82
Pkw nur Mitfahrer (%)	♂	29	48	34	34	27	37	24	26	10	32
	♀	41	63	54	52	63	56	52	45	63	56
Fahrrad (%)	♂	61	55	48	57	53	46	56	48	47	51
	♀	55	50	43	53	30	41	51	42	40	44
ÖV (%)	♂	34	44	31	32	27	37	49	71	50	39
	♀	37	51	26	46	53	41	45	55	48	45
		N=599–718	N=57–83	N=89–128	N=96–120	N=103–141	N=93–134	N=79–123	N=43–65	N=37–47	N=616–840

♂=männlich ♀=weiblich

77–100 % der Männer und 71–96 % der Frauen fahren regelmäßig selbst Pkw. Bei den Mitfahrern ist dagegen der Anteil der Frauen größer, am geringsten ist die Differenz bei den Deutschen ohne MH mit zwölf Prozentpunkten. Bei der Fahrradnutzung haben unabhängig vom Geschlecht die Deutschen die jeweils höchsten Werte. Durchgehend mehr Männer als Frauen nutzen das Fahrrad regelmäßig, der Unterschied ist mit 23 Prozentpunkten bei den Südeuropäern besonders groß. Je nach Herkunftsregion fahren entweder mehr Frauen oder mehr Männer mit dem ÖV. Auffallend ist, dass besonders viele Afrikaner angeben, regelmäßig mit Bus und Bahn zu fahren.

Mobilitätssozialisation

In ihrer Kindheit lebten 58 % der Migranten und 73 % der Deutschen ohne MH in einem Elternhaus mit Pkw. Die Anteile variieren nach Herkunft, wobei Asien mit 41 % den geringsten und Sonstige mit 78 % den höchsten Wert aufweisen. Bei der elterlichen Begleitung beim Fahrradfahren in der Kindheit gibt es kaum Unterschiede. Die Verkehrsmittelnutzung der Eltern von Migranten und Deutschen ohne MH variiert nach Herkunftsregionen und unterscheidet sich signifikant, mit Ausnahme der Radnutzung des Vaters (Details siehe Tab. 5). Selbst Auto fuhren die Eltern in verschiedenem Ausmaß, die Differenzen zwischen Müttern und Vätern sind hier am größten. Die Fahrradnutzung der Eltern bewegt sich insgesamt auf niedrigem Niveau. Deutsche, polnische und sonstige Mütter sind im Schnitt häufiger Fahrrad gefahren als die jeweiligen Väter. In den anderen Herkunftsregionen ist der Vater häufiger Fahrrad gefahren als die Mutter. Besonders selten ist die Fahrradnutzung bei afrikanischen, aber auch bei südeuropäischen Müttern. Jedoch nutzten die Mütter unabhängig von der Herkunft den ÖV häufiger als die Väter, die Unterschiede sind im Vergleich zum Pkw geringer.

Als ein weiterer Aspekt der Mobilitätssozialisation wurde die Einstellung zum Autofahren und die Bedeutung des Führerscheinerwerbs erhoben. Signifikante Unterschiede zwischen Migranten und Deutschen ohne MH bestehen bei der Bewertung des Autofahrens, Deutsche bewerten den Freiheitsaspekt höher, Migranten den des Abenteuers. Die Zustimmungswerte sind insgesamt sehr hoch, vor allem bei der Aussage, dass der Führerscheinerwerb ein wichtiger Schritt war. Hier liegen die Mittelwerte zwischen 4,1 und 4,9 (Details siehe Tab. 6).

3.3 Erklärung der Pkw-Nutzung mit ergänzenden migrations- und sozialisationsbezogenen Variablen

Die vorgestellten Ergebnisse zeigen Unterschiede im Mobilitätsverhalten von Migranten und Deutschen ohne MH auf. Zur Analyse des Einflusses verschiedener

Tab. 5 Anteil mit Pkw im Elternhaus und elterliche Verkehrsmittelnutzung in der Kindheit der Befragten. (Mittleres Antwortverhalten: Antwortskala 1 =stimmt nicht bis 5 =stimmt sehr)

		Deutschland	Polen	Ost-Europa	Ex-Jugoslawien	Süd-Europa	Türkei	Asien	Afrika	Sonstige	Alle mit MH
Pkw im Elternhaus (%)		73	72	48	58	59	57	41	71	78	58[a]
Pkw	Mutter	2,40	2,25	1,75	1,68	1,74	1,82	1,82	1,60	3,26	1,88[b]
	Vater	3,81	3,66	2,93	3,28	3,17	3,29	3,02	3,56	4,20	3,28[c]
Fahrrad	Mutter	2,76	3,43	2,11	2,25	1,72	1,95	1,85	1,48	2,40	2,10[d]
	Vater	2,47	2,67	2,45	2,45	2,32	2,33	2,33	2,35	2,14	2,39
Begl. Eltern		2,21	2,55	1,89	2,13	2,52	2,06	1,98	2,59	2,14	2,20
ÖV	Mutter	2,74	3,22	3,03	2,97	3,02	2,99	2,91	3,39	2,41	3,01[e]
	Vater	1,99	2,89	2,91	2,41	2,34	2,52	2,80	2,64	1,94	2,59[f]
		$N=689–718$	$N=77–83$	$N=116–127$	$N=113–118$	$N=130–140$	$N=119–131$	$N=106–118$	$N=51–65$	$N=43–45$	$N=755–830$

Signifikante Unterschiede zwischen Deutschen ohne MH und Migranten allgemein

[a] χ^2 (1, $N=1547$) $=39{,}61$, $p=0{,}000$
[b] $t(1429)=6{,}35$, $p=0{,}000$
[c] $t(1499)=5{,}76$, $p=0{,}000$
[d] $t(1486)=8{,}07$, $p=0{,}000$
[e] $t(1532)=-3{,}42$, $p=0{,}001$
[f] $t(1496)=-7{,}35$, $p=0{,}000$

Tab. 6 Einstellung zu Autofahren und Führerschein der Befragten (als junge Erwachsene). (Mittleres Antwortverhalten: Antwortskala 1 = stimmt nicht bis 5 = stimmt sehr)

		Deutsch-land	Polen	Ost-Europa	Ex-Jugo-slawien	Süd-Europa	Türkei	Asien	Afrika	Sonstige	Alle mit MH
Auto-fahren	Freiheit	3,95	4,00	3,60	3,70	3,58	3,69	3,36	3,38	4,35	3,66[a]
	Aben-teuer	3,10	3,50	3,36	3,41	3,33	3,33	3,18	3,65	3,79	3,39[b]
Führer-schein	erwach-sen gefühlt	3,41	3,72	3,48	3,54	3,27	3,66	3,40	4,10	3,44	3,53
	wichtiger Schritt	4,37	4,60	4,14	4,51	4,29	4,34	4,32	4,92	4,47	4,40
		$N=624$–712	$N=61$–82	$N=100$–124	$N=100$–117	$N=119$–141	$N=97$–131	$N=83$–106	$N=43$–61	$N=40$–45	$N=644$–809

Signifikante Unterschiede zwischen Deutschen ohne MH und Migranten allgemein

[a] $t(1504)=3{,}94$, $p=0{,}000$

[b] $t(1519)=-3{,}77$, $p=0{,}000$

Faktoren auf die Verkehrsmittelnutzung dienen logistische Regressionsmodelle. Die Parameterschätzung erfolgte zunächst explorativ, um sukzessiv die wichtigsten Einflussfaktoren und deren Effektrichtung zu bestimmen, verschiedene Varianten zu testen und den Erklärungsgehalt der Modelle zu verbessern.

Nachfolgend werden zwei Modelle für die regelmäßige Pkw-Nutzung als Fahrer vorgestellt. Neben soziodemografischen und -ökonomischen sind auch migrations- und sozialisationsbezogene Einflussfaktoren enthalten (Details siehe Tab. 7). Die Sozialisation repräsentieren die beiden auf den Pkw bezogenen Faktoren „Pkw-Eltern" und „Pkw-Initiation". Die Pkw-Nutzung der Eltern in der Kindheit steht für einen Ausschnitt aus der Mobilitätskultur im Elternhaus. Hohe Zustimmungswerte bei der Pkw-Initiation stehen für die persönliche Bedeutung des Autofahrens und des Führerscheinerwerbs (als junge Erwachsene). Die beiden Modelle unterscheiden sich nur hinsichtlich der migrationsbezogenen Variablen. Im Aufenthalt-Modell wird die Aufenthaltsdauer der selbst nach Deutschland zugewanderten Befragten verwendet, alle in Deutschland Geborenen bilden die Referenzkategorie. Im Herkunft-Modell sind statt der Aufenthaltsdauer die verschiedenen Herkunftsländer und -regionen im Vergleich zur Referenzkategorie Deutschland enthalten.

Die jeweilige Modellgüte erreicht zufriedenstellende Werte und die geschätzten Parameter weisen plausible Wirkungsrichtungen auf. Die Wirkungsrichtung der unabhängigen Variablen wird durch das Vorzeichen des Regressionskoeffizienten B angezeigt. Für den Vergleich der Einflussgröße werden die Effektkoeffizienten (Exp(B)) herangezogen. Sie zeigen den Faktor an, um den sich die relative Chance, den Pkw zu nutzen, ändert, und zwar im Vergleich zur Referenzkategorie bzw. bei Änderung um eine Einheit. Die Exp(B)-Werte liegen jedoch auf zwei ungleich skalierten Bereichen unterhalb (0,00 bis 1,00) und oberhalb (1,00 bis $+\infty$) des neutralen Punktes 1. Durch eine Kehrwertbildung bei Exp(B) kleiner 1,00 wird die Begrenzung des unteren Bereichs aufgehoben und die Werte hinsichtlich ihrer Größe direkt miteinander vergleichbar (Mayerl und Urban 2010). Aus diesem Grund enthält Tab. 7 die standardisierten Werte $Exp(_{stand}B)$. Die vorgenommene Kehrwertbildung wird mit $^{(-)}$ gekennzeichnet und verweist so auch auf die negative Wirkungsrichtung der entsprechenden Variable.

In beiden Modellen hat das monatliche Haushaltseinkommen, welches auch das verfügbare Mobilitätsbudget bestimmt, den größten positiven Effekt auf die Chance, den Pkw zu nutzen. Das Zusammenleben mit Kindern und das Vorhandensein einer Erwerbstätigkeit wirken sich ähnlich, wenn auch weniger stark aus. Dies kann als Hinweis gewertet werden, dass eine komplexe Alltagsorganisation durch regelmäßige Pkw-Nutzung erleichtert wird. Frauen sowie jüngere und allein wohnende Personen haben eine geringere Chance, selbst regelmäßig Auto zu fahren. Gleiches gilt für Personen, die in dicht besiedelten Innenstadtbezirken wohnen. Diese eher klassischen Faktoren werden in den Modellen durch sozialisations- und

Tab. 7 Parameterschätzung für die Pkw-Nutzung als Fahrer (mind. wöchentlich ja/nein) $N = 1557$

Unabhängige Variable	Aufenthalt-Modell		Herkunft-Modell	
	Regressionskoeffizient B	$Exp(_{stand}B)$	Regressionskoeffizient B	$Exp(_{stand}B)$
Geschlecht (weiblich)	−0,649***	1,914[(−)]	−0,646***	1,909[(−)]
Alter				
18–33 Jahre	−0,536**	1,710[(−)]	−0,717***	2,048[(−)]
34–49 Jahre	−0,073	1,076[(−)]	−0,214	1,238[(−)]
Referenz: 50–66 Jahre				
Erwerbstätig	0,653***	1,921	0,629***	1,876
Haushalt mit Kind(ern) unter 18 Jahre	0,744***	2,104	0,740***	2,096
Ein-Personen-Haushalt	−0,640***	1,897[(−)]	−0,585**	1,794[(−)]
Äquivalenz-HH-Einkommen pro Monat				
Referenz: <900 €				
900–1300 €	0,673***	1,961	0,674***	1,963
1300–1800 €	0,887***	2,428	0,907***	2,478
>1800 €	1,703***	5,493	1,732***	5,654
Bevölkerungsdichte (hoch)	−0,717***	2,048[(−)]	−0,785***	2,192[(−)]
Pkw-Initiation	0,501***	1,650	0,513***	1,670
Pkw-Eltern	0,010	1,010	0,63	1,065
Aufenthaltsdauer				
Referenz: in Deutschland geboren				
Bis 15 Jahre	−0,915***	2,496[(−)]		
16–30 Jahre	−0,405*	1,499[(−)]		
>30 Jahre	0,040	1,041		
Herkunftsregion				
Referenz: Deutschland				
Polen			−0,215	1,240[(−)]
Ost-Europa			0,080	1,083
Ex-Jugoslawien			0,189	1,207
Süd-Europa			0,183	1,201
Türkei			0,125	1,134
Asien			−0,560*	1,751[(−)]
Afrika			−0,414	1,513[(−)]
Sonstige			−0,338	1,402[(−)]
Konstante	−1,275***	3,580[(−)]	−1,444***	4,238[(−)]
Nagelkerkes-Pseudo-R^2	0,318		0,312	
Cox-Snells Pseudo-R^2	0,227		0,223	

*$p<0,05$; **$p<0,01$; ***$p<0,001$
[(−)] die ursprünglichen Werte der Exp(B) < 1,00 wurden durch Kehrwertbildung standardisiert

migrationsbezogene Variablen ergänzt. Dabei weist die Pkw-Initiation einen positiven Effekt auf, die Pkw-Nutzung der Eltern zeigt keinen direkten Einfluss. Im Aufenthalt-Modell haben Migranten, die bis zu 15 Jahre in Deutschland leben, im Vergleich zu den in Deutschland geborenen eine deutlich geringere Chance, selbst Auto zu fahren. Ähnlich wirkt ein Aufenthalt von 16–30 Jahren, Signifikanzniveau und Effektstärke sind jedoch geringer. Ein noch längerer Aufenthalt in Deutschland hat keinen Effekt. Im Herkunft-Modell sind anstelle der Aufenthaltsdauer die Herkunftsregionen der Befragten im Modell enthalten. Auf die Chance, den Pkw selbst zu nutzen, hat die familiäre Herkunft überwiegend keinen signifikanten Einfluss. Die Hälfte der Regionen weist einen schwachen positiven Effekt im Vergleich zu Deutschland auf. Als einzige Region zeigt sich für Asien ein signifikanter Effekt, die Region weist ebenso wie Polen, Afrika und Sonstige ein negatives Vorzeichen auf. Insgesamt zeigt sich, dass die Einbeziehung von Variablen wie Pkw-Initiation und Aufenthaltsdauer wichtige Hinweise auf die Bedeutung von sozialisations- und migrationsbezogenen Einflussfaktoren bei der Pkw-Nutzung als Fahrer liefern.

4   Fazit und Ausblick

Die Ergebnisse der Studie zeigen Unterschiede im Mobilitätsverhalten von Menschen mit und ohne MH auf, die überwiegend mit den genannten Studien aus dem In- und Ausland vergleichbar sind. So zeigen Migranten einen signifikant geringeren Pkw-Besitz und eine geringere Führerscheinquote, fahren häufiger mit dem ÖV und lassen sich vermehrt im Auto mitnehmen. Abweichend ergeben sich jedoch für die Pkw-Nutzung als Fahrer und für die allgemeine Pkw-Nutzung (Fahrer und Mitfahrer kombiniert), keine signifikanten Unterschiede. Überraschend hoch ist der Anteil derjenigen, die Fahrrad fahren können. Ähnlich wie von Harms (2007, S. 90) für die Niederlande beschrieben, nutzen Migranten das Fahrrad signifikant seltener als die einheimische Bevölkerung.

Bei der Erklärung der Pkw-Nutzung als Fahrer spielen vor allem ökonomische und sozio-demografische Faktoren, aber auch migrationsbezogene Variablen eine Rolle. Die Aufenthaltsdauer zeigt ähnliche Effekte wie für die USA berichtet: je länger der Aufenthalt, umso geringer sind die Unterschiede zu den im Land Geborenen. Ähnlich wie die jeweilige Herkunftsregion spielt die elterliche Pkw-Nutzung in der Kindheit kaum eine Rolle. Dagegen ist die Pkw-Initiation in der Jugend für die Autonutzung von Bedeutung.

Unterschiede zwischen Männern und Frauen sind bei den Migranten tendenziell ausgeprägter als bei den Deutschen ohne MH, sie variieren jedoch nach Herkunftsregion und betrachtetem Mobilitätsindikator. Die elterliche Verkehrsmittelnutzung unterscheidet sich nach Herkunft, allerdings variieren die Werte für die Mütter und Väter zum Teil erheblich. Dies kann als Hinweis auf ungleiche Ressourcen, aber auch auf unterschiedliche familiäre und herkunftsspezifische Mobilitätskulturen gewertet werden. Möglicherweise wirken sich diese Einflüsse und Erfahrungen unterschiedlich stark auf die Nutzung verschiedener Verkehrsmittel aus. So ist im hier nicht dargestellten Modell für die Fahrradnutzung das elterliche Nutzungsverhalten ein signifikanter positiver Einflussfaktor. Zusammenfassend zeigt sich, dass Herkunft und Sozialisation zusätzliche Erklärungsansätze für Unterschiede im Mobilitätsverhalten liefern können.

Forschungsbedarf besteht jedoch sowohl hinsichtlich einer repräsentativen Untersuchung des Mobilitätsverhaltens von Migranten als auch in Bezug auf weitere Einflussfaktoren und Motive, z. B. mit Hilfe einer tiefergehenden (qualitativen) Erhebung von Einstellungen und Werten. Die Einbeziehung von Milieus könnte ein Ansatz sein, der Heterogenität der Migranten besser gerecht zu werden. Inwiefern sich Mobilitätsbiographien von Migranten und Deutschen unterscheiden, welchen Einfluss die verschiedenen Mobilitätskulturen aufweisen und ob es zu einer Angleichung an die lokale, meist autoorientierte Mobilitätskultur kommt, sind ebenfalls offene Fragen. Ebenso wie in der Mobilitätsforschung finden Migranten und ihre Mobilitätsbedürfnisse bisher kaum oder wenig Berücksichtigung in der Verkehrsplanung und –politik, obwohl sie allein aufgrund der demografischen Entwicklung eine zunehmend wichtigere Rolle im städtischen Verkehrssystem spielen werden.

Literatur

Baslington, H. (2008). Travel socialization: A social theory of travel mode behavior. *International Journal of Sustainable Transportation, 2*(2), 91–114.

Baslington, H. (2009). Children's perceptions of and attitudes towards, transport modes: Why a vehicle for change is long overdue. *Children's Geographies, 7*(3), 305–322.

Beckman, J. D., & Goulias, K. G. (2008). Immigration, residential location, car ownership, and commuting behavior: A multivariate latent class analysis from California. *Transportation, 35*(5), 655–671.

Beige, S., & Axhausen, K. W. (2012). Interdependencies between turning points in life and long-term mobility decisions. *Transportation, 39*(4), 857–872.

Blumenberg, E., & Smart, M. (2010). Getting by with a little help from my friends…and family: Immigrants and carpooling. *Transportation, 37*(3), 429–446.

Bonham, J., & Wilson, A. (2012). Bicycling and the life course: The start-stop-start experiences of women cycling. *International Journal of Sustainable Transportation, 6*(4), 195–213.

Chatman, D. G., & Klein, N. J. (2013). Why do immigrants drive less? Confirmations, complications, and new hypotheses from a qualitative study in New Jersey, USA. *Transport Policy, 30*, 336–344.

Citlak, B., Leyendecker, B., Schölmerisch, A., Drießen, R., & Harwood, R. L. (2008). Socialization goals among first- and second-generation migrant Turkish and German mothers. *International Journal of Behavioral Development, 32*(1), 56–65.

Conrad, K., & Welsch, J. (2013). Die Alltagsmobilität von Menschen mit Migrationshintergrund – eine unbekannte Größe? In J. Scheiner, H. H. Blotevogel, S. Frank, C. Holz-Rau, & N. Schuster (Hrsg.), *Mobilitäten und Immobilitäten*. Menschen – Ideen – Dinge – Kulturen – Kapital. Blaue Reihe. Dortmunder Beiträge zur Raumplanung: Bd. 142 (S. 153–164). Essen: Klartext.

Handy, S , Blumenberg, E., Donahue, M., Lovejoy, K., Rodier, C., Shaheen, S., Shiki, K., & Song, L. (2008). Travel behavior of Mexican and other immigrant groups in California. *Berkeley Planning Journal, 21*(1), 1–24.

Harms, L. (2007). Mobilität ethnischer Minderheiten in den Stadtgebieten der Niederlande. *Deutsche Zeitschrift für Kommunalwissenschaften (DfK), 46*(2), 78–94.

Haustein. S., Klöckner, C. A., & Blöbaum, A. (2009). Car use of young adults: The role of travel socialization. *Transportation Research Part F: Traffic Psychology and Behaviour, 12,* 168–178.

Hautzinger, H., Taussaux-Becker, B., & Pfeiffer, M. (1996). *Mobilität der ausländischen Bevölkerung. Verkehrsmobilität in Deutschland zu Beginn der 90er Jahre. Berichte der Bundesanstalt für Straßenwesen: Bd. 3 (M59)*. Bremerhaven: Wirtschaftsverl. NW Verl. für Neue Wiss.

Heinen, E., & Handy, S. (2011). Similarities in attitudes and norms and the effect on bicycle commuting: Evidence from the bicycle cities Davis and delft. *International Journal of Sustainable Transportation, 6*(5), 257–281.

Idema, H., & Phalet, K. (2007). Transmission of gender-role values in Turkish-German migrant families: The role of gender, intergenerational and intercultural relations. *Zeitschrift für Familienforschung, 19*(1), 71–105.

Johansson, M., Raustorp, A., Mårtersson, F., Boldemann, C., Sternudd, C., & Kylin, M. (2011). Attidudinal antecedents of children's sustainable every day mobility. In W. Gronau, K. Reiter, & R. Pressl (Hrsg), *Studies on mobility and transport research: Volume 3. Transport and health issues* (S. 55–68). Mannheim: Meta GIS Infosysteme.

Kâğıtçıbaşı, Ç., & Ataca, B. (2005). Value of children and family change: A three-decade portrait from Turkey. *Applied Psychology: An International Review, 54*(3), 317–337.

Kasper, B., Reutter, U., & Schubert, S. (2007). Verkehrsverhalten von Migrantinnen und Migranten – Eine Gleichung mit vielen Unbekannten. *Deutsche Zeitschrift für Kommunalwissenschaften (DfK), 46*(II), 62–77.

Klöckner, C. A. (2004). How Single Events Change Travel Mode Choice – A Life Span Perspective. 3rd International Conference on Traffic and Transport Psychology, Online Conference Publication. http://www.psychology.nottingham.ac.uk/IAAPdiv13/. Zugegriffen: 24. März 2014.

Kopnina, H., & Williams, M. (2012). Car attitudes in children from different socio-economic backgrounds in the Netherlands. *Transport Policy, 24,* 118–125.

Lanzendorf, M. (2010). Key events and their effect on mobility biographies: The case of childbirth. *International Journal of Sustainable Transportation, 4*(5), 272–292.

Leiprecht, R. (2012). Sozialisation in der Migrationsgesellschaft und die Frage nach der Kultur. *Aus Politik und Zeitgeschichte, 62*(49–50), 3–7.

Matthies, E., Klöckner, C. A., & Friedrichsmeier, T. (2013). Explaining stability in travel mode choice: An empirical comparison of two concepts of habit. *Transportation Research Part F: Traffic Psychology and Behaviour, 16*, 1–13.

Mayerl, J., & Urban, D. (2010). *Binär-logistische Regressionsanalyse. Grundlagen und Anwendung für Sozialwissenschaftler.* Schriftenreihe des Instituts für Sozialwissenschaften der Universität Stuttgart 3/2010. http://www.uni-stuttgart.de/soz/institut/forschung/2010. SISS.3.pdf. Zugegriffen: 27. Juni 2014.

OECD. (o. J.). *What are equivalent scales?* http://www.oecd.org/eco/growth/OECD-Note-EquivalenceScales.pdf. Zugegriffen: 08.Januar 2015.

Scheiner, J. (2007). Mobiltiy biographies: Elements of a biographical theory of travel demand. *Erdkunde, 61,* 161–173.

Schwanen, T., Banister, D., & Anable, J. (2012). Rethinking habits and their role in behaviour change: The case of low-carbon mobility. *Journal of Transport Geography, 24,* 522–532.

Sigurdardottir, S. B., Kaplan, S., Møller, M., & Teasdale, T. W. (2013). Understanding adolescents' intentions to commute by car or bicycle as adults. *Transportation Research Part D: Transport and Environment, 24*(0), 1–9.

Smart, M. (2010). US immigrants and bicycling: Two-wheeled in Autopia. *Transport Policy, 17*(3), 153–159.

Stadt Offenbach am Main. (2012a). *Nationalitäten in Offenbach am Main* (Stand 31.12.2012). http://www.offenbach.de/stepone/data/pdf/04/21/00/nationalitaeten-2008-bis-2012.pdf. Zugegriffen: 13. März 2014.

Stadt Offenbach am Main. (2012b). *Statistische Vierteljahresberichte* IV/2011. http://www.offenbach.de/stepone/data/pdf/29/21/00/quartal-4-10-seiten.pdf. Zugegriffen: 13. März 2014.

Statistisches Bundesamt. (2012). *Bevölkerung und Erwerbstätigkeit. Bevölkerung mit Migrationshintergrund – Ergebnisse des Mikrozensus 2011* (Fachserie 1 Reihe 2.2). Wiesbaden.

Suhl, K., & Welsch, J. (2012). Wie mobil sind Migrantinnen und Migranten im Alltag? Ergebnisse einer empirischen Erhebung. *ILS-trends, 2,* 1–8.

Tal, G., & Handy, S. (2010). Travel Behavior of immigrants: An analysis of the 2001 National Household Transportation Survey. *Transport Policy, 17*(2), 85–93.

Taubman-Ben-Ari, O., Mikulincer, M., & Gillath, O. (2005). From parents to children-similarity in parents and offspring driving styles. *Transportation Research Part F: Traffic Psychology and Behaviour, 8*(1), 19–29.

Tully, C. J., & Baier, D. (2006). *Mobiler Alltag – Mobilität zwischen Option und Zwang – Vom Zusammenspiel biographischer Motive und sozialer Vorgaben.* Wiesbaden: VS Verlag für Sozialwissenschaften.

Veith, H. (2008). *Sozialisation.* München: Ernst Reinhardt Verlag.

Westphal, M. (2005). Sozialisation und Akkulturation in Migrantenfamilien. In W. Thole, P. Cloos, F. Ortmann, & V. Strutwolf (Hrsg.), *Soziale Arbeit im öffentlichen Raum, Wiesbaden: VS Verlag 2005 (CD Beitrag). Soziale Gerechtigkeit in der Gestaltung des Sozialen* (CD-Beitrag). Wiesbaden: VS Verlag für Sozialwissenschaften.

Yamamoto, T. (2008). The impact of life-course events on vehicle ownership dynamics – The cases of France and Japan. *IATSS Research, 32*(2), 34–43.

Janina Welsch MA geboren 1972, ist seit 2006 wissenschaftliche Mitarbeiterin am ILS – Institut für Landes- und Stadtentwicklungsforschung im Forschungsfeld Alltagsmobilität und Verkehrssysteme. Zu ihren Forschungsschwerpunkten gehören das Mobilitätsverhalten verschiedener Gruppen, insbesondere von Menschen mit Migrationshintergrund, sowie Mobilitätsmanagement und Evaluation von Soft-Policy-Maßnahmen. Sie hat 2013 zusammen mit Kerstin Conrad den Beitrag „Die Alltagsmobilität von Menschen mit Migrationshintergrund – eine unbekannte Größe?" im Sammelband „Mobilitäten und Immobilitäten" veröffentlicht und promoviert derzeit an der Leuphana Universität Lüneburg.

Biographische Konstruktionen von Mobilität und Landschaft in der Grenzregion San Diego–Tijuana

Olaf Kühne und Antje Schönwald

Zusammenfassung

Der Beitrag betrachtet die Hybridisierungstendenzen der Region um San Diego und Tijuana aus Perspektive einer konstruktivistisch orientierten und biographisch ausgerichteten Forschung, die sowohl Aspekte der Stadtgeschichte als auch subjektive Sichtweisen auf die räumliche Entwicklung erhebt und miteinander in Beziehung setzt. Sehnsüchte, Erinnerungen, Stereotype, Images oder auch Benchmarks von und an Landschaften konstruieren sich durch Selektion, Vermischung und Neuanordnung verschiedener kultureller Auffassungen. Wie sich dieser Prozess gestaltet, der Landschaftswahrnehmung und Mobilitätsverhalten beeinflusst, hängt stark von den biographischen Erfahrungen des Einzelnen ab.

O. Kühne (✉)
Ländliche Räume, Regionalmanagement
Hochschule Weihenstephan-Triesdorf
Weihenstephaner Berg 5 85354 Freising, Deutschland
E-Mail: olaf.kuehne@hswt.de

A. Schönwald
Fachrichtung Geographie, Universität des Saarlandes
Am Markt; Zeile 4, 66125 Saarbrücken, Deutschland
E-Mail: a.schoenwald@mx.uni-saarland.de

© Springer Fachmedien Wiesbaden 2015
J. Scheiner, C. Holz-Rau (Hrsg.), *Räumliche Mobilität und Lebenslauf,*
Studien zur Mobilitäts- und Verkehrsforschung, DOI 10.1007/978-3-658-07546-0_12

Schlüsselwörter

Hybridität · Landschaft · Biographie · Mobilität · Sozialkonstruktivismus
Grenzraum · San Diego · Tijuana

1 Einleitung

Der vorliegende Beitrag basiert auf einem konstruktivistischen Landschaftsver-
ständnis (vgl. Cosgrove 1988; Kühne 2006, 2013; Gailing 2012; Schönwald 2013).
Landschaft wird dementsprechend weder als ein materielles, mit empirischen Methoden eindeutig erfassbares Objekt (wie es das positivistische Landschaftsver-
ständnis beispielsweise der Landschaftsökologie nahelegt) noch als individuelle
Einheit von Kultur und Natur mit einem „Eigenwesen" verstanden (wie es die
essentialistische Kulturlandschaftsforschung häufig praktiziert). Aus konstrukti-
vistischer Perspektive ist Landschaft als eine individuelle Konstruktion auf Grundlage erlernter sozialer Deutungs- und Bewertungsmuster zu verstehen. Materielle
Objekte werden bei dieser Perspektive zur Projektionsfläche von Landschaft (vgl.
Kühne 2013). Eine konstruktivistische Position impliziert eine kritische Haltung
gegenüber jenem, „was wir als selbstverständliche Verständnisse der Welt, einschließlich unserer selbst, verstehen" (Burr 2005, S. 2 f.). In Bezug auf Landschaft
bedeutet dies, dass die individuellen und sozialen Mechanismen der Konstruktion
und Bewertung in das Zentrum des wissenschaftlichen Interesses gestellt werden,
und beispielsweise nicht, was Landschaft sei (da diese Frage in Anhängigkeit von
kulturellen und sozialen Einflüssen individuell sehr unterschiedlich beantwortet
wird). Damit wird auch deutlich, warum eine konstruktivistische Landschaftsforschung auf die Untersuchung von Biographien zurückgreift: In Biographien wird
der Einfluss des Sozialen auf das Individuelle deutlich – aber auch der Einfluss
des Individuellen auf das Soziale. Auch sind es Individuen, die in sozialer Vermittlung die materiellen Strukturen, in die Landschaft projiziert wird, verändern.
Im Folgenden wird am Beispiel der US-amerikanischen Metropole San Diego und
dem benachbarten mexikanischen Tijuana der biographische Einfluss – hier sind
sowohl die Biographien der Bewohner als auch die Landschaftsbiographien der
beiden Siedlungen gemeint – auf Landschaftswahrnehmung und damit auch auf
das individuelle Mobilitätsverhalten gezeigt. Im ersten Schritt werden deshalb
zunächst Aspekte der Landschaftskonstruktion und der biographischen Konstruktion von Landschaft erläutert, um dann im nächsten Schritt die Verbindung San
Dieganischer und Tijuanensischer Landschaftsbiographien zu beleuchten. Im Anschluss daran folgt eine Analyse des Zusammenspiels von Landschaftswahrneh-

mung und Mobilitätsverhalten mit biographischen Erlebnissen. Als Fallbeispiel wurde das Barrio Logan mit dem Chicano Park in San Diego ausgewählt, weil dies für viele Interviewpartner einen Ort von besonderer biographischer Bedeutung und symbolischer Aufladung darstellt. Der unmittelbar an der US-amerikanisch-mexikanischen Grenze gelegene Friendship Park dient als weiteres Beispiel einer Landschaft, die durch biographische Einflüsse symbolisch derart aufgeladen wird, dass auch verbreitete soziale Landschaftskonstruktionen – die nicht selten auch das Mobilitätsverhalten beeinflussen, man denke nur an die Sehnsuchtslandschaft USA als „Land der unbegrenzten Möglichkeiten" für viele (mexikanische) Migrationswillige – durchbrochen werden. Ein Fazit, in dem die Ergebnisse der empirischen Analysen mit den anfänglichen Überlegungen zu biographischer Landschaftskonstruktion verknüpft werden, beendet den Beitrag.

2 Biographische Konstruktion von Landschaft

Die Abhängigkeit der Fähigkeit, Landschaft zu sehen, von bestimmten Vorkenntnissen beschreibt Lucius Burckhardt (2006 [1977], S. 20) prägnant: „Der Naive kann die Landschaft nicht sehen, denn er hat ihre Sprache nicht gelernt". Diese „Sprache der Landschaft" ist kulturell stark differenziert, der „semantische Hof" (Hard 1969) von Landschaft ist beispielsweise für das deutsche „Landschaft" stärker materiell orientiert als das englische „landscape", das stärker ästhetisch konturiert ist, während das Konzept einer synthetischen landschaftlichen Konstruktion von Räumen in den Kulturen des Fernen Ostens erst mit der Expansion westlicher Raumwissenschaften in diesen Regionen erfolgte, zuvor fanden sich viele unterschiedliche Konzepte, Raum zu deuten (vgl. z. B. Bruns 2013; Drexler 2013). Zentral für die Fähigkeit, Landschaft gemäß bestimmter kultureller und sozialer Muster zu synthetisieren ist der Prozess der Sozialisation. Hierbei entwickelt das Subjekt sprachliche, moralisch-ethische, soziale, kognitive, ästhetische sowie emotionale Handlungskompetenzen – hier in Bezug auf Landschaft. Diese ermöglichen es ihm, „die Wechselwirkung mit der Umwelt in produktiver Weise zu gestalten, wobei die individuellen Bedürfnisse und Interessen von zentraler Bedeutung sind" (Nissen 1998, S. 32).

Das Landschaftsbewusstsein weist gemäß Ipsen (2006) eine kognitive, eine emotionale und eine ästhetische Dimension auf. Diese drei Dimensionen des Landschaftsbewusstseins treten in unterschiedlicher Kombination zutage, in Abhängigkeit davon, ob Landschaft als Heimat oder gemäß stereotyper Deutungsmuster konstruiert wird (Kühne 2006, 2008, 2013):

1. Die stark emotional geprägte heimatliche Normallandschaft entsteht zumeist in Vermittlung durch die Familie und infolge der Aneignung mit Gleichaltrigen im Umfeld der Wohnung der Heranwachsenden. Sie wird geprägt durch eine unmittelbare Auseinandersetzung mit materiellen Objekten. Ästhetische wie kognitive Bezüge sind weniger deutlich vertreten.
2. Die stereotype Landschaft ist hingegen stärker ästhetisch, teilweise auch kognitiv geprägt. Sie entsteht insbesondere durch mediale Vermittlung (Fernsehen, Internet, Kinder- und Schulbücher) und nicht durch unmittelbare Anschauung. Hier werden insbesondere ästhetische (wie eine „schöne" Landschaft) und moralische (wie eine „gute" z. B. umweltgerecht bewirtschaftete) Standards inkorporiert.

Im Laufe des Lebens werden sowohl die heimatliche Normallandschaft als auch die stereotype Landschaft einerseits einem ständigen Aktualisierungsprozess unterzogen (da ständig neue Informationen zu bewältigen sind), andererseits dienen sie als Bewertungsgrundlage für als Landschaft konstruierte Räume (wie „hier sind mehr Berge als bei uns", „die Industrie ist hässlich"). Im Unterschied zu Räumen, die unter dem Modus der stereotypen Landschaft beobachtet werden, muss heimatliche Normallandschaft nicht (stereotyp) schön, sondern vertraut sein, schließlich werden die mit ihr verbundenen materiellen Objekte emotional besetzt. Die Veränderung dieser physischen Repräsentanzen heimatlicher Normallandschaft wird vielfach als Heimatverlust rekonstruiert, schließlich wird gerade Heimat als normativ stabiles Umfeld gedeutet (Kühne und Spellerberg 2010). Wird ein Raum in dem Modus der stereotypen Landschaft gedeutet, erfolgt ein Vergleich mit den inkorporierten ästhetischen Standards und kognitiven Deutungsmustern. Die Deutungen ein und desselben Arrangements materieller Objekte gemäß der heimatlichen Normallandschaft können deutlich divergieren: So können Teile des Ruhrgebiets einerseits gemäß der heimatlichen Normallandschaft positiv besetzt sein, während sie unter dem Modus der stereotypen Landschaftsvorstellungen als ästhetisch „hässlich", vielleicht noch kognitiv als „interessant" gelten.

3 Aspekte der verbundenen Biographien von San Diego und Tijuana

In der jüngeren Landschaftsforschung gewinnt das Konzept der Landschaftsbiographie zunehmend an Bedeutung. Es grenzt von Ansätzen ab, die Landschaft als „passives Nebenprodukt anonymer ökonomischer und sozialer Entwicklung" (Roymans et al. 2009, S. 339) sehen. Im Zentrum der Studien zu Landschaftsbiographien steht die Überlegung, dass die Entwicklung von Landschaft (sowohl in ihrer Dimension der sozialen Konstruktion als auch der nominalistisch zu Landschaft gedeuteten materiellen Objekte) verflochten ist mit „den Biographien und Genealogien der Menschen, sie verbindet Personen und Generationen, während sie zur gleichen Zeit ihre eignen Lebensgeschichten in unterschiedlichen Zeitabschnitten durch sich entwickelnde soziale Kontexte schreiben" (Roymans et al. 2009, S. 339; vgl. auch van der Valk 2009). Wie die Biographien von Personen Ergebnis einer ex-post-Konstruktion sind, sind auch die Biographien von Landschaften Ergebnis individueller und kollektiver Deutungsprozesse. Im Rahmen dieser Deutungsprozesse werden Ereignissen unterschiedliche Bedeutungen zugewiesen, wobei diese Bedeutungszuweisungen einerseits milieuspezifisch unterschiedlich ausfallen können, andererseits sind sie durchaus reversibel. Landschaftsbiographien lassen sich – in ihrer Vielschichtigkeit und der großen semantischen Unschärfe der Beurteilung von Ereignissen – sinnvollerweise mit einem Methodenmix untersuchen. Das Fallbeispiel der Landschaftsbiographien San Diegos (Kühne und Schönwald 2015) wurde anhand des aktuellen wissenschaftlichen Schrifttums, von Verhaltensspuren (wie Gebäude, Denkmäler, Parkanlagen, Verkehrsinfrastrukturen), Internetvideos, Karteninterpretationen sowie Interviews untersucht. In diesem Fallbeispiel zeigt sich eine intensive Verknüpfung mit der Entwicklung des nahe gelegenen mexikanischen Tijuana.

Die Biographien von San Diego lassen sich in vier Phasen einteilen, die auch mit bestimmten Bedeutungen von Tijuana jenseits der Grenze zu Mexiko verbunden sind (Kühne und Schönwald 2015):

1. Die Phase der labilen Stadt (bis zum Ende des 19. Jahrhunderts) ist geprägt von Siedlungsverlegungen und gescheiterten Gründungen von Siedlungsteilen, von militärischen Auseinandersetzungen zwischen spanischen/mexikanischen Einwanderern und der indigenen Bevölkerung, dem mexikanisch-US-amerikanischen Krieg, in dessen Folge San Diego von Mexiko an die USA fiel, aber auch wirtschaftlichen Boomphasen (die beginnenden 1880er Jahren) und infrastrukturellen Problemen, wie die verzögerte Anbindung an das Eisenbahnnetz, das eine Industrialisierung erschwerte. Gerade die letzten Jahrzehnte des 19. Jahrhunderts wurden geprägt von Investoren wie Horton oder Spreckels, die massiv in den Ausbau San Diegos hinsichtlich Wohneinheiten, Infrastrukturen (wie z. B. Straßenbahnen) und Hotels investierten, dies massiv bewarben, um finanziell von den einwandernden Menschen profitieren zu können. Das Gebiet des heutigen Tijuanas, das heute von manchen Wissenschaftlern trotz trennender, streng bewachter Nationalstaatsgrenze sogar als Teil San Diegos bezeichnet wird (Ford 2005, S. 2), war zu dieser Zeit noch weitgehend unbesiedelt.

2. Die Phase der konsolidierten Stadt (um die Jahrhundertwende vom 19. zum 20.
   Jahrhundert) war von einem stetigen, im Vergleich zu dem nahezu allgegenwärtigen Benchmark Los Angeles allerdings verhaltenen, Wachstum hinsichtlich
   Bevölkerungszahl und Wirtschaftsleistung geprägt. Als prägend für die weitere
   Biographie San Diegos erwies sich der „Geranien-oder-Schornsteine"-Wahl-
   kampf zwischen Louis Wilde und George Marston im Jahre 1917. Dieser wurde
   zwar von dem „Schornsteine"-Kandidaten Wilde gewonnen, „aber dennoch
   erschienen nur wenige Schornsteine" (Ford 2005, S. 12). Die Selbstbeschrei-
   bung San Diegos als „schöne" Siedlung fand in dieser Zeit ihren Ursprung, was
   auch in der Gründung des rund 1000 ha großen Balboa Parks seinen Ausdruck
   fand, der bis heute (kaum verkleinert) nördlich der Downtown besteht. Der
   Wunsch, stereotypen ästhetischen Vorstellungen zu entsprechen, drückt sich im
   kulturellen Kontext der individualistisch-pragmatischen Ethik in den Vereinigten Staaten bereits in dieser Zeit in einer massiven Suburbanisierung im Kontext erst des Ausbaus von Straßenbahnlinien, später der Automobilisierung aus
   (siehe auch Hayden 2004). In diese Zeit fällt auch die beginnende Präsenz des
   Militärs, das bis heute die Siedlungsentwicklung mitprägt. Diese Phase ist für
   Tijuana durch hohe Labilität geprägt, die Siedlung (zu Beginn des 20. Jahrhunderts noch „Zaragoza" genannt) entwickelte bereits zu dieser Zeit eine gewisse
   Komplementarität zu San Diego: Die Prohibition ließ den Alkoholkonsum und
   das Vorgehen gegen die Prostitution in den 1910er Jahren in der Hafenstadt
   San Diego ließ eben diese in Tijuana wachsen. Das Hotel „Agua Caliente",
   ein Erholungskomplex mit Bungalows, einem First-Class-Hotel, einem Casino,
   einem Golfplatz und einer Rennstrecke, alles in einem landschaftsarchitekto-
   nisch gestalteten Ambiente (Starr 1986; Arreola und Curtis 1993), brachte auch
   den Glamour Hollywoods nach Tijuana. Diese Entwicklungen wurden beeinflusst von der mexikanischen Revolution und der „Zunahme der nationalisti-
   schen Moral im postrevolutionären Mexiko" (Arreola und Curtis 1993, S. 101),
   die auch zu einer Schließung des „Agua Caliente" führte.
3. Die Phase der provisorischen Stadt (zwischen 2. Weltkrieg und Übergang zur
   Postmoderne) in San Diego ist von einem rasanten Anstieg der Militärpräsenz
   während des Zweiten Weltkriegs, des massiven Ausbau der Luftfahrtindus-
   trie in jener Zeit und der Unsicherheit über die Dauerhaftigkeit dieser Ein-
   richtungen nach dem Krieg geprägt. Gerade die Zeit des Zweiten Weltkriegs
   war durch eine erhebliche Unterversorgung von Soldaten und Zivilisten mit
   Wohnraum, Freizeiteinrichtungen, Frischwasser sowie einer Überlastung der
   Verkehrsinfrastruktur geprägt. Auf diese Situation wurde in der Folgezeit in
   der damaligen Logik der Siedlungsentwicklungsplanung in den Vereinigten
   Staaten reagiert: Dem Wohnraummangel wurde mit dem massiven Ausbau von

Suburbiumssiedlungen, der Überlastung der Verkehrsinfrastruktur mit dem Bau von Autobahnen (die auch die neue suburbane Siedlungen erreichbar werden ließen) begegnet, die Versorgung mit Trinkwasser wurde in der niederschlagsarmen Region durch den Bau von Aquädukten in Regionen mit höherem Wasserdargebot sichergestellt. Tijuana folgte in dieser Zeit dem Entwicklungspfad einer komplementären Größe: Es stellte ein Arbeitskräftereservoir dar, diente als Zentrum für das Vergnügen von US-Amerikanern, begann sich auf bescheidenem technologischen Niveau zu industrialisieren.

4. Die Phase des pasticheförmigen Stadtlandhybriden (zurückreichend bis in die Anfänge der 1960er Jahre) ist geprägt von dem Abweichen von dem Entwicklungspfad anderer Städte der Vereinigten Staaten: Zwar reichen erste Initiativen zur Revitalisierung der Downtown von San Diego in die 1960er Jahre zurück, doch wurden diese erst ab den 1970er Jahren mit Nachdruck umgesetzt. Diese Umsetzung ist mit dem Namen des damaligen Bürgermeisters und späteren kalifornischen Gouverneurs Pete Wilson verbunden. Zur Erreichung seines Ziel, San Diego zu „America's finest City" (so bis heute der Slogan der Stadt) zu machen, nutzte er die anhaltende Zuwanderung, um im Gegenzug für die Ermöglichung einer weiteren Suburbanisierung, Immobilienentwickler zu Investitionen für die Revitalisierung der Downtown zu gewinnen. In diese Zeit fällt der Bau der Shopping Mall „Horton Plaza" im Zentrum der Stadt, die Sanierung des Gaslamp Quarters zur Ausgehmeile und die Wiedereröffnung eines Straßenbahnsystems, später die massive Waterfront-Entwicklung, der Bau des PETCO-Parks, des Stadions der Baseball-Mannschaft der „San Diego Padres" am Südrand der Downtown in den frühen 2000er Jahren. Heute finden sich Prozesse der Urbanisierung ehemalig suburbaner Siedlungen (wie Hillcrest), sich rasant gentrifizierende und urbanisierende Cityrandquartiere (wie Little Italy), Suburbien des ersten Ringes, die heute eher alternative Subkulturen beherbergen (wie South Park) rund um die Downtown und den Balboa Park. Tijuana entwickelte sich aus der Perspektive von US-Amerikanern zu einem Heterotop (Foucault) des Vergnügens und der Devianz (reichend von dem in Kalifornien verbotenen Alkoholkonsum der 18–21-Jährigen bis hin zu kriminellen Aktivitäten des „Tijuana Cartels"). In Mexiko wird mit Tijuana Reichtum durch Arbeit in fordistischen Industriebetrieben und das Ausgangstor in die USA verknüpft. Kulturelle Hybridisierungstendenzen werden beiderseits der Grenze deutlich, so in der Präsenz der spanischen Sprache in San Diego, den Materialisierungen von Versatzstücken der lateinamerikanischen Kulturen (in Form von pflanzenartenreichen Gärten, kräftigen Gebäudefarben und Wandgemälden), aber auch der Präsenz von in den USA entsorgten Objekten (von Autos bis hin zu ganzen Häusern), die in Tijuana weiterverwendet werden (vgl. Cruz 2007).

4   Landschaftskonstruktion und Mobilitätsverhalten. Beispiel Barrio Logan mit Chicano Park

Sowohl Landschaftskonstruktion als auch Mobilitätsverhalten unterliegen biographischen Einflüssen. Das zeigt eine Studie mit zehn biographisch gestützten Interviews, verschiedenen teilnehmenden Beobachtungen und drei ero-epischen Gesprächen (Girtler 2001) im Jahr 2013 in San Diego und Tijuana[1] (Kühne und Schönwald 2015). Die Assoziationen der Gesprächspartner mit den beiden Siedlungen San Diego und Tijuana (Abb. 1) lassen zwar einerseits auf sozial konstruierte Stereotypisierungen schließen, andererseits jedoch sind die äußerst vielfältigen Gedankenverknüpfungen ein Hinweis auf den Einfluss von Erwartungen, Erinnerungen, Sehnsüchten, Ängsten und auch Benchmarks, die wiederum subjektiv sehr verschieden und abhängig von Biographien sind, auf Landschaftswahrnehmung.

So gilt Tijuana beispielsweise vielen Interviewpartnern als gefährlich, andere hingegen verweisen auf die Verlagerung der Gefahr und Kriminalität in östlich von Tijuana gelegene Grenzsiedlungen, wie etwa Ciudad Juárez. Entsprechend vielfältig gestalten sich die Einflüsse der Landschaftswahrnehmung auf die Mobilität. Der Entschluss für eine Emigration nach San Diego oder auch nur für einen Ausflug nach Tijuana sind in besonderem Maße davon geprägt, wie Landschaften wahrgenommen werden und welche Erwartungen an sie gestellt werden. Dies ist wiederum biographisch geprägt. Denn ob Tijuana gefährlich wahrgenommen wird oder nicht, San Diego für ein besseres Leben mit Freiheit und Sicherheit steht oder aber stärker Restriktion verkörpert und „Verrat" am Nachbarn Tijuana symbolisiert, unterliegt einer von biographischen Erfahrungen beeinflussten subjektiven

---

[1] Bei der Interviewpartnersuche wurde darauf geachtet, sowohl in Vereinen und Organisationen, die sich speziell mit grenzüberschreitenden Fragestellungen beschäftigen (z. B. Friendship Park, Chicano Park, Hilfsorganisationen) als auch bei Vereinen und Organisationen, bei denen durch die Lage und die Thematik von keiner oder nur einer geringen Bedeutung der Grenzlage ausgegangen wurde (z. B. Kirchen, Sportclubs, Jugendclub), anzufragen. Darüber hinaus wurden Personen ausländischer Wurzeln in San Diego (z. B. deutsche Einwanderer) angefragt. Ein weiteres Suchkriterium stellte die räumliche Lage der angeschriebenen Vereine und Organisationen dar: Es wurden physisch unterschiedlich gelegene und auch soziokulturell und biographisch unterschiedlich geprägte Räume der Grenzregion abgedeckt, mit dem Ziel, unterschiedliche Wahrnehmungsmuster zu entdecken. Die biographisch-geleiteten Interviews unterschieden sich von klassischen biographischen Interviews: Es gab einen groben Leitfaden, weshalb sie etwas strukturierter verliefen. Dennoch war es den Interviewpartnern während des gesamten Gesprächsverlaufs möglich, eigene Themen anzusprechen und aus verschiedenen Bereichen ihres eigenen Lebens zu berichten. Die Auswertung der Interviews erfolgte entsprechend ebenfalls als Mischung aus Auswertungsmethoden biographischer (vgl. Fuchs 1984, Jakob 1997, Nassehi 1994) und leitfadengestützter Interviews (Mayring 2002).

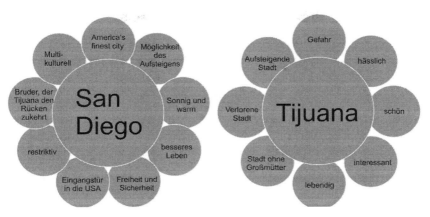

Abb. 1 Assoziationen mit San Diego und Tijuana

Selektion, Vermischung und Neuanordnung verschiedener kultureller Einstellungen. Das Beispiel der unterschiedlichen Konstruktion des Stadtteils Barrio Logan in San Diego und insbesondere dem dort befindlichen Chicano Park (Abb. 2) veranschaulicht diese Verbindung zwischen Biographien von Menschen und der Wahrnehmung von und Erwartung an Landschaften sehr deutlich. Im Folgenden werden deshalb zunächst die Besonderheiten des Barrio Logans sowie die Chicano-Bewegung und die Gründung des Chicano-Parks vorgestellt, bevor die biographischen Einflüsse der Wahrnehmenden auf das Barrio Logan und des Chicano Parks vorgestellt werden. Der Stadtteil Barrio Logan befindet sich südlich der Downtown San Diegos. 40 % der Bevölkerung im Barrio Logan leben unterhalb der Armutsgrenze, mehr als zwei Drittel sind Hispanos, meistens mexikanisch-stämmig, die Arbeitslosenquote ist dreimal höher als im Durchschnitt San Diegos, vielen Bewohnern fehlt eine legale Aufenthaltsgenehmigung (Le Texier 2007). Aktuell zeichnet sich die Stadtteilentwicklung des Barrio Logans vor allem durch den Beginn umfassender Gentrifizierungsprozesse aus, was von den Interviewten teilweise unter dem Deutungsmuster der heimatlichen Normallandschaft als Verlust gedeutet wird, während andere Befragte, die eine weniger intensive Beziehung zu dem Barrio aufgebaut haben oder deren Lebensmittelpunkt nicht oder nicht mehr im Barrio Logan ist, dies unter dem Deutungsmuster der stereotypen Landschaft durchaus begrüßen.

Ende der 1960er Jahre formierte sich das „Movimiento Chicano", eine Bewegung, deren Aktivisten generell für die Rechte der mexikanisch stämmigen US-Amerikaner eintraten (Sierra Macarrón 2003). Auch San Diego konnte in dieser Zeit eine rege Chicano Bewegung verzeichnen, deren Protest insbesondere in der

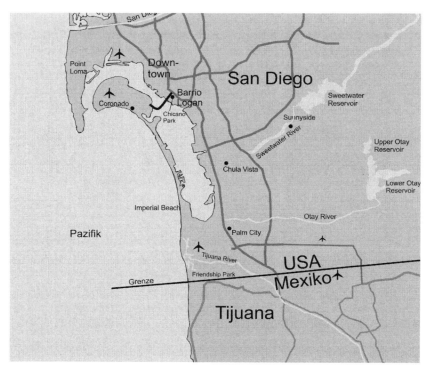

Abb. 2 San Diego und Tijuana mit Hinweisen auf den Chicano Park im Barrio Logan und den Friendship Park an der US-amerikanisch-mexikanischen Grenze. (© by Kühne I Schönwald)

Gründung und Gestaltung des Chicano Parks im Barrio Logan (Abb. 3) Ausdruck fand. Auslöser für die Okkupierung des Gebietes unter der Auffahrt der Coronado Bay Bridge und die dortige Errichtung des Chicano Parks war ein Zusammenspiel mehrerer Faktoren im Prozess der Stadtplanung, im Rahmen derer sich die hispanische Bevölkerung benachteiligt fühlte. Dazu zählten insbesondere der Bau der Interstate 5 im Jahr 1963 und der Coronado Bay Bridge in den Jahren 1968/1969, die Umsiedlungen erforderten und das Viertel zerschnitten (Falser 2007). Zusammen mit bereits bestehenden Benachteiligungsempfindungen der ansässigen Bevölkerung aufgrund von Industrialisierung und Verschmutzung des Barrio Logans und mit der Ablehnung damals bekannt werdender Pläne der Errichtung einer Polizeistation unter der Coronado Bay Bridge kumulierte der Protest am 22. April 1970 in der Errichtung des Chicano Parks (Ortiz 2007). Seitdem werden Wandbilder in

Abb. 3 Der Chicano Park in San Diego. Oben *links*: Chicano Park Schild mit Hinweis auf die jeweils nächste Sitzung des Chicano Park Steering Comittee im Kiosk. Oben *rechts*: Der mit aztekischen Symbolen und der Abbildung aztekischer Götter verzierte Kiosk, das Herz des Chicano Parks. Unten links und Mitte: Wandgemälde (Murals) an Brückenpfeilern. Unten rechts: Mit mexikanischen Farben verzierter Tisch und Bänke. (© by Kühne l Schönwald)

mexikanischer Tradition, sogenannte Murals, an den Brückenpfeilern angebracht. Viele der Murals zeigen Motive aus der mexikanischen Geschichte, beispielsweise mexikanische Revolutionsführer wie Emiliano Zapata, jedoch sind auch Symbole des allgemeinen Protestes der Ungleichbehandlung von Minderheiten zu finden und es werden auch – untypisch für mexikanische Murals (Arreola 1984) – regionalspezifische Themen dargestellt, wie beispielsweise die Gründung des Parks oder die unter San Dieganer Chicanos beliebte Low Rider Kultur. Auch den Azteken, in denen viele Chicanos ihre Vorfahren erkennen, wird in vielen Murals Beachtung geschenkt. Insbesondere auf deren vermuteten Ursprungsort „Aztlán", der sich über weite Teile der heutigen USA erstreckt und auch das heutige San Diego beinhaltet, wird in der Chicano-Bewegung allgemein und im Chicano Park im Speziellen häufig hingewiesen (Löffler 2005).

Auffallend bei der Analyse der Interviews sind die biographischen Einflüsse der Wahrnehmenden, die eine sehr vielfältige Konstruktion des Barrio Logans und des Chicano Parks hervorriefen. Unter den befragten Mexikanischstämmigen (nicht alle Mexikanischstämmige bezeichnen sich als Chicanos, vgl. Kühne und Schönwald 2015) konnte vielfach ein Gefühl des „Rechts auf Landschaft", in diesem Fall auf das Barrio Logan und hier insbesondere auf den Chicano Park, analysiert werden. Dieses Gefühl zeigte sich je nach Biographie der Interviewpartner unterschiedlich begründet. Als wesentliche Motive wurden angesprochen:

- Die hispanische Bevölkerung stellt bereits seit langer Zeit die Mehrheit im Barrio Logan dar. In dieser Zeit haben sich Strukturen und Alltagskulturen etabliert, auf deren Erhalt Anspruch erhoben wird.
- Die hispanische Bevölkerung blickt auf einen langjährigen Einsatz für das Barrio Logan in Form eines Kampfes gegen Benachteiligung durch Verschmutzung, Industrialisierung, Zersiedelung bis hin zu heutigen Gentrifizierungsprozessen zurück.
- Insbesondere durch die Mitgestaltung der Kunst im Barrio Logan, vor allem im Chicano Park, eigneten sich viele Befragte den Raum an.
- Nach dem Aztlán-Mythos sind die Nachkommen der Azteken, zu denen sich viele Chicanos zählen, rechtmäßige Besitzer des Landes.

Nicht bei allen Befragten sind alle Motive erkennbar, dazu werden unterschiedliche Ausprägungen deutlich. Beispielsweise beruft Herr I, der zwar in Mexiko geboren wurde und in den USA aufwuchs, sich jedoch nicht als Chicano definiert, sich nicht auf Aztlán und thematisiert die Azteken sogar erst auf Nachfrage in seinen Ausführungen zur Bedeutung des Barrio Logans und des Chicano Parks. Auch die Gentrifizierungsprozesse des Barrios rufen äußert unterschiedliche Reaktionen hervor. Während Herr E und Herr J, beides Herren in ihren 70er Jahren, die sich beide als Mitbegründer des Parks und der San Dieganer Chicano-Bewegung darstellen, stärker die positiven Veränderungen der Stadtteilentwicklung hervorheben, äußern sich die beiden jüngeren Herren Herr B und Herr I deutlich skeptischer zu dem Thema. Ein Blick in die Biographien der Männer ermöglicht Interpretationen der unterschiedlichen Perspektiven auf die derzeitigen Prozesse. So fokussieren Herr E und Herr J vor allem deshalb die aktuellen positiven Entwicklungen des Barrio Logans, weil sie das Barrio seit Jahrzehnten kennen und sie die Auffassung vertreten, der Langzeitzeugenstatus erlaube es ihnen, Veränderungen einschätzen zu können und sie derzeit eine Verbesserung der Lebenschancen, beispielsweise durch verbesserte Bildungsmöglichkeiten und einem Zugewinn an Sicherheit, zu erkennen glauben. Darin identifizieren sie die Ergebnisse ihres eigenen langjährigen Engagements, weshalb sie die Entwicklung mit einem gewissen Stolz verfolgen und schildern. Beide Herren leben heute nicht mehr im Barrio Logan. Anders verhält es sich mit Herrn B und Herrn I, die beide in ihren 30er Jahren sind und beide im Barrio Logan wohnen. In Herrn Bs Bewertung der Gentrifizierungsprozesse dominiert seine Angst vor Überfremdung durch zuziehende Weiße. Zwar gibt er, der seit seiner Geburt im Barrio Logan lebt, an, die Internationalität San Diegos zu schätzen, jedoch bevorzugt er im Barrio Logan die von ihm gewohnte kulturelle Homogenität. Dies kann mit Herrn Bs langjähriger Identitätssuche erklärt werden, im Verlauf derer er für sich die Selbstkategorisierung des „indigenen Chicanos" vornahm und sich somit von den klassischen Kategorien „Mexikaner" und „US-Amerikaner" löste, da er sich beiden nicht zugehörig fühlte und sich auch von außen keiner der beiden Kategorien zugehörend akzeptiert sah. Die im Barrio Logan und hier insbesondere im Chicano Park gelebte Kultur, wie beispielsweise die Murals oder die regelmäßigen aztekischen Tanzaufführungen tragen zu einem Gefühl des Dazugehörens und Sich-heimisch-Fühlens bei, das er durch den verstärkten Zuzug Weißer als gefährdet wahrnimmt. Herr I hingegen lebt erst seit etwa einem Jahr im Barrio Logan, aufgewachsen ist er in der Nähe San Franciscos. Die aktuellen Entwicklungen im Barrio Logan bewertet er auch aufgrund seiner Vergleichsmöglichkeit mit dem ebenfalls hispanisch dominierten und dann gentrifizierten Mission District in San Francisco kritisch. Er fürchtet die Gefahr sozialer Ungerechtigkeit durch steigende Miet- und Immobilienpreise.

Das kleine Beispiel der vielfältigen Wahrnehmung des Barrio Logans und des Chicano Parks zeigt die Abhängigkeit der Konstruktion von Landschaft von biographischen Erfahrungen. Dass Mobilitätserfahrungen die Konstruktion ebenfalls prägen, wurde an Herrn Is Beispiel deutlich, der das Barrio Logan mit einem ähnlichen Viertel aus seiner früheren Heimat San Francisco vergleicht und auch Herr E und Herr J verdeutlichten den Einfluss der Mobilitätserfahrung. Denn beide Herren lebten zur Zeit des Interviews nicht mehr im Barrio Logan. Sowohl die zeitliche als auch die räumliche (und damit auch soziale) Distanz ermöglichte beiden eine andere Perspektive auf die Geschehnisse im Barrio Logan.

5 Symbolische Umdeutung: Beispiel Friendship Park

Im Vorangegangenen wurde auf die biographische Konstruktion von Landschaft geblickt, daneben prägen auch sozial konstruierte kollektive Deutungsmuster die Wahrnehmung. So gilt vielen San Diego (teilweise stellvertretend für die USA) als Ort der Freiheit und Land der unbegrenzten Möglichkeiten und stellt damit für viele eine Sehnsuchtslandschaft dar. Tijuana hingegen wird häufig als Ort der Kriminalität und Gefahr mit entsprechend fehlender Freiheit und Sicherheit wahr-

genommen. Diese Assoziationen, auch wenn vereinzelt parallel gegenteilige Vorstellungen bestehen wie das vorangegangene Kapitel und Abb. 1 zeigten, sind über
die individuelle Ebene hinaus weit verbreitet. Trotzdem können individuelle Erfahrungen immer auch ein Aufbrechen solcher Stereotype bewirken. Als Beispiel
sei der Friendship Park (Abb. 4) genannt, in dem viele Besucher eine symbolische
Umdeutung sozial verankerter Sehnsuchtslandschaftsvorstellungen erfahren. Als
Friendship Park wird ein Gebiet auf US-amerikanischer Seite direkt an der US-
amerikanisch-mexikanischen Staatsgrenze bezeichnet, in dem Besuchern samstags und sonntags von jeweils 10 Uhr bis 14 Uhr eine Möglichkeit geboten wird,
Freunde und Verwandte auf der mexikanischen Seite zu treffen, ohne die Grenze
zu überqueren. Dieses Angebot wird, so die Ergebnisse der Interviewanalyse und
einer teilnehmenden Beobachtung im September 2013, vor allem von Menschen
genutzt, die sich in einem Übergang befinden und deren Aufenthaltsstatus noch
nicht gesichert ist, weil sie beispielsweise noch auf ihre US-amerikanischen Papie-
re warten, mit denen sie nach einem Besuch in Mexiko die Grenze zurück in die
USA legal überqueren dürfen. Diese Personen besuchen dort insbesondere mexikanische Freunde und Verwandte, die nicht in die USA einreisen dürfen, weil
sie beispielsweise bereits ausgewiesen wurden. Interviewpartner beschreiben die
Atmosphäre des Friendship Parks trist und grau. Die Dichte des doppelten Zauns
behindert den direkten Sichtkontakt zwischen den Besuchern beidseits der Grenze.
Körperkontakt ist nicht möglich, der Austausch von Dingen ist nicht erlaubt. Offi-
ziell dürfen maximal zehn Personen gleichzeitig in den abgegrenzten Bereich des

Abb. 4 Der Friendship Park. *Links:* Auf US-amerikanischer Seite ist das Gebiet des Parks
von der Border Patrol bewacht und durch einen weiteren Zaun abgegrenzt und nur samstags
und sonntags jeweils von 10–14 Uhr zugänglich. *Rechts:* Die mexikanische Seite ist unbe-
wacht, frei zugänglich und bietet durch Bepflanzung, Sitzgelegenheiten und ansprechende
Wege eine Parkatmosphäre. (© by Kühne l Schönwald)

Friendship Parks. Auch wenn die teilnehmende Beobachtung und die Interviews auf eine Offenheit, beispielsweise hinsichtlich der maximal zugelassenen Personenzahl oder hinsichtlich der Passkontrolle der Besucher, seitens der beaufsichtigenden Beamten der Border Patrol hinwiesen, so schmälert dies trotzdem nicht die Atmosphäre eines „Hochsicherheitsgefängnisses" (Holslin 2012, o. S.). Ein Interviewpartner (Herr G) aus Tijuana beschreibt die Atmosphäre des Friendship Parks als vergleichbar mit der Atmosphäre von Konzentrationslagern und Gulags – er berichtet, bei diesem Vergleich von Salman Rushdies Ausführungen inspiriert worden zu sein, und auch Herr F aus San Diego fühlt sich eher an ein Gefängnis erinnert als an einen Park. Die mexikanische Seite des Parks wirkt hingegen freundlich, offen und bunt. Es bestehen keinerlei Zugangskontrollen zu dem Gelände, es handelt sich um einen öffentlichen Park, dessen Zugang zum Meer gerne von Tijuanensern genutzt wird.

Die dominierenden Stereotypisierungen San Diegos (oder der USA) und Tijuanas (oder Mexikos) erfahren im Friendship Park eine Umkehrung: Der streng bewachte und nur selten zugängliche Park mit seinem dichten Zaun lässt San Diego und die USA für die auf den Park angewiesenen Besucher nicht mehr länger als Land der unbegrenzten Möglichkeiten und Freiheiten erscheinen, sondern als restriktiv, abgrenzend und isoliert und somit mobilitätseinschränkend. Auf der anderen Seite erscheinen Tijuana und Mexiko für die kleine Personengruppe der Friendship Park-Besucher im direkten Vergleich mit San Diego und den USA plötzlich liberaler und selbstbewusster.

6 Fazit

Sowohl landschaftliche Biographien als auch Biographien einzelner Personen entstehen im Verlauf spezifischer Entwicklungspfade, die wiederum von fremden Entwicklungspfaden beeinflusst und in Teilen sogar nahezu bestimmt sind. Die Biographien von Menschen und Orten sind dabei untrennbar miteinander verflochten. Sowohl Landschaftswahrnehmung als auch Mobilität sind zu großen Teilen davon beeinflusst, welche Sehnsüchte, Erinnerungen, Stereotype und Vergleichsräume in der Biographie einer Person – eingebettet in soziale Kontexte und kulturelle Auffassungen – erworben und als wichtig konstruiert wurden. Landschaftliche Eigenlogiken (Löw 2010) entwickeln sich nicht parallel zu dem Herausbilden individueller Identitäten, sondern vielmehr durch diese. Die Untersuchung individueller Biographien erscheint somit äußert gewinnbringend für eine Analyse der Entwicklung von Räumen und deren Eigenlogiken, die auch in rekursivem Prozess mit der Landschaftswahrnehmung und dem Mobilitätsverhalten ihrer Bewohner stehen.

Die Umgestaltung physischer Orte erregt dabei unterschiedliche Deutungen: Bei
Personen, mit heimatlichen Bindungen werden diese Veränderungen gemäß dem
Deutungsmuster der heimatlichen Normallandschaft kritisch gesehen und als emotional belastend empfunden, während Personen, die diese Orte unter dem Modus
der stereotypen Landschaft konstruieren, diese dann also positiv deuten, wenn damit für sie eine größere Entsprechung stereotyp „schöner", „guter" oder „wahrer"
Landschaften gegeben ist.

Literatur

Arreola, D. D. (1984). Mexican American exterior murals. *Geographical Review, 74*(4),
    409–424.
Arreola, D. D., & Curtis, J. R. (1993). *The Mexican border cities. Landscape anatomy and
    place personality*. Tucson: University of Arizona Press.
Bruns, D. (2013). Landschaft, ein internationaler Begriff? In D. Bruns & O. Kühne (Hrsg.),
    Landschaften: Theorie, Praxis und internationale Bezüge (S. 153–170). Schwerin: Ocea-
    no-Verlag.
Burckhardt, L. (2006 [1977]). Landschaftsentwicklung und Gesellschaftsstruktur. In L.
    Burckhardt (Hrsg.), *Warum ist Landschaft schön? Die Spaziergangswissenschaft*
    (S. 19–33). (Hg. von Ritter, M. und Schmitz, M.). Berlin: Martin-Schmitz-Verlag.
Burr, V. (2005). *Social constructivism*. London: Taylor and Francis.
Cosgrove, D. E. (1988). *Social formation and symbolic landscape*. London: Croom Helm.
Cruz, T. (2007). Mikro-Urbanismus an der Grenze zwischen San Diego und Tijuana. *Stadt-
    Bauwelt, 176*, 56–67.
Drexler, D. (2013). Die Wahrnehmung der Landschaft - ein Blick auf das englische, franzö-
    sische und ungarische Landschaftsverständnis. In D. Bruns & O. Kühne (Hrsg.), *Land-
    schaften: Theorie, Praxis und internationale Bezüge* (S. 37–54). Schwerin: Oceano-Verlag.
Falser, M. S. (2007). Chicano Park. Bürgerinitiative, Graffiti-Kunst und Traumaverarbei-
    tung. In kunsttexte.de, Nr. 4, 2007. http://www.kunsttexte.de. Zugegriffen: 30. Juli 2012.
Ford, L. R. (2005). *Metropolitan San Diego. How geography and lifestyle shape a New
    Urban environment*. Philadelphia: University of Pennsylvania Press.
Fuchs, W. (1984). *Biographische Forschung. Eine Einführung in Praxis und Methoden*. Op-
    laden: Westdeutscher Verlag.
Gailing, L. (2012). Sektorale Institutionensysteme und die Governance kulturlandschaftli-
    cher Handlungsräume. Eine institutionen- und steuerungstheoretische Perspektive auf die
    Konstruktion von Kulturlandschaft. *Raumforschung und Raumordnung, 70*(2), 147–160.
Girtler, R. (2001). *Methoden der Feldforschung*. Wien: Böhlau.
Hard, G. (1969). Das Wort Landschaft und sein semantischer Hof. Zur Methode und Ergeb-
    nis eines linguistischen Tests. *Wirkendes Wort, 19*, 3–14.
Hayden, D. (2004). *Building suburbia: Green Fields and Urban Growth. 1820–2000*. New
    York: Vintage Books.
Holslin, J. (2012). Saving friendship park. A history of the San Diego Coalition Friends
    of Friendship Park. *At the edges*. 11. Juli 2012. http://www.attheedges.com/2012/07/11/
    saving-friendship-park/. Zugegriffen: 26. Nov. 2013.

Ipsen, D. (2006). *Ort und Landschaft*. Wiesbaden: VS Verlag für Sozialwissenschaften.

Jakob, G. (1997). Das narrative Interview in der Biographieforschung. In B. Friebertshäuser & A. Prengel (Hrsg.), *Handbuch Qualitative Forschungsmethoden in der Erziehungswissenschaft* (S. 445–456). Weinheim: Beltz Juventa.

Kühne, O. (2006). *Landschaft in der Postmoderne. Das Beispiel des Saarlandes*. Wiesbaden: VS Verlag für Sozialwissenschaften.

Kühne, O. (2008). *Distinktion – Macht – Landschaft. Zur sozialen Definition von Landschaft*. Wiesbaden: VS Verlag für Sozialwissenschaften.

Kühne, O. (2013). *Landschaftstheorie und Landschaftspraxis. Eine Einführung aus sozialkonstruktivistischer Perspektive*. Wiesbaden: VS Verlag für Sozialwissenschaften.

Kühne, O., & Schönwald, A. (2015). *San Diego -Biographien der Eigenlogiken, Widersprüche und Entwicklungen in und von ‚America's finest city'*. Wiesbaden.

Kühne, O., & Spellerberg, A. (2010). *Heimat in Zeiten erhöhter Flexibilitätsanforderungen. Empirische Untersuchungen im Saarland*. Wiesbaden: VS Verlag für Sozialwissenschaften.

Le Texier, E. (2007). The Struggle against Gentrification in Barrio Logan. In R. Griswold del Castillo (Hrsg.), *Chicano San Diego. Cultural space and the struggle for justice* (S. 202–221). Tucson: University of Arizona Press.

Löffler, G. (2005). Der Mythos von Aztlán. In R Zimmering (Hrsg.), *Der Revolutionsmythos in Mexiko* (S. 198–213). Würzburg: Königshausen & Neumann.

Löw, M. (2010). *Soziologie der Städte*. Frankfurt a. M: Suhrkamp.

Mayring, Ph. (2002). *Qualitative Sozialforschung*. Weinheim: Beltz.

Nassehi, A. (1994). Die Form der Biographie. Theoretische Überlegungen zur Biographieforschung in methodologischer Absicht. *Bios, 7*(1994), 46–63.

Nissen, U. (1998). *Kindheit, Geschlecht und Raum. Sozialisationstheoretische Zusammenhänge geschlechtsspezifischer Raumaneignung*. Weinheim: Juventa-Verlag.

Ortiz, I.D. (2007). „¡Sí, Se Puede!" Chicana/o Activism in San Diego at Century's End. In R. Griswold del Castillo (Hrsg.), *Chicano San Diego. Cultural space and the struggle for justice* (S. 129–157). Tucson: University of Arizona Press.

Roymans, N., Gerritsen, F., Van der Heijden, C., Bosma, K., & Kolen, J. (2009). Landscape Biography as Research Strategy: The Case of the South Netherlands Project. *Landscape Research, 34*(3), 337–359.

Schönwald, A. (2013). Die soziale Konstruktion ‚besonderer' Landschaften. Überlegungen zu Stadt und Wildnis. In D. Bruns & O. Kühne (Hrsg.), *Landschaften: Theorie, Praxis und internationale Bezüge* (S. 195–208). Schwerin: Oceano-Verlag.

Sierra Macarrón, L. (2003). Los graffiti en la Frontera Méjico-Americana: estudio comparativo entre el Parque Chicano de San Diego y las calles de Tijuana. *Signo. Revista de Historia de la Cultura Escrita. 12/2003. Universidad de Alcalá, Alcalá de Henares*, S. 61–80.

Starr, R. G. (1986). *San Diego. A pictorial history*. Norfolk: Walsworth Pub Co.

Van der Valk, A. (2009). Multiple cultural landscape. Research and planning for living heritage in the Netherlands. In J. Hernik (Hrsg.), *Cultural landscape. Across disciplines* (S. 31–60). Bydgoszcz: Branta.

Prof. Dr. Dr. Olaf Kühne hat in Geographie und Soziologie promoviert und in Geographie habilitiert. Er ist Professor für Ländliche Entwicklung/Regionalmanagement an der Hochschule Weihenstephan-Triesdorf und außerplanmäßiger Professor für Geographie an der Universität des Saarlandes. Er befasst sich insbesondere mit Fragen der Landschaftstheorie, der Regionalentwicklung und kulturellen Spezifika der sozialen Konstruktion von Landschaft. Gemeinsam mit Antje Schönwald ist er Autor des Buches „San Diego – Biographien der Eigenlogiken, Widersprüche und Entwicklungen in und von ‚America's finest city'", das kürzlich im VS Verlag erschienen ist.

Dr. Antje Schönwald hat in Anthropogeographie promoviert und arbeitet als wissenschaftliche Mitarbeiterin in der Fachrichtung Geographie an der Universität des Saarlandes. Sie befasst sich insbesondere mit der Konstruktion von Identitäten, der biographischen Konstruktion von Landschaft und Grenzen. Gemeinsam mit Olaf Kühne ist sie Autorin des Buches „San Diego – Biographien der Eigenlogiken, Widersprüche und Entwicklungen in und von ‚America's finest city'", das kürzlich im VS Verlag erschienen ist.

Teil IV
Wohn- und Arbeitsmobilität im Längsschnitt

Die räumliche Bindung an den Wohnort der Kindheit und Jugend in der Familiengründungsphase – Wohnstandortentscheidungen im Biografien- und Generationenansatz

Janna Albrecht

Zusammenfassung

In diesem Beitrag werden Wohnstandortentscheidungen sowohl anhand des biografischen als auch des intergenerationalen Ansatzes betrachtet. Es wird untersucht, inwiefern eine räumliche Bindung an den Wohnort der Kindheit und Jugend zu einer späteren Lebensphase, hier der Familiengründungsphase besteht. Als biografischer Einflussfaktor wird die Umzugshäufigkeit in der Kindheit und Jugend einbezogen. Als intergenerationale Faktoren werden die räumliche Bindung der Eltern sowie die räumliche Nähe zu ihnen berücksichtigt. Die empirischen Daten stammen aus einer quantitativen Befragung Dortmunder Raumplanungsstudierender, ihrer Eltern und Großeltern aus den Jahren 2007 bis 2012. Die logistischen Modelle beinhalten neben den bereits erwähnten biografischen und intergenerationalen Einflussgrößen soziodemografische und räumliche Kontrollvariablen. Die Ergebnisse zeigen einen signifikanten intergenerationalen Effekt, der in der Forschung bislang wenig Beachtung gefunden hat.

Schlüsselwörter

Wohnstandortentscheidung · Wohnbiografie · Intergenerational · Familiengründung · Sozialisation · Soziale Netze · Räumliche Bindung

J. Albrecht (✉)
Fakultät Raumplanung, FG VPL, Technische Universität Dortmund,
August-Schmidt-Str. 10, 44221 Dortmund, Deutschland
E-Mail: janna.albrecht@tu-dortmund.de

© Springer Fachmedien Wiesbaden 2015
J. Scheiner, C. Holz-Rau (Hrsg.), *Räumliche Mobilität und Lebenslauf,*
Studien zur Mobilitäts- und Verkehrsforschung, DOI 10.1007/978-3-658-07546-0_13

1   Einleitung

Neben Geburten und Sterbefällen sind Wanderungsprozesse entscheidende Größen für die demografische Entwicklung. Aus der räumlichen Perspektive betrachtet sind diese und somit auch Wohnstandortentscheidungen von Relevanz, da ein großer Teil der Siedlungs- und Verkehrsfläche der Wohnnutzung dient. Diese Standortentscheidungen der Haushalte stehen häufig in engem Zusammenhang mit weiteren Standortentscheidungen, zum Beispiel für die technische und soziale Infrastruktur. Die Prozesse der Wohnstandortentscheidungen zu verstehen, um sie beeinflussen zu können, liegt somit im Interesse der Planungswissenschaft. Aus der Perspektive eines Individuums bedeutet die Wohnstandortverlagerung meist eine Umbruchsituation, in der es zu vielfältigen mittel- bis langfristigen Veränderungen kommen kann. Dies kann sowohl die Wohnsituation als auch das Wohnumfeld betreffen. Durch möglicherweise veränderte Erreichbarkeiten sowie Verkehrsmittelausstattungen kann sich zudem die Alltagsorganisation sowie -mobilität wandeln.

In diesem Beitrag werden Wohnstandortentscheidungen sowohl anhand des biografischen als auch des intergenerationalen Ansatzes betrachtet. Bisherige Forschungen konzentrieren sich oftmals auf nur einen dieser Aspekte, hauptsächlich auf den biografischen (vgl. Wagner 1989; Kley 2009). Hier wird untersucht, inwiefern ein Wohnort, der in der individuellen Biografie bereits eine bedeutende Rolle gespielt hat, einen Einfluss auf eine Wohnstandortentscheidung in einer späteren Lebensphase besitzt. Die Bindung an den Wohnort der Kindheit und Jugend bei Wohnstandortentscheidungen in der Phase der Gründung einer eigenen Familie stellt das Erkenntnisinteresse dieses Beitrags dar. Der Einfluss von biografischen Faktoren, wie der Umzugshäufigkeit in der Kindheit und Jugend und intergenerationalen Effekten, wie der Ortsbindung der Eltern oder die Nähe zu ihnen, steht hier im Mittelpunkt. Zusätzlich werden räumliche und soziodemografische Größen betrachtet, die einen Einfluss auf die Bindung zum Wohnort der Kindheit und Jugend besitzen können. Dieser Beitrag liefert vorläufige empirische Ergebnisse einer quantitativen Untersuchung. Die verwendeten Daten basieren auf einer Befragung von Dortmunder Studierenden der Raumplanung, ihren Eltern und Großeltern[1].

---

[1] Die hier vorgestellten Ergebnisse sind im Rahmen des Projektes „Mobility Biographies: A Life-Course Approach to Travel Behaviour and Residential Choice" entstanden (gefördert durch die DFG, Förderkennziffer: HO 3262/5-1, LA 2407/4-1, SCHE 1692/1-1).

2 Theorie und Stand der Forschung

Die Theorien zu Wohnstandortentscheidungen sind vielfältig. Sie beleuchten häufig nur einzelne Aspekte. In diesem Beitrag sind vor allem die Konzepte von Interesse, die individuelle biografische sowie intergenerationale Einflüsse in die Erklärung von Wohnstandortentscheidungen einbeziehen.

Nach dem biografischen Ansatz bestehen individuelle Biografien aus mehreren Teilbiografien, zum Beispiel der Wohn-, Haushalts-, Familien- und Erwerbsbiografie. Diese beeinflussen sich auf vielfältige Weise gegenseitig (vgl. Bruijn 1999, S. 156 ff.; Willekens 1991). Mulder und Hooimeijer (1999) bringen diesen biografischen Ansatz mit Wohnstandortentscheidungen in Verbindung. Sie betonen vor allem zwei Aspekte. Die Entwicklungen in den einzelnen Teilbiografien, seien es Schlüsselereignisse oder Lebensübergänge, können Wohnstandortverlagerungen auslösen. Gleichzeitig schränken die parallelen Teilbiografien die Wahlmöglichkeiten bei der Wohnstandortentscheidung ein (vgl. Mulder und Hooimeijer 1999, S. 163). Beispielsweise so kann die Geburt eines Kindes (Familien- und Haushaltsbiografie) den Platzbedarf erhöhen und einen Umzug auslösen. Gleichzeitig muss die Lage des neuen Wohnstandortes eine gewisse räumliche Nähe zum Arbeitsplatz gewährleisten (Erwerbsbiografie). Im biografischen Ansatz werden also diese Wechselwirkungen zwischen den Teilbiografien berücksichtigt. Zusätzlich wird angenommen, dass individuelle Wohnerfahrungen im Lebensverlauf auf Wohnstandortentscheidungen zu einem späteren Zeitpunkt wirken. Dies lässt sich handlungstheoretisch interpretieren. Diesem zufolge handelt ein Individuum, um einen angestrebten Zielzustand zu erreichen, der seine Bedürfnisse am besten befriedigt (Motivation). Auf der Grundlage bisheriger Erfahrungen schätzt es die Wirksamkeit von Handlungen ab. Es verfügt somit über das Wissen und die Kontrolle, mit einer bestimmten Handlung in einer Ausgangssituation eine Zielsituation zu erreichen (Wissens- und Kontrollaspekt). Zudem werden die Kosten dieser Handlung berücksichtigt und abgeschätzt (Kostenaspekt) (vgl. Esser 1980, S. 182 ff.). Konkret bedeutet dies für Wohnstandortentscheidungen, dass eine Wohnstandortverlagerung stattfindet, wenn erwartet wird, dass ein neuer Wohnort die Bedürfnisse besser befriedigt als der aktuelle. Bei dieser Handlung wird auf die Erfahrungen aus der bisherigen Wohnbiografie zurückgegriffen. Zum Beispiel kann in diesem Fall „das Wissen um die Fähigkeit, sich in neuen Umgebungen schnell zurechtzufinden" (Wagner 1989, S. 23) für einen Umzug förderlich sein. Die Kosten werden berücksichtigt, indem auch die Auswirkungen auf andere Lebensbereiche (auch Teilbiografien) abgeschätzt werden. Ein Umzug in die Nähe der Arbeitsstelle kann zum Beispiel eine größere Entfernung zu Familienangehörigen, wie den Eltern bedeuten. Werden diese Kosten als vertretbar eingeschätzt, wird der Wohnstandort

gewechselt (vgl. Wagner 1989, S. 23). Betont werden soll an dieser Stelle, dass
auch Sesshaftigkeit eine Wohnstandortentscheidung darstellt. In diesem Fall können die Motivation zu gering oder die erwarteten Kosten für den Akteur zu hoch
sein. Auch kann eine gewisse Unsicherheit bezüglich der Folgen eines Umzugs
bestehen, wenn diese zuvor nicht erlebt und die Bewältigung dieser nicht erlernt
wurden.

Diese Überlegungen sind in der Abb. 1 dargestellt. Die Teilbiografien verlaufen
parallel zueinander. Ereignisse, die in einer Teilbiografie auftreten, können einen
Einfluss auf andere Teilbiografien besitzen. Die Handlung in einer Lebensphase,
z. B. p3, beruht auch auf den Erlebnissen anderer Lebensphasen, wie p1 und p2.
Erweitert man diesen biografischen Aspekt um den intergenerationalen, ergeben
sich Einflüsse zwischen Lebensläufen von Personen unterschiedlicher Generationen (siehe Abb. 1). Die Wohnstandortentscheidungen in einzelnen Lebensphasen
können nach diesem Konzept auch von anderen Personen beeinflusst werden. Hie-
runter können zum einen Sozialisationseffekte der älteren auf die jüngere Generation gefasst werden (siehe Abb. 1, schwarze, senkrechte und diagonale Pfeile).
Unter Sozialisation wird der Prozess der Persönlichkeitsentwicklung verstanden,
in dem sich das Individuum mit seiner Umwelt aktiv auseinandersetzt. Dabei werden zur Umwelt sowohl die physischen als auch die sozialen Lebensbedingungen

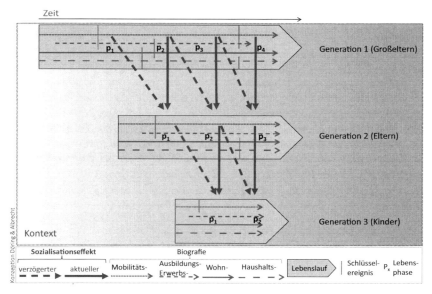

Abb. 1 Theoretisches Konzept. (Quelle: Eigene Darstellung in Zusammenarbeit mit Lisa
Döring)

gezählt (vgl. Hurrelmann 1988, S. 2). Die Eltern spielen als Sozialisationsinstanz eine bedeutende Rolle, da sie für gewöhnlich in engem Kontakt zu ihrem Kind stehen und eine Vorbildfunktion übernehmen (vgl. Hurrelmann 2012, S. 133). Sie können einen direkten Einfluss auf die Wohnstandortentscheidung ihres Kindes besitzen, wenn sie zum Beispiel in den Prozess der Entscheidungsfindung einbezogen werden. Hier können ihre Wohnerfahrungen in der gleichen Lebensphase (siehe verzögerter Sozialisationseffekt) als auch mit dem aktuellen Wohnort (siehe aktueller Sozialisationseffekt) zum Tragen kommen. Zudem können Eltern indirekt durch die Weitergabe von Werten und Normen einen Einfluss auf Wohnstandortpräferenzen und damit auf das Wohnstandortverhalten ihrer Kinder ausüben (vgl. Döring, in diesem Band). Zum anderen werden Wohnstandortentscheidungen im Bewusstsein sozialer Netze getroffen. Das Konzept der „linked lives" verknüpft den biografischen Ansatz mit sozialen Netzen (vgl. Elder 1994; Bailey et al. 2004). Hierbei wird das menschliche Leben als eingebettet in soziale Beziehungen mit Verwandten und Freunden betrachtet (vgl. Elder 1994, S. 6). Somit sind die individuellen Biografien auf unterschiedliche Weise miteinander verbunden (*linked*). Dies gilt z. B. für Paare, deren Familienbiografien ab der Geburt von Kindern miteinander verknüpft sind, oder für Eltern und ihre Kinder, die sich über eine gewisse Zeitspanne eine Wohnbiografie teilen. Bailey et al. (2004, S. 1619) zufolge werden Wohnstandortentscheidungen somit immer im Kontext der linked lives getroffen. In der Familiengründungsphase kann beispielsweise die Nähe zu den Eltern, die Betreuungsaufgaben übernehmen können, bei der Wohnstandortwahl besonders relevant sein.

Nachfolgend werden einige empirische Ergebnisse zu biografischen und intergenerationalen Einflüssen auf Wohnstandortentscheidungen dargelegt. Dass Menschen unweit des Ortes wohnen, an dem sie aufgewachsen sind, liegt daran begründet, dass sie sich im Laufe der Zeit ein Humankapital aufbauen, welches räumlich gebunden ist. Hierzu gehören das soziale Netz sowie Kenntnisse des Arbeitsmarktes (vgl. DaVanzo 1981). Bezüglich der Rückwanderung wurde festgestellt, dass Wohnerfahrungen an urbanen und suburbanen Wohnorten die Wahrscheinlichkeit zur Rückkehr in eben diese erhöhen. Hingegen erhöht die Wohnerfahrung im ländlichen Raum die Wahrscheinlichkeit an einem anderen Ort ähnlicher Raumstruktur zu wohnen (vgl. Feijten et al. 2008). Die Nähe zu den Eltern wurde beispielsweise von Blaauboer (2010) untersucht. Sie stellte fest, dass Paare näher an den Eltern des Mannes als der Frau wohnen. Daraus schloss sie, dass die sozioökonomische Stellung des Mannes in der Wohnstandortentscheidung von Paarhaushalten dominanter ist. Sobald jedoch Kleinkinder im Haushalt leben, gewinnen die familiären Bindungen der Frau an Bedeutung (vgl. Blaauboer 2010, S. 98 ff.). Auch wurde festgestellt, dass Kontakte zu den Eltern die Wahrscheinlichkeit zur Rückwanderung bei Doppelverdienerhaushalten erhöhen (vgl. Bailey et al. 2004).

3   Analyseansatz

Biografische und intergenerationale Effekte können in allen Lebensphasen auftreten. Die ersten, im Folgenden dargestellten Analysen beziehen sich auf die Familiengründungsphase. Diese Phase ist aus unterschiedlichen Gründen interessant. In zeitlicher Nähe zur Geburt von Kindern erfolgt häufig eine Wohnstandortverlagerung, mit der die Wohnsituation an die geänderten Anforderungen angepasst wird (vgl. Mulder und Cooke 2009, S. 300; Clark und Withers 2009, S. 318). Die Wohndauer an diesem Wohnort ist dann besonders lang (vgl. Herget 2013, S. 161). Zudem ist die Wohnstandortentscheidung dieser Phase von Interesse, da dieser Wohnort wiederum den Wohnort der Kindheit und Jugend der Kinder darstellt. Die Operationalisierung dieser Lebensphase wird im Unterkapitel 4.2 erläutert.

Dabei wird hier zunächst der Einfluss des Ortes der eigenen Kindheit und Jugend auf die Wohnstandortentscheidung in der eigenen Familiengründungsphase untersucht. Dafür werden drei Wanderungstypen gebildet, die unterschiedlich stark an den Wohnort der Kindheit und Jugend gebunden sind (siehe Abb. 2).

- Typ A stellt den immobilen Typ dar. Die Personen dieses Typs wohnen in der Familiengründungsphase am Ort ihrer Kindheit und Jugend und haben diesen seit der Gründung des eigenen Haushaltes nicht verlassen.

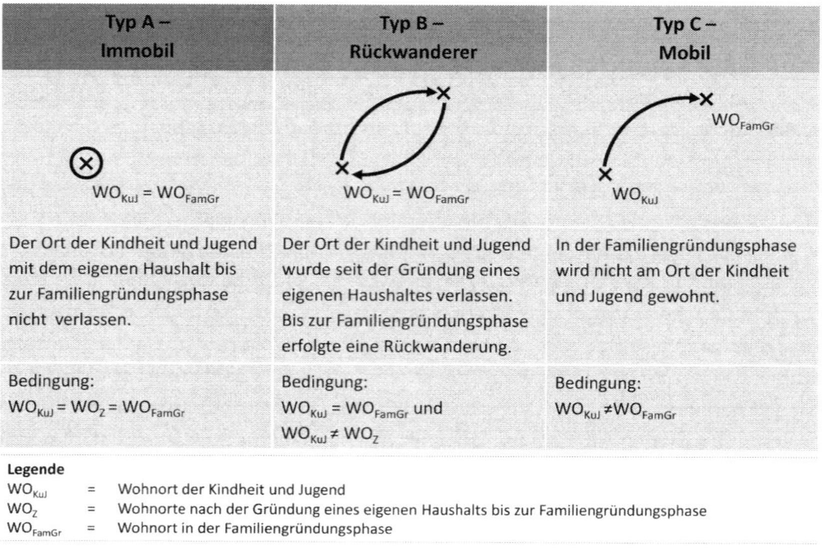

Typ A – Immobil	Typ B – Rückwanderer	Typ C – Mobil
$WO_{KuJ} = WO_{FamGr}$	$WO_{KuJ} = WO_{FamGr}$	WO_{FamGr} WO_{KuJ}
Der Ort der Kindheit und Jugend mit dem eigenen Haushalt bis zur Familiengründungsphase nicht verlassen.	Der Ort der Kindheit und Jugend wurde seit der Gründung eines eigenen Haushaltes verlassen. Bis zur Familiengründungsphase erfolgte eine Rückwanderung.	In der Familiengründungsphase wird nicht am Ort der Kindheit und Jugend gewohnt.
Bedingung: $WO_{KuJ} = WO_Z = WO_{FamGr}$	Bedingung: $WO_{KuJ} = WO_{FamGr}$ und $WO_{KuJ} \neq WO_Z$	Bedingung: $WO_{KuJ} \neq WO_{FamGr}$

Legende
WO_{KuJ} =   Wohnort der Kindheit und Jugend
WO_Z =   Wohnorte nach der Gründung eines eigenen Haushalts bis zur Familiengründungsphase
WO_{FamGr} =   Wohnort in der Familiengründungsphase

Abb. 2 Typenbildung. (Quelle: Eigene Darstellung)

- Typ B bildet die rückgewanderten Personen. Diese Gruppe ist nach der Gründung eines eigenen Haushaltes aus dem Ort der Kindheit und Jugend weggezogen, spätestens zur Familiengründungsphase jedoch zurückgekehrt.
- Zum Typ C gehören die mobilen Personen, die in der Familiengründungsphase nicht am Ort ihrer Kindheit und Jugend wohnen.

Die zentrale Untersuchungsfrage lautet dabei: Inwieweit hängt die Zugehörigkeit zu den Wanderungstypen von biografischen und intergenerationalen Faktoren ab?

- Als biografischer Faktor geht die Umzugshäufigkeit in der Kindheit und Jugend ein, da erwartet wird, dass häufige Wohnortwechsel in jungen Jahren einen Einfluss auf die Wohnmobilität in späteren Lebensphasen zur Folge haben können.
- Der verzögerte Sozialisationseffekt (siehe Abb. 1) wird untersucht, indem die Wanderungstypen der älteren Generation berücksichtigt werden. Hier wird erwartet, dass es einen Zusammenhang zwischen dem Wanderungsverhalten von Personen innerhalb einer Familie gibt.
- Zudem wird der Wohnort der Personen der älteren Generation einbezogen, da die Annahme besteht, dass die Nähe zu diesen Personen einen Einfluss auf das Wanderungsverhalten besitzt.

Zur Kontrolle werden zusätzlich raumstrukturelle sowie soziodemografische Einflussgrößen berücksichtigt. Das Unterkapitel 4.2 enthält nähere Ausführungen zu der Berechnung der Einflussgrößen.

4 Daten und Methode

Im Folgenden werden die diesem Beitrag zugrunde liegenden Daten sowie die angewandten Methoden und die Vorgehensweise bei der Analyse dargelegt.

4.1 Daten

Die Grundlage für den hier verwendeten Datensatz stellt die Diplomarbeit von Klöpper und Weber (2007) dar, die am Fachgebiet Verkehrswesen und Verkehrsplanung der Technischen Universität Dortmund verfasst wurde. Im Rahmen dieser Arbeit entwickelten die Studentinnen einen Fragebogen, in dem Informationen zur Urlaubs-, Wohn-, Arbeits- und Alltagsmobilität retrospektiv über das ganze Leben erhoben wurden. Mit diesem Fragebogen wurden sowohl Studierende der Raumplanung als auch deren Eltern sowie Großeltern befragt. Seit 2007 wird diese Erhebung jährlich in der Übung „Empirische Erhebungsmethoden" des ersten Fachsemesters im Studiengang Raumplanung fortgesetzt (vgl. Scheiner et al. 2014). In diesem Beitrag werden die Daten der Erhebungswellen von 2007 bis 2012 berücksichtigt. Da die Teilnahme an der Befragung in den ersten fünf Jahren eine verpflichtende Studienleistung darstellte, beträgt die Rücklaufquote dieser Jahre mehr als 90 %. Im letzten Erhebungsjahr war die Beteiligung freiwillig, so dass die Rücklaufquote auf knapp 20 % gesunken ist (vgl. Döring et al. 2014).

Insgesamt liegen Daten zu 960 Familien vor. Pro Familie umfassen diese maximal fünf Personen aus drei Generationen. Die erste und älteste Generation besteht aus den vier Personengruppen Großmütter (812 Fälle) und Großväter (482 Fälle), mütterlicher- und väterlicherseits. Die zweite Generation setzt sich zusammen aus den Müttern (926 Fälle) und Vätern (861 Fälle). Die dritte Generation stellt die Studierenden (954 Fälle) dar. Für die Untersuchung der Familiengründungsphase muss die Elterngeneration herangezogen werden, da der Großteil der Studierenden die Phase (noch) nicht erreicht hat. Der intergenerationale Effekt ist somit der von den Großeltern auf die Eltern.

Das durchschnittliche Alter der Eltern liegt zum Zeitpunkt der Erhebung bei ca. 50 Jahren. Die Geburtsjahrgänge umfassen hauptsächlich die Jahre von 1945 bis 1970. Die Großeltern sind durchschnittlich 75 bis 80 Jahre alt und größtenteils zwischen 1920 und 1945 geboren. Durch das Konzept der Befragung sind die Bildungsabschlüsse der erfassten Personen überdurchschnittlich hoch. In der Generation der Eltern besitzen 34 % und in der Generation der Großeltern 9 % ein abgeschlossenes Hochschulstudium. Die Auswertung der soziodemografischen Merkmale verdeutlicht, dass große Unterschiede zum bundesdeutschen Durchschnitt bezüglich der Altersverteilung, Bildungsabschlüsse und der Nationalität bestehen (vgl. Döring et al. 2014). Sie lassen sich hauptsächlich auf die Bildung des Samples ausgehend von den Studierenden zurückführen. Trotz erheblicher Unterschiede zum bundesdeutschen Durchschnitt sind generelle gesellschaftliche Entwicklungen auch hier ablesbar. Dies betrifft zum Beispiel die Bildungsexpansion bei gleichzeitiger Undurchlässigkeit des Bildungssystems und die zunehmende Frauenerwerbstätigkeit (vgl. Döring et al. 2014).

Die Informationen der erfassten Wohnbiografie lassen sich in zwei Teile gliedern. Der erste Teil bis zur Gründung eines eigenen Haushaltes umfasst den Ort der Kindheit und Jugend als offene Ortsnennung (einschließlich Gemeindegrößenkategorien durch die Befragten), die Angabe zur Person, bei der die befragte Person hauptsächlich aufgewachsen ist, die Anzahl der Umzüge und den letzten Wohnort vor der Gründung des eigenen Haushaltes. Hervorzuheben ist an dieser Stelle, dass die Definition des Ortes der Kindheit und Jugend von jeder befragten Person individuell getroffen wurde. Somit ist unbekannt, in welcher Altersspanne die befragte Person dort gewohnt hat, wie die Wohndauer war und welche weiteren raumstrukturellen Eigenschaften dieser Wohnort besaß. Ab der Gründung des eigenen Haushaltes sollten alle Wohnorte (maximal 11) angegeben werden. Für jede Wohnstandortverlagerung ist das Jahr, der Umzugsgrund sowie die Umzugsdistanz (Schätzung durch die Befragten) erhoben worden. Zu jedem Wohnort wurden Eigenschaften der Raumstruktur bzw. der Wohnsituation erfasst. Hierin inbegriffen ist die Ortsgröße (ordinal), die Lage im Ort sowie Ortsteil (ordinal von zentral bis peripher), die Größe der Wohnung, das Eigentumsverhältnis und der Gebäudetyp (kategorial).

4.2 Datenaufbereitung und Variablenberechnung

Für die Analyse der Daten wurden die Variablen wie in Tab. 1 aufbereitet. Die Variablen Geschlecht, Umzugshäufigkeit in der Kindheit und Jugend sowie die Größe des Ortes der Kindheit und Jugend lagen nach der Bereinigung des Datensatzes bereits vor. Die ordinale Variable des höchsten Bildungsabschlusses mit sechs Ausprägungen wurde auf vier Ausprägungen zusammengefasst, da die Gruppen mit

Tab. 1 Variablen in der Analyse. (Quelle: Eigene Darstellung)

	Gruppe	Variable	Kodierung
Abhängige Größe	Typen	TYP A – Immobil	1 = ja; 0 = nein
		TYP B – Rückwanderer	1 = ja; 0 = nein
		TYP C – Mobil	1 = ja; 0 = nein
Unabhängige Größe	Biografischer Einfluss	Umzugshäufigkeit in Kindheit und Jugend	metrisch
	Intergenerationaler Einfluss	Mindestens eine prägende Person gleichen Wanderungstyps	1 = ja; 0 = nein
		Mindestens eine prägende Person wohnt im Ort der Kindheit und Jugend ihres Kindes	1 = ja; 0 = nein
	Soziodemografischer Einfluss	Geschlecht	0 = männlich; 1 = weiblich
		Höchster Bildungsabschluss	1 = Volks-/Hauptschulabschluss; … 4 = Allgemeine Hochschulreife
		Alter bei Familiengründung	metrisch
	Räumlicher Einfluss	Größe des Ortes der Kindheit und Jugend	1 = < 1.000 Einwohner; … 7 = > 500.000 Einwohner

den niedrigen Abschlüssen sehr schwach besetzt waren und die Modelle verzerrten. Für die restlichen Variablen waren drei Schritte zur Aufbereitung notwendig:

- Operationalisierung der Familiengründungsphase
- Kodierung der offenen Ortsnennungen
- Berechnung einer Variable für den intergenerationalen Effekt.

Operationalisierung der Familiengründungsphase

Die Familiengründungsphase musste zunächst definiert werden. Angaben dazu, wann sie beginnt, endet und wie lange sie anhält, sind in der Forschungsliteratur kaum zu finden. Zur Untersuchung von Wohnmobilität im Zusammenhang mit der Geburt von Kindern definieren Clark und Withers (2009, S. 310) ein Zeitfenster von 6 Monaten vor bis 18 Monate nach der Geburt eines Kindes. Da, wie in Kap. 3 dieses Beitrags dargelegt, die Untersuchung einer langfristigen Wohnstandortentscheidung von Interesse ist, wurde eine andere Vorgehensweise gewählt. Um den Wohnort der Familiengründungsphase zu bestimmen, wurden mit dem Sample deskriptive Voranalysen unternommen. Hierfür wurden die Zeitpunkte der Wohnstandortverlagerungen in Bezug zum Zeitpunkt der Geburten der ersten drei Kinder gesetzt. Demnach werden die meisten Umzüge im Jahr der Geburt des ersten Kindes oder ein bis zwei Jahre davor getätigt. Derartig viele Umzüge gibt es bei den Geburten weiterer Kinder nicht. Die Wohndauer, die sich an einen Umzug vier Jahre nach der Geburt des ersten Kindes anschließt, ist durchschnittlich am höchsten und beträgt elf Jahre. Diese beiden deskriptiven Ergebnisse werden miteinander kombiniert und der Wohnort der Familiengründungsphase somit im vorliegenden Beitrag als der Wohnort zwei Jahre nach Geburt des ersten Kindes definiert. Dadurch handelt es sich genau genommen um einen Zeitpunkt, der für eine Lebensphase steht.

Kodierung der offenen Ortsnennungen

Die Vielfalt der offenen Ortsnennungen musste mit Hilfe der Kodierung der Orte reduziert werden. Diese erfolgte für die Orte in der Bundesrepublik Deutschland[2] auf der Gemeindeebene zum Gebietsstand 31.03.2011. Hierfür wurde der zwölfstellige Regionalschlüssel des Bundesamtes für Statistik verwendet, der unterschiedliche Verwaltungsebenen berücksichtigt (vgl. Statistisches Bundesamt 2014). Eine detaillierte Beschreibung der Ortskodierung ist in Albrecht et al. (2015, in Vorberei-

---

[2] Für die genannten Orte im Ausland wurde eine andere Vorgehensweise gewählt. Diese wird an dieser Stelle nicht erläutert, da die ausländischen Wohnorte aus der hier vorliegenden Analyse ausgeschlossen wurden.

tung) enthalten. Bei den einzelnen Wohnorten (WO_{KuJ}, WO_Z und WO_{FamGr}), die für die Wanderungstypisierung entscheidend sind (siehe Abb. 2), handelt es sich somit immer um Gemeinden. Eine Person, die in der Familiengründungsphase noch in der Gemeinde ihrer Kindheit und Jugend wohnt, gehört dem immobilen Typ an. Eine Person, die nicht mehr in der Gemeinde der Kindheit und Jugend wohnt, sei es auch nur die Nachbargemeinde, fällt in den Typ Mobil. Eine rückgewanderte Person wird nur dann als Typ B typisiert, wenn die Rückwanderung tatsächlich in die gleiche Gemeinde erfolgte.

Berechnung einer Variable für den intergenerationalen Effekt

Für den intergenerationalen Effekt muss berücksichtigt werden, bei wem eine befragte Person aufgewachsen ist. Hier wird ein intergenerationaler Einfluss nur den Großeltern unterstellt, bei denen die Eltern auch aufgewachsen sind. Nachfolgend werden nur diese Großelternteile als „prägende Personen" bezeichnet. Maximal stehen die Angaben von zwei prägenden Personen (Großmutter und Großvater) zur Verfügung (siehe Tab. 2). Die Einbeziehung der Angaben beider Personen in die Analyse gleichzeitig ist zwar möglich, wird aber aus dem folgenden Grund nicht durchgeführt. Wenn nur Angaben einer Person vorliegen und für die zweite Person ein Fehlwert existiert, würde der gesamte Fall aus der Analyse ausgeschlossen werden (in Tab. 2 die Fälle mit ID=2 und ID=3). Dies ist problematisch, da eine geringe Fallzahl in statistischen Analyseverfahren zu weniger aussagekräftigen Ergebnissen führt. Somit gilt es aus zwei Variablen eine zu berechnen. Unproblematisch ist dies in den Fällen, in denen die befragte Person angegeben hat, dass sie nur bei einer Person (Großmutter oder Großvater) aufgewachsen ist. In diesem Fall werden die Angaben dieser Person als die der prägenden Person behandelt. Ebenso eindeutig ist es in den Fällen, in denen die Eltern bei beiden Großelterntei-

Tab. 2 Berechnung einer Variable für den intergenerationalen Effekt. (Quelle: Eigene Darstellung)

ID	Aufgewachsen bei (Elternteil)	TYP A – Immobil (Elternteil)	Großmutter gleichen Typs	Großvater gleichen Typs	Min. eine prägende Person gleichen Wanderungstyps
1	Bei beiden Großelternteilen	Ja	Ja	Nein	Ja
2	Bei beiden Großelternteilen	Ja	Ja	<Fehlwert>	Ja
3	Bei beiden Großelternteilen	Ja	Nein	<Fehlwert>	Nein
4	Bei beiden Großelternteilen	Ja	<Fehlwert>	<Fehlwert>	<Fehlwert>

len aufgewachsen sind und zu beiden Großelternteilen Aussagen getroffen werden können (siehe in Tab. 4.4 die Fälle mit ID = 1). Kritischer ist es, wenn ein Elternteil bei beiden Großelternteilen aufgewachsen ist, von denen jedoch nur eine Person befragt wurde, sodass für die zweite Person ein Fehlwert vorliegt. In diesem Fall wird die Angabe dieser vorliegenden Person als diejenige der prägenden Person behandelt (in Tab. 4.4 die Fälle mit ID = 2 und ID = 3). Dies ist für den dargestellten Fall ID = 3 problematisch, da der Großvater noch dem gleichen Wanderungstyp angehören kann (jedoch nicht im Sample ist). Trotz dieser Ungenauigkeit wird diese Vorgehensweise gewählt, da so eine größere Anzahl an Fällen in die Analyse eingeschlossen wird.

4.3   Statistisches Analyseverfahren

Die Wahrscheinlichkeit einem der drei Wanderungstypen anzugehören wird abhängig von den biografischen, intergenerationalen, soziodemografischen und raumstrukturellen Variablen (siehe Tab. 1) geschätzt. Mit den so aufbereiteten Variablen werden sechs logistische Modelle berechnet. Zunächst werden in die Berechnungen ausschließlich die soziodemografischen und raumstrukturellen Größen einbezogen. Anschließend werden die biografischen und intergenerationalen Faktoren hinzugefügt. Dabei wird die Split-Half-Methode angewandt. Hierbei wird der Datensatz in zwei Hälften geteilt und die Regressionsmodelle mit nur einer Hälfte entwickelt. Zu einem späteren Zeitpunkt wird die Reliabilität der Ergebnisse mit der zweiten Hälfte überprüft. Dies ist jedoch nicht Gegenstand dieses Beitrags.

5   Ergebnisse

Nachfolgend werden die Ergebnisse der Analyse vorgestellt. Zunächst wird deskriptiv auf die Häufigkeiten der Typen in den einzelnen Personengruppen eingegangen. Danach werden die logistischen Regressionsmodelle erläutert.

5.1   Wanderungstypen nach Personengruppen

Insgesamt können von den 1542 betrachteten Personen der Generation 1 und 2 1046 Befragte typisiert werden (siehe Tab. 3). In der Generation der Eltern gehören ca. 40 % dem immobilen Typ an. Diese Personen wohnen in der Familien-

Tab. 3 Wanderungstypen nach Personengruppen. (Quelle: Eigene Darstellung)

		Typ A – Immobil	Typ B – Rückwanderer	Typ C – Mobil	Gesamt Gültige		Nicht zugeordnet	
		Rel. [%]	Rel. [%]	Rel. [%]	Abs.	Rel. [%]	Abs.	Rel. [%]
Generation 2	Mütter	39,9	13,8	46,3	348	100	113	24,5
	Väter	39,2	12,9	47,9	311	100	122	28,2
Generation 1	Großmütter	49,0	8,6	42,4	243	100	153	38,6
	Großväter	61,1	7,6	31,3	144	100	108	42,9
	Gesamt	44,7	11,5	43,8	1046	100	496	32,2

gründungsphase in der Gemeinde der Kindheit und Jugend und haben diese seit der Gründung des eigenen Haushaltes nicht verlassen. Ca. 13 % sind ab der Gründung des eigenen Haushaltes über Gemeindegrenzen gewandert, jedoch zum Ort der Kindheit und Jugend spätestens in der Familiengründungsphase zurückgekehrt. Ca. 47 % der Eltern wohnen zwei Jahre nach der Geburt des ersten Kindes nicht mehr im Ort ihrer Kindheit und Jugend. In der Generation der Eltern variieren die prozentualen Anteile zwischen Männern und Frauen nur geringfügig. Bei den Großeltern hingegen lassen sich diesbezüglich deutliche Unterschiede zwischen Männern und Frauen ausmachen. Deutlich mehr Männer als Frauen gehören dem immobilen Typ an (61 % gegenüber 49 %). Hingegen ist der mobile Typ stärker bei den Frauen als bei den Männern vertreten (42 % gegenüber 31 %, siehe Tab. 3). Dieser Unterschied zwischen Großmüttern und Großvätern erscheint plausibel, denn in dieser Generation war es üblich, dass die Frau nach der Heirat zum Mann zog (vgl. Wagner 1989, S. 143). Bei Partnerschaften, bei denen die Paare aus unterschiedlichen Orten stammten, fiel der Mann somit häufig in die Gruppe der Immobilen, während die Frau zum mobilen Typ wurde. In der Generation der Eltern ist der Anteil der Mobilen deutlich höher als in der älteren Generation. Dies lässt sich vermutlich mit der Bildungsexpansion bzw. mit der Zunahme der Frauenerwerbstätigkeit erklären. Für die Aufnahme eines Studiums bzw. die Erwerbstätigkeit musste der Wohnort der Kindheit und Jugend eher verlassen werden.

Zu den nicht typisierten Personen gehören diejenigen Personen mit fehlenden Angaben zum Ort der Kindheit und Jugend, zum Geburtsjahr des ersten Kindes oder mit unzureichenden Angaben zu den Wohnbiografien. Zudem wurden all die Personen nicht typisiert, die entweder beim Ort der Kindheit und Jugend oder dem Ort der Familiengründungsphase einen ausländischen Ort angegeben haben. Dies betrifft ca. 50 % der nicht zugeordneten Fälle.

5.2   Modellschätzungen

Die Tab. 4 zeigt die Ergebnisse sechs logistischer Regressionen. Jeweils zwei wurden zur Schätzung der drei Typen durchgeführt. Die linke Spalte zeigt das Modell mit lediglich den soziodemografischen und räumlichen Einflussgrößen. Das rechte Modell beinhaltet zusätzlich die biografischen sowie intergenerationalen Einflussvariablen. Die Modellgüte der Schätzung des immobilen und mobilen Typs ist vergleichbar hoch, während der Typ der Rückwanderer sehr viel schlechter geschätzt wird.

Modelle mit räumlichen und soziodemografischen Erklärungsgrößen

Sowohl beim mobilen als auch dem immobilen Typ sind der höchste Bildungsabschluss, das Alter bei der Familiengründung sowie die Gemeindegröße des Ortes der Kindheit und Jugend signifikante Einflussgrößen. Die Richtungen der Effekte sind bei beiden Modellen entgegengesetzt. Je niedriger der Bildungsabschluss, desto höher ist die Wahrscheinlichkeit, dass die Person dem immobilen Typ angehört, bzw. je höher der Bildungsabschluss, desto höher ist die Wahrscheinlichkeit, dass eine befragte Person dem mobilen Typ angehört. Dies lässt sich zum einen mit der räumlichen Verfügbarkeit hochqualifizierter Arbeitsplätze sowie den Hochschulstandorten begründen. Zur Aufnahme eines Studiums bzw. einer hochqualifizierten Arbeitsstelle ist oftmals ein Umzug über Gemeindegrenzen hinweg notwendig.

Das Alter bei der Familiengründung hat in diesen Modellen ebenfalls einen signifikanten, jedoch schwachen Einfluss. Mit steigendem Alter steigt die Wahrscheinlichkeit dem mobilen Typ anzugehören, da auch mehr Lebenszeit für einen Umzug über Gemeindegrenzen hinweg zur Verfügung steht.

Je größer die Einwohnerzahl des Ortes der Kindheit und Jugend, desto größer ist die Wahrscheinlichkeit dem immobilen Typ anzugehören. Je kleiner der Ort ist, in dem die befragte Person aufgewachsen ist, desto wahrscheinlicher ist es, dass in der Familiengründungsphase dort nicht mehr gewohnt wird. Dass kleinere Gemeinden eine weniger starke räumliche Bindung auf die befragten Personen ausüben, ist eine mögliche Interpretation. Methodisch muss jedoch auch bedacht werden, dass ein Umzug, der in einer großen Gemeinde noch auf der Gemeindefläche stattfindet, aus einer kleinen Gemeinde heraus über die gleiche Distanz bereits über die Gemeindegrenze erfolgt.

Modelle mit biografischen und intergenerationalen Erklärungsgrößen

Werden zusätzlich die biografischen und intergenerationalen Erklärungsgrößen einbezogen, verändern sich vor allem die Regressionskoeffizienten der Gemeindegröße, die zuvor auf einen starken Zusammenhang deuteten. Die Stärke des Zusammenhangs zwischen Gemeindegröße und der Typenzugehörigkeit verringert sich bei nicht mehr gegebener Signifikanz. Dies geschieht sowohl in dem Modell für Typ Immobil als auch Typ Mobil. Ebenfalls verliert das Alter bei der Familiengründung seine Bedeutung.

Eine der drei hinzugefügten Variablen erweist sich für die Schätzung des immobilen und mobilen Typs als signifikant mit einem mittelstarken Einfluss. Die Wahrscheinlichkeit dem Typ A oder C anzugehören erhöht sich, wenn mindestens eine prägende Person dem gleichen Wanderungstyp angehört. Diese Ergebnisse belegen den in Abb. 1 dargestellten verzögerten Sozialisationseffekt. Die Eltern verhalten sich bezüglich der Bindung an den Ort der Kindheit und Jugend in der Familiengründungsphase ähnlich wie die Großeltern.

Die Wirkungsrichtung der biografischen Erklärungsgröße (Umzugshäufigkeit in der Kindheit und Jugend) erscheint plausibel, auch wenn dieses Ergebnis nicht signifikant ist. Viele Umzüge in der Kindheit und Jugend führen eher dazu, dass in der Familiengründungsphase nicht (mehr) am Ort der Kindheit und Jugend gewohnt wird. Häufige Wohnstandortverlagerungen in der Vergangenheit könnten somit dazu führen, dass das Einfinden und Einleben an einem neuen Wohnort zuvor öfter erlebt und erlernt wurde, was die Wahrscheinlichkeit eines Wohnortwechsels im späteren Lebensverlauf erhöht. Auch wird sich in diesem Fall das soziale Netz weniger stark auf den Ort der Kindheit und Jugend konzentrieren, so dass die räumliche Bindung an diesen Ort weniger stark ausgeprägt ist.

Wohnt zudem mindestens eine prägende Person (noch) am Ort der Kindheit und Jugend der befragten Person, so erhöht sich die Wahrscheinlichkeit, dass diese in der Familiengründungsphase ebenfalls dort wohnt. Dies ist ebenfalls nicht signifikant, erscheint jedoch plausibel.

6 Fazit

In dem vorliegenden Beitrag wurden die biografischen und intergenerationalen Effekte auf die räumliche Bindung an den Ort der Kindheit und Jugend in der Familiengründungsphase untersucht.

Der intergenerationale Zusammenhang hat sich als signifikanter Faktor herausgestellt. Die Wahrscheinlichkeit dem Wanderungstyp Immobil bzw. Mobil anzugehören steigt in der Generation der Eltern, wenn mindestens ein prägender Großelternteil diesem Typ angehört. Als soziodemografische Größe hat das Bildungsniveau den größten Einfluss. Die Wahrscheinlichkeit in der Familiengründungsphase immer noch am Ort der Kindheit und Jugend zu wohnen, verringert sich mit

Tab. 4 Logistische Modelle für die Wanderungstypen. (Quelle: Eigene Darstellung)

	TYP A – Immobil				TYP B – Rückkehrer				TYP C – Mobil			
	B	Sig.	B	Sig.	B	Sig.	B	Sig.	B	Sig.	B	Sig.
Geschlecht: weiblich (Ref: männlich.)	−0,220	0,236	−0,349	0,222	0,110	0,656	0,055	0,883	0,157	0,387	0,294	0,293
Höchster Bildungsabschluss (Ref: Allgemeine Hochschulreife)		0,000		0,001		0,302		0,613		0,000		0,005
Hauptschul-/Volksschulabschluss	1,610	0,000	1,340	0,004	−0,239	0,541	−0,391	0,569	−1,474	0,000	−1,174	0,017
Realschulabschluss	1,089	0,000	1,143	0,000	0,049	0,867	−0,241	0,567	−1,029	0,000	−0,988	0,001
Fachhochschulreife	0,438	0,099	0,332	0,425	0,483	0,135	0,375	0,452	−0,637	0,010	−0,564	0,152
Alter bei Familiengründung	−0,047	0,020	0,024	0,468	−0,011	0,677	−0,011	0,794	0,051	0,010	−0,011	0,736
Größe des Ortes der Kindheit und Jugend (Ref: >500.000 Einwohner)		0,000		0,202		0,854		0,383		0,000		0,189
<1000 Einwohner	−1,921	0,000	−1,125	0,070	0,370	0,465	0,645	0,367	1,402	0,000	0,592	0,285
1000 bis 5000 Einwohner	−1,006	0,003	−0,271	0,624	−0,293	0,696	−0,686	0,438	1,034	0,002	0,487	0,358
5000 bis 20.000 Einwohner	−0,935	0,002	−0,616	0,242	0,033	0,939	−0,125	0,865	0,867	0,004	0,594	0,234
20.000 bis 50.000 Einwohner	−1,191	0,000	−0,459	0,400	−0,011	0,980	0,542	0,422	1,114	0,000	0,144	0,779
50.000 bis 100.000 Einwohner	−0,061	0,834	−0,066	0,887	0,326	0,420	0,845	0,160	−0,155	0,613	−0,518	0,276
100.000 bis 500.000 Einwohner	−0,175	0,496	0,275	0,524	0,328	0,366	0,035	0,954	0,005	0,986	−0,188	0,658

Tab. 4 (Fortsetzung)

	TYP A – Immobil				TYP B – Rückkehrer				TYP C – Mobil			
	B	Sig.	B	Sig.	B	Sig.	B	Sig.	B	Sig.	B	Sig.
Umzugshäufigkeit in Kindheit und Jugend			−0,222	0,064			0,026	0,825			0,161	0,113
Mindestens eine prägende Person gleichen Wanderungstyps			*0,867*	*0,002*			*0,353*	*0,573*			*0,600*	*0,024*
Mindestens eine prägende Person wohnt im Ort der Kindheit und Jugend ihres Kindes			0,933	0,084			−0,351	0,527			−0,560	0,218
Konstante	0,938	0,194	−2,409	0,068	−1,805	0,062	−1,391	0,389	−1,548	0,029	0,423	0,733
R^2 (Nagelkerke)	0,190		0,220		0,019		0,057		0,183		0,159	
R^2 (Cox & Snell)	0,140		0,163		0,010		0,033		0,137		0,119	
Anteil richtig zugeordneter Fälle [%]	64,2		70,4		86,6		85,0		66,8		65,0	
Fälle mit dieser Ausprägung der abhängigen Größe	255*		116**		87*		42**		306*		122**	

*N=648 **N=280

zunehmendem Bildungsniveau. Die raumstrukturelle Variable hat (bisher) keinen nachweisbaren Einfluss auf die drei Wanderungstypen. Zum Typ des Rückkehrers sind auf der Basis der Regressionsmodelle kaum Aussagen möglich. In zukünftigen Analysen lassen sich Verfeinerungen vornehmen. Anstelle der Gemeindegröße wären andere raumstrukturelle Faktoren einzubeziehen. Die Berücksichtigung regionalökonomischer Größen, wie zum Beispiel die Arbeitslosenquote, wäre in zukünftigen Analysen denkbar. Zudem erscheint es problematisch die Gemeindeebene zu betrachten, um Sesshaftigkeit oder Rückwanderung zu untersuchen, da die Gemeindegrößen bzw. -flächen stark variieren. Hier käme eine regionale Sichtweise unter Rückgriff auf Umzugsdistanzen in Betracht.

Für den mobilen Typ wäre von Interesse, in welcher Raumstruktur er sich niederlässt. Auch auf diese raumstrukturellen Präferenzen sind biografische sowie intergenerationale Einflüsse zu untersuchen. Zudem ließen sich die hier durchgeführten Analysen auf andere Lebensphasen übertragen und so zum Beispiel weitere Erkenntnisse zu biografischen und intergenerationalen Faktoren auf die Wohnstandortentscheidung in der Ausbildungsphase oder im Ruhestand gewinnen. Ein anderer Fokus könnte auch auf der Untersuchung des Ortes der Kindheit und Jugend liegen. Durch die ergänzenden Angaben der älteren Generation ließe sich rekonstruieren, in welcher Alterspanne am Ort der Kindheit und Jugend und wie lange dort gewohnt wurde.

Diese vorläufigen Ergebnisse lassen vermuten, dass die intergenerationalen Einflüsse für die Wohnstandortwahl relevant sind. Zwar wird vor allem in der (internationalen) Migrationsforschung die Bedeutung der sozialen Netze erkannt, Sozialisationseffekte auf Wohnstandortpräferenzen, Ortsbindungen, Migrations- bzw. Umzugsverhalten wurden jedoch bisher nur selten thematisiert. Weitere Ergebnisse in diesem Themenfeld könnten die Implementation intergenerationaler Einflussgrößen in Wanderungs- sowie Bevölkerungsprognosen zur Folge haben.

Literatur

Albrecht, J., Döring, L., Ehreke, I., & Müggenburg, H. (2015, in Vorbereitung). *Generationsübergreifende Mobilitätsbiografien – Datenaufbereitung und Kodierung der offenen Nennungen (vorl. Titel): Eine Erhebung unter Studierenden, ihren Eltern und Großeltern* (Raum und Mobilität – Arbeitspapiere des Fachgebiets Verkehrswesen und Verkehrsplanung). Dortmund: TU Dortmund.

Bailey, A. J., Blake, M. K., & Cooke, T. J. (2004). Migration, care, and the linked lives of dual-earner households. *Environment and Planning A, 36,* 1617–1632.

Blaauboer, M. (2010). *Family backround and residential choice* (Dissertation). Amsterdam: University of Amsterdam, Faculty of Social and Behavioural Sciences.

Bruijn, B. d. (1999). *Foundations of demographic theory: Choice, process, context. PDOD publication series A (doctoral dissertations)*. Amsterdam: Thela Thesis.

Clark William, A. V., & Withers, S. D. (2009). Fertility, mobility and labour-force participation: A study of synchronicity. *Population, Space and Place, 15*(4), 305–321.

DaVanzo, J. (1981). Repeat migration, information costs and location-specific capital. *Population and Environment, 4*(1), 45–73.

Döring, L., Albrecht, J., & Holz-Rau, C. (2014). *Generationsübergreifende Mobilitätsbiografien – Soziodemografische Analyse der Erhebung: Eine Erhebung unter Studierenden, ihren Eltern und Großeltern*. Raum und Mobilität – Arbeitspapiere des Fachgebiets Verkehrswesen und Verkehrsplanung 30. Dortmund: TU Dortmund.

Elder, G. H. (1994). Time, human agency, and social change: Perspectives on the life course. *Social Psychology Quarterly, 57*(1), 4–15.

Esser, H. (1980). *Aspekte der Wanderungssoziologie: Assimilation und Integration von Wanderern, ethnischen Gruppen und Minderheiten; eine handlungstheoretische Analyse*. Darmstadt: Luchterhand.

Feijten, P., Hooimeijer, P., & Mulder, C. H. (2008). Residential experience and residential environment choice over the life-course. *Urban Studies, 45*(1), 141–162.

Herget, M. (2013). *Verkehrsverhalten und Mobilitätsstrategien von Familien in ländlichen Räumen Deutschlands. unter besonderer Berücksichtigung rollentypischer Arbeitsteilung* (Dissertation). Berlin: Technische Universität, Fakultät V – Verkehrs- und Maschinensysteme.

Hurrelmann, K. (1988). *Social structure and personality development: The individual as a productive processor of reality*. New York: Cambridge University Press.

Hurrelmann, K. (2012). *Sozialisation: Das Modell der produktiven Realitätsverarbeitung* (10. Aufl.). Weinheim: Beltz.

Kley, S. (2009). *Migration im Lebensverlauf: Der Einfluss von Lebensbedingungen und Lebenslaufereignissen auf den Wohnortwechsel*. Wiesbaden: VS Verlag für Sozialwissenschaften.

Klöpper, V., & Weber, A. (2007). *Generationsübergreifende Mobilitätsbiographien. Unveröffentlichte Diplomarbeit*. Dortmund: Technische Universität, Fakultät Raumplanung.

Mulder, C. H., & Cooke, T. J. (2009). Family ties and residential locations. *Population, Space and Place, 15*(4), 299–304.

Mulder, C. H., & Hooimeijer, P. (1999). Residential relocations in the life course. In Leo J. G. van Wissen & P. A. Dykstra (Hrsg.), *Population issues. An interdisciplinary focus* (S. 159–186). New York: Kluwer Academic.

Scheiner, J., Sicks, K., & Holz-Rau, C. (2014). *Generationsübergreifende Mobilitätsbiografien – Dokumentation der Datengrundlage: Eine Befragung unter Studierenden, ihren Eltern und Großeltern*. Raum und Mobilität – Arbeitspapiere des Fachgebiets Verkehrswesen und Verkehrsplanung 29. Dortmund: TU Dortmund.

Statistisches Bundesamt. (2014). *Gemeindeverzeichnis-Informationssystem (GV-ISys): Informationen rund um das Gemeindeverzeichnis-Informationssystem (GV-ISys) und seine Inhalte*. Wiesbaden: Statistisches Bundesamt.

Wagner, M. (1989). *Räumliche Mobilität im Lebensverlauf: Eine empirische Untersuchung sozialer Bedingungen der Migration*. Stuttgart: Ferdinand Enke Verlag.

Willekens, F. J. (1991). Understanding the Interdendence Between Parallel Careers. In J. J. Siegers, J. d. Jong-Gierveld, & E. van Imhoff (Hrsg.), *Population economics. Female labour market behaviour and fertility. A rational-choice approach: proceedings of a workshop organized by the Netherlands Interdisciplinary Demographic Institute (NIDI) in collaboration with the Economic Institute, Centre for Interdisciplinary Research on Labour Market and Distribution Issues (CIAV) of Utrecht University held in The Hague, the Netherlands, April 20-22, 1989* (S. 11–31). Berlin: Springer-Verlag.

Janna Albrecht Dipl.-Ing. geboren 1986, hat bis 2012 Raumplanung an der TU Dortmund und City and Regional Planning an der Cardiff University (Wales) studiert. Seit 2012 ist sie wissenschaftliche Mitarbeiterin am Fachgebiet Verkehrswesen und Verkehrsplanung an der Fakultät Raumplanung in Dortmund. Dort bearbeitet sie das Projekt „Mobility Biographies: A Life-Course Approach to Travel Behaviour and Residential Choice". Derzeit arbeitet sie an ihrer Dissertation zum Thema „Wohnstandortentscheidungen im Biografien- und Generationenansatz" (Arbeitstitel).

Modellierung von Arbeitsplatzentscheidungen in Mobilitätsbiographien

Ilka Ehreke und Kay W. Axhausen

Zusammenfassung

Mobilitätsbiographien, das heißt die Analyse des Verkehrsverhaltens und der Verfügbarkeit von Mobilitätswerkzeugen im Lebensverlauf, ist ein relativ neues Feld in der Verkehrsforschung. Die Erwerbsbiographien sind als Teil von ihnen zu verstehen, auch wenn sie ein eigenes Interessengebiet darstellen. In einer Retrospektivbefragung der TU Dortmund werden zusammen mit der ETH Zürich und der Goethe Universität Frankfurt Informationen zu den individuellen Mobilitätsbiographien von drei Generationen eines Haushaltes erfasst. Anhand dieses umfangreichen Datensatzes werden mithilfe einer Überlebenszeit-Analyse für rekurrente Ereignisse Einflüsse auf die Entscheidung für einen Arbeitswegwechsel, sowie Unterschiede zwischen Generationen und Geschlechtern im Zeitverlauf statistisch analysiert. Neben Generationeneffekten konnte der Effekt von sogenannten Schlüsselereignissen (*key events*) in den Daten nachgewiesen werden. Ebenso konnte die starke Interdependenz von Arbeitsplatz- und Wohnortwahl gezeigt werden. Dies bestätigt die Vermutung, dass sich gewisse Prozesse im Lebensverlauf parallel bewegen.

I. Ehreke (✉) · K. W. Axhausen
Institut für Verkehrsplanung und Transportsysteme, ETH Zürich,
Stefano-Franscini-Platz 5, 8093 Zürich, Schweiz
E-Mail: ilka.ehreke@ivt.baug.ethz.ch

K. W. Axhausen
E-Mail: axhausen@ivt.baug.ethz.ch

© Springer Fachmedien Wiesbaden 2015
J. Scheiner, C. Holz-Rau (Hrsg.), *Räumliche Mobilität und Lebenslauf,*
Studien zur Mobilitäts- und Verkehrsforschung, DOI 10.1007/978-3-658-07546-0_14

Schlüsselwörter

Mobilitätsbiographie · Erwerbsbiographie · Arbeitsplatzentscheidung · Längs schnittanalyse · rekurrente Ereignisse · Cox Proportional Hazard

1 Hintergrund

Der Individualisierungsschub im Alltagsleben geht mit einer Zunahme an Aktivitäten und Flexibilität sowie veränderten Einstellungen und Handlungsmustern einher. Dies verändert das individuelle Mobilitätsverhalten, das Verkehrshandeln und den Besitz von Mobilitätswerkzeugen und stellt Politik und Planung im Bereich des Verkehrs vor immer neue Herausforderungen (Axhausen 2008). In der Regel werden Änderungen im Verkehrsverhalten über statische Querschnittsanalysen erfasst. Diese vernachlässigen jedoch oft die Dynamik und Auswirkung langfristiger Entscheidungen (Lanzendorf 2003).

Unter dem Begriff Mobilitätsbiographien versucht die Verkehrsforschung daher seit gut zehn Jahren das Verkehrshandeln und den Besitz von Mobilitätswerkzeugen im Längsschnitt individueller Lebensläufe zu erfassen und zu verstehen. Scheiner (2009) bezeichnet Mobilitätsbiographien als Entwicklung der Verkehrsnachfrage im Lebenslauf. Retrospektivbefragungen zum individuellen Verkehrshandeln und der Verfügbarkeit von Mobilitätswerkzeugen sind demnach eine im Rahmen des mobilitätsbiographischen Ansatzes verwendete Art der Datenerhebung.

Erwerbsbiographien, obwohl sie auch ein eigenständiges Forschungsfeld darstellen, werden in diesem Kontext als Teil der Mobilitätsbiographie verstanden. Sie bezeichnen den Verlauf der Erwerbstätigkeit vom Eintritt in das Berufsleben bis zum Ruhestand (Trischler 2014) und haben einen direkten Einfluss auf das Verkehrshandeln, zum Beispiel auf die Abfahrtszeit, das Verkehrsmittel und die Routenwahl für den Weg zur Arbeit (Scheiner 2007). Zudem sind sie wechselseitig eng verknüpft mit der Wohnstandortwahl (Beige und Axhausen 2012; Birg und Flöthmann 1994). Allgemein ist festzuhalten, dass der Erwerb, die Ausbildung, Wohnstrukturen und das Verkehrsverhalten nicht unabhängig voneinander zu betrachten sind. Der Lebensverlauf ist ein multidimensionaler Prozess, mit dem die Individuen ihr Verhalten anpassen und eine Veränderung in der Erwerbsbiographie kann sich auf das Verkehrsverhalten und die Wohnstandortwahl auswirken (Blossfeld und Huinink 2002; Zhang et al. 2014).

Neben gesellschaftlichen Entwicklungen wie der Veränderung der Arbeitswelt oder die Individualisierung und Pluralisierung der Haushalts- und Familienstrukturen werden Arbeitsplatzentscheidungen insbesondere von sogenannten Schlüsselereignissen oder *key events* geprägt, wie zum Beispiel der Geburt eines Kindes, oder stellen – wie der Eintritt ins Arbeitsleben – selbst solche dar (Lanzendorf 2010; Scheiner 2007; Van der Waerden et al. 2003). Neben der erwähnten Interdependenz zur Wohnortwahl und den Schlüsselereignissen, die wiederum selbst durch Wohnort- oder Arbeitsplatzentscheidungen erfasst werden können, haben weitere endogene und exogene Faktoren Einfluss auf die Erwerbsbiographie. Als endogene Faktoren können zum einen soziodemographische Merkmale wie beispielsweise die Ausbildung oder der Führerscheinbesitz angesehen werden (Trischler und Kistler 2011). Zum anderen zählen hierzu auch individuelle Präferenzen und Verhaltensmuster. Zu den exogenen Einflussfaktoren gehören neben Alter und Geschlecht zum Beispiel die Arbeitsmarktsitutation und die Erreichbarkeit. Mobilitätswerkzeuge wie der Besitz von Personenwagen oder einem Abonnement für den öffentlichen Verkehr (ÖV) stellen ein komplementäres Element in den Mobilitätsbiographien und ihren Teilelementen dar (Beige und Axhausen 2012). Es zeigt sich, dass die Erwerbsbiographie als Teil der Mobilitätsbiographie nicht unabhängig vom Lebensverlauf betrachtet werden kann, sondern parallel dazu verläuft beziehungsweise in Interdependenz zu den anderen Dimensionen der Mobilitätsbiographie steht (Beige und Axhausen 2012; Trischler 2014).

Insbesondere die Arbeitsmarktforschung befasst sich seit einiger Zeit eingehend mit der Diskontinuität von Erwerbsverläufen, der Destandardisierung und Flexibilisierung der Erwerbsarbeit. Erwerbsbiographien sind geprägt von ökonomisch und politisch bestimmten Strukturen, kulturellen Wertvorstellungen, gesetzlichen Altersnormen, institutionalisierten Übergängen, normativ-kritischen Lebensereignissen, individuellen Entscheidungen, Sozialisationsprozessen und institutionellen Selektionsmechanismen (Tippelt 2006). Dazu gehört auch die beobachtete Zunahme der Arbeitsplatzwechsel als solche, sowie die empirisch beobachteten Unterschiede zwischen den Kohorten (Buchholz und Blossfeld 2009).

Ziel dieser Untersuchung ist es, die Entscheidung für einen Arbeitsplatzwechsel, die Einflussfaktoren, sowie Unterschiede zwischen den Generationen und den Geschlechtern im Zeitverlauf der Mobilitätsbiographie anhand eines ausgewählten Datensatzes statistisch zu analysieren und Implikationen daraus abzuleiten. Ein besonderer Fokus soll hier auf die Unterschiede zwischen der Eltern- und Großelterngeneration gelegt werden. Im nächsten Abschnitt erfolgen eine Beschreibung des Datensatzes und daran anschließend die Erläuterung der statistischen Methodik und der für die Analyse nötigen Modifizierung des Datensatzes. Die Auswertung und Ergebnisdarstellung der Daten findet sich im vierten Abschnitt dieses Beitrags. Der letzte Abschnitt fasst die Ergebnisse der Analyse abschließend zusammen.

2 Befragungsansatz

Im Kontext der vorangehend beschriebenen Retrospektivbefragungen wird seit 2007 am Fachgebiet Verkehrswesen und Verkehrsplanung der Technischen Universität Dortmund jährlich eine Befragung unter Studierenden zu ihren eigenen und den Mobilitätsbiographien ihrer Eltern und Großeltern durchgeführt (Scheiner et al. 2014). Der verwendete Fragebogen basiert auf einer dort im Jahr 2007 durchgeführten Diplomarbeit (Klöpper und Weber 2007). Ende 2011 wurde die Datenerhebung im Rahmen des DFG/SNF Projektes „*Mobility Biographies: A Life-Course Approach to Travel Behaviour and Residential Choice*" auf Zürich (Institut für Verkehrsplanung und Transportsysteme, ETH Zürich) und Frankfurt (Arbeitsgruppe Mobilitätsforschung, Goethe-Universität Frankfurt am Main) ausgedehnt.

Wie in Abb. 1 dargestellt, füllen die Studierenden selbst einen Fragebogen aus und befragen zusätzlich ihre Eltern und zwei ihrer Großeltern. Von den Großeltern väter- und mütterlicherseits soll jeweils die Person, die zuletzt Geburtstag hatte, ausgewählt werden. Allerdings können, wenn der eigentlich zu befragende Großelternteil nicht erreichbar oder schon verstorben ist, alternativ auch die anderen Großeltern befragt werden. Falls innerhalb der (im Normalfall) Familie eine der vier ausgewählten Personen nicht befragt werden kann, können auch Ersatzpersonen – möglichst aus der Generation der nicht zur Verfügung stehenden Person

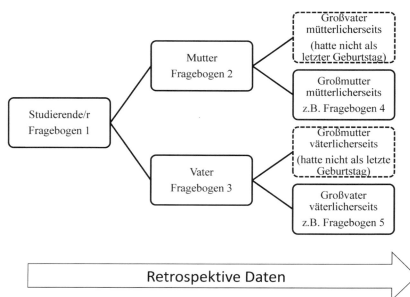

Abb. 1 Beispielhafter Ablauf der Befragung

– das Ausfüllen des Fragebogens mit ihrer Mobilitätsbiographie übernehmen. Je Studierendem liegen im Idealfall nach Abschluss der Befragung noch vier weitere Fragebögen, zwei aus der Eltern- und zwei aus der Großelterngeneration vor (Scheiner et al. 2014). Die Daten werden auf Personenebene erfasst, so dass für jede Person ein einzelner Datensatz verfügbar ist. Es ist jedoch auch möglich, die zusammen gehörenden Personen als Gruppe zu analysieren.

Die Befragung erhebt nicht den Anspruch auf Repräsentativität, da allein die Auswahl von Studierenden an einer Universität sowie deren Eltern und Großeltern keine repräsentative Bevölkerungsstichprobe sein kann (siehe Erickson 1979; oder Gabler 1992, zum Problem solcher Schneeballbefragungen). Des Weiteren sind auch bezüglich der Großeltern Verzerrungen zugunsten jüngerer, kommunikativerer oder beliebterer Familienmitglieder zu erwarten. Zuletzt birgt die Sammlung retrospektiver Daten insbesondere über eine lange Zeitspanne auch immer das Risiko des sogenannten „*memory bias*", d. h. eine frei- oder unfreiwillige Verzerrung der autobiographischen Erinnerung (Manzoni et al. 2010). Dennoch lassen sich mit der vorliegenden Befragung und der zur Verfügung stehenden großen Stichprobe wichtige Rückschlüsse auf Muster und Determinanten des habitualisierten und sich ändernden Verkehrsverhaltens ziehen.

3   Methodische Vorüberlegung

Wie bereits im vorherigen Kapitel beschrieben werden die Fragebögen des Mobilitätsbiographien-Projekts in Dortmund bereits seit 2007 ausgegeben, wo sie verpflichtender Bestandteil eines Bachelorkurses sind. Die Erhebung in Zürich und Frankfurt ist neuer und basiert zudem auf freiwilliger Teilnahme. Die erzielten Rücklaufquoten der einzelnen Befragungswellen in Zürich (große Raute in Abb. 2) liegen kumuliert aufgrund der Komplexität und des Umfangs des Fragebogens im erwarten Bereich der prognostizierten Rücklaufquote nach Axhausen und Weis (2010). Diese kann durch die anhand eines Punktesystems berechnete Antwortbürde und dem anschließenden Vergleich mit bereits am IVT durchgeführten Erhebungen vorhergesagt werden (Abb. 2). Um die Teilnehmerzahlen noch zu erhöhen, wird in Zürich aktuell die Durchführung der Erhebung als Onlinebefragung getestet (http://mobilitaetsbiographien.org/index.php/668556/lang-de).

Für die hier durchgeführte Analyse der Daten wird demnach aufgrund der großen Differenz der Fallzahlen nur der aktuell vorliegende Dortmunder Datensatz verwendet. Ebenso wird in diesem Zusammenhang von einer Auswertung der Daten der Alternativpersonen abgesehen, da diese mitunter nicht eindeutig einer Generation und/oder einem Geschlecht zugeordnet werden konnten oder in Einzelfällen noch nicht das für eine Erwerbstätigkeit nach dem deutschen Jugendarbeitsschutzgesetz erforderliche Mindestalter von 15 Jahren erreicht haben.

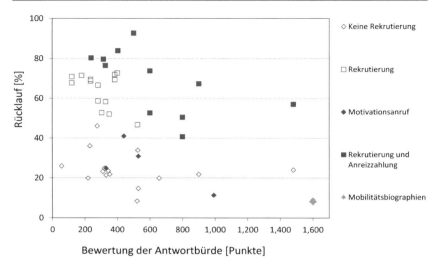

Abb. 2 Rücklaufquote Schweizer Erhebung. (Quelle: aktualisiert nach Axhausen und Weis 2010)

Eine weitere Voraussetzung für die durchgeführte Analyse war die Angabe des Geburtsjahres, so dass die Zeitintervalle zwischen den einzelnen Arbeitsplatzwechseln berechnet werden konnten. Schlussendlich standen nach den genannten Anpassungen für die Datenanalyse insgesamt knapp 4000 Fälle zur Verfügung. Tabelle 1 gibt einen Überblick über die Kenngrößen des bereinigten Datensatzes.

Tab. 1 Kenngrößen Gesamtdatensatz

Variable	Kategorie	Min.	Mittel	Max.	Std. Abw.	Anzahl	%
Alter	–	18	52,88	108	21,73	3972	–
Geschwister	–	0	2,22	17	2,01	3931	–
Anzahl Kinder	–	0	1,91	12	1,54	3964	–
Generation	Studentinnen	–	–	–	–	493	12
	Studenten	–	–	–	–	425	11
	Mutter	–	–	–	–	919	23
	Vater	–	–	–	–	852	22
	Großmutter	–	–	–	–	805	20
	Großvater	–	–	–	–	478	12
	Gesamt					3972	100
Geschlecht	Weiblich	–	–	–	–	2217	56
	Männlich	–	–	–	–	1755	44
Verheiratet	Ja	–	–	–	–	2990	76
	Nein	–	–	–	–	966	24

Tab. 1 (Fortsetzung)

Variable	Kategorie	Min.	Mittel	Max.	Std. Abw.	Anzahl	%
Geschieden	Ja	–	–	–	–	493	13
	Nein	–	–	–	–	3455	87
Schulausbildung	Keine	–	–	–	–	121	3
	Volksschule	–	–	–	–	790	20
	Hauptschule	–	–	–	–	364	9
	Realschule	–	–	–	–	678	17
	Fachhoch-schulreife	–	–	–	–	334	9
	Abitur	–	–	–	–	1669	42
Berufsausbildung	Ja	–	–	–	–	2334	60
	Nein	–	–	–	–	1574	40
Universitätsabschluss	Ja	–	–	–	–	693	18
	Nein	–	–	–	–	3225	82
Führerschein	Ja	–	–	–	–	3370	85
	Nein	–	–	–	–	595	15
Pkw-Besitz	Ja	–	–	–	–	2706	80
	Nein	–	–	–	–	659	20
ÖV Abonnement (> 18)	Ja	–	–	–	–	1997	51
	Nein	–	–	–	–	1943	49
Bahncard (> 18)	Ja	–	–	–	–	654	17
	Nein	–	–	–	–	3298	83

In dem an die Teilnehmer ausgegebenen Fragebogen wurde nach insgesamt zwölf Wegen während der wichtigsten Stationen ihrer Erwerbsbiographie im bisherigen Lebensverlauf gefragt (Abb. 3). Neben dem Zeitintervall, in dem ein Arbeitsweg durchgeführt wurde, wurden noch das Hauptverkehrsmittel, die Stellenprozente (im deutschen Fragebogen Voll- oder Teilzeit), die Länge des Arbeitsweges und der Grund für die Änderung dessen abgefragt. Da nicht explizit nach einem Arbeitsplatzwechsel gefragt wurde, musste anhand der Kategorisierung der Gründe für den Wechsel des Weges zur Arbeit entschieden werden, ob die Teilnehmer auch die Arbeitsstelle gewechselt haben. Insgesamt konnten 34 Kategorien identifiziert werden, die einen Wechsel der Arbeitsstelle implizieren. Von insgesamt 5600 angegebenen Wechseln des Weges wurden knapp 3500 (62 %) als Arbeitsplatzwechsel klassifiziert, wobei mit 56 % der „Wechsel der Arbeitsstelle" als solche den häufigsten Grund für den Wechsel des Weges darstellt. Zu den weiteren Gründen gehören zum Beispiel: Selbstständigkeit, Versetzung, verbesserte Arbeitsbedingungen, Pensionierung, Weiterbildung, Start ins Berufsleben und Beginn und Ende einer Ausbildung. Bereits die zehn am häufigsten genannten Kate-

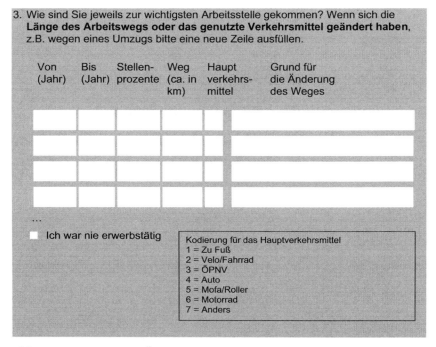

Abb. 3 Auszug Fragebogen Änderung des Arbeitsweges. (Quelle: Mobility Biographies: A Life-Course Approach to Travel Behaviour and Residential Choice)

gorien spiegeln insgesamt 86 % der Gründe des Arbeitsplatzwechsels wider. Für die weiterführende Analyse wurden die Gründe in sieben Oberkategorien zusammengefasst: Arbeitsplatzwechsel, Ausbildung und Studium, Geburt, Partner und Familie, Pensionierung und Rente, Umzug, Verkehrsmittelwechsel und Sonstiges.

Wenn man an dem Eintreten oder Nichteintreten eines Ereignisses im Zeitverlauf, in diesem Fall dem Arbeitsplatzwechsel, und dessen Einflussfaktoren interessiert ist, bietet sich das statistische Verfahren der Survival- und Ereigniszeitanalyse an. In deren Zentrum stehen Prozesse, die eine Reihe von wenigen Zuständen einnehmen können. Der Arbeitsplatzwechsel eines Individuums ist in diesem Fall abzählbar und kann unter Umständen auch mehrmals zu beliebigen aufeinander folgenden Zeitpunkten eintreten (Blossfeld 2010). Wichtig ist, dass sowohl der Startzeitpunkt als auch der Endzeitpunkt des jeweiligen Intervalls klar definiert sind. Modelliert wird die Übergangsrate von einem Ausgangszustand in einen Zielzustand. In der hier untersuchten Befragung berichten die Individuen bis zu zwölf zeitlich voneinander abhängige Arbeitswegwechsel. Für die Modellierung der Einflussgrößen auf ihre Entscheidung soll ein semiparametrisches *Cox Proportional Hazard Modell* geschätzt werden. Die Annahme dieses Modells ist, dass die Kovariablen nicht zeitabhängig sondern konstant sind. Der Wechsel des Arbeitsplatzes kann im Verlauf der Mobilitätsbiographie mehrfach auftreten, daher wird eine Überlebenszeit-Analyse für rekurrierende Ereignisse verwendet. Da alle Personen auch nach der Datenerhebung noch eine weitere Arbeitsplatzentscheidung treffen können – neben einem potentiellen Arbeitsplatzwechsel können z. B. Personen, die noch nie erwerbstätig waren, eine Beschäftigung beginnen – werden alle Datensätze als zensiert angesehen (Blossfeld 2010). Hier unterscheidet sich die aktuelle Studie von der „klassischen" Erwerbsbiographien-Analyse. In dieser wird der Erwerb als Eintritt in das Berufsleben nach der Ausbildung und Austritt aus dessen mit Erreichen der Pensionierung definiert (Trischler 2014). Mit Bezug auf das Verkehrshandeln kann jedoch nicht davon ausgegangen werden, dass die Pensionierung als abschließendes Ereignis angesehen werden kann. Hier sei zum Beispiel an den Minijob als zusätzliche Einkommensquelle nach der Pensionierung gedacht. Und auch der Weg zum Ausbildungsplatz stellt Verkehrshandeln dar.

Um die für die Analyse notwendigen Datenstruktur zu erhalten, wurde zunächst der bereinigte Datensatz transponiert, sodass für jeden Arbeitsplatzwechsel eine Beobachtung vorliegt. Danach wurde der Datensatz auf die zu betrachtenden Variablen reduziert. Dieses Subset wurde dann um die Beobachtungen mit fehlenden Werten bereinigt, da das Modell vollständige Daten voraussetzt. Es verbleiben insgesamt 4638 Beobachtungen für die Modellschätzung.

4   Modellschätzung und Ergebnisse

Als Modellierungsansatz wurde die konditionale Formulierung der Hazard Funktion von Prentice et al. (1981) gewählt, welche die Annahme trifft, dass eine Person nicht dem Risiko von Ereignis 2 bzw. k ausgesetzt sein kann, bevor Ereignis 1 bzw. k-1 eingetreten ist:

$$Y_{ij}(t)\lambda_{0j}(t)\exp(X_i(t)\beta_j)$$

Beispielsweise kann eine Person den Arbeitsplatz erst ein zweites Mal wechseln, wenn sie vorher bereits einmal den Arbeitsplatz gewechselt hat. Aus diesem Grund wird jedem Ereignis ein separates Stratum zugewiesen.

Für multiple Ereignisse können nicht ohne weiteres kumulierte Risiken grafisch dargestellt werden. Abbildung 4 zeigt daher die kumulierte Hazard-Funktion für den ersten Arbeitsplatzwechsel unterteilt nach Generation und Geschlecht. Es zeigt sich, dass die Generation der heutigen Studenten (Geschlechter wurden zusam-

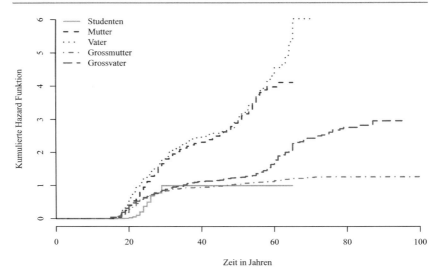

Abb. 4 Kumulierte Hazard-Funktion nach Generation und Geschlecht (1. Arbeitsplatzwechsel)

mengefasst) deutlich später den ersten Arbeitsplatzwechsel vollzieht als ihre Eltern und Großeltern. Dies mag daran liegen, dass in der vorliegenden Stichprobe nur Studenten als Präsentatoren der jungen Generation befragt wurden. Diese treten aufgrund der längeren Ausbildungszeit generell später in den Arbeitsmarkt ein. Im Gegensatz dazu umfassen die Stichproben der Eltern- und Großelterngeneration unterschiedliche Ausbildungsgruppen. Es lässt sich jedoch auch beobachten, dass die heutige Elterngeneration deutlich früher den ersten Arbeitsplatzwechsel vollzieht als die Großeltern. Hier könnte man die These aufstellen, dass die auf den Zweiten Weltkrieg folgenden Jahre in der Bundesrepublik Deutschland durch Stabilität im Berufsverlauf gekennzeichnet waren. Die Generation der Eltern fällt wiederum größtenteils in die Geburtenkohorte 1950–1970, die sich ab Mitte der 1970er Jahre mit der Wachstums- und Arbeitsmarktkrise der Bundesrepublik Deutschland konfrontiert sah (Corsten und Hilmert 2001).

Abbildung 5 zeigt simultan den ersten, zweiten bis dritten und vierten bis sechsten Arbeitsplatzwechsel, indem die kumulierte Hazard-Funktion des Zeitraums zwischen zwei Arbeitsplatzwechseln dargestellt wird. Hier ist anzumerken, dass aus Gründen der Übersichtlichkeit nur die ersten sechs Wechsel dargestellt werden. Zudem nimmt die Anzahl der Beobachtungen für weitere Wechsel danach stetig ab. Durch den vergleichsweise parallelen Verlauf der Kurven zeigt sich, dass das Zeitintervall zwischen zwei Wechseln relativ unabhängig von der Anzahl der vor-

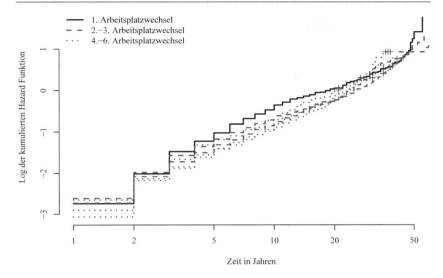

Abb. 5 Log der kumulierten Hazard-Funktion Arbeitsplatzwechsel

hergegangenen Arbeitsplatzwechsel ist. Lediglich die Zeit bis zum ersten Arbeitsplatzwechsel scheint in vielen Fällen etwas kürzer zu sein und die Zeit zwischen
dem ersten und zweiten sowie zweiten und dritten Wechsel etwas länger. Daraus
lässt sich ableiten, dass die Verweildauer am ersten Arbeitsplatz tendenziell kürzer
ist. Dies könnte daran liegen, dass der Berufseinstieg oft zur Orientierung dient
und ein Wechsel nach der Ausbildung üblich ist. Dagegen erscheint die Verweildauer im zweiten und dritten Arbeitsplatz etwas länger.

In einem nächsten Schritt wurde mit der oben angegebenen Modellformulie-
rung der Einfluss verschiedener Einflussgrößen auf die Arbeitsplatzwechsel im
Zeitverlauf getestet. Tabelle 2 zeigt die geschätzten Koeffizienten, Hazard-Raten
und Signifikanzen der einzelnen Variablen bzw. der einzelnen Variablen-Katego-
rien für das Modell. Die Hazard-Rate der jeweiligen Variablen bzw. Variablen-
kategorie bezeichnet den Einfluss auf das Risiko bzw. die Wahrscheinlichkeit des
Arbeitsplatzwechsels. Sofern bei kategorialen Variablen eine Referenz angegeben
ist, bezieht sich die Hazard-Rate jeweils auf den direkten Vergleich mit dieser.
Eine Hazard-Rate größer eins erhöht das Risiko des Jobwechsels, ist sie kleiner als
eins sinkt das Risiko. Führerschein und Pkw-Besitz sowie die Anzahl der Kinder
erwiesen sich als nicht relevant.

Tab. 2 Modellergebnis konditionale Ereigniszeitanalyse für multiple Arbeitswegwechsel

Variablen	Coef	Hazardrate	S.E. (coef)	Robust S.E.	Z	Pr(>|z|)	
Anzahl Wohnstandorte	0,06	1,06	0,01	0,01	6,03	1,7E-09	***
ÖV-Abonnement (=ja)	0,07	1,07	0,04	0,04	1,61	1,1E-01	
Referenz: Hauptverkehrs-mittel MIV	–	–	–	–	–	–	
Hauptverkehrsmittel zu Fuss	0,14	1,15	0,06	0,06	2,30	2,1E-02	*
Hauptverkehrsmittel Fahrrad	0,07	1,07	0,06	0,07	0,98	3,3E-01	
Hauptverkehrsmittel ÖPNV	0,18	1,20	0,05	0,06	3,24	1,2E-03	**
Referenz: Grund für Ände-rung des Weges zur Arbeit: Arbeitsplatzwechsel	–	–	–	–	–	–	
Grund Ausbildung/Studium	0,43	1,53	0,07	0,09	4,50	6,8E-06	***
Grund Geburt/Partner/ Familie	−0,66	0,52	0,08	0,08	−8,20	2,2E-16	***
Grund Pensionierung/ Rente	−0,83	0,43	0,12	0,09	−9,43	2,0E-16	***
Grund Umzug	−3,97	0,02	0,20	0,26	−15,47	2,0E-16	***
Grund Verkehrsmittelwechsel	−3,59	0,03	0,45	0,43	−8,31	2,0E-16	***
Grund Sonstiges	−0,44	0,64	0,08	0,10	−4,48	7,6E-06	***
Referenz: Allgemeine Hochschulreife	–	–	–	–	–	–	
Kein Schulabschluss	−0,52	0,59	0,17	0,13	−4,04	5,3E-05	***
Volksschulabschluss	−0,22	0,80	0,09	0,08	−2,74	6,2E-03	**
Hauptschulabschluss	−0,18	0,84	0,09	0,08	−2,23	2,6E-02	*
Realschulabschluss	−0,31	0,73	0,08	0,07	−4,58	4,7E-06	***
Fachhochschulreife	−0,26	0,77	0,09	0,11	−2,40	1,7E-02	*
Abgeschl. Hochschulstudium	−0,14	0,87	0,08	0,07	−2,05	4,1E-02	*
Referenz: Weiblich	–	–	–	–	–	–	
Männlich	−0,24	0,78	0,04	0,04	−5,50	3,8E-08	***
Alter	−0,03	0,98	0,00	0,00	−12,08	2,0E-16	***

Signifikanzniveau: 0 ‚***' 0,001 ‚**' 0,01 ‚*'; $n = 4638$; Anzahl Ereignisse = 3150; Konkordanz = 0,759 (S.E. = 0,013); R^2 = 0,436; Likelihood Ratio Test = 2655, 19 FG, $p = 0$; Wald Test = 1008, 19 FG, $p = 0$; Score (logrank) Test = 2083, 19 FG, $p = 0$; Robust = 767,3, $p = 0$

Die Anzahl der Wohnstandorte hat eine starke Interdependenz mit den Arbeitsplatzwechseln und tritt häufig mit diesen gemeinsam auf. Entsprechend ist die Hazard-Rate hier fast gleich eins, aber dennoch hochsignifikant. Der Besitz eines ÖV-Abonnements erweist sich als nicht signifikant, hat aber einen starken Einfluss auf die Modellgüte. Interessanterweise scheinen fast alle erfassten Verkehrsmittel gegenüber dem motorisierten Individualverkehr (MIV) einen positiven Einfluss auf das Risiko eines Arbeitsplatzwechsels zu haben. Die Nutzung des öffentlichen Personennahverkehrs (ÖPNV) scheint den stärksten Einfluss auf das Risiko zu haben. Es wäre interessant in einer erweiterten Studie zu untersuchen, ob sich dieser Effekt auf die große Anzahl Studenten in der Erhebung zurückführen lässt.

Die Gründe für eine Änderung des Arbeitsweges dienten wie bereits beschrieben als Basis der Ereignisdefinition. Im Modell erweisen sie sich als hochsignifikant. Als Referenzkategorie wurde daher der Arbeitsplatzwechsel an sich gewählt. Lediglich die Ausbildung und das Studium als Grund für den Arbeitswegwechsel scheinen einen noch höheren Einfluss auf das Risiko des Wechsels des Arbeitsweges zu haben. Alle weiteren Koeffizienten haben einen negativen Einfluss. Die Vorzeichen entsprechen hier den Erwartungen.

Im Bereich Ausbildung scheint das Ausbildungsniveau der allgemeinen Hochschulreife das Risiko des Arbeitsplatzwechsels am stärksten zu erhöhen. Deutlich zeigt sich, dass sich das Risiko stark vermindert, wenn im Vergleich gar kein Schulabschluss erreicht wurde. Dies liegt wahrscheinlich daran, dass es für diese Personen schwierig ist einen Arbeitsplatz zu finden oder sie gar nicht arbeiten. Es lässt sich keine kontinuierliche Tendenz in Bezug auf das Bildungsniveau erkennen.

Das Geschlecht hat einen signifikanten Einfluss auf das Risiko des Arbeitsplatzwechsels. Dieses scheint für Frauen im Vergleich zu Männern wesentlich höher zu sein. Eine Erklärung hierfür könnten familiäre Ereignisse wie die Geburt eines Kindes sein, die häufig einen Wechsel des ursprünglichen Arbeitsverhältnisse nach sich ziehen, sei es ein Übergang in die Teilzeit, der Wechsel nach dem Mutterschutz oder der Komplettausstieg zugunsten der Kindererziehung. Das Alter hat ebenfalls einen signifikanten, wenn auch schwachen Einfluss auf das Wechselrisiko. Mit zunehmendem Alter wird ein Wechsel des Arbeitsplatzes unwahrscheinlicher.

5 Fazit und Ausblick

Die vorliegende Auswertung hat gezeigt, dass sich Arbeitsplatzwechsel anhand der vorhandenen Daten gut mit einer konditionalen, rekurrierenden Ereigniszeitanalyse untersuchen lassen. Die erwarteten Einflüsse auf das Risiko des Arbeitsplatzwechsels am Beispiel des Schlüsselereignisses Geburt eines Kindes und des Geschlechts konnten im Modell nachgewiesen werden. Ebenso konnte die wechselseitige Verknüpfung der Arbeitsplatzwahl und des Wohnstandortes gezeigt werden. Dies legt die Vermutung nahe, dass sich gewisse Variablen im Lebensverlauf parallel bewegen. Es bleibt eine spannende Frage diese Interdependenz weiter zu erforschen.

Es konnte gezeigt werden, dass zwischen den einzelnen Generationen Unterschiede in den Arbeitsplatzentscheidungen bestehen. Weiterführend sollte untersucht werden, ob Verhaltensmuster innerhalb einer Familie weitergegeben werden. Ein Einfluss der Mobilitätswerkzeuge auf die Arbeitsplatzwechsel konnte bis auf den Besitz eines ÖV-Abonnements nicht gefunden werden. Eine Ausdehnung der Befragung auf eine breitere Bevölkerungsschicht kann untersuchen, wie stark sich der Bias aufgrund der Auswahl von Studierenden als Befragte hier auswirkt.

In einem nächsten Schritt sollte auch die zeitliche Abhängigkeit der einzelnen Kovariablen mit in das Modell aufgenommen werden, so dass diese nicht weiter als über die Zeit konstant angenommen werden. Hierfür würden sich die Schlüsselereignisse Geburt eines Kindes und Änderung des Wohnstandortes sowie der zeitabhängige Besitz von Mobilitätswerkzeugen anbieten. Zusätzlich lassen sich ebenso zeitlich abhängige exogene Faktoren wie die Arbeitsmarktsituation oder die Erreichbarkeit in das Modell integrieren.

Literatur

Axhausen, K. W. (2008). Social networks, mobility biographies, and travel: survey challenges. *Environment and Planning B, 35*(6), 981–996.

Axhausen, K. W., & Weis, C. (2010). Predicting response rate: A natural experiment. *Survey Practice, 3*(2). http://www.surveypractice.org/index.php/SurveyPractice/article/view/125/html. Zugegriffen: 13. Aug. 2014.

Beige, S., & Axhausen, K. W. (2012). Interdependencies between turning points in life and long-term mobility decisions. *Transportation, 39*(4), 857–872.

Birg, H., & Flöthmann, J. (1994). Erwerbsorientierung und Lebenslauf von jungen Frauen in unterschiedlichen regionalen Lebenswelten. In P. Beckmann & G. Engelbrech (Hrsg.), *Arbeitsmarkt für Frauen 2000 – Ein Schritt vor oder ein Schritt zurück? Kompendium zur Erwerbstätigkeit von Frauen, Beiträge zur Arbeitsmarkt- und Berufsforschung, 179* (S. 253–280). Nürnberg: IAB.

Blossfeld, H.-P. (2010). Survival-und Ereignisanalyse. In H. Best & C. Wolf (Hrsg.), *Handbuch der sozialwissenschaftlichen Datenanalyse* (S. 995–1016). Wiesbaden: VS Verlag für Sozialwissenschaften.

Blossfeld, H.-P., & Huinink, J. (2002). Lebensverlaufsforschung als sozialwissenschaftliche Forschungsperspektive: Themen, Konzepte, Methoden und Probleme. *Globalife Working Paper No. 28*, Bielefeld: Universität.

Buchholz, S., & Blossfeld, H. P. (2009). Beschäftigungsflexibilisierung in Deutschland-Wen betrifft sie und wie hat sie sich auf die Veränderung sozialer Inklusion/Exklusion in Deutschland ausgewirkt? In R. Stichweh & P. Windolf (Hrsg.). *Inklusion und Exklusion: Analysen zur Sozialstruktur und sozialen Ungleichheit* (S. 123–138). Wiesbaden: VS Verlag für Sozialwissenschaften.

Corsten, M., & Hillmert, S. (2001). Qualifikation, Berufseinstieg und Arbeitsmarktverhalten unter Bedingungen erhöhter Konkurrenz: Was prägt Bildungs- und Erwerbsverläufe in den achtziger und neunziger Jahren? *Arbeitspapier des Projekts Ausbildungs- und Berufsverläufe der Geburtskohorten 1964 und 1971 in Westdeutschland 1*. Berlin: Max-Planck-Institut für Bildungsforschung.

Erickson, B. H. (1979). Some problems of Inference from chain data. *Sociological Methodology, 10*, 276–302.

Gabler, S. (1992). Schneeballverfahren und verwandte Stichprobendesigns. *ZUMA-Nachrichten, 31*, 47–69.

Klöpper, V., & Weber, A. (2007). Generationsübergreifende Mobilitätsbiographien. *Unveröffentlichte Diplomarbeit an der Fakultät Raumplanung, Universität Dortmund*. Dortmund: Universität.

Lanzendorf, M. (2003). *Mobility biographies. A new perspective for understanding travel behaviour*. Paper presented at the 10th International Conference on Travel Behaviour Research (IATBR), Lucerne.

Lanzendorf, M. (2010). Key events and their effect on mobility biographies: The case of childbirth. *International Journal of Sustainable Transportation, 4:5*, 272–292

Manzoni, A., Vermunt, J. K., Luijkx, R., & Muffels, R. (2010). Memory bias in retrospectively collected employment careers: a model-based approach to correct for measurement error. *Sociological Methodology, 40*(1), 39–73.

Prentice, R. L., Williams, B. J., & Peterson, A. V. (1981). On the regression analysis of multivariate failure time data. *Biometrika, 68,* 373–379.

Scheiner, J. (2007). Mobility biographies: Elements of a biographical theory of travel demand. *Erdkunde, 31*(2), 161–173.

Scheiner, J. (2009). *Sozialer Wandel, Raum und Mobilität: Empirische Untersuchungen zur Subjektivierung der Verkehrsnachfrage*. Wiesbaden: VS Verlag für Sozialwissenschaften.

Scheiner, J., Sicks, K., & Holz-Rau, C. (2014). Generationsübergreifende Mobilitätsbiografien - Dokumentation der Datengrundlage, Raum und Mobilität, Eine Befragung unter Studierenden, ihren Eltern und Großeltern. *Arbeitspapiere des Fachgebiets Verkehrswesen und Verkehrsplanung 29*, Dortmund: Universität.

Tippelt, R. (2006). Beruf und Lebenslauf. In R. Arnold & A. Lipsmeier (Hrsg.), *Handbuch der Berufsbildung* (S. 95–111). Wiesbaden: VS Verlag für Sozialwissenschaften.

Trischler, F., & Kistler, E. (2011). Erwerbsverläufe und Alterseinkünfte im Paar-und Haushaltskontext. *SOEPpapers on Multidisciplinary Panel Data Research*, 11-429. Berlin: Deutsches Institut für Wirtschaftsforschung.

Trischler, F. (2014). *Erwerbsverlauf, Altersübergang, Alterssicherung*. Wiesbaden: Springer.

Van der Waerden, P., Timmermans, H., & Borgers, A. (2003). *The Influence of Key Events and Critical Incidents on Transport Mode Choice Switching Behaviour: A Descriptive Analysis*. Paper presented at the 10th International Conference on Travel Behaviour Research (IATBR), Luzern.

Zhang, J , Yu, B. & Chikaraishi, M. (2014). Interdependences between household residential and car ownership behavior: A life history analysis. *Journal of Transport Geography, 34*, 165–174.

Ilka Ehreke Dipl.-Geogr. geboren 1980 in Berlin, ist seit 2012 wissenschaftliche Mitarbeiterin und Doktorandin am Institut für Verkehrsplanung und Transportsysteme der ETH Zürich, Schweiz. Ihre Forschungsschwerpunkte liegen in den Themenfeldern Modellierung des Verkehrsverhaltens, Entscheidungsmodellierung, Befragungsmethoden und Mobilitätsbiographien. Aktuell ist sie unter anderem in den Projekten „Mobility Biographies: A Life-Course Approach to Travel Behaviour and Residential Choice" (DFG/SNF, seit 2012), „Ermittlung von Bewertungsansätzen für Reisezeiten und Zuverlässigkeit auf der Basis eines Modells für modale Verlagerungen im nicht-gewerblichen und gewerblichen Personenverkehr für die Bundesverkehrswegeplanung" (BMVI, seit 2012) und „Greening Household Behaviour: Analysis and Policy Implications of the 2011 Survey – Personal Transport Choices" (OECD, seit 2012) tätig.

Prof. Dr.-Ing. Kay W. Axhausen ist Professor für Verkehrsplanung an der Eidgenössischen Technischen Hochschule (ETH) Zürich. Er hält einen Lehrstuhl am Institut für Verkehrsplanung und Transportsysteme (IVT) am Departement Bau, Umwelt und Geomatik. Vor seiner Berufung an die ETH arbeitete er an der Leopold-Franzens-Universität in Innsbruck, am Imperial College in London sowie an der University of Oxford. Er promovierte in Bauingenieurwesen an der Universität Karlsruhe (jetzt KIT) und erlangte einen MSc von der University of Wisconsin – Madison. Seit nunmehr 30 Jahren beschäftigt er sich mit der Messung und Modellierung von Verkehrsverhalten und schreibt Fachliteratur, insbesondere zur Mikrosimulation des Verkehrsverhaltens, Bewertung der Reisezeit und Reisekomponenten, zum Parkverhalten, Zeitplanungsverhalten und zu Reisetagebüchern. Er war Vorsitzender des Verbands International Association of Travel Behaviour Research (IATBR), Herausgeber von disP und ist jetzt Herausgeber von Transportation (beides ISI-indizierte Zeitschriften).

Intentionen zur Multilokalisierung bei Akademikerinnen und Akademikern: Biografische Erfahrungen als „Eisbrecher"

Knut Petzold und Nicola Hilti

Zusammenfassung

Der Beitrag beschäftigt sich mit der Frage des Zusammenhangs von Mobilitäts-erfahrung und Mobilitätsintentionen bei Akademikerinnen und Akademikern an Schweizer Hochschulen, wobei der Schwerpunkt auf der Multilokalität als einer Form des mobilen Lebens (neben Pendeln und Umziehen) liegt. *Multilokalität* wird dabei im Sinne des Wohnens an mehreren Orten verstanden; *Multilokalisierung* meint dementsprechend die Entscheidung zur und Realisierung der Mehrfachverortung durch die Akteure. Ausgangspunkt ist die Frage nach

Danksagung: Wir danken zwei anonymen Gutachern bzw. Gutachterinnen sowie den Herausgebern Joachim Scheiner und Christian Holz-Rau für ihre wertvollen Hinweise zu einer früheren Version dieses Beitrags. Der Beitrag dokumentiert erste Ergebnisse eines vom Schweizerischen Nationalfonds geförderten Forschungsprojektes, das im Sommer 2013 an der ETH Zürich durchgeführt worden ist.

K. Petzold (✉)
Fachbereich für Soziologie, Katholische Universität Eichstätt-Ingolstadt, Ostenstraße 26, 85072 Eichstätt, Deutschland
E-Mail: knut.petzold@ku.de

N. Hilti
ETH Wohnforum - ETH CASE, Departement Architektur, ETH Zürich, Stefano-Franscini-Platz 5, 8093 Zürich, Schweiz
E-Mail: hilti@arch.ethz.ch

© Springer Fachmedien Wiesbaden 2015
J. Scheiner, C. Holz-Rau (Hrsg.), *Räumliche Mobilität und Lebenslauf,* Studien zur Mobilitäts- und Verkehrsforschung, DOI 10.1007/978-3-658-07546-0_15

den Bedingungen, unter denen sich eine Person für ein multilokales Arrangement entscheiden würde. Mit Verweis auf Rational Choice-Ansätze wird argumentiert, dass eigene – v. a. positive – Erfahrungen mit Multilokalität aufgrund von Lernprozessen einen positiven Einfluss auf die Intention, sich unter bestimmten Bedingungen abermals zu multilokalisieren, hat. Diese Hypothese wird mit dem Design eines *faktoriellen Surveys* geprüft, das es erlaubt, die Bedeutung der mobilitätsbiografischen Erfahrungen der Probandinnen und Probanden unter verschiedenen variierten Kosten- und Nutzenstrukturen in einer fiktiven Entscheidungssituation zu analysieren. Im Ergebnis wird deutlich, dass die biografische Erfahrung mit Multilokalität tatsächlich dazu führt, dass die Intention zu einer neuerlichen Multilokalisierung unter allen variierten Bedingungen signifikant höher ist als ohne diese Erfahrung.

Schlüsselwörter

Mobilitätsbiografie · Sozialisation · Handlungstheorie · Multilokalität · Multilokalisierung · Multilokalisierungsintention

1 Einleitung

Im Kontext des beschleunigten sozialen Wandels in der Spätmoderne prägen sich vielfältige Formen mobiler Lebensführungen aus und werden scheinbar zunehmend zu einem Phänomen der breiten Massen (Weichhart 2009): Die Menschen wechseln häufiger ihren Wohnsitz, pendeln über weitere Distanzen und wohnen zunehmend an mehreren Orten. Hintergrund derartiger Mobilitätsmuster ist oftmals ein Spannungsfeld zwischen beruflichen und privaten Umständen. Eine spezifische Mobilität resultiert häufig aus der Aushandlung und Abwägung unterschiedlicher Anforderungen und Bedürfnisse, welche es in irgendeiner Form in Einklang zu bringen gilt (Green 1997; van Ommeren et al. 1999; Baethge und Bartelsheimer 2005, S. 22, zit. nach Läpple 2006, S. 23). Zumeist sind dabei neben der mobil lebenden Person selbst noch weitere Personen aus dem sozialen Umfeld involviert, etwa Ehepartnerinnen, Lebensgefährten und Kinder. In diesem Rahmen gilt es immer wieder aufs Neue, lebenspraktische Entscheidungen zu treffen (Beck 1999) – sowohl Handlungsoptionen als auch Handlungsnotwendigkeiten nehmen zu.

Eng verknüpft mit der Ausprägung unterschiedlicher mobiler Lebensformen ist der Wandel der Arbeitswelt. In der Mobilisierung der Berufstätigen kommen Subjektivierung und Entgrenzung der Arbeit ebenso wie des Privaten zum Ausdruck (Gottschall und Voss 2005; Voss 2009). In besonderer Weise gefordert ebenso wie privilegiert erscheinen akademische Angestellte von Universitäten und Hochschulen. Spätestens seit der Bologna-Hochschulreform, welche auf die Harmonisierung von Studiengängen und -abschlüssen sowie die Förderung der internationalen Mobilität der Studierenden abzielte, ist Mobilität zu einem zentralen Schlagwort akademischer Laufbahnen geworden. Internationale Mobilitätserfahrung erscheint unabdingbar für das Voranschreiten auf der Karriereleiter; fehlende Mobilitätserfahrung erweist sich sowohl in der Selbst- als auch der Fremdwahrnehmung mitunter als Makel (Hilti et al. 2010). Darüber hinaus ist Mobilität häufig auch notwendige Begleiterscheinung der relativ häufigen Stellenwechsel von Akademikerinnen und Akademikern, insbesondere der im Mittelbau tätigen. Festanstellungen sind selten, die Perspektiven an einer Institution zumeist auf wenige Jahre beschränkt. Vor diesem Hintergrund entscheiden sich Universitätsangestellte beim Stellenwechsel nicht selten für einen Kompromiss zwischen Gehen und Bleiben: Sie beginnen, multilokal zu leben.

Multilokales Wohnen respektive residenzielle Multilokalität bezeichnet eine Lebensführung an und zwischen mehreren Wohnorten. Multilokal Wohnende nutzen mehr als einen Wohnsitz, oder allgemeiner, mehr als eine Behausung, in einem mehr oder weniger regelmäßigen Rhythmus. Diese Nutzung beinhaltet das Übernachten, kann darüber hinaus aber unterschiedlichen Veranlassungen, Motiven und Rhythmen folgen. Die Behausungen können vielfältige Ausformungen, Eigenschaften und – im Gegensatz zum Gros der statistischen Definitionen von Wohnung – auch mobilen Charakter annehmen. Multilokales Wohnen wird auch verstanden „*als soziale Praxis (...), mit deren Hilfe es für (kollektive) Akteure möglich wird, die akteursspezifischen Standortnutzen von zwei (oder mehreren) Lokalitäten zu kombinieren und dadurch den Ertrag ihrer Handlungspraxis zu erhöhen*" (Weichhart 2009, S. 9). Damit ist multilokales Wohnen auch eine spezifische Form der raumzeitlichen Alltagsorganisation, die zwischen den Bedürfnissen unterschiedlicher Lebensbereiche und verschiedener einander verbundener Personen vermittelt, welche an einem einzelnen Ort nicht befriedigend erfüllt werden können. Diese Verbindungen unterschiedlicher Mitglieder eines sozialen Netzwerks können in Anlehnung an die *life course theory* konzeptionell als „linked lives" (Elder und Giele 1998) gefasst werden.

Die Aktivität der „*Mehrfachverortung durch den mobilen Akteur*" (Petzold 2010, S. 243) wird noch stärker betont mit dem handlungstheoretischen Begriff der *Multilokalisierung*, welche dann beginnt, „*wenn sich ein Aufenthalt über mindestens einen Tag erstreckt und endet dann, wenn kein Pendeln[1] zwischen den Orten*

---

[1] Der Begriff des Pendelns bezieht hier ausdrücklich auch Transitionen zwischen den Wohnorten mit ein. Anders als in verkehrswissenschaftlicher Literatur ist mit dem Pendeln hier

mehr stattfindet, wobei ebenfalls Regelmäßigkeit, Häufigkeit und Anlass konzeptionell offen bleiben" (ebd.). Die Definition des multilokalen Wohnens beinhaltet zudem, dass das Leben an mehreren Orten eine maßgebliche Bedeutung für die alltägliche Lebensführung hat. Damit sind Urlaubsreisen, so sie nicht relativ häufig und regelmäßig an die immergleichen Orte führen, ausgeschlossen.

In der bisherigen, von qualitativen Analysen dominierten Multilokalitätsforschung erweist sich u. a. ein Aspekt als wesentlich mitprägend für die Bedeutungen dieser Lebensform sowie das Entscheidungsverhalten und die konkreten Alltagspraktiken multilokal Wohnender: (mobilitäts-)biografische Erfahrungen (Frändberg 2006; Rolshoven und Winkler 2008; Hilti 2013; Coulter und Van Ham 2013). Biografische Schlüsselerlebnisse dienen in vielen Fällen als zentrale Argumentationsfolie für die Bedeutungen und Praktiken gegenwärtiger multilokaler Wohnsituationen (Scheiner 2007). Häufig ziehen sich frühere mobile und multilokale Wohnerfahrungen wie ein roter Faden durch die Erzählungen. Sie fungieren als Dreh- und Angelpunkt der konstruierten Selbstverständnisse als multilokal Wohnende (Weiske et al. 2008; Hilti 2013). Dieser Befund soll auch in dieser Studie aufgegriffen und entlang folgender Forschungsfragen weiter verfolgt werden:

- Inwiefern hängen die frühere Erfahrung mit multilokalem Wohnen und die aktuelle Bereitschaft zum multilokalen Wohnen zusammen?
- Wie lässt sich dieser Zusammenhang erklären?
- Und welche Anschlussfragen ergeben sich aus diesen Erkenntnissen?

2 Theoretische Überlegungen

Der Ausgangspunkt der Überlegungen ist die Frage nach den Bedingungen einer individuellen Entscheidung, multilokal zu leben. Dieser Prozess der Entscheidung für eine multilokale Lebensführung und ihre Realisierung soll im Folgenden *„Multilokalisierung"* genannt werden (Petzold 2010, S. 243, 2013a, S. 28 ff.). Folgt man dem ökonomischen Programm in der Soziologie (Opp 1999), kann die Entscheidung zur Multilokalisierung als das Ergebnis der Wahl zwischen mindestens zwei Handlungsalternativen aufgefasst werden, nämlich Multilokalisierung (ml) versus keine Multilokalisierung (stay). Diese Wahl basiert auf einer individuellen Kalkulation der subjektiv wahrgenommenen Kosten und Nutzen der jeweiligen Handlungsalternativen (Abraham und Schönholzer 2009). Der Nutzen einer Multilokalisierung über verschiedene Wohnorte ($U_{ml\,A;B}$) basiert dabei auf den Stand-

---

nicht nur das tägliche Bewegen zwischen Arbeits- und Wohnort gemeint.

ortmerkmalen, die die Erträge der individuellen Wohlfahrtsproduktion, bezogen auf die subjektiven Ziele, steigern, sowie deren subjektiv wahrgenommener Eintrittswahrscheinlichkeit. Die Intention zu einer Multilokalisierung ($I_{ml\,A;B}$) ist dann generell das Ergebnis einer Kombination verschiedener Standortnutzen ($U_{ml\,A;B}$), die höher liegen müssen als die Nutzen des einen oder des anderen Wohnortes allein ($U_{stay\,A}$; $U_{stay\,B}$) unter der Berücksichtigung der Kosten der Multilokalisierung ($C_{ml\,A;B}$) und der Kosten eines Verweilens an dem einen oder dem anderen Wohnort ($C_{stay\,A}$; $C_{stay\,B}$):[2]

$$I_{mlA;B} \propto \left(U_{mlA;B} - C_{mlA;B}\right) - \left(U_{stay\,A} - C_{stay\,A}\right) \cup \left(U_{stay\,B} - C_{stay\,B}\right)$$

In ähnlicher Weise werden etwa Migrationsentscheidungen in älteren Arbeiten modelliert (Chemers et al. 1978; De Jong und Fawcett 1981). Ein einfaches Modell der Multilokalisierung beinhaltet freilich eine Reihe von Problemen. So ziehen viele Menschen eine Multilokalisierung als Handlungsalternative, etwa neben einem Umzug oder dem Tagespendeln, nicht unbedingt in Betracht. Gerade im Alltag wird nicht zwingend bewusst kalkuliert und die Kosten einer Multilokalisierung (C_{ml}) könnten unterschiedlich beurteilt werden.[3]

An dieser Stelle liegt jedoch zugleich ein Erklärungsansatz für den Zusammenhang zwischen Multilokalitätserfahrung und der Bereitschaft, sich erneut zu multilokalisieren. Es kann nämlich davon ausgegangen werden, dass sich das subjektive Nutzenkalkül durch reelle Erfahrungen verändert. Es spricht einiges für die Annahme, dass zwar die Nutzen der Standortofferten unterschiedlicher Orte in gleicher Weise durch Personen mit und ohne Multilokalitätserfahrung wahrgenommen werden, dass sich aber die subjektive Kosteneinschätzung unterscheidet. Dafür könnten mobilitätsbezogene Sozialisationsprozesse verantwortlich sein (z. B. Petzold 2013a, S. 146–151, b, S. 296), in deren Rahmen Bewältigungsstrategien einer multilokalen Lebensweise erlernt werden, sodass die subjektiv wahrgenom-

---

[2] Aus Gründen der Nachvollziehbarkeit ist diese Überlegung hier formal auf Multilokalisierungen über zwei Wohnorte beschränkt. Die empirische Forschung zeigt aber, dass selbstverständlich auch mehr als nur zwei Wohnorte einbezogen sein können (z. B. Weiske et al. 2008; Hilti 2013).

[3] Auch wird in der Vorstellung einer Multilokalisierung als individuellem Entscheidungsprozess vernachlässigt, dass die Entscheidungen anderer Personen durch das Individuum in die eigenen Überlegungen mit einbezogen werden können. Insbesondere die Multilokalisierung von Haushalten kann als das Ergebnis von Verhandlungsprozessen zwischen Partnern aufgefasst werden (vgl. Ott 1992; Abraham und Schönholzer 2009). Solche strategischen Verhandlungsprozesse werden in diesem Beitrag aber weder theoretisch noch empirisch berücksichtigt.

menen Kosten einer Multilokalisierung sinken. Die erworbenen Fertigkeiten erstrecken sich von organisatorischen Kompetenzen im Umgang mit der materiellen Logistik eines Lebens an mehreren Orten über das möglichst störungsfreie Management der physischen Mobilität zwischen hier und dort bis hin zu sozialen Fähigkeiten im Umgang mit Sozialbeziehungen. Personen, die bereits über Multilokalitätserfahrung verfügen, würden demnach bei gleich stark wahrgenommenem Multilokalisierungsnutzen geringere Multilokalisierungskosten berücksichtigen, sodass im Ergebnis aufgrund der größeren Differenz zwischen Nutzen und Kosten die Multilokalisierungsintention steigt. Diese biografischen Lerneffekte können daher auch eine „Eisbrecherfunktion" erfüllen. Es wird folgende Hypothese angenommen:

> Wenn eine Person über eigene Multilokalitätserfahrung verfügt, ist bei einer gegebenen Offerte die Intention zur Multilokalisierung stärker als bei Personen ohne diese Multilokalitätserfahrung.

3   Methode und Datengrundlage

Die entwickelte Hypothese wird am Beispiel von Akademikerinnen und Akademikern an Schweizer Universitäten geprüft, denen im Rahmen eines faktoriellen Surveys (CAWI) mehrere fiktive Stellenangebote mit der Frage vorgelegt worden sind, ob sie sich für diese Stelle multilokalisieren würden. Bei der Methode des faktoriellen Surveys handelt es sich um ein experimentelles Design, das sowohl die Variation unterschiedlicher Kosten- und Nutzenstrukturen in einer fiktiven Entscheidungssituation (Vignette), als auch die Analyse des Einflusses der Probandenmerkmale (hier Multilokalitätserfahrung) erlaubt (Rossi 1979; Jasso 2006; Wallander 2009). Auf diese Weise ist eine randomisierte Gruppenzuordnung möglich, denn alle Probandinnen und Probanden, die dieselbe Vignette beurteilt haben, bilden eine eigene Vergleichsgruppe. Es ist aufgrund der Randomisierung auch keine komplexe Ziehung einer (Zufalls-)Stichprobe notwendig und wenige Probandinnen und Probanden sind ausreichend, da die jeweiligen Vignettenbewertungen die Analysegrundlage bilden. Über die nachträgliche Identifikation der Multilokalisierungserfahrung kann demnach ein Vergleichsgruppendesign entworfen werden, mit dem die Überprüfung des Einflusses der multilokalen Sozialisation auf die Multilokalisierungsintention über alle fiktiven Stellenangebote hinweg analysiert werden kann.

Die unterschiedlichen Kosten- und Nutzenkonstellationen der fiktiven Stellenangebote wurden in dieser Studie über die Variation der folgenden Merkmale simuliert: Neben der Befristung (befristet, unbefristet) wurden die relative Einkommenssteigerung (geringer, gleich, höher), sowie die Arbeitsinhalte (weniger interessant, genauso interessant, interessanter) variiert. Auch die berufliche Position im Vergleich zur aktuellen Stelle (niedriger, gleich, höher) sowie die zeitliche Flexibilität (feste Präsenz, flexible Präsenz) wurden berücksichtigt. Als infrastrukturelle Randbedingungen konnten die Stellen unterschiedlich weit vom aktuellen Wohnort entfernt sein (2,5 h, 1,5 h, 45 min) und die Wohnmöglichkeiten vor Ort ebenfalls differieren (gut, mittelmäßig, schlecht). Schließlich konnte sich die Stelle in der Schweiz, im europäischen oder im nicht-europäischen Ausland befinden. Bei dieser Auswahl ist darauf geachtet worden, den Probandinnen und Probanden weder zu viele noch zu wenige Informationen zur Verfügung zu stellen und möglichst relevante Dimensionen zu erfassen. Aus der sich ergebenden Anzahl aller möglichen Merkmalskombinationen der Stellenangebote (2916) wurde eine systematische Auswahl von 150 Vignetten gezogen, die die Gesamtheit der fiktiven Stellenanzeigen repräsentieren soll. Die ausgewählten Vignetten wurden auf fünfzehn Decks mit je zehn Vignetten aufgeteilt und den Studienteilnehmenden zur Bewertung vorgelegt.

Es wurde gefragt, ob die Teilnehmenden für diese Stelle für mehrere Tage (z. B. wöchentlich) an den Arbeitsort pendeln würden.[4] Die Antwortskala enthielt die Ausprägungen von eins „auf gar keinen Fall" bis sieben „auf jeden Fall".

Das Design wurde aufgrund einiger Vorteile hinsichtlich der Rekrutierung und der Darstellbarkeit in einen Online-Survey implementiert (Berger et al. 2009). Die Rekrutierung der Probandinnen und Probanden erfolgte dann ebenfalls online. So wurden alle Dozierenden und Professorinnen und Professoren sowie Doktorierenden und Postdocs der ETH Zürich über einen Verteiler angeschrieben. Insgesamt sind 9406 E-Mails mit einem Anschreiben und einem Link zum Online-Experiment verschickt worden. Außerdem wurde der Link auf internen Informationsplattformen der Hochschule Luzern und der Universität Basel abgelegt. Daraufhin haben 1339 Personen die Startseite des Experiments besucht, wovon 1178 mit der Beantwortung der Fragen begonnen haben. 827 Personen schlossen die Befragung ab. Da mehrere fiktive Stellenanzeigen pro Person bewertet wurden, wurde eine komfortable Datengrundlage generiert.

In diesem Beitrag ist nun speziell von Interesse, wie die Intention zur Multilokalisierung über alle fiktiven Stellenangebote hinweg durch biografische Multilokalitätserfahrungen beeinflusst wird. Dabei werden zur Kontrolle zusätzlich sowohl andere biografische Mobilitätserfahrungen (Pendeln, Migration) als auch

---

[4] Zusätzlich wurden auch die Intentionen zum dauerhaften Umzug und zum Tagespendeln abgefragt. Diese sind hier jedoch nicht Gegenstand der Fragestellung.

der fachliche und sozio-ökonomische Hintergrund berücksichtigt. Um jedoch zusätzliche mögliche strategische Überlegungen der Befragten im Hinblick auf eine Partnerschaft auszuschließen, gehen allein die Singles[5] ($n=230$) der Stichprobe in diese Analyse ein. Die Zusammensetzung des Samples ist in Tabelle 1 dargestellt.

Tab. 1 Anteils- und Mittelwerte der sozio-ökonomischen und fachlichen Samplemerkmale

	N	Range	Mean/Percent	SD
Alter	206	23–59	32,1	7,13
Geschlecht		0–1		
Weiblich	64		31,2%	
Männlich	141		68,8%	
Disziplin				
Architektur/Planung	60	0–1	26,1%	
Wirtschaftswissenschaften	9	0–1	3,9%	
Naturwissenschaften	80	0–1	34,8%	
Ingenieurwissenschaften	57	0–1	24,8%	
Sozialwissenschaften	9	0–1	3,9%	
Kultur- und Sprachwiss.	3	0–1	1,3%	
Humanwissenschaften	4	0–1	1.7%	
Verwaltungswissenschaften	1	0–1	0.4%	
Sonstiges	7	0–1	3.0%	
Position				
Professor/in	10	0–1	4.4%	
Assistenzprofessor/in	4	0–1	1.7%	
Oberassistent/in	10	0–1	4.4%	
Postdoktorand/in	44	0–1	19.1%	
Doktorand/in	136	0–1	59.1%	
Wissenschaftliche/r MA	25	0–1	10.9%	
Hilfsassistent/in	1	0–1	0.4%	
Befristete Stelle		0–1		
Ja	192		84.6%	
Nein	35		15.4%	
Umfang der Stelle (%)	27	5–125	86.9	19.90

---

[5] Als Single werden in dieser Untersuchung Personen bezeichnet, die nicht in einer festen Partnerschaft leben.

Durchschnittlich sind die Probandinnen und Probanden 32,1 Jahre alt und überwiegend männlich (68,8% vs. 31,2%) Es haben mehrheitlich Probandinnen und Probanden aus den Naturwissenschaften (80) und den Ingenieurwissenschaften (57) teilgenommen. Eine weitere größere Gruppe kommt aus Architektur und Planung (60). Weiterhin sind mit insgesamt 18 Personen die Wirtschafts- und Sozialwissenschaften und mit 15 Personen alle weiteren Fächer vertreten. Damit entspricht das Sample in seiner Zusammensetzung weitestgehend dem Profil der ETH Zürich. Aus Tabelle 1 geht ferner hervor, dass mit 59,1% die Mehrheit aus der Gruppe der Doktorierenden stammt. Allerdings befinden sich auch 19,1% auf dem Postdoc-Niveau und immerhin 6,1% sind (Assistenz-)Professorinnen und Professoren. Darüber hinaus gibt es noch einige wissenschaftlich Mitarbeitende (10,9%) und Oberassistierende (4,4%). Nur 15,4% stehen in einem unbefristeten Arbeitsverhältnis, während 84,6% befristet beschäftigt sind. Dabei liegt der durchschnittliche Stellenumfang bei 86,9%, wobei die Spannweite von 5% bis 125% schwankt.

In Tabelle 2 sind die biografischen Mobilitätserfahrungen abgetragen. Die Anzahl sämtlicher Umzüge im Leben schwankt im Sample von 0 bis 25 bei einem Mittelwert von 5,6. Es zeigt sich auch eine große Spannweite von 0 bis 480 min bei der Fahrtdauer zwischen Wohn- und Arbeitsplatz, die durchschnittlich 29,2 min dauert. Bemerkenswert ist, dass immerhin 47,1% die Frage bejahen, ob sie in ihrem Leben schon einmal gleichzeitig mehr als einen Wohnsitz genutzt haben. Vergleichbare Studien, die den Anteil an Multilokalen nicht nur im akademischen Bereich zu quantifizieren versuchen, finden deutlich geringere Anteile zwischen fünf und fünfzehn Prozent der Haushalte (vgl. Dittrich-Wesbuer und Föbker 2013). Die Multilokalitätserfahrung kann in der Zielgruppe des akademischen Personals

Tab. 2 Anteils- und Mittelwerte der Merkmale zur Mobilitätserfahrung im Sample

	N	Range	Mean/Percent	SD
Anzahl aller Umzüge	208	0–25	5,6	3,99
Fahrtdauer Wohn- Arbeitsort (Min)	208	0–480	29,2	38,98
Erfahrung Multilokalität		0–1		
Ja	98		47,1	
Nein	110		52,9	
Längere Zeit im Ausland		0–1		
Ja	160		76,9	
Nein	48		23,1	
In Schweiz aufgewachsen		0–1		
Ja	77		37,7	
Nein	127		62,3	

demnach als außergewöhnlich stark bezeichnet werden. Gleiches gilt für einen früheren längeren Aufenthalt im Ausland (mehr als drei Monate), den immerhin 76,9 % der Teilnehmenden absolviert haben. Besonders relevant in Zusammenhang mit der vorliegenden Studie ist die Tatsache, dass nur 37,7 der Befragten in der Schweiz aufgewachsen sind (vs. 62,3 %). Die Verteilung der verschiedenen mobilitätsbiografischen Erfahrungen lässt bereits die starke Bedeutung einer hohen Mobilitätsbereitschaft und -erfahrung im akademischen Bereich erkennen (vgl. Lotter und Stawarz 2013).

4 Ergebnisse

Der Zusammenhang zwischen der biografischen Multilokalitätserfahrung und der Intention zur Multilokalisierung über alle fiktiven Stellenangebote hinweg wurde erst bivariat und dann multivariat im Rahmen eines Mehrebenenmodells überprüft.

Abbildung 1 zeigt die Verteilungen der Multilokalisierungsintention über alle Vignetten, getrennt nach Personen mit und ohne Multilokalitätserfahrung sowie die dazugehörigen Mittelwerte. Es wird deutlich, dass zwar in beiden Gruppen für die

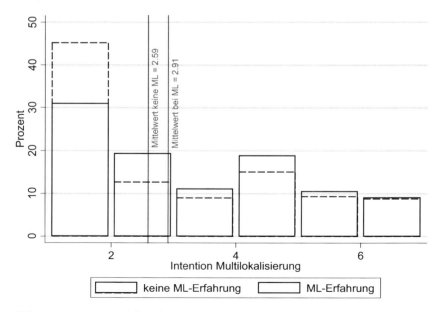

Abb. 1 Intention zur Multilokalität über alle Vignetten: Personen ohne Multilokalitätserfahrung. (© Knut Petzold)

Mehrheit der fiktiven Stellenangebote die Multilokalisierungsintention mit null angegeben wird. Allerdings trifft das bei Personen ohne Multilokalitätserfahrung für 45,2 % und bei Personen mit Multilokalitätserfahrung nur für 31,0 % der Vignetten zu. Entsprechend sind sämtliche höheren Ausprägungen der Multilokalisierungsintention bei Personen mit Multilokalitätserfahrung häufiger besetzt. So wird noch bei knapp 18,9 % (vs. 15,1 %) eine mittlere Multilokalisierungsintention angegeben. Was sich in den Häufigkeitsverteilungen bereits abzeichnet, bestätigt sich auch im Mittelwertvergleich. Mit einem Mittelwert von 2,9 liegt die Intention zur Multilokalisierung bei Personen mit Multilokalitätserfahrung statistisch signifikant über dem Mittelwert der Personen ohne Multilokalitätserfahrung (2,6). Auch eine zusätzliche Absicherung über einen zweiseitigen T-Test verdeutlicht, dass dieser Gruppenunterschied auf dem 1 %-Niveau überzufällig zustande gekommen ist ($t=-3{,}76$; $p=0{,}000$).

Damit kann auf der Basis der bivariaten Analyse ein deutlich positiver Zusammenhang zwischen der Multilokalitätserfahrung und der Intention zur Multilokalisierung identifiziert werden. Allerdings sind bivariate Analysen aufgrund möglicher Konfundierungen störanfällig für Fehlinterpretationen, sodass zusätzlich ein lineares Random Intercepts-Regressionsmodell auf der Basis der Maximum Likelihood geschätzt worden ist. Der Einsatz eines solchen Mehrebenenmodells ist notwendig, da für jeden Probanden mehrere Beobachtungen für die Multilokalisierungsentscheidung vorliegen, wobei gleichzeitig die Probandenmerkmale (z. B. Multilokalitätserfahrung) nur einmal je Proband beobachtet wurden. In einem normalen Ordinary Least Squares (OLS)-Modell würden die Standardfehler der Probandenmerkmale daher unterschätzt werden. Das Mehrebenenmodell differenziert dagegen die Komponenten der Between-Varianz (zwischen den Probanden) und der Within-Varianz (der Bewertungen eines Probanden), sodass die Schätzung konsistenter ist (Rabe-Hesketh und Skrondal 2008). In das Regressionsmodell werden die demografischen und beruflichen Merkmale der Probanden sowie verschiedene Erfahrungen mit Mobilität als Kovariaten zur statistischen Kontrolle integriert, um den in der bivariaten Analyse gefundenen Zusammenhang einem strengeren Test zu unterziehen.[6]

In Tabelle 3 sind die Werte dieser Berechnungen dargestellt. Die Regressionskoeffizienten sind nicht standardisiert und können daher direkt auf die abhängige Variable, also die Intention zur Multilokalisierung, bezogen werden. Es zeigen sich generell nur schwache Modellgütewerte, was darauf hindeutet, dass die Varianz

---

[6] In die Schätzung gehen dabei ausschließlich die erhobenen Probandenmerkmale ein. Die experimentell variierten Stellenmerkmale bleiben unberücksichtigt, da deren Effekte theoretisch unbedeutend sind und aufgrund der Randomisierung auch nicht zur statistischen Kontrolle eingesetzt werden müssen.

Tab. 3 Regressionsmodell zur Erklärung der Multilokalisierungsintention

	Intention Multilokalisierung	b	(p)
Mobilitätserfahrung	Multilokalitätserfahrung	0,415*	(0,019)
	Anzahl aller Umzüge	−0,021	(0,395)
	Fahrtdauer Wohn-/Arbeitsort	0,005	(0,833)
	Längere Zeit im Ausland	0,097	(0,668)
	In Schweiz aufgewachsen	0,516**	(0,009)
Demografische und berufliche Merkmale	Alter	0,029	(0,173)
	Geschlecht (m)	−0,293	(0,143)
	Architektur/Planung (*Ref*)	–	–
	Wirtschaftswissenschaften	−0,221	(0,616)
	Naturwissenschaften	0,110	(0,628)
	Ingenieurwissenschaften	0,048	(0,840)
	Sozialwissenschaften	−0,279	(0,580)
	Kultur- und Sprachwiss.	1,101	(0,142)
	Verwaltungswiss.	−0,093	(0,889)
	Sonstiges	0,366	(0,389)
	Professor/in *(Ref)*	–	–
	Assistenzprofessor/in	0,868	(0,392)
	Postdoktorand/in	0,089	(0,896)
	Doktorand/in	0,441	(0,493)
	Wissenschaftliche/r MA	0,493	(0,452)
	Hilfsassistent/in	0,141	(0,812)
	Befristete Stelle	0,265	(0,438)
	Umfang Stelle	−0,002	(0,681)
	Konstante	0,588	(0,668)
	Sigma v	1,068***	(0,000)
	Sigma ε	1,365***	(0,000)
	Log Likelihood	−3150,94	
	LR Chi^2	24,20	(0,284)
	N Bewertungen	1717	
	N Probanden	202	

Random Intercepts Maximum Likelihood Estimation, p-values in parentheses* $p < 0,05$; ** $p < 0,01$; *** $p < 0,001$

in der Skala zur Multilokalisierungsintention insgesamt nur wenig mit den hinzugezogenen Probandenmerkmalen zusammenhängt. Weder das Alter noch das Geschlecht, der fachliche Hintergrund oder die Position bedingen das Ausmaß der Intention zur Multilokalität über alle fiktiven Stellenanzeigen hinweg in diesem Sample. Auch die Befristung und der Umfang der Stelle sind statistisch unbedeutend.

Von den Mobilitätsmerkmalen zeigen die Anzahl der Umzüge, die Fahrtdauer zwischen Wohn- und Arbeitsort und mindestens ein absolvierter längerer Auslandsaufenthalt ebenfalls keinerlei Effekte hinsichtlich der Multilokalisierungsintention. Offensichtlich hat Mobilitätserfahrung nicht generell Auswirkungen auf die Bereitschaft, sich in bestimmter Weise zu mobilisieren. Tatsächlich erweisen sich nur genau zwei der berücksichtigten unabhängigen Variablen als statistisch bedeutsam: Die Multilokalitätserfahrung und das Aufgewachsensein in der Schweiz. Unter der Bedingung, dass alle anderen Merkmale konstant gehalten werden, bleiben diese beiden Indikatoren der Mobilitätsbiografie statistisch signifikant, sodass sich die eingangs formulierte Hypothese auch unter Drittvariablenkontrolle bewähren kann. Wenn Multilokalitätserfahrung vorliegt, ist das Ausmaß der Intention zu einer erneuten Multilokalisierung bei einer gegebenen Stellenofferte höher als ohne diese Erfahrung.

Der ebenfalls deutlich erkennbare positive Zusammenhang mit dem Aufgewachsensein in der Schweiz weist zunächst eine kontraintuitive Richtung auf, denn dieser Indikator sollte Migrationserfahrung operationalisieren. Statt bei den Zugezogenen ist die Multilokalisierungsintention aber innerhalb der Schweizerinnen und Schweizer stärker ausgeprägt. Dies könnte mit landesspezifischen Prozessen der Mobilitätssozialisation begründet werden. In der Schweiz steigt der Anteil der Berufspendelnden in der erwerbstätigen Bevölkerung seit 1970 kontinuierlich an (Frick et al. 2004, S. 47) und immerhin 8,5 % aller Schweizer Haushalte verfügen selbst über eine Zweitwohnung, von denen etwa ein Fünftel aus Gründen der Ausbildung oder des Berufs genutzt wird (ARE 2009; Duchêne-Lacroix et al. 2013); weitere 11 % (BFS 2004) haben einen privilegierten Zugang zu einer solchen über Familienmitglieder, Freunde oder Bekannte. Dennoch dürfte mit diesen Werten die tatsächliche Anzahl an Personen, die mehrere Wohnsitze nutzen, mutmaßlich unterschätzt sein. Eine neue Studie weist einen Anteil von 28 % der Schweizerischen Gesamtbevölkerung im Alter von 15 bis 74 Jahren als aktuell multilokal Wohnende aus; werden diejenigen mit früheren multilokalen Wohnsituationen hinzugezählt, so kann fast die Hälfte der Befragten (48 %) als multilokalitätserfahren gelten. Multilokalitätserfahrung ist in der Schweiz zudem stark einkommens- und vermögensabhängig (Schad et al. 2015). In Deutschland liegen die Anteile der multilokalitätserfahrenen Bevölkerung selbst in Stadtregionen vermutlich erkennbar darunter (vgl. Dittrich-Wesbuer und Föbker 2013). Diese breite Erfahrung in der Schweiz mit sowohl freizeit- als auch berufsbedingten multilokalen Wohnsituationen kann als wichtiger Grund für die hohe Bereitschaft zur neuerlichen Multilokalisierung interpretiert werden. Multikollinearität mit der Multilokalitätserfahrung liegt im Datensatz allerdings nicht vor, da die Variablen nicht miteinander korrelieren ($r = 0,063$; $p = 0,33$).

5 Diskussion und Ausblick

Im vorliegenden Beitrag wurde gezeigt, dass die Intention zu einem multilokalen Wohnarrangement signifikant positiv mit früheren Erfahrungen mit residenzieller Multilokalität zusammenhängt: Jene Akademikerinnen und Akademiker, welche bereits ein Mal oder öfter multilokal gelebt haben, geben einem Leben an mehreren Wohnorten auch unter unterschiedlichen Bedingungen deutlich häufiger den Vorzug. Demgegenüber entscheiden sich Personen ohne Multilokalitätserfahrung signifikant seltener für die Option des multilokalen Wohnens. Die subjektiv wahrgenommenen Kosten dieses Entscheides erscheinen (zu) hoch, wenn die Multilokalitätserfahrung fehlt.[7] Dies gilt auch unter der Kontrolle weiterer mobilitätsbiografischer Erfahrungen. Damit scheint das multilokale Wohnen eine stärkere „Eisbrecher"-Wirkung zu haben als andere Mobilitätsformen: Wer diese mobile Lebensform aus eigener Erfahrung kennt, kann sich eher vorstellen, neuerlich mehrörtig zu wohnen.

Wir sind davon ausgegangen, dass sich der berichtete Zusammenhang zwischen der Multilokalitätserfahrung und der Intention, sich erneut zu multilokalisieren, über Lerneffekte ergibt, die zu einer geringeren Kostenwahrnehmung führen. Offenbar gewinnen multilokal Wohnende mit der Erfahrung auch eine spezifische Kompetenz. Analog zur Motilität als Potenzial der Beweglichkeit (Kaufmann et al. 2004) scheint es auch eine Art Multilokalitätskapital zu geben, d. h. das individuelle Vermögen, mehrörtig zu leben. In jüngerer Zeit wird dieses Potenzial zunehmend auch im Kontext sozialer Ungleichheit diskutiert (vgl. Hilti 2009; Petzold 2015). Insbesondere die Mobilities Studies weisen darauf hin, dass Mobilität als eine wichtige Ungleichheitskategorie anzusehen ist. Demzufolge ist soziale Ungleichheit „*no longer built around defined territorial limits, but instead around space and time*" ist (Kaufmann 2002, S. 101). Damit wird die Fähigkeit, komplexe Mobilitäten zu leben, zu einer Kapitalsorte im Bourdieu'schen Sinne.

Zur Beschreibung von Mobilitätspotenzialen – dem Vermögen, in unterschiedlicher Weise beweglich zu sein – haben Vertreter der Mobilities Studies den konzeptionellen Begriff der *Motilität* in die sozialwissenschaftliche Mobilitätsforschung eingeführt (Kaufmann 2002; Kaufmann et al. 2004). An dieser Stelle stellt sich nun die Frage nach biografisch geprägten Multilokalitätskompetenzen resp. nach der

---

[7] Es ist selbstverständlich auch denkbar, dass die subjektiven Nutzen einer Multilokalisierung als geringer eingeschätzt werden. Hier wurde jedoch mit den wahrgenommenen Kosten argumentiert, da diese variiert werden bzw. empirisch beobachtbar sind. Dagegen kann eine Erklärung, die nur die subjektiven Nutzen berücksichtigt, nur schwer empirisch geprüft werden. Aus diesem Grund wurden in dieser Untersuchung die Nutzen theoretisch als stabil angenommen und die empirischen Kosten variiert.

Akkumulation eines Multilokalitätskapitals – oder allgemeiner: eines Räumlichkeitskapitals oder räumlichen Handlungsvermögens – durch persönliche Erfahrung mit residenzieller Multilokalität (Duchêne-Lacroix und Schad 2013). Multilokalitätserfahrung führt zudem, so scheint es, zu einer spezifischen Ortsverbundenheit oder allgemeiner Ortsbeziehung: Den Erfahrenen ist bereits bekannt, dass sie sich an mehreren Orten heimisch fühlen können, oder aber auch, dass sie ohne jegliche engere Ortsverbundenheit Lebensorte kombinieren können, weil sie sich mobil beheimaten, etwa in der Familie oder der Religion (Hilti 2013; Petzold 2013a, b). Diesen Aspekten sollte zukünftig breitere Aufmerksamkeit geschenkt werden.

Die Ergebnisse betonen damit erneut die starke Bedeutung biografischer Erfahrungen im Kontext der Entscheidungen für ein mehr oder weniger mobiles Lebensarrangement. Gleichwohl sind die vorgestellten Erkenntnisse in ihrer Reichweite begrenzt. Der vorliegende Beitrag sollte daher als erste Annäherung verstanden werden. Zum einen wurden hier ausschließlich Akademikerinnen und Akademiker von Schweizerischen Hochschulen untersucht. Zum anderen wurden über das standardisierte Design vor allem strukturelle und biografische Rahmenbedingungen erfasst. Die Bereitschaft, sich auf ein multilokales Wohnarrangement einzulassen, ist jedoch auch vom Selbstverständnis der Einzelnen abhängig, von seinen Werten und Orientierungen: Ist diese Wohnform kompatibel mit den persönlichen Vorstellungen eines gelungenen Lebens oder steht sie in Widerspruch zum persönlichen Ideal? Während es für die einen nahezu als Selbstverständlichkeit und Leichtigkeit erscheinen kann, sich zu multilokalisieren, um beruflich voran zu kommen, kann es für andere mit großen Entbehrungen und permanenten inneren Widersprüchen verbunden sein. Verschärft wird die negative Bewertung des Wohnens an mehreren Orten offenbar durch mangelnde Multilokalitätserfahrung – und umgekehrt. Es ist dabei denkbar, dass Menschen mit generellen positiven Einstellungen gegenüber einer multilokalen Lebensführung auch eher über Multilokalitätserfahrung verfügen sowie eine höhere Multilokalitätsintention aufweisen. In der Identifikation solcher Werte und Orientierungen liegen weitere zukünftige Forschungsaufgaben, wobei Paneldesigns angemessen und wünschenswert wären.

Darüber hinaus ist hier die Erfahrung mit einer multilokalen Lebensform ohne weitere Differenzierungen diskutiert worden. Es sollte in weiteren Studien jedoch berücksichtigt werden, dass solche Erfahrungen sowohl positiver als auch negativer Art sein können. Es ist zu vermuten, dass in der vorliegenden Stichprobe die Erfahrungen überwiegend positiv waren. Zudem könnte von Bedeutung sein, ob die Personen aktuell multilokal leben oder früher einmal multilokal lebten, da unterschiedliche Effekte plausibel sind. Auch danach sollte zukünftig unterschieden worden.

Zudem wurden hier nur die sozio-demografischen Merkmale und die Mobilitätserfahrungen der Person als Kovariaten einbezogen. Weitere Hypothesen sind jedoch zusätzlich zu den variierten Merkmalen der fiktiven Stellenanzeigen zu entwickeln und zu testen. Dabei könnten auch Moderationseffekte der Multilokalitätserfahrung auf die Einschätzung der Bedeutung der Stellenmerkmale aufgegriffen werden. Darauf ist, ebenfalls aus Komplexitätsgründen, hier verzichtet worden.

Auch sollte in Zukunft zwischen den möglichen Mobilitätsalternativen der Migration, der Multilokalisierung und des Tagespendelns in der Analyse unterschieden werden. Da Multilokalitätssozialisation bislang kaum beforscht worden ist, wurde der Schwerpunkt hier nicht auf den Vergleich zu anderen Mobilitätsformen gelegt. Es sollte in diesem Zusammenhang auch eine andere Messung der Multilokalisierungsintention in Betracht gezogen werden, um missverständliche Überschneidungen mit dem Tagespendeln zu vermeiden.

Viele Akademikerinnen und Akademiker haben die gesellschaftliche Erwartung nach Mobilität und Flexibilität internalisiert und zur Erwartung an sich selbst gemacht (Hilti 2013; Lotter und Stawarz 2013) – ohne vielseitige Mobilitätsbereitschaft keine akademische Karriere. Es wäre zukünftig entsprechend wünschenswert, die diskutierten Zusammenhänge in anderen beruflichen Kontexten zu untersuchen.

Ferner wurde die hinzugezogene Stichprobe aus Gründen der Komplexität auf Singles beschränkt, um die Untersuchung des postulierten Zusammenhangs zwischen Multilokalitätserfahrung und Multilokalitätsintention nicht zusätzlich durch strategische Überlegungen auf Partnerschaftsebene zu überlagern. Multilokalität ist jedoch häufig auch gerade durch die Berücksichtigung der Bedürfnisse eines Partners motiviert, etwa in der Ausprägung als Living Apart Together (z. B. Petzold 2013a, S. 126–128). Zukünftige Untersuchungen sollten daher explizit Lerneffekte von Paarhaushalten bei der Entscheidung zur Multilokalisierung in den Blick nehmen.

Und schließlich zeigt sich im stabilen Zusammenhang zwischen der Multilokalitätserfahrung und der Multilokalisierungsintention auch Folgendes: Berufsbedingtes multilokales Wohnen wird zwar als gesellschaftliches Massenphänomen beschrieben und insbesondere für Akademikerinnen und Akademiker mitunter nahezu als Selbstverständlichkeit erachtet (Hilti 2013); tatsächlich aber scheint es nach wie vor eine relativ unkonventionelle und risikoreiche Strategie, unterschiedliche Bedürfnisse lebenspraktisch miteinander in Einklang zu bringen – insbesondere wenn es an persönlicher Erfahrung mit multilokaler Lebensführung mangelt. Angesichts der prognostizierten wachsenden qualitativen und quantitativen Bedeutung des Phänomens ist hier künftig jedoch eine Nivellierung zwischen den untersuchten Mobilitätsformen zu erwarten: Je mehr Menschen Multilokalitätserfahrung sammeln, desto eher und leichter fällen sie den Entscheid, abermals multilokal zu leben, wenn es die beruflichen Umstände nahelegen. Multilokales Wohnen dürfte in diesem Kontext ähnlich selbstverständlich werden wie Tagespendeln oder Umziehen.

Literatur

Abraham, M., & Schönholzer, T. (2009). Pendeln oder Umziehen? Entscheidungen über unterschiedliche Mobilitätsformen in Paarhaushalten. In P. Kriwy & C. Gross (Hrsg.), *Klein aber fein! Quantitative Sozialforschung mit kleinen Fallzahlen. Forschung und Entwicklung in der Analytischen Soziologie* (S. 247–268). Wiesbaden: VS Verlag für Sozialwissenschaften.

ARE (Bundesamt für Raumentwicklung, Schweiz). (2009). *Faktenblatt. Zweitwohnungen der Schweizer Bevölkerung. Zusatzauswertung des Mikrozensus zum Verkehrsverhalten 2005.*

Baethge, M., & Bartelsheimer, P. (2005). Deutschland im Umbruch. Ergebnisse und Perspektiven des sozioökonomischen Berichtsansatzes. *SOFI-Mitteilungen 33.* Göttingen S. 17–29.

Beck, U. (1999). *Schöne neue Arbeitswelt. Vision: Weltbürgergesellschaft.* Frankfurt a. M.: Campus.

Berger, R., Burek, M., & Saller, C. (2009). Online-Vignettenexperimente. Methode und Anwendung auf spieltheoretische Analysen. In N. Jackob, Nikolaus, H. Schoen, & T. Zerback (Hrsg.), *Sozialforschung im Internet. Methodologie und Praxis der Online-Befragung* (S. 305–319). Wiesbaden: VS Verlag für Sozialwissenschaften.

BFS (Bundesamt für Statistik, Schweiz). (2004). *Umweltstatistik Schweiz 2004.*

Chemers, M. M., Ayman, R., & Werner, C. (1978). Expectancy theory of analysis of migration. *Population and Environment, 1,* 42–56.

Coulter, R., & van Ham, M. (2013). Following people through time: An analysis of individual residential mobility biographies. *Housing Studies, 28/7,* 1037–1055.

De Jong, G., & Fawcett, J. (1981). Motivations for migration. An assessment and a value-expectancy research model. In G. De Jong & R. W. Gardner (Hrsg.), *Migration decision making. Multidisiplinary approaches to microlevel studies in developed and developing countries* (S. 13–58). New York: Pergamon Press.

Dittrich-Wesbuer, A., & Föbker, S. (2013). Multilokales Wohnen – Verbreitung und Formen in Deutschland. In J. Scheiner, H.-H. Blotevogel, S. Frank, C. Holz-Rau, & N. Schuster (Hrsg.), *Mobilitäten und Immobilitäten. Dortmunder Beiträge zur Raumplanung* (S. 391–402). Essen: Klartext.

Duchêne-Lacroix, C., & Schad, H. (2013). Mobilitätskapital, Raumkapital, Räumlichkeitskapital: Ein „Sieg des Ortes über die Zeit" mit welchem raumbezogenen Handlungsvermögen? In J. Scheiner, H.-H. Blotevogel, S. Frank, C. Holz-Rau, & N. Schuster (Hrsg.), *Mobilitäten und Immobilitäten. Dortmunder Beiträge zur Raumplanung* (S. 61–77). Essen: Klartext.

Duchêne-Lacroix, C., Hilti, N., & Schad, H. (2013). L'habiter multilocal: discussion d'un concept émergent et aperçu de sa traduction empirique en Suisse. *Revue Quetelet/Quetelet Journal, 1,* 63–89.

Elder, G. H., & Giele, J. Z. (1998). *Methods of life course research. Qualitative and quantitative approaches.* London: Sage.

Frändberg, L. (2006). International mobility biographies: A means to capture the institutionalisation of long-distance travel? *Current Issues in Tourism, 9*(4–5), 320–334.

Frick, R., Wüthrich, P., Zbinden R., & Keller, M. (2004). *Pendlermobilität in der Schweiz. Eidgenössische Volkszählung 2000.* Neuchâtel: Bundesamt für Statistik (BFS).

Jasso, G. (2006). Factorial survey methods for studying beliefs and judgements. *Sociological Methods and Research, 34,* 334–423.

Gottschall, K., & Voss, G. G. (Hrsg.). (2005). *Entgrenzung von Arbeit und Leben. Zum Wandel der Beziehung von Erwerbstätigkeit und Privatsphäre im Alltag* (2. Auflage, erstmals 2003). München: Rainer Hampp.

Green, A. E. (1997). A question of compromises? Case study evidence on the location and mobility strategies of dual career households. *Regional Studies, 31,* 641–657.

Hilti, N. (2009). Here, there, and in-between: On the interplay of multilocal living, space and inequality. In T. Ohnmacht, H. Maksim, & Bergmann M. M. (Hrsg.), *Mobilities and inequatlity.* Aldershot: Ashgate.

Hilti, N. (2013). *Lebenswelten multilokal Wohnender. Eine Betrachtung des Spannungsfeldes von Bewegung und Verankerung.* Wiesbaden: VS Verlag für Sozialwissenschaften.

Hilti, N., Weiss, S., Rolshoven, J., & Van Wezemael, J. (2010). Bewegter Alltag – Mobilität in der S5-Stadt. In ETH Wohnforum – ETH CASE (Hrsg.), *S5-Stadt. Agglomeration im Zentrum. Forschungsberichte* (S. 156–173). http://www.s5-stadt.ch/fileadmin/ebook/s5-stadt_ebook_001-004.pdf (E-Book).

Kaufmann, V. (2002). *Re-thinking mobility. Contemporary sociology.* Aldershot: Ashgate.

Kaufmann, V., Bergman, M., & Joye, D. (2004). Motility: Mobility as capital. *International Journal of Urban and Regional Research, 28/4,* 745–756.

Läpple, D. (2006). Städtische Arbeitswelten im Umbruch. Zwischen Wissensökonomie und Bildungsarmut. In Heinrich-Böll-Stiftung (Hrsg.), *Das Neue Gesicht der Stadt. Strategien für die urbane Zukunft im 21. Jahrhundert* (S. 19–35). Berlin: Heinrich-Böll-Stiftung.

Lotter, V., & Stawarz, N. (2013). Alltagsarrangements und räumliche Mobilität – am Fallbeispiel des universitären Mittelbaus der Technischen Universität Chemnitz. In J. Scheiner, H.-H. Blotevogel, S. Frank, C. Holz-Rau, & N. Schuster (Hrsg.), *Mobilitäten und Immobilitäten. Dortmunder Beiträge zur Raumplanung* (S. 403–416). Essen: Klartext.

Opp, K.-D. (1999). Contending conceptions of the theory of rational choice. *Journal of Theoretical Politics, 11,* 171–202.

Ott, N. (1992). *Intrafamily bargaining and houshold decisions.* Berlin: Springer.

Rabe-Hesketh, S., & Skrondal A. (2008). *Multilevel and longitudinal modelling using Stata.* Texas: College Station.

Rossi, P. H. (1979). Vignette analysis: Uncovering the normative structure of complex judgments. In R. K. Merton, J. S. Coleman, & P. H. Rossi (Hrsg.), *Qualitative and quantitative social research: Papers in Honor of Paul F. Lazarsfeld* (S. 176–186). New York: Free Press.

Petzold, K. (2010). Wenn sich alles um den Locus dreht. Multilokalität, Multilokation, multilokales Wohnen, Inter- und Translokalität als Begriffe der Mehrfachverortung. In M. Hühn, D. Lerp, K. Petzold, & M. Stock (Hrsg.). *Transkulturalität, Transnationalität, Transstaatlichkeit, Translokalität. Theoretische und empirische Begriffsbestimmungen* (S. 235–257). Berlin: LIT.

Petzold, K. (2013a). *Multilokalität als Handlungssituation. Lokale Identifikation, Kosmopolitismus und ortsbezogenes Handeln unter Mobilitätsbedingungen.* Wiesbaden: VS Verlag für Sozialwissenschaften.

Petzold, K. (2013b). Von einem, der auszog Wurzeln zu schlagen. Multilokalisierte Akteure und die Mechanismen lokaler Identifikation am Beispiel von Fernpendlern. *Soziale Welt, 64*(3), 291–316.

Petzold, K. (2015). Multilokalität und soziale Ungleichheiten - Eine Forschungsagenda. In P. Weichhart & P. A. Rumpolt (Hrsg.), *Mobil und doppelt sesshaft. Studien zur residenziellen Multilokalität.* Wien: IfGR.

Rolshoven, J., & Winkler, J. (2008). Auf den Spuren der schönen Pendlerin. *Kuckuck. Notizen zur Alltagskultur 1. Zeiträume – Raumzeiten* 9–13.

Schad, H., Hilti N., Hugentobler M., & Duchêne-Lacroix, C. (2015). Wo wohnst du eigentlich? Raumwirksamkeit von Praktiken des multilokalen Wohnens in der Schweiz. In P. Weichhart & P. A. Rumpolt (Hrsg.), Mobil und doppelt sesshaft. Studien zur residenziellen Multilokalität. *Abhandlungen zur Geographie und Regionalforschung 18.* Wien: IfGR.

Scheiner, J. (2007). Mobility biographies: Elements of a biographical theory of travel demand (Mobilitätsbiographien: Bausteine zu einer biographischen Theorie der Verkehrsnachfrage). *Erdkunde, 61/2,* 161–173.

Voss, G. G. (2009). Subjektivierung und Mobilisierung. Oder: Was würde Odysseus zu Mobilität sagen? Vortrag an der 14. Tagung der Kommission „Arbeitskulturen" der Deutschen Gesellschaft für Volkskunde, 26. bis 28. 3. 2009 in München, http://www.tu-chemnitz.de/hsw/soziologie/institut/Aufsaetze_working_papers_Praesentationen_Interviews_zum_download-258.html. Zugegriffen: 23. Feb. 2014.

Van Ommeren, J. N., Rietveld P., & Nijkamp, P. (1999). Job moving, residential moving, and commuting: A search perspective. *Journal of Urban Economics, 46,* 230–253.

Wallander, L. (2009). 25 years of factorial surveys in sociology: A review. *Social Science Research, 38,* 505–520.

Weichhart, P. (2009). Multilokalität – Konzepte, Theoriebezüge, Forschungsfragen. *Informationen zur Raumentwicklung, 1/2,* 1–14.

Weiske, C., Petzold, K., & Zierold, D. (2008). Multilokale Haushalte – mobile Gemeinschaften. Entwurf einer Typologie multilokaler Lebensformen. *Sozialer Sinn. Zeitschrift für hermeneutische Sozialforschung, 9,* 281–300.

Nicola Hilti, Dr. sc. ETH, ist seit 2005 wissenschaftliche Mitarbeiterin und seit 2013 Co-Bereichsleiterin „Qualitative Entwicklung" am ETH Wohnforum – ETH CASE (Centre for Research on Architecture, Society and the Built Environment) am Departement Architektur der ETH Zürich. Sie hat in Wien Soziologie und Kommunikationswissenschaften studiert und war im Anschluss am Lehrstuhl für Soziologie des Raumes der TU Chemnitz tätig. 2011 hat sie ein interdisziplinäres Doktoratsstudium an der ETH Zürich zum Thema des multilokalen Wohnens abgeschlossen. Weitere Forschungsschwerpunkte sind Mobilität, Wohnen im Wandel sowie Wohnen im Alter.

Knut Petzold, Dr. rer. pol., ist seit 2013 Akademischer Rat a. Z. am Fachbereich für Soziologie der KU Eichstätt-Ingolstadt. Er führte Forschungsprojekte zu beruflicher Mobilität an der TU Chemnitz (2006-2008), an der Europa-Universität Viadrina Frankfurt/Oder (2008-2011) und an der Universität Siegen (2011-2013) durch und promovierte 2011 in Leipzig zu lokalen Einstellungs- und Handlungskonstellationen bei Multilokalität. Seine Forschungsschwerpunkte liegen im Bereich der analytischen Soziologie, der empirischen Sozialforschung und der sozialwissenschaftlichen Mobilitätsforschung. Aktuelle Publikation: Von einem, der auszog Wurzeln zu schlagen. Soziale Welt 64(3), 291-216.

Die Arbeitsortmobilität hochqualifizierter Beschäftigter am Beispiel Mainfranken. Werkstattbericht zum laufenden Dissertationsprojekt

Christian Seynstahl

Zusammenfassung

Der Beitrag stellt ein Promotionsprojekt an der Universität Würzburg (Institut für Geographie und Geologie) vor und nennt erste Ergebnisse. Das Vorhaben umfasst die Analyse räumlicher Arbeitsortwechsel (sog. Arbeitsortmobilität) von in Mainfranken (Nordwestbayern) zwischen 1999 und 2008 beschäftigten Hochqualifizierten im Kontext personen- und beschäftigungsspezifischer Merkmale sowie den raumstrukturellen Rahmenbedingungen. Arbeitsortmobilität ist nicht nur ein wichtiger Bestandteil der Arbeitsmarktdynamik, sondern nimmt als Träger der Wissensdiffusion auch zunehmend Einfluss auf die ökonomische Entwicklung von Regionen. Die Ergebnisse werden zur Entwicklung eines simulationsfähigen Modells verwendet, das erstmals in der Lage ist, individuelle räumliche Mobilität am Arbeitsmarkt in hinreichend guter Qualität wiederzugeben. Die Datengrundlage ist das Regionalfile der *Stichprobe der Integrierten Arbeitsmarktbiografien* (SIAB-R 7508) des Instituts für Arbeitsmarkt- und Berufsforschung. Aus diesem lassen sich lückenlos alle räumlichen Stationen von Erwerbsbiografien einzelner Personen ableiten. Für den Unter-

C. Seynstahl (✉)
Institut für Geographie und Geologie, Julius-Maximilians-Universität Würzburg,
Am Hubland, 97074 Würzburg, Deutschland
E-Mail: christian.seynstahl@gmx.de

© Springer Fachmedien Wiesbaden 2015
J. Scheiner, C. Holz-Rau (Hrsg.), *Räumliche Mobilität und Lebenslauf,*
Studien zur Mobilitäts- und Verkehrsforschung, DOI 10.1007/978-3-658-07546-0_16

suchungszeitraum liegen 1563 Erwerbsbiografien von in Mainfranken beschäftigten akademisch und beruflich Hochqualifizierten vor.

Schlüsselwörter

Arbeitsmarktgeographie · Räumliche Modellierung · Mainfranken · Hochqualifizierte Arbeitsortmobilität · Regionalforschung · Erwerbsbiografien

1 Einleitung

Die räumliche Mobilität von Beschäftigten trägt nicht nur zur Wissensdiffusion und Wettbewerbsfähigkeit von Wirtschaftsräumen bei (Boschma et al. 2009), sondern bestimmt ebenso die Dynamik von Arbeitsmärkten. Auf der Mikroebene ist sie Resultat von Suchprozessen der Arbeitnehmer und -geber – oft ermöglicht sie erst die Besetzung einer vakanten Stelle (Franz 2009, S. 197 ff.). Vor dem Hintergrund der Wissensintensivierung der Ökonomie gilt die Verfügbarkeit hochqualifizierter Beschäftigter als wichtige Ressource für Innovativität und regionale Entwicklung (Mösgen 2008, S. 54). Ein derzeit laufendes Dissertationsprojekt am Institut für Geographie und Geologie der Universität Würzburg (Sozialgeografie/Zentrum für Regionalforschung) beschäftigt sich vor diesem Hintergrund mit der Analyse der Arbeitsortmobilität von hochqualifizierten Beschäftigten und überführt die Befunde erstmals in ein simulationsfähiges Modell der räumlichen Mobilität am Arbeitsmarkt. Simulationen stellen eine geeignete Methode zur Untersuchung komplexer Handlungsabläufe im Kontext sozialwissenschaftlicher Fragestellungen dar und erzeugen über die Möglichkeit des Modelltransfers (z. B. in Form einer Prognose) auch einen hohen planerischen bzw. gesellschaftspolitischen Mehrwert (Schenk 2008, S. 48). Als empirische Grundlage des Projektes werden tagesgenaue Erwerbsbiografien aus dem Datenbestand des Instituts für Arbeitsmarkt- und Berufsforschung (IAB) verwendet. Der Untersuchungsraum ist die Region Mainfranken im Norden Bayerns. Sie eignet sich insbesondere aufgrund ihrer Lage mitten in Deutschland sehr gut für die Analyse und Simulation der Mobilitätspfade von Beschäftigten im Binnenraum. Ziel des vorliegenden Beitrages ist die Skizzierung des theoretischen Rahmens und der methodischen Konzeption. Zudem werden der Untersuchungsraum sowie die verwendeten Daten vorgestellt und erste Ergebnisse präsentiert.

2 Begriffliche Abgrenzung und theoretische Ansätze zur Arbeitsortmobilität

Der Begriff der Arbeitsortmobilität beschreibt allgemein den Wechsel des Arbeitsortes zwischen im Vorfeld definierten Raumeinheiten.[1] Die räumliche Bezugsebene hängt dabei von der jeweiligen Forschungsfrage ab. So untersucht beispielsweise Windzio (2004) Fälle von Arbeitsortmobilität (bei ihm: Arbeitsmarktmobilität) von Nord- nach Süddeutschland (bzw. in der Gegenrichtung) in Abhängigkeit zur Distanz. Im Fokus des vorliegenden Projektes stehen Arbeitsortwechsel auf der Kreisebene. Damit folgt die Messung von Fällen der Arbeitsortmobilität einer Definition von Damelang (2007). Untersucht werden räumliche Wechsel des Arbeitsortes (bei Mehrfachbeschäftigung betrifft dies den Ort der Hauptbeschäftigung) zwischen Landkreisen und kreisfreien Städten, wobei die Messung unabhängig von Wohn- oder Firmenstandortverlagerungen (auch Arbeitgeberwechsel) erfolgt (Damelang 2007, S. 12). Daneben wird Arbeitsortmobilität auch im Bezug zu einer übergeordneten Raumeinheit weiter ausdifferenziert: Bei der *intraregionalen Arbeitsortmobilität* sind Quell- *und* Zielraum Teilräume der betrachteten Region (hier Mainfranken), bei der *interregionalen* Arbeitsortmobilität trifft dies jeweils nur auf den Quell- *oder* Zielraum zu.

Eine übergeordnete Theorie zur Funktionsweise der Arbeitsortmobilität existiert bisher nicht, vielmehr stützt sich der theoretische Rahmen auf mehrere Theoriegruppen, die sich mit einzelnen relevanten Einflussfaktoren beschäftigen. Die folgenden Ausführungen setzen einen stärkeren Fokus auf die Mikroebene, es ist aber zu betonen, dass daneben auch vielfältige relevante funktionale Zusammenhänge zur Makroebene bestehen. Diese ergeben sich entsprechend regulationstheoretischer Vorstellungen einerseits aus dem Wandel des Arbeitsmarktes selbst (u. a. in Form von Flexibilisierung, Differenzierung, Re-Scaling sowie De- und Reregulierung), stehen andererseits aber auch im Kontext der sich verändernden gesellschaftlichen, wirtschaftlichen und politischen Rahmenbedingungen (gesellschaftlicher, qualifikationsstruktureller, demographischer und wirtschaftsstruktureller Wandel, Globalisierung sowie technischer Fortschritt; vgl. z. B. Suwala 2010, S. 45 f.).

Als zentrale Einflussfaktoren auf der Mikroebene wird seitens der wirtschaftswissenschaftlichen Fachliteratur auf das Alter, das Bildungsniveau, den Lohn (bzw. Lohnanreize) sowie die finanzielle Ausstattung (bzw. Einschränkungen der

---

[1] Der Mobilitätsbegriff bezieht sich hier also nicht auf das Potential einer räumlichen Veränderung (z. B. bei Nuhn und Hesse 2006, S. 19), sondern auf die faktische Realisierung eines Ortswechsels.

Finanzierbarkeit von Informations-, Such- und Umzugskosten, inklusive zeitlicher Restriktionen) einer Person verwiesen (Damelang 2007, S. 6 ff.). Unterschieden werden kann zudem zwischen freiwilliger (z. B. zum beruflichen Aufstieg) und unfreiwilliger (z. B. mangelnde Nachfrage am aktuellen Arbeitsort) Arbeitsortmobilität. Zur theoretischen Erklärung der Wirkung der genannten Einflussfaktoren auf das Mobilitätshandeln dienen zwei Bausteine: Nach der *Humankapitaltheorie* (z. B. Becker 1962, 2004; Mincer 1958) nimmt die Mobilität allgemein mit steigendem Humankapital zu. Vergleichsweise hohe Bildungsinvestitionen (Kosten für Qualifikation aber auch Lohnkosteneinbußen während der Ausbildungszeit) fördern bei Hochqualifizierten den Anspruch auf Kompensation in Form entsprechender Renditen im weiteren Erwerbsleben. Da Arbeitsortmobilität zur Einkommenssteigerung genutzt werden kann, „rentiert" sie sich besonders zu Beginn des Erwerbslebens (insgesamt höhere Lohnrendite) und sinkt entsprechend mit zunehmender Etablierung am Arbeitsmarkt (z. B. Sjaastad 1962; Windzio 2003, S. 22 f.; Damelang 2011, S. 80). Nicht-adäquate Beschäftigung (z. B. geringfügige Beschäftigung) ist dagegen unrentabel und steigert die Mobilitätsneigung. Arbeitsorte ohne eine der Profession bzw. Qualifikation entsprechende Beschäftigtennachfrage werden eher gemieden, was zu räumlichen Konzentrationsprozessen führt (Meusburger 1998, S. 378, 2008, S. 31; Damelang 2007, S. 7). Insgesamt liefert die Humankapitaltheorie also einen Erklärungsansatz für divergierende Mobilitätsneigungen zwischen Qualifikationsniveaus sowie für Muster räumlicher und altersspezifischer Selektivität von Arbeitsortmobilität. *Suchtheorien* (Stigler 1961, 1962) ergänzen den Ansatz: Das Mobilitätsverhalten ist abhängig von Informationen zu bestehenden Stellenangeboten (auch in qualitativer Hinsicht) sowie der Suchstrategie respektive der Dauer der Jobsuche (z. B. Kopycka 2013, S. 20). Zu Beginn des Erwerbslebens bestehen die geringsten Kenntnisse über den Arbeitsmarkt, was insgesamt die Mobilitätswahrscheinlichkeit erhöht. In der Erweiterung des Basismodells sinkt mit zunehmender Suchzeit die Lohnerwartung der Arbeitnehmer. Daneben steigern längere Vakanzzeiten aber auch das Lohnangebot der Arbeitgeber (Damelang 2007, S. 7 f.).

Im Sinne der *Matching-Theorien* (Jovanovic 1979) können Arbeitnehmer und -geber erst *nach* der Einstellung evaluieren, ob das Beschäftigungsverhältnis den vorherigen Vorstellungen entspricht. Seitens der Arbeitnehmer kommen hier Nichtlohncharakteristika (z. B. Betriebsklima, Aufstiegsperspektiven, Arbeitsbedingungen) zum Tragen – sprich Bewertungsgrundlagen, die erst nach der Einstellung durch eigene Inspektion und Bewertung zur Verfügung stehen (Sesselmeier et al. 2010, S. 169 ff.). Wenn z. B. die Erwartungen beider Parteien nicht den Vorstellungen im Vorfeld der Einstellung entsprechen (z. B. mangelnde Aufstiegsperspektive im Unternehmen oder aus Sicht des Arbeitgebers mangelnde Teamfähigkeit des

Arbeitnehmers) oder Bestandteile des Arbeitsvertrages nicht erfüllt werden (z. B. Arbeitsverweigerung), löst dies die Bindung beider Parteien (sog. Shirking-Ansatz; vgl. Kopycka 2013, S. 23 ff.). Umgekehrt verringert sich allerdings mit zunehmender Beschäftigungszeit auch die Mobilitätswahrscheinlichkeit (höhere Bindung an den Arbeitgeber bzw. den Arbeitsort). Als zentraler Einflussfaktor der Matching-Theorien sind demnach (unvollständige) Informationen ausschlaggebend.

Ebenfalls im Rahmen ökonomischer Theorien werden außerdem Präferenzen an den *Status* (Frank 1985) innerhalb des Unternehmens sowie das Gerechtigkeitsempfinden (z. B. gerechte Entlohnung; vgl. Akerlof 1982, Akerlof und Yellen 1990) diskutiert. Aus sozial-ethischer Perspektive sind daneben auch Ansprüche an die erwünschte *Work-Life-Balance* (Abele 2005; Schobert 2007) von Bedeutung. Ist eine Person bezüglich dieser Faktoren unzufrieden, kann dies eine mobilitätsfördernde Wirkung haben (Hinz und Abraham 2008, S. 29 ff.).

Auch in der biografisch orientierten Arbeitsmarktforschung spielt die Altersselektivität von Arbeitsortmobilität (hier v. a. zur beruflichen Etablierung) eine wichtige Rolle. Vor allem in den ersten Jahren nach dem Einstieg in das Erwerbsleben ist räumliche Mobilität sehr stark an soziale Aufstiegsmobilität gekoppelt, weshalb es häufiger zu Fällen von Arbeitsortmobilität kommt (z. B. bei Wagner 1989, S. 137, Windzio 2003, S. 22, Damelang 2011, S. 80). Grund hierfür sind vor allem Etablierungsbarrieren am Arbeitsmarkt. Erst mit der erfolgreichen beruflichen Konsolidierung ist ein längerer Verbleib an einem Arbeitsort möglich (Windzio 2003, S. 23) – Fälle von Arbeitsortmobilität werden seltener. Mit zunehmendem Alter sinkt die zwischenbetriebliche Mobilität und somit auch die Wahrscheinlichkeit des Arbeitsortwechsels. Dies liegt zum einen an der verminderten Aussicht auf eine Lohnsteigerung im Zuge eines Arbeitgeberwechsels, hat daneben aber auch nichtmonetäre Ursachen, wie etwa institutionelle Regelungen (z. B. Kündigungsschutz) oder eine sinkende Risikopräferenz älterer Arbeitnehmer (Schneider 2011, S. 150 ff.). Daneben wird in der *Lebenslauf- und Biografieforschung* die Bedeutung intendierter (z. B. Heirat, Tätigkeitswechsel innerhalb des Unternehmens) und nicht-intendierter (z. B. Scheidung, Erwerbsverlust) Einflussfaktoren auf die Erwerbsbiografie betont. Auch Kohorteneffekte oder historische Ereignisse (z. B. Wiedervereinigung) beeinflussen die sonst recht stabilen deutschen Lebenslaufregime (Sackmann 2007, S. 137 ff.).

In der *Arbeitsmarktsoziologie* wird auf die teils schwer operationalisierbare Wirkung von Macht (Interessen und Machtdifferenziale verschiedener Akteure, Klassenunterschiede, soziale Zuschreibung), Institutionen (Rechtssetzung, Typen von Wohlfahrtsstaaten), Arbeitsorganisationen oder sozialen Netzen (persönliche Kontakte bzw. soziale Bindungen) hingewiesen. Je nach individueller Bewertung der Lebenssituation oder bestimmten Motivlagen können sie unterschiedlich stark auf Entscheidungen einwirken (z. B. Hinz und Abraham 2008, S. 40 ff.). Besonders bei den sozialen Netzen (Granovetter 1995, S. 139 ff.) kann der Effekt durchaus ambivalent ausfallen: Nach Haug (2000, S. 19 f.) versorgen sie das Individuum zwar mit Informationen über potentielle Stellen in einer Arbeitsortregion, diese können aber vorselektiert bzw. einseitig oder unvollständig sein. Andere potentielle Arbeitsorte (bzw. Matches) mit unter Umständen attraktiveren Beschäftigungsbedingungen könnten dadurch ausgeschlossen bzw. nicht näher in Betracht gezogen werden. Die Einbettung in soziale Netze allein erzeugt demnach nicht automatisch individuell verwertbares Sozialkapital.

Weiterhin wichtig ist die Frage, welchen Einfluss der Wohnstandort auf die Wahl eines Arbeitsortes nimmt. Wird ein Arbeitsort in Abhängigkeit eines bestehenden Wohnortes gewählt, sind neben den genannten Theoriegruppen auch die in den *Migrationstheorien* diskutierten Einflussfaktoren der Wohnstandortwahl relevant. Andererseits besteht jedoch auch die Möglichkeit zu pendeln, was die Notwendigkeit der Wohnstandortverlagerung im Zuge eines Arbeitsortwechsels vermindert. Hinsichtlich der Pendelbereitschaft existieren maximale Grenzen (*Pendeltoleranztheorie*), die meist zwischen 30 und 45 min liegen (Einig und Pütz 2007, S. 77). Die Wahl eines potentiellen neuen Arbeitsortes ist demnach wahrscheinlicher, wenn durch den Wechsel die Distanz der maximalen Pendelbereitschaft nicht überschritten wird. Widersprechen jedoch längere Pendelzeiten nicht den individuellen Vorstellungen z. B. bezüglich einer bevorzugten Work-Life-Balance, verringert sich die Bedeutung der Pendelbereitschaft bei der Arbeitsortwahl. Denselben Effekt erzeugt auch die Akzeptanz von Konzepten des multilokalen Arbeitens und Wohnens (z. B. Reuschke 2009). Vor allem das Beispiel der Multilokalität zeigt sehr deutlich, dass insgesamt gesehen der Einfluss des Wohnstandortes auf die Arbeitsortmobilität stark von den individuellen Präferenzen der einzelnen Beschäftigten abhängig ist. Empirische Daten sprechen für eine zunehmende Substitution der Umzugs- durch die Pendelmobilität in Deutschland (vgl. z. B. Kalter 1994; Abraham und Nisic 2007; Pfaff 2012). Auch die räumlich divergierende Nachfrage insbesondere nach hochqualifizierten Arbeitnehmern (vgl. Meusburger 1998, S. 378 f., 2008, S. 31) deutet eher auf eine Entkopplung von Prozessen der Wohnstandort- und Arbeitsortwahl hin.

3   Ziele und Untersuchungsdesign

Im Rahmen des Promotionsvorhabens sind insgesamt drei Forschungsebenen zu bearbeiten (Abb. 1). Zunächst soll ein *vertieftes regionalanalytisches Verständnis* (Forschungsebene I) zum Prozess der Arbeitsortmobilität hochqualifizierter Arbeitnehmer gewonnen werden. Im Fokus der Analysen stehen zum einen das

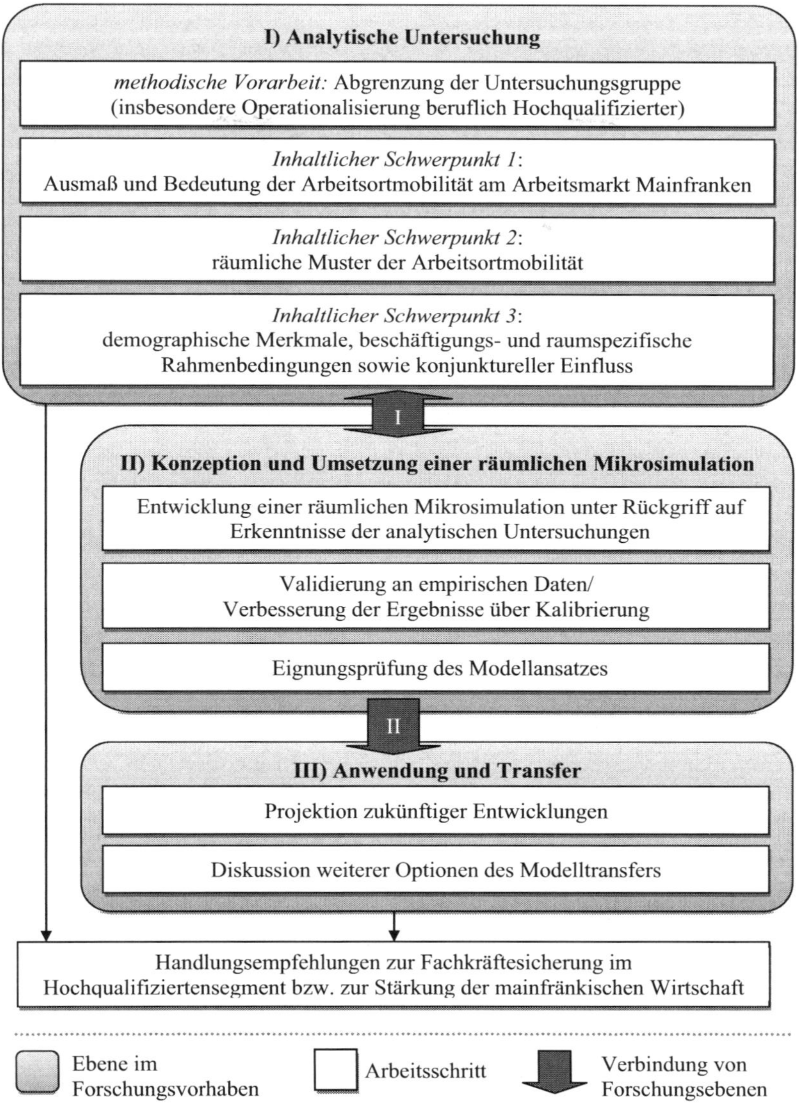

Abb. 1 Untersuchungsdesign des Promotionsvorhabens (eigene Darstellung)

Ausmaß und die Bedeutung von Arbeitsortmobilität am Arbeitsmarkt Mainfranken sowie die Darstellung räumlicher Muster. Zum anderen sollen der Wandel von personen- und beschäftigungsspezifischen Rahmenbedingungen im Kontext der Verlagerung des Arbeitsortes untersucht werden. Hierbei wird auch der Stand der Regionalentwicklung zum jeweiligen Zeitpunkt der Realisierung von Arbeitsortmobilität betrachtet. Es wird ebenso geprüft, inwiefern die Befunde mit den bestehenden theoretischen Konzepten zur Funktionsweise von Arbeitsortmobilität übereinstimmen. Ergebnisse dieser ersten Forschungsebene werden genutzt, um Handlungsempfehlungen zu formulieren, die zur Fachkräftesicherung im Hochqualifiziertensegment und damit zur Stärkung der mainfränkischen Wirtschaft beitragen. Auf diese Weise generiert das Projekt auch einen gesellschaftspolitischen bzw. planerischen Mehrwert.

Etwas komplizierter erweist sich die Abgrenzung der Untersuchungsgruppe der Hochqualifizierten im Vorfeld der Analysen. In Qualifikationsklassifikationen wie der International Standard Classification of Education der UNESCO wird eine hohe Qualifikation sowohl über einen akademischen Abschluss als auch über eine beruflich weiterführende formale Qualifikation (z. B. Handwerksmeister, Techniker, vergleichbarer Fachschulabschluss) erreicht (z. B. UNESCO 2012, S. 46 ff.). Auch im deutschen Bildungssystem wird der tertiäre Bildungssektor über Absolventen von Hoch- bzw. Fachhochschulen, Fachschulen, Schulen des Gesundheitswesens oder Berufsakademien abgegrenzt (z. B. Krüger-Hemmer 2013, S. 70). In der Forschungspraxis wird jedoch oft von dieser Definition abgewichen, die Gruppe der Hochqualifizierten wird lediglich auf Akademiker reduziert (z. B. Fromhold-Eisebith und Schrattenecker 2006, Klein-Hitpaß 2011). Grund für diese definitorische Ungenauigkeit ist die verfügbare Sekundärstatistik, die als Datengrundlage der Studien meist keinen hohen beruflichen Qualifikationsgrad ausweist (Klein-Hitpaß 2011, S. 9). Auch in der Beschäftigtenstatistik der Bundesagentur für Arbeit (BA) wird erst seit Dezember 2012 eine beruflich hohe Qualifikation gesondert von der fachberuflichen Qualifikation ausgewiesen (BA 2012, S. 4). Die uneinheitliche Nutzung des Begriffs bzw. die definitorische Ungenauigkeit erschwert die Vergleichbarkeit bereits bestehender Studien und wirft Forschungsfragen auf. Im vorliegenden Projekt soll v. a. im analytischen Teil neben der Arbeitsortmobilität der Akademiker daher auch die von beruflich Hochqualifizierten untersucht werden. Dazu wurde im Vorfeld der Analysen ein geeignetes Operationalisierungsverfahren entwickelt (s. Kap. 5 in diesem Beitrag).

Die Befunde der analytischen Untersuchung werden anschließend verwendet, um eine *Mikrosimulation* zu entwickeln, die *räumliche Mobilität am Arbeitsmarkt* möglichst gut wiedergibt (Forschungsebene II). Die Validierung des Modells erfolgt an den empirischen Daten, zur Verbesserung der Modellergebnisse ist eine

Kalibrierung vorgesehen. Simulationen ermöglichen die Prüfung neuer Erklärungsansätze für Phänomene wie der Arbeitsortmobilität. Interessant ist in diesem Kontext vor allem die Übertragung der Befunde zum individuellen Mobilitätshandeln der Probanden aus der sekundärstatistischen Stichprobe auf die Grundgesamtheit des Untersuchungsraumes: Nicht nur die Arbeitsortmobilität der Probanden in den Analysedaten, sondern alle individuellen Arbeitsortwechsel des gesamten Teilarbeitsmarkt der Hochqualifizierten in Mainfranken werden simuliert. Die Hochrechnung erfolgt dabei über Arbeitsmarktdaten der BA. Nach Schenk (2008) eignen sich Simulationen insbesondere dann sehr gut zur Beantwortung für sozialwissenschaftliche Fragestellungen, wenn analytische Untersuchungen nicht möglich sind oder zu aufwändig erscheinen. Insbesondere Mikrosimulationen eröffnen außerdem die Möglichkeit, sowohl einzelne Objekte als auch ganze Populationen über eine Aggregation zu untersuchen. Daneben können Simulationen auch als Prognosewerkzeug verwendet werden. Dies macht die Methode für die Untersuchung politik- und planungsrelevanter Fragestellungen interessant (Schenk 2008, S. 48). Auch im vorliegenden Projekt wird über den *Transfer des Grundmodells* (Forschungsebene III) angestrebt, Aussagen über die künftige Entwicklung des Ausmaßes und der Struktur der interregionalen Arbeitsortmobilität Hochqualifizierter zu generieren. Die Bewertung der Ergebnisse mündet anschließend analog zur Forschungsebene I in die Formulierung konkreter Handlungsempfehlungen zur Sicherung des Bedarfs an hochqualifizierten Fachkräften. Diskutiert werden sollen daneben auch weitere Möglichkeiten sowie Grenzen des Modelltransfers.

4   Der Untersuchungsraum Mainfranken

Der Untersuchungsraum Mainfranken (s. Abb. 2) ist als demographisch und wirtschaftsstrukturell heterogener Raum zu charakterisieren. Nach einer Studie der Prognos AG (2004, S. 34) sind die Bereiche Maschinenbau/Automotive, Gesundheit, das Ernährungsgewerbe sowie die Querschnittstechnologie Werkstoffe (neue Materialien) übergeordnete Kompetenzfelder der Gesamtregion. Eine zentrale Leitbranche existiert nicht. Auf der Kreisebene kommt den genannten Kompetenzfeldern in räumlich differenzierter Hinsicht eine sehr unterschiedliche Bedeutung zu. Die Universitätsstadt Würzburg nimmt als Wissensstandort und durch ihre Bedeutung als administratives Zentrum der Region eine herausragende Stellung ein. Zudem bietet sie einen wichtigen Arbeitsmarkt im Gesundheitswesen und den Dienstleistungsbranchen. Daneben gilt die Stadt Schweinfurt als industrielles Zentrum mit wichtigen Global Playern aus dem Bereich Automotive. Im Umland der Stadt (Landkreis Schweinfurt) wohnt ein Großteil der in der Schweinfurter

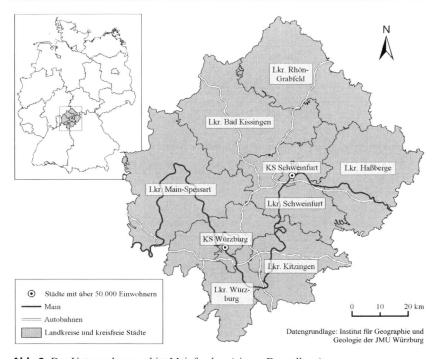

Abb. 2 Das Untersuchungsgebiet Mainfranken (eigene Darstellung)

Industrie Beschäftigten, außerdem konzentrieren sich hier indirekt von der Industrie abhängige Branchenfelder (z. B. Logistik). Neben den Oberzentren Würzburg und Schweinfurt und ihren Verdichtungsräumen gibt es außerdem Flächenlandkreise mit eher heterogenem Branchenmix und durchaus stabilem Wachstum (Landkreise Main-Spessart und Kitzingen, beide mit einem Schwerpunkt im Bereich Automotive/Maschinenbau, im Landkreis Kitzingen zusätzlich in der Ernährungswirtschaft). Ökonomisch schwächer erweisen sich die Landkreise im Norden und Osten der Region. Die beiden Landkreise Bad Kissingen und Rhön-Grabfeld verfügen durch ihre Bedeutung im Gesundheitswesen (u. a. durch Reha- und Kurstandorte) sowie Automotive/Maschinenbau noch eine etwas stabilere wirtschaftlichere Ausgangssituation als der Landkreis Haßberge, der ökonomische Entwicklungsdefizite zeigt (Seynstahl 2014, S. 50 f.; Holste 2010, S. 85 f.; Ante et al. 2006, S. 8 ff.).

Nach der Bevölkerungsprojektion des Bayerischen Landesamts für Statistik und Datenverarbeitung (2012, S. 10) ist zukünftig mit einer auf Kreisebene stark differenzierten Bevölkerungsentwicklung in den mainfränkischen Kommunen zu rechnen. Außer in der Stadt Würzburg wird dabei bis 2031 ein Bevölkerungsrückgang erwartet. Parallel steigt das Durchschnittsalter der Bevölkerung aller Teilräume im Mittel um 3,3 Jahre. Der demographische Wandel zeichnet sich als eine der größten Herausforderungen der zukünftigen Entwicklung des mainfränkischen Arbeitsmarktes ab. Besonders die Deckung des Beschäftigtenbedarfs im Hochqualifiziertensegment könnte sich künftig als problematisch erweisen. So rechnet etwa der Fachkräftemonitor Bayern der Industrie- und Handelskammer (IHK) Bayern mit Engpässen auf dem Akademikerarbeitsmarkt in den Ingenieurberufen (v. a. Maschinen-, Fahrzeugbau-, Elektro- und Bauingenieure) sowie bei Architekten. Ein eher geringer Nachfrageüberschuss wird bei den Berufsgruppen der Wirtschafts- und Sozialwissenschaftler oder Juristen erwartet (IHK Mainfranken 2011, S. 14; Kagerbauer 2012, S. 37).

5 Datengrundlage

Die Datenbasis des Forschungsvorhabens ist das Regionalfile der *Stichprobe der Integrierten Arbeitsmarktbiografien* (kurz: SIAB-R 7508) des Forschungsdatenzentrums des IAB. Es beinhaltet tagesgenau und lückenlos die Erwerbsbiografien von rund 1,5 Mio. Personen und grenzt sich durch seine Fülle an Merkmalen und der langen Zeitspanne (1975 bis 2008) von anderen Längsschnittdatenprodukten ab. Die Daten entstammen den Meldungen zur Sozialversicherung sowie den Geschäftsprozessen der BA und der Sozialgesetzbuch (SGB) II-Träger (Regelung der Grundsicherung von Arbeitssuchenden). Die Erwerbsbiografien setzen sich aus Informationen verschiedener Quellen zu Phasen der Beschäftigung, Arbeitssuche, Erwerbslosigkeit, der Maßnahmenteilnahme oder des Leistungsbezuges zusammen, wobei sich Informationen auch zeitlich überlagern können (z. B. Beginn der Arbeitssuche vor Beendigung eines Beschäftigungsverhältnisses). Angaben zu Beamten, Selbstständigen und ordentlichen Studenten sind in der SIAB-R 7508 nicht enthalten (Dorner et al. 2011, S. 6 ff.).

Die SIAB-R 7508 enthält insgesamt 26 Variablen. Neben Identifikatoren (Personennummer, Betriebsnummernzähler) umfassen sie Angaben zum Gültigkeitszeitraum der jeweiligen Datenzeile (tagesgenaue Angabe zu Beginn und Ende einer Episode), soziodemographische Informationen zur Person (z. B. Geschlecht, Geburtsjahr, Bildung), zur Beschäftigung (z. B. Beruf, Stellung im Beruf, Erwerbsstatus, Tagesentgelt), dem Leistungsbezug respektive der Arbeitssuche, zu Betriebsmerkmalen (Wirtschaftszweig) und dem Arbeitsort (inkl. Pendlerstatus).

Die Bereitstellung von IAB-Daten zu Forschungszwecken außerhalb des Instituts ist an rechtliche Auflagen gebunden (Gesetz über die Statistik für Bundeszwecke). Im Rahmen der Anonymisierung wurde u. a. auch eine Vergröberung der räumlichen Differenzierung der Arbeitsorte (originär auf der Kreisebene) vorgenommen: Die deutschen Landkreise und kreisfreien Städte wurden in 333 Kreisregionen mit einer Bevölkerungszahl von mindestens 100.000 Personen überführt (Dorner et al. 2011, S. 31 ff. und S. 50 ff.). Im Untersuchungsraum kommt es im Zuge dieses Verfahrens zur Bildung dreier Landkreisaggregate (Würzburg/Kitzingen, Haßberge/Rhön-Grabfeld, Stadt und Landkreis Schweinfurt). Dies lässt nur eine eingeschränkte Wiedergabe der intraregionalen Arbeitsortmobilität zu (z. B. bei Arbeitsortwechseln zwischen den Landkreisen Würzburg und Kitzingen). Fälle interregionaler Arbeitsortwechsel können dagegen problemlos dargestellt werden.

In der SIAB-R 7508 wird akademische Qualifikation zwar vollständig ausgewiesen, beruflich Hochqualifizierte werden allerdings nicht gesondert typisiert. Um dennoch die Arbeitsortmobilität von Meistern, Technikern bzw. Personen mit gleichwertigen Fachschulabschlüssen zu untersuchen wurde ein eigenes Operationalisierungsverfahren entwickelt.[2]

Der Untersuchungszeitraum beschränkt sich auf die letzten zehn Jahre des Datensatzes (1999 bis 2008), da innerhalb dieses Zeitraums nur vergleichsweise geringe Änderungen im Meldeverfahren vorgenommen wurden. Zum Beispiel liegen erst ab 1993 vollständige Biografien zu Arbeitsortregionen der neuen Bundesländer vor, geringfügige Beschäftigung ist erst seit 1999 meldepflichtig. Auch zum Erwerbsstatus sind erst ab 1999 lückenlose Informationen abrufbar (Dorner et al. 2011, S. 28 und S. 41). Die SIAB-R 7508 beinhaltet 1.208 Erwerbsbiografien von Akademikern bzw. 355 nach beschriebenem Verfahren abgegrenzte beruflich Hochqualifizierter, die innerhalb dieses Zeitraums mindestens zeitweise in Mainfranken beschäftigt waren. In den Erwerbsbiografien gibt es 1417 Fälle von Arbeitsortmobilität (1130 der Arbeitsortwechsel werden durch Akademiker, 287 durch beruflich Hochqualifizierte realisiert). Bei der überwiegenden Mehrheit (1.093 bzw. 77 %) handelt es sich dabei um interregionale Arbeitsortwechsel.

---

[2] Die Variable „Stellung im Beruf" enthält das Merkmal „Meister/Polier". Beide Titel zählen formal zu den tertiären Bildungsabschlüssen (der Polier seit 1980; Syben 2011, S. 10 ff.). Erfolgt die Meldung „Meister/Polier" nach 1979, wird sie auf die nachfolgenden Episoden der Erwerbsbiografie übertragen. Ergänzend kann auch die Meldung des Abschlusses einer Fachschule verwendet werden (wird durch die Arbeitsagenturen bzw. zugelassene kommunale Träger für Arbeitssuchende erfasst; Dorner et al. 2011, S. 16). Erreicht ein beruflich Hochqualifizierter in einer späteren Episode einen akademischen Abschluss, wird die hohe berufliche Qualifikation entsprechend in eine akademische abgeändert.

6   Projektfortschritt und erste Ergebnisse

Die analytischen Untersuchungen sind abgeschlossen. Trotz der eingeschränkten Erfassung der intraregionalen Arbeitsortmobilität (s. o.) zeigt sich in beiden Untersuchungsgruppen eine hohe allgemeine Mobilitätsneigung: 64 % der 1.208 untersuchten Akademiker bzw. 49 % der 355 beruflich Hochqualifizierten wechseln innerhalb des Untersuchungszeitraums der Jahre 1999 bis 2008 den Arbeitsort. Die Summe der Beschäftigtenzugänge liegt in beiden Gruppen über der der Beschäftigtenabgänge (Saldo der interregionalen Arbeitsortwechsel bei Akademikern +211 bzw. +26 bei beruflich Hochqualifizierten) – Mainfranken gewinnt durch Arbeitsortmobilität also insgesamt gesehen an hochqualifiziertem Humankapital. Beschäftigtenabgänge bedeuten jedoch meist längerfristige Verluste für den regionalen Arbeitsmarkt, denn nur 4 % der Akademiker bzw. 5 % der beruflich Hochqualifizierten, die Mainfranken verlassen, kehren innerhalb des Untersuchungszeitraums auch wieder in die Region zurück.

Für die Erstellung des räumlichen Modells sind insbesondere die räumlichen Muster der Arbeitsortmobilität von Interesse. Hier zeigen sich größere Unterschiede zwischen den beiden Untersuchungsgruppen. Auffällig ist eine generell höhere Bedeutung mainfränkischer Arbeitsorte bei der Jobsuche beruflich Hochqualifizierter: Neben der oben beschriebenen geringeren allgemeinen Mobilitätsneigung spricht auch der höhere prozentuale Anteil an intraregionaler Arbeitsortmobilität (33 % der Arbeitsortwechsel gegenüber 20 % bei akademisch Qualifizierten) für eine regionalere Orientierung der Gruppe. Auch bei ihrer interregionalen Arbeitsortmobilität ist ein hohes Ausmaß an nahräumlichen Arbeitsortwechseln feststellbar: In 41 % der Beschäftigtenzugänge bzw. 40 % der Abgänge grenzt der Quell- respektive Zielraum des Arbeitsortwechsels direkt an Mainfranken an. Bei den Akademikern betragen diese Anteile lediglich 20 % (Zugänge) bzw. 17 % (Abgänge).

Der beschriebene Unterschied zwischen den Untersuchungsgruppen schlägt sich auch in den Suchradien der Arbeitsortmobilität nieder. So liegen die Quellarbeitsorte bei den Beschäftigtenzugängen im Segment der Akademiker durchschnittlich 179 km von den jeweiligen mainfränkischen Zielräumen entfernt, bei den Beschäftigtenabgängen 188 km. Beruflich Hochqualifizierten legen im Zuge der interregionalen Arbeitsortmobilität dagegen geringere Distanzen zurück (durchschnittlich 141 km bei den Zugängen bzw. 128 km bei Beschäftigtenabgängen). In diesem Zusammenhang von einer allgemein größeren Neigung bzw. Bereitschaft der Akademiker zur Überwindung höherer Distanzen oder gar unterschiedlichen Suchstrategien zu sprechen wäre jedoch zu weit gegriffen. Das Mobilitätshandeln akademisch Qualifizierter könnte ebenso durch räumliche Disparitäten der Nachfrage nach hochqualifiziertem Humankapital beeinflusst werden:

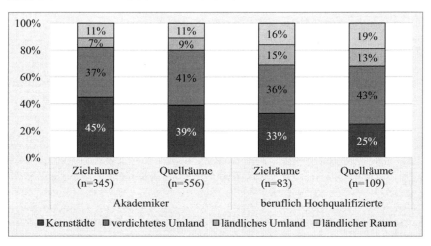

Abb. 3 Räumliche Struktur der Quell- und Zielräume der interregionalen Arbeitsortmobilität in Mainfranken zwischen 1999 und 2008 nach der Klassifikation der zusammengefassten siedlungsstrukturellen Kreistypen des BBSR 2008 (eigene Ergebnisse nach Daten des IAB)

Wer keine Stelle unter dem eigenen Qualifikationsniveau annehmen möchte, sieht sich schlichtweg gezwungen, auch weiter entfernte Jobangebote zu akzeptieren. Arbeitsortmobilität hängt mit steigendem Humankapital also vom konkreten Stellenangebot der Arbeitgeber ab. Wahlalternativen zwischen verschiedenen Arbeitsorten ergeben sich erst, wenn mehrere Stellen zur Auswahl stehen (vgl. dazu auch Meusburger 1998, S. 378 f., 2008, S. 31).

Die divergierende Nachfrage nach hochqualifizierten Beschäftigten macht sich auch beim Vergleich der Quell- und Zielräume von interregionaler Arbeitsortmobilität unter Verwendung der Klassifikation der zusammengefassten siedlungsstrukturellen Kreistypen des BBSR (2009) bemerkbar (Abb. 3). Kernstädtische Arbeitsmärkte und ihre Verdichtungsräume nehmen im Segment der akademisch Qualifizierten eine höhere Bedeutung ein. Wichtige Quell- und Zielräume sind dabei die Städte München, Nürnberg und Erlangen, Berlin, Hannover, Frankfurt am Main, Düsseldorf, Stuttgart, Köln und Hamburg. Im Segment der beruflich Hochqualifizierten spielen Kernstädte und deren Verdichtungsräume zwar ebenso eine wichtige Rolle (hier erreichen die Städte Frankfurt am Main, Nürnberg, Düsseldorf, München, Hamburg und Berlin höhere Anteile), häufiger als bei den Akademikern fungieren hier jedoch ländliche Räume als Quell- bzw. Zielräume der überregionalen Arbeitsortwechsel.

Weiterhin wichtig für die Erstellung der räumlichen Modellierung sind Untersuchungen zur Bedeutung personenspezifischer Merkmale für die Arbeitsortmobilität. In der deskriptiven Analyse zeigt sich sehr deutlich, dass insbesondere das Alter eine wichtige Variable darstellt, denn die Bedeutung von Arbeitsortmobilität schwankt über das Erwerbsleben hinweg stark. Unabhängig von den drei differenzierten Mobilitätsformen (intraregional, interregional mit Mainfranken als Quell- oder Zielraum) werden Arbeitsortwechsel sowohl bei Akademikern als auch bei beruflich Hochqualifizierten vor allem in den frühen Jahren des Erwerbslebens realisiert. So liegen die meisten Fälle in der Dekade zwischen dem 30. und dem 40. Lebensjahr. Danach ist bei allen drei Mobilitätsformen eine Abnahme des Mobilitätshandelns zu verzeichnen. Vergleicht man außerdem das Tagesentgelt der ersten sozialversicherungspflichtigen Beschäftigung im Untersuchungszeitraum (1999 bis 2008) mit der jeweils letzten, so erreichen Akademiker, die den Arbeitsort wechseln im Mittel einen Lohnzuwachs von +98 %, immobile (kein Arbeitsortwechsel) hingegen nur +35 %. Bei den beruflich Hochqualifizierten betragen die Zuwächse +57 % (mobile Probanden) gegenüber +11 % (immobile). Insgesamt bestätigt sich also sowohl für Akademiker als auch beruflich Hochqualifizierte der in der Literatur hervorgehobene Zusammenhang zwischen räumlicher und sozialer Aufstiegsmobilität: Arbeitsortmobilität wird vor allem von jungen Hochqualifizierten zur beruflichen Etablierung genutzt. Mit der Konsolidierung am Arbeitsmarkt sinkt dagegen die Notwendigkeit zum Arbeitsortwechsel.

7 Ausblick

Die hier exemplarisch beschriebenen Ergebnisse bilden u. a. die Grundlage für die Konzeption der räumlichen Mikrosimulation für interregionale Arbeitsortmobilität mit Mainfranken als Quellraum. Das Modell nutzt Befunde zum Arbeitsortwechsel aus den Daten der SIAB-R 7508 und überträgt diese von der analysierten Stichprobe auf den gesamten Teilarbeitsmarkt der hochqualifizierten Beschäftigten in Mainfranken. Als Grundlage dieser Hochrechnung dienen Daten der Beschäftigtenstatistik der BA. Leider liegen für diesen Zeitraum keine Daten zu beruflich hochqualifizierten sozialversicherungspflichtig Beschäftigten vor, weshalb sich die Simulation auf akademisch Qualifizierte reduziert. Erste Vergleiche der Basissimulation mit den Befunden der SIAB-R 7508 mittels Bestimmtheitsmaßen belegen eine sehr gute Anpassung des Modells an die empirischen Daten.

Derzeit läuft die Datenaufbereitung für die Vorausberechnung zukünftiger Arbeitsortmobilität. Der Projektionszeitraum beträgt zehn Jahre, umfasst also anknüpfend an das Basismodell die Jahre 2009 bis 2018. Die Einspeisung der

Daten in das Ausgangsmodell soll zeigen, wie sich die Arbeitsortmobilität unter bestehenden Trends zukünftig in quantitativer wie qualitativer Hinsicht gestalten kann. In einer abschließenden Gesamtschau der Ergebnisse aller Arbeitsschritte werden dann Handlungsempfehlungen zur Stärkung des mainfränkischen Arbeitsmarktes erarbeitet, die sich speziell an Politiker und regionale Akteure, aber auch Betriebe richten.

Literatur

Abele, A. (2005). Ziele, Selbstkonzept und Work-Life-Balance bei der längerfristigen Lebensgestaltung. Befunde der Erlangener Längsschnittstudie BELA-E mit Akademikerinnen und Akademikern. *Zeitschrift für Arbeits- und Organisationspsychologie, 4*, 176–186.

Abraham, M., & Nisic, N. (2007). Regionale Bindung, räumliche Mobilität und Arbeitsmarkt – Analysen für die Schweiz und Deutschland. *Swiss Journal of Sociology, 30*(1), 69–87.

Akerlof, G. A. (1982). Labor contracts as partial gift exchange. *The Quarterly Journal of Economics, 97*(4), 543–569.

Akerlof, G. A., & Yellen, J. L. (1990). The fair wage-effort hypothesis and unemployment. *The Quarterly Journal of Economics, 105*(2), 255–283.

Ante, U., Kopf, J., Plagens, M., & Philipp, J. (2006). *Mainfranken. Eine Untersuchung zur regionalen Entwicklung*. Würzburg: Selbstverlag der IHK Würzburg-Schweinfurt.

BA – Bundesagentur für Arbeit. (2012). *Beschäftigtenstatistik. Umstellung der Erhebungsinhalte bei den Merkmalen „ausgeübte Tätigkeit" (Beruf), „Arbeitszeit" und „Ausbildung". Methodenbericht der Statistik der BA*. Nürnberg. http://statistik.arbeitsagentur.de/Statischer-Content/Grundlagen/Methodenberichte/Beschaeftigungsstatistik/Generische-Publikationen/Methodenbericht-TS-BST.pdf. Zugegriffen: 28. Mai 2014.

Bayerischen Landesamts für Statistik und Datenverarbeitung. (2012). Regionalisierte Bevölkerungsvorausberechnung für Bayern bis 2031. Demographisches Profil für den Regierungsbezirk Unterfranken. *Beiträge zur Statistik Bayerns 544, Auszug für Regierungsbezirke.* https://www.statistik.bayern.de/statistik/byrbz/096.pdf. Zugegriffen: 25. Jan. 2014.

BBSR – Bundesinstitut für Bau-, Stadt- und Raumforschung. (2009) *Siedlungsstrukturelle Kreistypen 2008*. Bonn.

Becker, G. S. (1962). Investment in human capital: A theoretical analysis. *The Journal of Political Economy*, 70(5), 9–49.

Becker, G. S. (2004). *Human capital. A theoretical and empirical analysis with special reference to education* (3. Aufl.). Chicago: University of Chicago Press.

Boschma, R., Eriksson, R., & Lindgren, U. (2009). How does labour mobility affect the performance of plants? The importance of relatedness and geographical proximity. *Journal of Economic Geography, 9*(2), 169–190.

Damelang, A. (2007). Räumliche Mobilität von türkischen Arbeitnehmern. Eine Analyse mit der IAB-Beschäftigtenstichprobe 2001. *IAB Discussion Paper, Beiträge zum wissenschaftlichen Dialog aus dem Institut für Arbeitsmarkt- und Berufsforschung 21*. Nürnberg. http://doku.iab.de/discussionpapers/2007/dp2107.pdf. Zugegriffen: 2. Feb. 2014.

Damelang, A. (2011). *Arbeitsmarktintegration von Migranten. Die Potenziale kultureller Vielfalt nutzen* (= IAB-Bibliothek 327; zugl. Diss. Univ. Erlangen-Nürnberg 2010). Bielefeld: WBV.

Dorner, M., König, M., & Seth, S. (2011). Stichprobe der Integrierten Arbeitsmarktbiografien. Regionalfile 1975–2008 (SIAB-R 7508). *FDZ-Datenreport 7.* Nürnberg. http://doku.iab.de/fdz/reporte/2011/DR_07-11.pdf. Zugegriffen: 2. Feb. 2014.

Einig, K., & Pütz, T. (2007). Regionale Dynamik der Pendlergesellschaft. Entwicklung von Verflechtungsmustern und Pendeldistanzen. *Informationen zur Raumentwicklung, 2/3*, 73–91.

Frank, R. H. (1985). *Choosing the right pond: Human behavior and the quest for status.* New York: Oxford University Press.

Franz, W. (2009). *Arbeitsmarktökonomik* (7., vollst. überarb. Aufl.). Berlin: Springer.

Fromhold-Eisebith, M., & Schrattenecker, W. (2006). Qualifikationsentwicklung der Beschäftigten in Deutschland – eine raumbezogene Analyse. *Raumforschung und Raumordnung, 4*, 258–269.

Granovetter, M. S. (1995). *Getting a job: A study of contacts and careers* (2. Aufl.). Chicago: University of Chicago Press.

Haug, S. (2000). Klassische und neuere Theorien der Migration. *Arbeitspapiere – Mannheimer Zentrum für Europäische Sozialforschung 30.* Mannheim. http://www.mzes.uni-mannheim.de/publications/wp/wp-30.pdf. Zugegriffen: 4. Feb. 2014.

Hinz, T., & Abraham, M. (2008). Theorien des Arbeitsmarktes: Ein Überblick. In M. Abraham & T. Hinz (Hrsg.), *Arbeitsmarktsoziologie. Probleme, Theorien, empirische Befunde* (2. Aufl., S. 17–68). Wiesbaden: VS Verlag für Sozialwissenschaften.

Holste, S. (2010). *Die Vernetzung der Region Mainfranken mit den benachbarten Metropolregionen* (= Berichte des Zentrums für Regionalforschung 2; zugl. Diss. Univ. Würzburg 2009). Mannheim: MetaGIS.

IAB – Institut für Arbeitsmarkt- und Berufsforschung (2011): *Stichprobe der Integrierten Arbeitsmarktbiografien. Regionalfile 1975–2008 (SIAB-R 7508).* Nürnberg.

IHK Bayern. (2014). *IHK Fachkräftemonitor Bayern.* München. www.ihk-fachkraeftemonitor-bayern.de. Zugegriffen: 28. Mai 2014.

IHK Mainfranken – Industrie- und Handelskammer Würzburg-Schweinfurt. (2011). *Analyse des Fachkräftebedarfs in Mainfranken 2011.* Würzburg. http://www.wuerzburg.ihk.de/fileadmin/user_upload/_temp_/111010_2-IHK-11-0002_Analyse_des_Fachkraeftebedarfs_Freigabe.pdf. Zugegriffen: 2. Feb. 2014.

Jovanovic, B. (1979). Job matching and the theory of turnover. *The Journal of Political Economy, 87*(5), 972–990.

Kagerbauer, L. (2012). *Auswirkungen des demographischen Wandels auf den mainfränkischen Wirtschaftsraum.* In J. Rauh & T. Dichtl (Hrsg.), *Unterfranken – eine Region im Wandel. Berichte des Zentrums für Regionalforschung Bd. 3* (S. 31–43). Mannheim: MetaGIS.

Kalter, F. (1994). Pendeln statt Migration? Die Wahl und Stabilität von Wohnort-Arbeitsort-Kombinationen. *Zeitschrift für Soziologie, 23*(6), 460–476.

Klein-Hitpaß, K. (2011). Remigration und Regionalentwicklung. Der Einfluss hochqualifizierter Remigranten auf die wirtschaftliche Regionalentwicklung in Polen. *Wirtschaftsgeographie Band 49* (zugl. Diss. Uni Osnabrück 2010). Berlin: LIT.

Kopycka, K. (2013). *Demografischer Wandel, Bildungspolitik und Lehrerbeschäftigung. Das Beispiel Polen* (= Studien zur Schul- und Bildungsforschung 45; zugl. Diss. Univ. Halle-Wittenberg o. J.). Wiesbaden: VS Verlag für Sozialwissenschaften.

Krüger-Hemmer, C. (2013). Bildung. In Statistisches Bundesamt (Destatis), Wissenschafts-
    zentrum Berlin für Sozialforschung (WZB) (Hrsg.), *Datenreport 2013. Ein Sozialbericht
    für die Bundesrepublik Deutschland* (S. 68–92). Bonn: bpb.
Meusburger, P. (1998). *Bildungsgeographie. Wissen und Ausbildung in der räumlichen Di-
    mension.* Berlin: Spektrum Akademischer Verlag.
Meusburger, P. (2008). Arbeitsplatzangebot, Bildungsverhalten und Mobilität von Hochqua-
    lifizierten. In K. Friedrich & A. Schultz (Hrsg.), *Brain drain oder brain circulation?
    Konsequenzen und Perspektiven der Ost-West-Migration* (S. 31–42). Leipzig: Selbstver-
    lag Leibnitz-Institut für Länderkunde e. V.
Mincer, J. (1958). Investment in human capital and personal income distribution. *Journal of
    Political Economy, 66*(4), 281–302.
Mösgen, A. (2008). *Regionalentwicklung in Deutschland und ihre Determinanten* (= For-
    schungsbeiträge zur Stadt- und Regionalgeographie 3; zugl. Diss. Univ. Eichstätt 2007).
    Berlin: LIT.
Nuhn, H., & Hesse, M. (2006). *Verkehrsgeographie.* Paderborn: Schöningh.
Pfaff, S. (2012). Pendeln oder Umziehen? Mobilitätsentscheidungen in Deutschland zwi-
    schen 2000 und 2009. *Zeitschrift für Soziologie, 41*(6), 458–477.
Prognos AG (2004). *„Ergebnisse der Branchen und Kompetenzfeldanalyse für die Region
    Mainfranken mit den kreisfreien Städten Würzburg und Schweinfurt sowie den Landkrei-
    sen Main-Spessart, Würzburg, Kitzingen, Bad Kissingen, Schweinfurt, Rhön-Grabfeld
    und Haßberge. Modul II".* Ergebnispräsentation zur Auftragsstudie der Geschäftsstelle
    der Chancen-Region Mainfranken im November 2004. Unveröffentlicht, Schweinfurt.
Reuschke, D. (2009). Raum-zeitliche Muster und Bedingungen beruflich motivierter multi-
    lokaler Haushaltsstrukturen. *Informationen zur Raumentwicklung, 1/2,* 31–42.
Sackmann, R. (2007). *Lebenslaufanalyse und Biografieforschung. Eine Einführung.* Wies-
    baden: VS Verlag für Sozialwissenschaften.
Schenk, T. A. (2008). *Multiagentensysteme zur Simulation von Konsumentenentscheidung*
    (= Würzburger Geographische Arbeiten 101; zugl. Diss. Uni Würzburg 2006). Würzburg:
    Selbstverlag des Instituts für Geographie der Julius-Maximilians-Universität Würzburg.
Schneider, L. (2011). *Alterung und Arbeitsmarkt. Eine Untersuchung zum Einfluss des Al-
    ters von Beschäftigten auf Produktivität, Innovation und Mobilität* (= IWH-Sonderheft
    03/2011; zugl. Diss. Univ. Dresden 2010). Halle: Selbstverlag des IWH.
Schobert, D. B. (2007). Grundlagen zum Verständnis von Work-Life Balance. In A. S. Ess-
    linger & D. B. Schobert (Hrsg.), *Erfolgreiche Umsetzung von Work-Life Balance in Or-
    ganisationen. Strategien, Konzepte, Maßnahmen* (S. 19–34). Wiesbaden: DUV.
Sesselmeier, W., Funk, L., & Waas, B. (2010). *Arbeitsmarkttheorien. Eine ökonomisch-juris-
    tische Einführung* (3. vollst. überarb. Aufl.). Heidelberg: Physica-Verlag.
Seynstahl, C. (2014). Industrielle Produktion in Unterfranken heute. In Bezirk Unterfranken
    (Hrsg.), *Unterfranken in Bayern 1814–2014. Historischer Atlas zum 200-jährigen Jubi-
    läum* (S. 50–51). Braunach: Spurbuchverlag.
Sjaastad, L. A. (1962). The costs and returns of human migration. *The Journal of Political
    Economy, 70*(5–2), 80–93.
Stigler, G. J. (1961). The economics of information. *The Journal of Political Economy,
    69*(3), 213–225.
Stigler, G. J. (1962). Information in the labor market. *The Journal of Political Economy,
    70*(5–2), 94–105.
Suwala, L. (2010). Regionale Arbeitsmärkte. In E. Kulke (Hrsg.), *Wirtschaftsgeographie
    Deutschlands.* (2., völlig neu bearb. Aufl., S. 43–70). Heidelberg: Spektrum. Akad. Verl.

Syben, G. (2011). *Chancen und Hemmnisse für Leistungspunkte in der beruflichen Bildung der Bauwirtschaft. Eine Vergleichsstudie der Aus- und Fortbildung zum Polier in Deutschland, Frankreich und Österreich* (= Schriftenreihe des Bundesinstituts für Berufsbildung. Wissenschaftliche Diskussionspapiere 129). Bonn. http://www.bibb.de/veroeffentlichungen/de/publication/download/id/6766. Zugegriffen: 3. Feb. 2014.

UNESCO – United Nations Educational, Scientific and Cultural Organization (2012). *International Standard Classification of Education. ISCED 2011.* Montreal. http://www.uis.unesco.org/Education/Documents/isced-2011-en.pdf. Zugegriffen: 28. Mai 2014.

Wagner, M. (1989). *Räumliche Mobilität im Lebensverlauf. Eine empirische Untersuchung sozialer Bedingungen der Migration* (zugl. Diss. Univ. Berlin). Stuttgart: Enke.

Windzio, M. (2003). *Organisation, Strukturwandel und Arbeitsmarktmobilität. Untersuchungen zum evolutionären Wandel der Sozialstruktur* (zugl. Diss. Univ. Bremen 2002). Wiesbaden: Westdeutscher Verlag.

Windzio, M. (2004). Zwischen Nord- und Süddeutschland: Die Überwindung räumlicher Distanzen bei der Arbeitsmarktmobilität. *Zeitschrift für Arbeitsmarktforschung, 1,* 29–44.

Christian Seynstahl Dipl.-Geogr. geboren 1985, ist seit 2011 wissenschaftlicher Mitarbeiter am Institut für Geographie und Geologie (Professur für Sozialgeographie, Zentrum für Regionalforschung), Julius-Maximilians-Universität Würzburg. Seine Forschungsschwerpunkte liegen in den Themenfeldern der Arbeitsmarkt-, Bevölkerungs- und Sozialgeographie sowie der Regionalforschung. Derzeit arbeitet er an einer Dissertation zum Thema „Die Arbeitsortmobilität hochqualifizierter Beschäftigter. Eine arbeitsmarktgeographische Analyse und Modellierung am Beispiel Mainfranken" (Arbeitstitel).

Druck:
Canon Deutschland Business Services GmbH
im Auftrag der KNV-Gruppe
Ferdinand-Jühlke-Str. 7
99095 Erfurt